PRÉCIS DE PHILOSOPHIE

A L'USAGE

DE L'ENSEIGNEMENT SECONDAIRE ET PRIMAIRE SUPÉRIEUR

PAR UNE RÉUNION DE PROFESSEURS

TOURS
MAISON A. MAME ET FILS
IMPRIMEURS-ÉDITEURS

PARIS
J. DE GIGORD
RUE CASSETTE, 15

ET CHEZ LES PRINCIPAUX LIBRAIRES

N° 228

PRÉCIS
DE PHILOSOPHIE

Tout exemplaire qui ne sera pas revêtu de la signature
ci-dessous sera réputé contrefait.

AUX MÊMES ADRESSES

Cours de littérature.

Cours abrégé de littérature.

Précis d'histoire littéraire : litt. française, suivie d'un aperçu des litt. étrangères (anciennes et modernes).

Morceaux choisis des littératures étrangères anciennes et modernes, 1 volume.

Morceaux choisis de la littérature française.

Recueil de compositions françaises, à l'usage de l'enseignement secondaire.

La composition française aux divers examens, 3 volumes.

Cours de philosophie. (Baccalauréat, classe de philosophie.)

Éléments de philosophie. (Baccalauréat, classe de mathématiques.)

Méthodologie de l'enseignement de la philosophie.

Histoire de l'Église (illustrée), à l'usage de la jeunesse.

Abrégé de l'exposition de la doctrine chrétienne.

Abrégé d'apologétique chrétienne.

PRÉCIS
DE PHILOSOPHIE

Psychologie. — Logique. — Métaphysique. — Morale.
Notions d'histoire de la philosophie.
Sujets de devoirs et de dissertations.

A L'USAGE

DE L'ENSEIGNEMENT SECONDAIRE ET PRIMAIRE SUPÉRIEUR

PAR UNE RÉUNION DE PROFESSEURS

« Le but de la philosophie, ce n'est pas
le *bien savoir*, c'est le *bien faire*. »
(DUPANLOUP, *De l'Éducation*.)

TOURS	PARIS
MAISON A. MAME ET FILS	J. DE GIGORD
IMPRIMEURS-ÉDITEURS	RUE CASSETTE, 15

ET CHEZ LES PRINCIPAUX LIBRAIRES

1917

Tous droits réservés.

ARCHEVÊCHÉ
DE
TOURS

Tours, le 28 septembre 1903.

PRÉCIS DE PHILOSOPHIE
PAR UNE RÉUNION DE PROFESSEURS

RAPPORT
PRÉSENTÉ A S. G. MONSEIGNEUR L'ARCHEVÊQUE DE TOURS

Ce livre est un manuel destiné aux jeunes gens qui se préparent au baccalauréat ou qui aspirent au brevet supérieur.

Les auteurs, en le composant, se sont inspirés d'une pensée de Mgr Dupanloup, qu'ils ont même adoptée comme devise : « Le but de la philosophie, ce n'est pas le *bien savoir*, c'est le *bien faire*. » Aussi ont-ils traité avec un soin spécial de la Morale, qui a pour objet la connaissance des règles à suivre pour être honnête et vertueux.

L'esprit est nettement catholique, l'orthodoxie irréprochable, la doctrine philosophique exacte et précise, la méthode de tous points excellente.

Tel qu'il est, cet ouvrage nous paraît de nature à faire beaucoup de bien, et nous le recommandons à la bienveillance de Sa Grandeur.

P. VERGER,
CHAN. HON., CURÉ DE SAINT-JULIEN

Imprimatur :

Turonibus, die 11ª Junii 1913.

† JOSEPHUS MARIA,
ADMINISTRATOR APOSTOLICUS TURONENSIS.

AVERTISSEMENT

Ce *Précis de philosophie* (huitième édition) répond aux programmes rédigés pour les classes de Troisième, de Mathématiques et de Philosophie. Il répond aussi aux programmes du Brevet supérieur et des Écoles normales primaires.

Les élèves y trouveront, exposées avec concision, toutes les questions de *psychologie*, d'*esthétique*, de *logique*, de *métaphysique*, de *morale* et d'*économie politique*, qu'ils ont besoin d'avoir bien présentes à l'esprit le jour de l'examen final.

Les développements de ces diverses matières sont divisés en *paragraphes* et synthétisés dans des *tableaux synoptiques*. Chaque paragraphe, précédé d'un *sommaire* et suivi d'un *questionnaire*, offre une sorte de *canevas* ou de *plan de dissertation*.

Enfin, le *Cours* est complété par un bref *compendium d'histoire de la philosophie*, et par une série de *sujets de compositions*, donnés presque tous aux examens du Baccalauréat ou du Brevet supérieur.

Ce *Manuel* atteindra son but s'il dispense les maîtres de dicter et les élèves de copier de longs résumés, — perte d'un temps qu'il vaut mieux consacrer à une besogne plus utile : celle de l'*explication orale* et des *devoirs écrits*, — et surtout s'il éveille chez les jeunes gens l'amour de ces nobles études philosophiques, dont le résultat doit être d'apprendre à diriger raisonnablement sa pensée et sa vie.

PRÉCIS DE PHILOSOPHIE

INTRODUCTION

LA PHILOSOPHIE

Objet de la philosophie. — Définition. — Importance. — Division. — Ordre à suivre. — Remarque.

Objet de la philosophie. — La philosophie[1] n'a pas toujours eu le même objet. Dans l'antiquité, elle embrassait toutes les sciences alors connues ; au moyen âge, elle était encore, ou à peu près, la science universelle ; mais, dans les temps modernes, les connaissances humaines s'étant divisées, subdivisées en sciences distinctes : mathématiques, physique, astronomie, médeci.., etc., la philosophie ne s'occupa plus dès lors que des questions générales, communes aux divers ordres de sciences particulières : *l'origine, la nature, les propriétés essentielles, le rôle, la destinée de chaque être*, à l'exclusion des *faits* (si l'on excepte les faits psychologiques) et des *propriétés accidentelles des corps*, dont l'étude est réservée aux sciences spéciales.

[1] Du grec *philos*, ami ; *sophia*, sagesse : amour de la sagesse ou de la science. — Les premiers, parmi les Grecs (Thalès, Anaximène, Héraclite, Anaxagore, etc.), qui s'adonnèrent à la recherche de la vérité, prirent le nom de *sages* (savants). Pythagore, dit-on, changea ce nom contre celui plus modeste de *philosophe* (ami de la sagesse).

Définition de la philosophie. — D'après son objet, on peut définir la philosophie : *la science des principes et des causes;* — *la science des choses par leurs plus hautes généralités;* — *la science rationnelle de l'âme humaine, du monde et de Dieu.*

La philosophie est une *science :*

Elle en a le caractère propre, qui est de remonter aux causes et aux principes. — On peut connaître les choses de deux manières : d'une connaissance *simple, vulgaire,* telle que tout homme peut l'acquérir; ou d'une connaissance *raisonnée,* propre aux intelligences qui remontent aux principes des choses et à leurs causes les plus élevées.

Elle est une science *rationnelle,* c'est-à-dire obtenue par les seules lumières de la raison : ce qui la distingue de la théologie, fondée sur la vérité révélée.

Enfin, elle est la science de l'*âme humaine,* du *monde* et de *Dieu,* puisqu'elle recherche les premiers principes des êtres, et qu'au nombre de ces premiers principes il faut placer avant tout Dieu, cause première de tout ce qui existe, et l'âme humaine, sujet et instrument de toute connaissance.

Importance de la philosophie. — L'importance de la philosophie dépend de l'influence qu'elle exerce sur l'homme, et des services qu'elle rend aux autres sciences.

1º La philosophie apprend à l'homme à se connaître, à cultiver ses facultés, à réfléchir, à juger, à raisonner; elle l'éclaire sur sa nature, son origine, sa destinée, ses rapports avec les autres êtres qui l'environnent et avec l'Être suprême qui gouverne le monde. La philosophie, séparée de la théologie, ne peut résoudre complètement ces grandes questions; mais elle répond avec certitude sur les points les plus essentiels.

2º La philosophie complète et dirige les autres sciences : toute science repose sur certaines notions fondamentales, sur certains principes ou axiomes, que l'esprit trouve, il est vrai, au dedans de lui, mais à un état vague; c'est la philosophie qui les explique et qui en détermine l'origine, les caractères, la portée, l'usage[1]; toute science a une méthode, c'est-à-dire une certaine voie que l'esprit doit suivre sous peine de s'égarer, et la philosophie assigne à chacune d'elles la méthode qui lui convient (*Logique*, page 157 et suiv.).

D'après ces rapports de la philosophie avec les autres sciences (rapports de principes et de méthode), on voit qu'il faut entendre par philosophie d'une science ou d'un art certaines *considérations théoriques et générales* qui n'appartiennent pas à cette science ou à cet art, mais qui se rapportent à l'intelligence humaine, l'un des objets de la philosophie. — La philosophie a donc le droit de prétendre encore, dans une certaine mesure, au nom de *science universelle*.

Division de la philosophie. — On divise habituellement la philosophie en trois parties bien distinctes : — 1° La **logique** (science des règles à suivre pour arriver au vrai); — 2° La **morale** (science des moyens à employer pour pratiquer le bien); — 3° La **métaphysique** (science des premiers principes), qui comprend : la **psychologie** (science de l'âme), la **théodicée** (science de Dieu), etc. [2].

Ordre à suivre. — Les auteurs ne s'accordent pas sur la marche à suivre dans l'étude des diverses parties de la philosophie. Nous adopterons l'ordre suivant : *psychologie, logique, métaphysique, morale*.

La *psychologie* doit venir en premier lieu, parce que le premier objet de connaissance qui s'offre à l'homme, c'est lui-même; d'ailleurs, il importe de connaître d'abord les facultés intellectuelles, qui sont les instruments indispensables de toute science.

---

[1] En mathématiques, par exemple (v. p. 158 et suiv.), on procède par *définitions*, on s'appuie sur des *axiomes*, on déduit les théorèmes par le *raisonnement*, et la philosophie établit la légitimité et la valeur de ces divers procédés. — En sciences physiques et naturelles, on procède par *induction*, et la philosophie donne les règles de l'induction. — Les sciences morales supposent les notions d'*homme*, de *liberté*, de *responsabilité*, d'*ordre*, etc.; et la philosophie explique toutes ces notions.
Il résulte de tout cela que la philosophie est la plus élevée de chaque ordre de sciences particulières.

[2] Voir, p. 189, Métaphysique.

La *logique* suit naturellement la psychologie, parce que, les facultés intellectuelles une fois connues, il s'agit de les diriger dans la recherche et la démonstration de la vérité.

La *métaphysique*, dont le point culminant est la *théodicée*, vient après la psychologie et la logique, parce que la connaissance de l'âme conduit à la connaissance de Dieu.

La *morale* présuppose la psychologie et la théodicée : la psychologie, parce qu'on ne peut établir les lois des actions humaines sans connaître les facultés morales (le jugement, la volonté, la liberté); la théodicée, car il est nécessaire de connaître l'existence et les perfections de Dieu pour en déduire les rapports qui nous unissent à lui.

Remarque. — A la psychologie se rattachent naturellement des notions d'*esthétique*, et à la morale, des notions d'*économie politique*. — Le cours est complété par un résumé sommaire de l'histoire de la philosophie.

QUESTIONNAIRE. — Quel est l'objet de la philosophie? — Comment peut-on définir la philosophie? — A quoi sert la philosophie? — Que faut-il entendre par philosophie d'une science ou d'un art? — En combien de parties se divise la philosophie élémentaire? — Comment peut-on classer les diverses parties de la philosophie élémentaire?

RÉSUMÉ

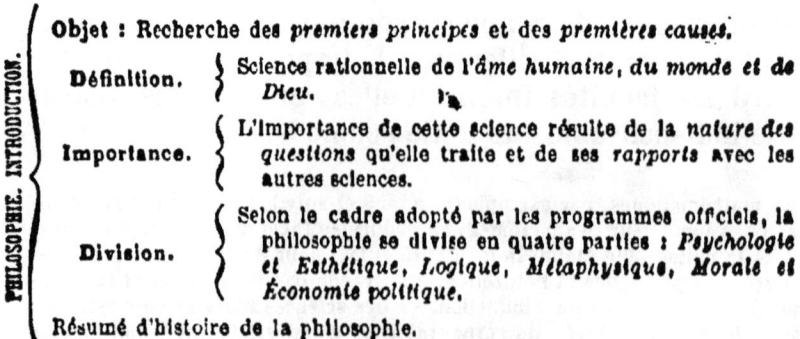

PREMIÈRE PARTIE

PSYCHOLOGIE

NOTIONS PRÉLIMINAIRES

Définition et objet de la psychologie. — De l'âme en général. — De la vie en général. — Importance de la psychologie. — Comment s'acquiert la science de l'âme. — Sa méthode. — Remarque. — Division.

Définition et objet de la psychologie. — La psychologie[1] est la *science de l'âme humaine* : elle en fait connaître les *faits* ou *phénomènes*, les *facultés*, la *nature*, l'*origine* et la *destinée*.

De l'âme en général. — On distingue dans l'univers des êtres vivants ou animés (*plantes, animaux, hommes*) et des êtres non vivants ou inanimés (*corps bruts ou minéraux*).

Les premiers sont organisés, se nourrissent, ont en eux un *principe vital, une âme;* les autres sont dépourvus de ces divers caractères.

Les premiers, en vertu de leur âme, se développent selon leur espèce; les autres restent immobiles en l'état qu'ils reçoivent d'abord, si aucune cause extérieure ne vient les modifier.

L'âme, en général, peut donc se définir : *le principe de toutes les opérations des êtres vivants*, ou encore : *le principe de la vie*.

De la vie en général. — La vie est *la propriété qu'a un être de se mouvoir par lui-même*[2].

---

[1] Du grec *psukhê*, âme; *logos*, discours : science de l'âme.
[2] « La vie est dans le mouvement, » c'est un axiome. — Ne pas confondre la *locomotion* avec le *mouvement* appliqué à la vie. L'être vivant croît et se

Il y a trois sortes de vie : la vie *organique* ou *végétative*, qui est propre à la plante; la vie *sensitive* ou *animale*, qui est propre à la bête; la vie *raisonnable* et *libre*, qui est propre à l'homme. La première est caractérisée par la *nutrition* et l'*accroissement*; la seconde, par la *sensation physique* et le *mouvement autonome*; la troisième, par la *raison* et la *volonté* : ses opérations sont purement spirituelles. — La vie, à tous les degrés, a son principe et sa source dans l'âme.

En jetant un coup d'œil d'ensemble sur les phénomènes qui s'accomplissent en l'homme, on remarque qu'il se nourrit et se développe comme la plante, qu'il sent et se meut comme l'animal, et, de plus, qu'il agit en connaissance de cause et librement. Il y a donc en lui les *trois degrés de la vie;* mais il n'y a qu'une seule et même âme, l'âme humaine[1].

Importance de la psychologie. — 1° La psychologie nous fait connaître la plus noble partie de nous-mêmes : notre âme. Aucune science ne nous touche de si près et n'offre à notre étude un objet plus intéressant. — 2° La psychologie fournit des données indispensables à la logique (qui suppose la connaissance des facultés intellectuelles); à la théodicée (la connaissance de nous-mêmes et de nos imperfections nous élève à la connaissance de l'Être parfait); à la morale (qui suppose la connaissance de la volonté et de ses actes); à la pédagogie (qui suppose la connaissance des facultés de l'âme qu'elle doit former et diriger); à l'histoire, à la législation, à l'économie politique, en un mot, à toutes les sciences morales (toutes supposent la connaissance de la liberté humaine et de ses conséquences). On voit par là l'importance de la psychologie.

---

développe d'après un type déterminé, en vertu d'une activité intérieure et spontanée; il se meut lui-même. L'être inanimé, au contraire, reçoit le mouvement du dehors : mouvement mécanique ou chimique; il est mû.

[1] Il y a encore, dans l'être raisonnable, une quatrième vie : la vie *surnaturelle*, caractérisée par la *foi* et la *grâce*. L'homme a été créé pour une fin surnaturelle et organisé pour atteindre cette fin : l'homme complet, l'homme tel que Dieu le veut, c'est l'homme surnaturel.

Comment s'acquiert la science de l'âme ? — La science de l'âme humaine s'acquiert par l'étude des *faits* ou *phénomènes* dont elle est le principe et le sujet. — Les êtres, on le sait, se révèlent à nous par des effets. Ainsi :

1º La *forme*, le *poids*, la *couleur*, la *saveur*, la *résistance*, la *densité*, le *rayonnement de la chaleur*, la *réflexion de la lumière*, la *propagation du son*, l'*électricité*, l'*attraction des astres*, nous font connaître les corps, considérés en dehors des lois de la vie, et les grands agents de la nature ;

2º La *respiration*, la *croissance*, le *mouvement*, nous font connaître les corps organisés et vivants ;

3º Les *pensées*, les *jugements*, les *raisonnements*, les *actes volontaires et libres*, nous font connaître notre âme.

Méthode de la psychologie. — La psychologie se propose d'étudier les faits de la vie de l'âme. Sa méthode est donc tout indiquée : elle consiste à *observer* ces faits tels qu'ils se passent en nous et dans nos semblables. — Il y a, par suite, deux modes d'observation : l'*observation interne* ou *subjective* (d'un *sujet* qui est mon âme), et l'*observation externe* ou *objective* (d'un *objet* autre que mon âme).

L'observation interne ou subjective se fait au moyen de la *conscience psychologique* et de la *réflexion*. — La *conscience psychologique* est la faculté que possède l'âme humaine de se connaître elle-même et de nous informer de tout ce qui se passe présentement en elle (p. 39). — La *réflexion*, ou le retour sur soi, permet à l'âme de découvrir plus clairement ses actes et ses divers états.

L'observation externe ou objective consiste : 1º à considérer les hommes d'*aujourd'hui* et ceux d'*autrefois*, pour essayer d'induire des faits extérieurs qui manifestent leur vie psychologique (signes, gestes, langage, histoire, récits de voyages, législation, littérature, monuments, arts, religion, etc.), ce qu'ils ont pensé, senti, voulu, désiré ; — 2º à comparer les divers états d'âme de l'homme adulte, sain et civilisé, avec celui de l'enfant qui n'a pas encore l'usage de sa raison, du malade chez qui cette raison est troublée, du sauvage chez qui elle n'est pas développée. — La comparaison de l'homme et de l'animal peut fournir aussi quelques renseignements utiles (p. 114).

Les données diverses de l'observation externe servent à compléter et à vérifier celles de l'observation de soi-même, qui demeure le fondement principal et essentiel de toute étude psychologique (p. 166).

Remarque. — A l'observation interne ou externe, on peut joindre une sorte d'*expérimentation*. Ainsi, le psychologue peut faire un raisonnement pour en constater les lois; rappeler, à l'aide de la mémoire, un fait passé pour le considérer plus à l'aise; se rendre compte de l'influence des institutions sociales sur les peuples, des conséquences de telle loi pour la moralité ou la richesse publique, des avantages ou des inconvénients des différents systèmes d'éducation, etc. — Ce n'est point là l'expérimentation proprement dite qui, dans les sciences physiques, consiste surtout à provoquer ou à modifier artificiellement certains phénomènes. En psychologie, on ne peut en faire autant, si ce n'est dans une faible mesure.

Une science nouvelle, la *psycho-physique* ou *psycho-physiologie* (qui cherche à découvrir les rapports du système nerveux, du cerveau en particulier, avec les phénomènes de l'âme), applique la méthode expérimentale aux faits physiologiques auxquels sont liés les faits psychologiques élémentaires : les *sensations externes surtout* semblent être les seuls faits psychologiques directement liés à des causes physiques saisissables par l'expérience.

Les psycho-physiciens se sont surtout proposé de rechercher la *vitesse* des sensations, leur *durée*, la *quantité* d'impression physique qui correspond au premier degré de la sensation, le *rapport* des variations des excitations externes aux variations des sensations. Les résultats de leurs expériences sont tous plus ou moins contestables : les phénomènes physiologiques qui accompagnent les phénomènes psychologiques n'ont, pour nous faire connaître ceux-ci, qu'une valeur tout à fait secondaire.

Quoi qu'il en soit de ces derniers procédés, on doit regarder la psychologie comme une science véritable, puisqu'elle a sa méthode sûre et son objet bien déterminé.

Division de la psychologie. — La psychologie se divise en deux parties : 1° la psychologie expérimentale, qui étudie les *faits* et les *facultés de l'âme;* — 2° la psychologie rationnelle, qui étudie la *nature de l'âme*.

Distinctes dans leur *objet*, ces deux parties d'une même science diffèrent encore par leur *méthode*. La première fait usage de l'*observation* (méthode inductive); la seconde, sans négliger les données de l'expérience, fait surtout usage du *raisonnement* (méthode déductive). (Voir, p. 72, les diverses formes du raisonnement.)

QUESTIONNAIRE. — Quel est l'objet de la psychologie? — Combien de sortes d'êtres distingue-t-on dans l'univers? — Qu'est-ce que l'âme en général? — Qu'est-ce que la vie? — Combien en distingue-t-on de sortes? — La psychologie est-elle bien importante? — Comment s'acquiert la science de l'âme? — Quelle méthode doit-on suivre en psychologie? — L'expérimentation est-elle possible en psychologie? — Comment peut-on diviser la psychologie?

PSYCHOLOGIE EXPÉRIMENTALE

Objet et division. — La psychologie expérimentale traite : 1° des *faits* ou *phénomènes psychologiques;* — 2° des *facultés de l'âme*.

I. — FAITS PSYCHOLOGIQUES

Faits dont notre âme est le principe. — Distinction des faits physiologiques et psychologiques. — Remarque. — Classification des faits psychologiques. — Valeur de cette classification.

Faits dont notre âme est le principe. — Notre âme est le principe de tous les faits *vitaux* qui s'accomplissent en nous (voir p. 11). Mais tous ces faits ne sont pas indistinctement l'objet de la psychologie : les uns, purement *organiques*, n'affectent que le corps; les autres, purement *spirituels*, sont propres à l'âme;

d'autres enfin, qu'on peut appeler *mixtes,* se rapportent au composé humain, mais premièrement et nécessairement à l'âme.

Les *faits organiques,* tels que la digestion, l'assimilation des aliments, la circulation du sang, la respiration, la croissance, les mouvements nerveux et musculaires, etc., sont l'objet exclusif de l'*anatomie* et de la *physiologie.* On les appelle phénomènes physiologiques.

Les *faits spirituels,* tels que la pensée sous ses différentes formes : le désir, le souvenir, le jugement, le raisonnement, la résolution volontaire, etc., et les *faits mixtes,* tels que les impressions agréables ou douloureuses produites sur nous par les objets extérieurs : la vue d'un beau paysage, l'audition d'une mélodie, etc., font l'objet propre de la *psychologie.* On les appelle phénomènes psychologiques ou psychiques.

Distinction des faits physiologiques et des faits psychologiques. — Les phénomènes physiologiques et les phénomènes psychologiques diffèrent entre eux par leur *nature,* leur *fin* et la *manière dont nous les connaissons.*

1º Par leur nature. — Les phénomènes *physiologiques* appartiennent à la matière; ils ont une *intensité mesurable* (ex. : durée de la digestion de tel aliment), une *forme,* une *étendue* qu'on peut décrire ou représenter (ex. : les organes de la circulation, de la respiration, de la digestion), et se réduisent à des *mouvements physiques* et à des *combinaisons* de molécules; enfin, ils sont *localisés :* le sang circule dans les veines et les artères, la digestion s'opère dans l'estomac et ses annexes.

Les faits *psychologiques,* au contraire, sont immatériels comme l'âme elle-même; ils n'ont ni lieu (p. 28), ni forme, ni étendue, ni intensité mesurable, et ne se ramènent point à des mouvements physiques. On parle parfois de la profondeur des pensées, de l'étendue de l'esprit, du poids d'une opinion; mais ce sont là des expressions que personne ne prend à la lettre : les faits psychologiques sont plus ou moins intenses mais non mesurables : l'unité de mesure fait totalement défaut.

2° Par leur fin. — Les phénomènes *physiologiques* ont pour fin la *conservation* de la santé, le *développement* des muscles, des nerfs, des os, la *réparation* des tissus, des organes, etc. — Les phénomènes *psychologiques* concourent aussi à la conservation du corps (p. 29); mais leur but véritable est le *développement* de la vie intellectuelle et morale, c'est-à-dire la connaissance de la vérité, la pratique du bien, la poursuite du bonheur.

3° Par la manière dont ils sont connus. — Les phénomènes *physiologiques* sont connus par l'intermédiaire des sens externes [1] (la vue, l'ouïe, le goût, l'odorat, le toucher), aidés au besoin d'instruments qui en augmentent la puissance. — Les phénomènes *psychologiques*, au contraire, échappent aux sens; les instruments les plus parfaits ne sauraient les atteindre; ils ne se révèlent qu'à la *conscience psychologique*, qui est l'âme se connaissant elle-même directement, sans intermédiaire, et nous informant de tout ce qui se passe présentement en elle : d'où le nom de *phénomènes de conscience*, que l'on donne encore aux phénomènes psychologiques.

Remarque. — Le mot *conscience* a deux sens. En psychologie, il signifie : connaissance immédiate que l'âme a d'elle-même et de tous les faits internes; en morale, il signifie : discernement immédiat du bien et du mal, du juste et de l'injuste; d'où la *conscience psychologique* (p. 39) et la *conscience morale* (p. 215).

Classification des faits psychologiques. — Les phénomènes psychologiques sont extrêmement nombreux et variés. Mais ces divers phénomènes apparaissent à l'observateur, quelquefois *distincts* et *indépendants*, le plus souvent avec des points de *ressemblance* ou de *contact*. Leur classification repose sur cette différence et cette ressemblance. Ainsi :

1° Les *impressions* de la faim ou de la soif, de la chaleur ou du froid, le *chagrin* que cause un échec, la joie d'un succès obtenu, etc., sont des phénomènes diffé-

---

[1] Nous disons « sens externe » pour distinguer les *sens* en question du *sens interne* ou *conscience psychologique*.

rents sans doute; mais ils revêtent un caractère commun, celui d'*affecter* d'une certaine façon (agréablement ou péniblement) le sujet qui les éprouve; dès lors on peut les classer tous dans un premier groupe et les appeler **faits sensitifs** ou **de sensibilité**.

2° Les *idées*, les *souvenirs*, les *jugements*, les *raisonnements*, etc., de nature aussi très diverse, sont des phénomènes qui se ramènent tous à des *connaissances*. On peut donc les classer dans un deuxième groupe et les appeler **faits intellectuels** ou **d'intelligence**.

3° Les *résolutions* et les *actions* par lesquelles notre âme exerce sa puissance d'*agir*, soit au dedans, soit au dehors d'elle-même, n'offrent pas moins de variété; mais chacun de ces actes est une *détermination*, une *volition*. Ils peuvent donc former un troisième groupe, celui des **faits volontaires** ou **de volonté**.

Valeur de cette classification. — Cette classification des faits psychologiques, en trois groupes, est entière et irréductible :

Entière. — On ne saurait trouver d'autres groupes de faits psychologiques : tous ces faits (la conscience l'affirme) viennent se ranger ou dans le groupe des faits sensitifs, ou dans le groupe des faits intellectuels, ou dans celui des faits volontaires.

Irréductible. — On ne peut en distinguer moins: chacun de ces trois groupes diffère tellement des deux autres, qu'il faut nécessairement admettre trois classes séparées de phénomènes psychologiques.

Remarque. — Reconnaître et classer les faits n'est que le prélude de la psychologie; il reste à expliquer ces faits en les rattachant à leurs causes, qui sont les *facultés de l'âme*.

QUESTIONNAIRE. — Quel est l'objet de la psychologie expérimentale? — De quels faits notre âme est-elle le principe? — En quoi les faits physiologiques et les faits psychologiques diffèrent-ils? — En combien de classes divise-t-on les faits psychologiques? — Quelle est la valeur de la classification précédente?

II. — FACULTÉS DE L'AME

Ce qu'on entend par faculté. — Définition des facultés de l'âme. — Détermination des facultés de l'âme. — Unité de la vie psychologique. — Ordre du développement des facultés de l'âme.

Ce qu'on entend par faculté. — Par faculté, en général, on entend la *puissance physique ou morale, qui rend un être capable d'agir de certaine manière, de produire certains effets, ou d'éprouver certaines modifications.*

Le pouvoir d'éprouver passivement des modifications, sous l'influence de tel ou tel agent extérieur, s'appelle *propriété* (la matière inorganique a des propriétés); le pouvoir d'agir d'une manière inconsciente s'appelle *fonction* (la matière organique exerce des fonctions); le pouvoir d'agir spontanément avec connaissance et liberté s'appelle *faculté*.

La faculté proprement dite requiert donc trois conditions : la *spontanéité* ou *activité propre*, la *connaissance* et la *liberté*. — L'homme seul possède des *facultés* proprement dites, parce que l'âme humaine seule a le pouvoir d'agir spontanément avec connaissance et liberté.

Définition des facultés de l'âme. — On peut définir les facultés de l'âme humaine : *les puissances ou pouvoirs qu'elle se reconnaît d'éprouver certaines modifications ou d'accomplir certains actes, volontairement et avec connaissance.*

Détermination des facultés de l'âme. — Les facultés de l'âme, comme tous les agents de la nature, se révèlent à nous par leurs effets, c'est-à-dire par les *faits* ou *phénomènes* qu'elles produisent. Nous savons qu'il existe trois classes distinctes de phénomènes psychologiques (p. 17). Or, tout phénomène résulte d'une cause, et les phénomènes distincts supposent des causes distinctes. L'âme possède donc trois pouvoirs, trois facultés distinctes, qui sont : la sensibilité, cause des faits sensitifs ou affectifs; l'intelligence, cause des faits intellectuels; la volonté, cause des faits volontaires et libres[1].

Unité de la vie psychologique. — Quoique distinctes, les facultés de l'âme ne sont pas *séparables*, parce que c'est toujours le même sujet, essentiellement actif, qui sent, qui connaît et qui veut[2]. Bien plus, elles n'agissent jamais isolément, et le moindre fait psychologique peut les mettre toutes trois en exercice; par exemple, j'éprouve une douleur : voilà la *sensibilité*; je sais en même temps que je l'éprouve : voilà l'*intelligence*; je voudrais m'en délivrer : c'est la *volonté*.

Souvent, il est vrai, l'une de ces facultés *domine* les autres au point que celles-ci disparaissent presque entièrement; mais en réalité toutes les trois concourent à toutes les opérations de l'âme (voir p. 91 et suiv.). Cette intime association prouve la parfaite unité de notre vie psychologique.

Ordre du développement des facultés de l'âme. Les facultés de l'âme sont aussi anciennes les unes que les autres. Cependant la *sensibilité* se manifeste la première chez l'enfant, l'*intelligence* apparaît ensuite, et enfin la *volonté*.

Nous étudierons dans le même ordre : 1° la *sensibilité*; — 2° l'*intelligence*; — 3° la *volonté*. — Cette étude sera complétée par l'examen des signes des faits psychologiques, savoir : le *langage* et l'*esthétique*.

QUESTIONNAIRE. — Qu'est-ce qu'on entend par faculté en général? — Combien de conditions implique la faculté proprement dite? —

---

[1] Certains auteurs prétendent que la *sensibilité* ne doit pas être rangée parmi les facultés proprement dites; qu'elle n'est qu'une simple capacité. — On peut répondre que la volonté la dirige dans une certaine mesure, et que dès lors on ne saurait la considérer comme une capacité ou une simple fonction.

D'autres admettent une quatrième faculté : la faculté motrice, à laquelle se rapporteraient tous les mouvements corporels. — Nous considérons ce pouvoir comme un simple mode de l'activité que l'âme exerce soit en elle-même, soit au dehors.

[2] L'âme humaine *agit* toujours, plus ou moins, d'une manière ou d'une autre; c'est un besoin essentiel de sa nature; ses facultés ne sont pas autre chose que les formes multiples de son activité : *souffrir, jouir, penser, vouloir*, c'est agir (ou réagir) de différentes manières.

Comment peut-on définir les facultés de l'âme? — Combien l'âme possède-t-elle de facultés? — Les facultés de l'âme opèrent-elles isolément? — Dans quel ordre se développent-elles?

SENSIBILITÉ

Définition. — Caractères de la sensibilité. — Division de la sensibilité. — Classification des faits sensibles.

Définition. — La sensibilité est la *faculté de sentir*. Sentir, c'est *jouir* ou *souffrir*.

Caractères de la sensibilité. — Les principaux caractères de la sensibilité se réduisent à six. Elle est : 1° **affective**, c'est-à-dire que les états sensitifs sont agréables ou pénibles ; — 2° **subjective**, c'est-à-dire qu'elle est une simple modification intérieure du sujet sentant ; — 3° **personnelle et variable** : elle diffère d'un individu à un autre, et dépend, en chacun, de l'âge, du tempérament, des dispositions de l'esprit et du corps ; — 4° **passive**, c'est-à-dire qu'elle subit l'action des choses extérieures ; — 5° **fatale**, c'est-à-dire qu'elle est privée de liberté : la jouissance ou la souffrance ne dépendent pas du choix de l'homme; elles lui sont imposées ; — 6° **expressive**, c'est-à-dire que les jouissances ou les souffrances reçues se manifestent par des signes extérieurs : mouvements, sanglots, rires, dont l'ensemble constitue ce qu'on appelle le langage naturel (p. 94).

Division de la sensibilité. — On peut être affecté agréablement ou péniblement à l'occasion de faits *organiques* ou de faits *intellectuels*. De là, deux sortes de sensibilité : la sensibilité *physique* ou *corporelle*, et la sensibilité *intellectuelle* et *morale*.

La *sensibilité physique* est *mixte* : elle tient à la fois de l'âme et du corps ; elle réside dans l'âme, mais sans le corps elle ne saurait exister. Elle comprend les jouissances et les souffrances qui résultent des diverses impressions produites en nous par les phénomènes corporels.

La *sensibilité intellectuelle* et *morale* appartient à l'âme seule. Elle comprend les jouissances et les souffrances que produit en notre âme l'invisible action de nos idées et de nos sentiments (imagination, réflexion, souvenir).

Classification des faits de sensibilité. — Tous les faits de sensibilité peuvent se ramener à deux grandes classes : les *émotions*[1] et les *tendances*[2].

QUESTIONNAIRE. — Comment définit-on la sensibilité? — Quels sont les principaux caractères de la sensibilité? — Combien distingue-t-on d'espèces de sensibilité? — Que comprend chacune d'elles? — Comment divise-t-on les faits de la sensibilité?

ÉMOTIONS DE LA SENSIBILITÉ

Les émotions ou *faits apparents* de la sensibilité (c'est-à-dire en quelque sorte les plus extérieurs à l'âme) sont : le *plaisir* et la *douleur*, les *sensations* et les *sentiments*.

I. — PLAISIR ET DOULEUR

Causes du plaisir et de la douleur. — Leur but. — Différence entre les plaisirs du corps et ceux de l'âme.

Le plaisir et la douleur sont les deux éléments que l'analyse retrouve sous tous les modes de la sensibilité.

Nous connaissons, par expérience, ces deux phénomènes. Quant à les définir, ce n'est pas possible, parce que ce sont des phénomènes simples[3]; on peut tout au moins énumérer leurs caractères et indiquer leurs causes.

[1] Dans la langue philosophique actuelle, le mot *émotion* désigne les faits de sensibilité en général.
[2] Les *tendances* sont des excitations intérieures qui déterminent à certains actes sans participation de l'intelligence et de la volonté. Le besoin de mouvement, c'est la tendance; le plaisir qu'on éprouve à se promener, c'est l'émotion : la tendance est donc antérieure à l'émotion.
[3] Définir une chose, c'est l'analyser ; mais analyser c'est décomposer un tout en ses éléments ; or, une chose simple n'est pas décomposable ; elle ne peut donc être analysée, ni par suite définie.

Causes du plaisir et de la douleur. — Le plaisir est le résultat de l'activité qui s'exerce normalement, c'est-à-dire qui ne contrarie aucune de nos *fins naturelles*.

La douleur naît de l'activité empêchée, exagérée ou faussée : *empêchée :* l'inaction forcée est un supplice ; *exagérée :* une marche ou une étude trop longue fatigue ; *faussée :* quand l'activité est contraire à nos fins naturelles, elle amène la douleur.

But du plaisir et de la douleur. — Le plaisir et la douleur jouent dans la vie humaine un rôle important. Le plaisir et la douleur organiques nous aident à connaître l'état sain ou morbide de notre corps ; ils nous apprennent ce qui convient ou ne convient pas dans les aliments, le vêtement, l'habitation, l'air que nous respirons, les objets dont nous nous servons. — La douleur et le plaisir intellectuels nous excitent à l'étude. — Le plaisir moral nous aide à pratiquer la vertu ; la douleur morale nous détourne du mal, nous rend attentifs, vigilants, prudents. Le plaisir moral est la première récompense de la vertu, et la douleur morale le premier châtiment du mal.

Différence entre les plaisirs du corps et ceux de l'âme. — Le plaisir et la douleur ont tous les caractères de la sensibilité. Mais entre les plaisirs du corps et ceux de l'âme on établit trois différences :

1º Les plaisirs du corps sont des **moyens** ; les plaisirs de l'âme, des **fins**. Ainsi le plaisir qu'on éprouve en *mangeant*, en *se reposant*, en *se promenant*, est un moyen donné à l'homme pour procurer la conservation du corps. Au contraire, le plaisir qu'on éprouve à *s'instruire*, bien qu'il doive servir de moyen à l'homme pour s'élever plus haut, est déjà une fin, parce qu'il consiste dans une certaine possession de la vérité qui est la fin de l'intelligence ;

2º Les plaisirs du corps, irrépréhensibles quand on ne les détourne pas de leur but, deviennent *coupables* et *avilissants* dès qu'on les recherche pour eux-mêmes, parce qu'ils retiennent l'homme au-dessous de sa nature.

Les plaisirs de l'âme, tels que les plaisirs de la vertu, de la science, de l'amitié, du dévouement, etc., sont toujours *louables* et *nobles*, parce qu'ils acheminent l'homme vers sa perfection. — Il y a aussi des plaisirs de l'âme, honteux et coupables : « Les pensées mauvaises sont en abomination au Seigneur. » (Bible.)

3º Les plaisirs du corps sont *passagers*; les plaisirs de l'âme sont *durables*: la satisfaction, par exemple, de la connaissance acquise dure au delà du temps employé à l'acquérir.

Les plaisirs du corps et ceux de l'âme doivent donc être réglés par la raison, et adaptés à la conservation et au développement normal de notre nature.

QUESTIONNAIRE. — Quelle est la cause du plaisir et de la douleur? Quel est le but du plaisir et de la douleur? — Quelle différence y a-t-il entre les plaisirs du corps et ceux de l'âme?

II. — SENSATIONS

Définition. — Les sens, leurs organes et leurs données naturelles. — Conditions de la sensation. — Éléments de la sensation. — Remarque. — Caractères de la sensation. — Classification des sensations.

Définition. — On appelle sensation *toute émotion, agréable ou pénible, que l'âme éprouve à la suite d'une impression organique.* — Cette définition se borne à indiquer la cause occasionnelle de la sensation; elle n'en fait pas connaître la nature. Ce n'est donc pas une définition rigoureuse (note 3, p. 22).

Les sens, leurs organes et leurs données naturelles. — Il ne faut pas confondre les sens avec les organes des sens. Les *sens* sont des pouvoirs spéciaux de l'âme; les *organes des sens* sont des appareils corporels qui mettent les sens externes en rapport avec le monde extérieur, et font éprouver à l'âme des sensations (*note*, p. 17).

Les sens externes sont au nombre de cinq: la *vue*, l'*ouïe*, le *goût*, l'*odorat* et le *tact* ou le *toucher*.

La vue a pour organes les yeux et les nerfs optiques; elle donne les sensations de la lumière et des couleurs.

L'ouïe a pour organes les oreilles et les nerfs auditifs; elle donne les sensations des vibrations.

Le goût a pour organes la muqueuse de la langue et le nerf lingual; il donne les sensations des saveurs.

L'odorat a pour organes la muqueuse des fosses nasales et les nerfs olfactifs; il donne les sensations des odeurs.

Le toucher a pour organes les nerfs tactiles répandus sur la surface du corps et spécialement sur la partie intérieure des mains et des doigts; il donne les sensations du chaud, du froid, de l'étendue tangible, de la résistance de la matière, c'est-à-dire de son état fluide ou solide.

En réalité, le seul et véritable organe de la sensibilité physique est le système nerveux, qui comprend l'*encéphale* (cerveau, cervelet, moelle allongée), la *moelle épinière*, et les *nerfs*.

Les *nerfs* sont de minces filets blancs qui, s'échappant en faisceaux de la base de l'encéphale ou de la moelle épinière, se ramifient dans tout le corps. On en distingue trois sortes, non à cause d'une différence de contexture, mais à cause d'une différence de fonction; les uns servent au *mouvement*, les autres à la *sensation*, et ceux qui remplissent les deux fonctions à la fois. — Les premiers sont nommés nerfs *moteurs* ou *centrifuges*, parce qu'ils transmettent l'action du dedans au dehors; les seconds, nerfs *sensitifs* ou *centripètes*, parce qu'ils apportent les impressions du dehors au dedans; les troisièmes, nerfs *mixtes* : tel, par exemple, le nerf lingual.

Conditions de la sensation. Toute sensation résulte d'une opération des sens et suppose quatre faits : — 1° une *impression* produite par un objet physique sur un organe corporel; — 2° la *transmission* de cette impression au cerveau par le nerf sensitif; — 3° l'*ébranlement* cérébral; — 4° la *modification* ou l'*émotion* de l'âme, qui est la sensation proprement dite.

Le premier de ces faits est un fait *physique;* les deux suivants sont des faits *physiologiques;* le dernier seul est un phénomène *psychologique.*

Aussitôt que le cerveau, centre principal du système nerveux, reçoit une impression, l'âme éprouve une émotion, une sensation.

Éléments de la sensation. — La sensation contient deux éléments : l'élément *affectif* et l'élément *significatif.*

Si par exemple je goûte un fruit, si je flaire une fleur odorante, j'éprouve aussitôt une sensation quelconque, et je connais cette sensation. Le premier de ces faits est l'élément *affectif* (ainsi appelé parce qu'il nous affecte agréablement ou péniblement); le second, l'élément *significatif,* c'est-à-dire un état de conscience subjectif qui, interprété par l'intelligence, peut devenir objectif (discernement de l'espèce et du degré de maturité de ce fruit, nature de cette fleur, etc.). L'élément significatif est le point de départ de la connaissance objective (voir, p. 36, Conditions de la perception externe).

Remarque. — L'élément affectif et l'élément significatif sont en raison inverse l'un de l'autre; plus le premier est vif, moins le second est net : la vivacité de l'émotion nuit à la netteté de la signification, et réciproquement.

Caractères de la sensation. — Toute sensation a :
1° Une certaine *durée :* elle ne peut se produire ni disparaître instantanément;
2° Une *intensité moyenne :* l'esprit ne perçoit pas les impressions trop faibles ou trop fortes;
3° Une certaine *tonalité,* c'est-à-dire qu'elle est toujours accompagnée d'un certain degré de plaisir ou de douleur;
4° Certaine qualité ou espèce (visuelle, ou auditive, ou olfactive, ou gustative, etc.) : la qualité d'une sensation dépend de l'organe qui l'a produite.

Classification des sensations. — D'après la cause qui les produit, on distingue les sensations *internes* et les sensations *externes.*

Sensations internes. — Les sensations internes sont provoquées par les modifications, souvent inconnues, de *l'organisme même*, surtout des organes digestifs et respiratoires. Elles comprennent les sensations des muscles, des nerfs, de la fatigue, du repos, de la faim, de la soif, de la respiration, de la nutrition, de la fièvre, etc. Dans ces sensations, l'élément significatif est presque nul ; aussi n'avons-nous qu'une idée très incomplète du fonctionnement des organes internes ou vitaux.

Sensations externes. — Les sensations externes résultent d'une impression produite par les objets physiques sur les *organes des sens*, et se subdivisent en autant de classes qu'il y a de sens (p. 24 et suiv.).

QUESTIONNAIRE. — Comment peut-on définir la sensation ? — Quels sont les sens qui nous mettent en rapport avec le monde extérieur, et quels sont leurs organes respectifs ? — Combien de faits suppose toute sensation ? — Quels sont les deux éléments de la sensation ? — Quels sont les caractères de la sensation. — Comment se divisent les sensations ?

III. — SENTIMENTS

Définition. — Diverses espèces de sentiments. — Différence entre la sensation et le sentiment. — Remarque. — Rôle des sensations et des sentiments.

Définition. — On appelle sentiment *toute émotion agréable ou pénible, que l'âme éprouve à la suite d'un fait intellectuel ou moral*. — Les sentiments se résument dans la joie et la tristesse.

Diverses espèces de sentiments. — Les sentiments sont très nombreux : il y a les sentiments intellectuels, moraux, religieux, esthétiques, sociaux. On distingue, d'après leur objet, les sentiments *intellectuels* et les sentiments *moraux*.

Les sentiments intellectuels naissent de la perception du *vrai* et du *beau;* ils comprennent toutes les joies et toutes les tristesses qui proviennent de la connaissance ou de l'ignorance de la vérité, de la vue du beau ou du laid. La *solution* d'un problème, l'*audition* d'un discours, la *contemplation* d'un chef-d'œuvre d'architecture, la *vue* d'un serpent, etc., produisent des *sentiments intellectuels*.

Les **sentiments moraux** naissent de la perception ou de la conscience du bien; ils comprennent toutes les joies ou toutes les peines que font éprouver le souvenir ou la constatation d'un devoir accompli ou d'une faute commise, la vue d'une bonne ou d'une mauvaise action, la piété filiale, le patriotisme, etc.

Différences entre la sensation et le sentiment. — La *sensation* et le *sentiment*, tout en ayant la même origine (la sensibilité), tout en étant l'un et l'autre des phénomènes affectifs, des états de conscience, demeurent néanmoins profondément distincts. Ainsi :

La *sensation* provient d'une impression organique, elle n'implique aucune opération intellectuelle. Ex. : plaisir de manger et de boire, douleur de la faim et de la soif.

Le *sentiment*, au contraire, a pour principe immédiat un fait intellectuel ou moral : idée, souvenir, jugement, etc.

La *sensation* est localisée dans notre propre corps : la douleur réside à l'endroit du corps qui est malade ou blessé ; la sensation de l'odeur réside dans les fosses nasales ; la sensation de la soif, dans la bouche, etc. [1].

Le *sentiment* (émulation, enthousiasme, sympathie, antipathie, amour, haine) ne se localise nulle part dans le corps, il affecte l'âme.

La *sensation* s'affaiblit en se répétant : la main s'habitue au contact des corps froids, l'odorat s'émousse à flairer les parfums.

Le *sentiment*, au contraire, s'accroît par l'exercice :

---

[1] La localisation de la sensation n'est qu'*apparente* ; c'est une illusion analogue à celle des amputés : ils éprouvent des sensations de froid ou de douleur dans le membre qu'ils n'ont plus. Dans l'organisme il n'y a que la cause de la sensation : l'*excitation organique*. La sensation est un phénomène psychologique; elle réside dans l'âme.

l'amour et la recherche du vrai, du juste, du beau, l'étendent et le perfectionnent toujours davantage.

Remarques. — La *sensation* est commune à l'homme et à l'animal.

Le *sentiment* appartient proprement à l'homme, qui seul peut éprouver des émotions intellectuelles ou morales. — L'animal a néanmoins certains sentiments simples (joie, tristesse, amour, haine), parce qu'il possède la connaissance sensitive.

Rôle des sensations et des sentiments. — Les sensations internes ont pour fin la *vie physique;* elles nous instruisent de ce que nous devons rechercher ou fuir pour la conservation ou l'entretien de notre santé.

Les sensations externes nous *informent de la présence des objets extérieurs*, nous excitent à la connaissance de ces objets et réveillent ainsi les facultés intellectuelles.

Les sentiments ont une fin plus élevée, à savoir : le développement de la *vie intellectuelle et morale*. Dans l'ordre *intellectuel*, ils nous renseignent sur l'état de notre esprit, et nous révèlent ce que nous devons rechercher ou écarter pour notre bien intellectuel : la jouissance qui suit une découverte provoque de nouvelles recherches. — Dans l'ordre *moral,* ils nous révèlent ce que nous devons faire ou éviter pour arriver à la perfection suprême. Le remords est le premier châtiment du vice ; la joie, la première récompense de la vertu et un stimulant pour de nouveaux efforts.

QUESTIONNAIRE. — Qu'appelle-t-on sentiment? — Combien distingue-t-on d'espèces de sentiments? — Quelle différence existe-t-il entre les sensations et les sentiments? — Quel est le but respectif des sensations et des sentiments?

TENDANCES DE LA SENSIBILITÉ

Les tendances ou *causes secrètes* de la sensibilité sont: les *inclinations* ou *penchants* et les *passions*.

I. — INCLINATIONS OU PENCHANTS, APPÉTITS

Définition. — Division des inclinations.

Définition. — Les inclinations ou penchants sont des *tendances naturelles, instinctives de l'âme*, qui nous portent *vers les objets conformes à notre nature*.

En elles-mêmes, les inclinations sont fatales, et notre action sur elles est seulement indirecte. (Note 2, p. 22.)

Division des inclinations. — Il doit y avoir autant d'inclinations ou de penchants que notre nature comporte de fins ou de rapports naturels. On les divise ordinairement, d'après leur objet, en trois groupes : inclinations *personnelles, sociales, supérieures*.

Inclinations personnelles. Appétits. — Les inclinations *personnelles* se rapportent au *corps* ou à la *personne humaine* tout entière, esprit et corps.

Les inclinations corporelles sont appelées *appétits*. Les appétits sont des sensations organiques qui nous portent à rechercher ce qui est ou paraît utile à la conservation et au développement de la vie physique. La plupart sont *périodiques*, c'est-à-dire qu'ils se manifestent à des intervalles à peu près réguliers (ex. : la faim, la soif, le sommeil).

Les appétits sont *naturels* ou *factices* : naturels, lorsqu'ils résultent de la constitution de l'organisme, ex. : besoin de nourriture, de sommeil, de repos, de mouvement, etc. ; factices, lorsqu'ils sont le résultat de l'habitude, ex. : besoin de fumer, de priser, de boire des liqueurs fortes, etc.

Les appétits naturels doivent être réglés et dirigés ; car ils peuvent dépasser les limites fixées par la raison. — Quant aux appétits factices, ils sont inutiles et très souvent pernicieux.

Les inclinations relatives à la personne humaine se rapportent, les unes à l'esprit, les autres aussi bien à l'esprit qu'au corps. Nous aimons naturellement tout ce qui peut rendre notre existence meilleure et plus durable : le bien-être, les honneurs, les richesses, la vérité, l'indépendance, la perfection physique, intellectuelle et morale.

Inclinations sociales. — Les inclinations *sociales* nous portent vers nos semblables; elles ont pour objet les *biens* que nous offrent la société en général ou les *personnes* avec lesquelles nous sommes en relation. Elles comprennent :

1º Les *instincts de société :* la sociabilité est naturelle à l'homme; il a besoin de *sympathiser* avec ses semblables, de leur communiquer ses pensées et ses sentiments, d'être connu et estimé d'eux, etc. — La sympathie est une disposition à éprouver les mêmes sentiments qu'autrui, quand on aperçoit les signes extérieurs qui les révèlent : on jouit ou l'on souffre, par sympathie, de la joie ou de la douleur des autres.

2º Les *inclinations domestiques et corporatives :* les *affections de famille* (*amour conjugal, amour paternel ou maternel, filial, fraternel*), le *patriotisme,* l'*esprit de corps.*

Le développement des inclinations sociales produit la *pitié,* la *bienveillance,* la *bienfaisance,* le *dévouement,* la *charité,* la *vénération,* l'*imitation.*

Inclinations supérieures. — Les inclinations *supérieures,* désignées souvent sous les noms de *sentiments intellectuels, esthétiques, moraux* et *religieux,* ont pour objet : — 1º l'amour du *vrai,* principe de la science; — 2º l'amour du *beau,* principe de l'art; — 3º l'amour du *bien,* principe de la vertu; — 4º l'amour de *Dieu,* principe de la religion.

La satisfaction des inclinations supérieures, les plus nobles de toutes, fait la dignité et le bonheur de la vie.

QUESTIONNAIRE — Comment peut-on définir les inclinations ou penchants? — Comment se divisent les inclinations? — Quel rôle jouent les inclinations personnelles? — les appétits? — les inclinations sociales? — les inclinations supérieures?

II. — PASSIONS

Définition. — Les deux sens du mot passion. — Caractères des passions. — Causes des passions. — Remarque. — Classification des passions. — Leur rôle dans la vie.

Définition. — On peut définir les passions en général : *des émotions fortes, des inclinations vives de la sensibilité.*

Les deux sens du mot passion. — Toute passion a sa source dans une inclination, et toute inclination soit physique, soit intellectuelle ou morale, peut, en s'exagérant, devenir passion ; mais une inclination exagérée n'est pas, pour cela, nécessairement pervertie.

Les inclinations puissantes et dirigées vers le vrai, le bien ou le beau, sont les passions *prises en bonne part* (ex. : la passion de la science, du dévouement envers le prochain).

Les inclinations qui sollicitent à agir contre le devoir sont les passions *prises en mauvaise part* (ex. : l'avarice, l'orgueil, la gourmandise). — Le mot *passion*, tout court, a le plus souvent cette signification.

Caractères des passions mauvaises. — Les passions proprement dites sont : — 1° violentes : elles troublent le jugement et asservissent la volonté ; c'est le plus haut degré d'irritation de la sensibilité ; — 2° aveugles : elles ne voient que l'objet de leur convoitise, sans préoccupation des conséquences ; — 3° exclusives : elles suppriment ou se subordonnent toutes les autres inclinations : celui qui est passionné pour le jeu, pour le vin, etc., leur sacrifie tout le reste, honneur, santé, fortune ; — 4° égoïstes : leur but unique est la jouissance, la satisfaction personnelle, le plaisir du moment, sans règle ni mesure.

Causes des passions mauvaises. — Les causes qui peuvent pervertir les inclinations primitives de la sensibilité et les transformer en passions mauvaises sont *extérieures* ou *intérieures*.

Les causes extérieures sont : — 1º le *milieu* où l'on vit, la *situation de fortune*, la *position sociale*, les *occasions* ; — 2º *l'âge*, le *régime*, le *tempérament, certaines maladies* ; — 3º surtout *l'éducation*, les *leçons*, les *lectures*, les *exemples* : « Rien n'émeut plus les passions que les discours et les actions des hommes passionnés. Au contraire, une âme tranquille nous communique son repos. » (Bossuet.)

Les causes intérieures sont : — 1º *l'imagination*, qui, par ses fictions trompeuses, augmente l'attrait ou la répulsion que nous inspire l'objet aimé ou haï. Dans la colère, par exemple, l'imagination grossit outre mesure les raisons qui l'ont fait naître, éloigne les images qui pourraient la calmer, et ne présente que celles qui l'alimentent et l'excitent ; — 2º la *volonté :* soit en laissant faire, alors qu'elle devrait intervenir et empêcher ; soit en se faisant l'auxiliaire de la passion et en travaillant à la satisfaire.

Selon Bossuet, le principe de toute passion, c'est *l'amour*. « La *haine* qu'on a pour quelque objet, dit-il, ne vient que de *l'amour* qu'on a pour un autre : je ne hais la maladie que parce que j'aime la santé ; je n'ai d'aversion pour quelqu'un que parce qu'il est un obstacle à ce que j'aime, etc. » (*Connaiss. de Dieu.*)

Remarque. — Les passions sont contagieuses : elles se communiquent par l'exemple, « de sorte que les hommes réunis éprouvent des passions beaucoup plus vives que les hommes isolés. » (Paul Janet.) La vue, ou le souvenir, ou la représentation de leur objet, suffit pour les faire reparaître. L'habitude les transforme en besoins, parfois tyranniques.

Classification des passions. — Les passions, n'étant que des inclinations faussées, peuvent, comme ces dernières, se grouper en trois classes. On distingue en effet :

1º Des passions personnelles, les unes *physiques*, naissant des appétits et se rapportant surtout au corps ; les autres *morales*, venant des penchants et se rapportant à l'âme, ou à l'âme et au corps à la fois. Ainsi, la *gourmandise* et l'*ivrognerie* naissent du besoin immodéré de manger et de boire ; la *paresse* naît du besoin exagéré du repos ; l'*égoïsme*, la *lâcheté*, l'*orgueil*, la *vanité*, viennent de l'amour exagéré de soi-même ; l'*esprit d'indépendance* vient de l'amour exagéré de la liberté ; l'*ambition* vient du désir exagéré d'honneur, de gloire, de distinction ; l'*avarice*, la *cupidité*, viennent de l'amour exagéré de la propriété, etc.

2° Des passions sociales, qui sont, ou *malveillantes*, comme : l'envie, la jalousie, la misanthropie, la haine, la colère, la vengeance ; ou *bienveillantes*, comme : le chauvinisme (exagération de l'amour de la patrie), l'esprit de parti (déviation de l'esprit de corps), les passions politiques, la fausse amitié, etc.

3° Des passions supérieures, qui sont *intellectuelles*, *morales*, *esthétiques*, *religieuses*, suivant qu'elles viennent de l'amour du vrai, du bien, du beau ou du sentiment religieux : telles sont la passion de la science, des beaux-arts ; l'engouement ou fausse admiration ; l'intolérance, le fanatisme, le faux zèle, le prosélytisme, etc.

Rôle des passions dans la vie. — Les passions sont des forces qui se meuvent en aveugles et suivent leur attrait sans tenir compte du juste et de l'injuste, de l'ordre et du désordre. Laissées à elles-mêmes et libres de tout frein, elles sont la source des plus grands malheurs : elles troublent l'*esprit* et le rendent incapable de réflexion ; elles faussent le *jugement*, en prêtant à leur objet une importance qu'il n'a pas ; elles subjuguent la *volonté*, qui finit par abandonner honteusement le parti du devoir pour se faire l'auxiliaire des instincts égoïstes et criminels. — Mais, bien dirigées, les passions, c'est-à-dire les attractions et les répulsions légitimes (attraction vers un bien réel, répulsion contre un mal réel), sont un des ressorts les plus puissants de notre activité intellectuelle et morale. Quelle n'est pas leur influence sur l'esprit du savant, de l'artiste, du poète, du guerrier! Tous les grands hommes, les héros, les saints, ont été des hommes noblement et fortement passionnés.

QUESTIONNAIRE. — Comment peut-on définir les passions en général? — Quelles sont les deux acceptions du mot passion? — Énumérez les caractères distinctifs des passions proprement dites? — Quelle différence y a-t-il entre les inclinations et les passions? — Comment se forment les passions? — Combien distingue-t-on de classes de passions? — Quel est le rôle des passions dans la vie?

INTELLIGENCE

Définition. — Caractères de l'intelligence. — Ses trois pouvoirs : pouvoir d'acquisition, — de conservation, — d'élaboration.

Définition. — L'intelligence est la *faculté générale de connaître ou de penser*. Penser signifie ici acquérir des idées[1].

Caractères de l'intelligence. — L'intelligence a pour caractères distinctifs d'être : — 1° **Subjective et objective**; c'est-à-dire que, dans le fait de la connaissance, on trouve toujours deux termes : le sujet connaissant et l'*objet* connu ; — 2° **Active** : la connaissance ne se fait pas toute seule, elle exige le déploiement d'un certain effort; — 3° **Fatale** : la vérité évidente s'impose nécessairement à l'intelligence.

Les trois pouvoirs de l'intelligence. — L'intelligence a le pouvoir *d'acquérir des connaissances, de les conserver et de les élaborer*. Elle doit être étudiée dans ses trois pouvoirs. Cette étude sera terminée par l'examen des théories diverses proposées sur l'*origine des idées*.

QUESTIONNAIRE. — Comment peut-on définir l'intelligence? — Quels sont ses caractères? — Nommez les divers pouvoirs de l'intelligence.

[1] Dans un sens large, le mot *idée* désigne un *jugement*, une *croyance*, une *opinion*, tous les faits de la vie intellectuelle. Au sens restreint et philosophique, l'*idée* (qu'on appelle aussi *notion, concept*) est la représentation intellectuelle d'une chose. — La vraie connaissance, c'est la connaissance par les idées.

1º POUVOIR D'ACQUISITION

Il y a trois objets de connaissance : le monde des corps, l'âme et les vérités nécessaires.

L'intelligence connait les réalités matérielles au moyen des *sens* : c'est la *perception externe* ; elle connait les réalités psychologiques au moyen de la *conscience*, c'est la *perception interne*, et les réalités suprasensibles au moyen de la *raison*.

I. — PERCEPTION EXTERNE

Définition. — Conditions de la perception externe. — Perceptions primitives ou naturelles. — Perceptions acquises. — Hypothèse des idées-images. — Différence entre l'idée et l'image. — Conditions de la certitude physique. — Les prétendues erreurs des sens.

Définition. — *La perception externe est la faculté de connaître l'existence et les qualités des objets extérieurs, au moyen de certaines sensations physiques.*

Conditions de la perception externe. — La perception externe suppose trois faits : — 1º une *sensation* (interne ou externe) avec son double élément, affectif et significatif ; — 2º *l'attention de l'esprit* qui discerne les sensations diverses ; — 3º le *jugement* par lequel l'intelligence affirme l'existence et les qualités de l'objet qui a causé la sensation.

Perceptions primitives ou naturelles. — Les perceptions *primitives* ou *naturelles* sont celles que chaque sens nous donne sans le secours d'aucun autre, et antérieurement à toute éducation (voir, p. 24, *les données naturelles de chaque sens*).

Perceptions acquises. — Les perceptions *acquises* sont celles qu'un sens peut nous donner par suite de l'expérience de l'habitude ou de son association préalable avec d'autres sens.

En entendant un instrument de musique, je puis, si mon oreille est exercée, dire quelle est sa nature, où il est, quelquefois même désigner l'artiste qui le joue ; un gourmet juge du goût d'un vin par sa couleur, un chimiste de la nature d'un gaz par son odeur.

Ce n'est qu'en vertu de perceptions acquises précédemment par les cinq sens, conservées dans la mémoire, et associées entre elles par l'expérience et l'habitude, que l'on juge, par la *vue*, de la position des objets, de leur éloignement, de leur nature, de leur relief; par l'*ouïe*, de la nuance des sons, de la distance de l'objet sonore; par le *goût*, de la nature des aliments; par l'*odorat*, de la nature de l'objet odorant; par le *toucher*, de la qualité d'une étoffe, du poids des corps, de leur température.

Hypothèse des idées-images. — Pour expliquer le rôle des sens dans la vie intellectuelle, quelques philosophes ont supposé que les images des objets pénétraient jusqu'à l'âme par les organes des sens. Cette hypothèse n'a aucune valeur scientifique : « L'âme, dit TH. REID, perçoit certaines qualités des corps par l'intermédiaire des sens, comme elle se perçoit elle-même directement par le sens intime. » C'est tout ce qu'il nous est permis d'affirmer.

Différence entre l'idée et l'image. — Il importe de ne pas confondre l'*idée* que nous nous formons d'un objet avec l'*image* ou la *forme sensible* sous laquelle nous nous représentons cet objet; ex. : se représenter un triangle par l'*image*, c'est connaître les caractères particuliers qui le déterminent (la longueur de ses côtés, l'ouverture de ses angles, l'étendue de sa surface); se représenter un triangle par l'*idée*, c'est en connaître la nature ou l'essence (c'est savoir en général que c'est une surface plane, limitée par trois côtés). — De même, imaginer un homme c'est s'en représenter un qui soit de grande ou de petite taille, blanc ou noir, sain ou malade; avoir l'idée de l'homme, c'est concevoir seulement que c'est un être raisonnable, sans s'arrêter à aucune de ses qualités particulières.

L'*idée* est générale, l'*image* particulière; l'*idée* est **une** (l'idée de triangle est la même pour tous les triangles), les *images* des divers objets de même espèce peuvent être fort différentes ; l'*idée* s'étend aux choses matérielles et spirituelles, l'*image* ne se rapporte qu'aux choses matérielles ; l'*idée* répond à l'essence de l'objet, à l'ensemble des propriétés qui le constituent ; l'*image* répond à sa forme extérieure.

Conditions de la certitude physique. — Pour que la connaissance acquise par la perception extérieure soit certaine, quatre conditions sont nécessaires ; il faut : — 1° que les organes des sens agissent dans la *sphère* qui leur est propre et dans la *limite* de leur portée naturelle : une tour carrée paraît ronde à distance, parce qu'elle se trouve hors de la portée de l'œil ; — 2° que les organes des sens soient dans leur *état normal* : celui qui a la jaunisse voit tout en jaune ; celui qui a la fièvre trouve mauvais goût à tous les aliments ; — 3° qu'entre l'objet et l'organe de la vue, il ne s'interpose aucun corps qui puisse altérer la perception : un bâton en partie plongé dans l'eau semble brisé ; ce qui est vu à travers un transparent coloré paraît avoir la couleur du transparent ; — 4° que l'esprit *observe attentivement* la sensation produite par l'objet extérieur. Préoccupé d'une pensée, je regarde autour de moi en plein jour, et je ne vois pas les objets qui m'environnent. Cependant l'image de ces objets se reproduit sur la rétine de mon œil ; le phénomène de la sensation s'accomplit, mais il n'y a pas de perception, parce que l'âme est occupée ailleurs : c'est l'âme qui voit, qui entend, qui touche, qui flaire, qui savoure par l'intermédiaire des organes des sens. Les organes des sens se perfectionnent par l'exercice qui leur fait acquérir plus de sûreté, de rapidité, de délicatesse.

Les prétendues erreurs des sens. — Les sens, dans les conditions dont nous venons de parler, transmettent toujours à l'esprit les impressions qu'ils ont reçues : c'est tout ce qu'ils peuvent faire. L'erreur, lorsqu'elle se produit, naît de l'inattention de l'esprit et non de l'infidélité des sens. — Les *illusions* qui se produisent à l'occasion de la perception externe sont fréquentes : Je suis à l'extrémité d'une allée bordée de deux rangées d'arbres; ces arbres semblent d'inégale hauteur; les plus éloignés de moi paraissent plus petits que ceux auprès desquels je me trouve; de même, l'allée me semble se rétrécir et avoir son maximum de largeur à l'endroit où je suis, et son minimum à l'extrémité opposée. Et pourtant l'allée est également large partout, et tous les arbres sont à peu près de même hauteur.

J'entends du bruit au dehors; je crois que c'est le tonnerre qui gronde, et c'est une voiture qui roule sur le pavé. Mon erreur ne porte pas sur la sensation, qui a été produite réellement, mais sur la nature de l'objet qui l'a produite.

Ces illusions et d'autres encore proviennent de causes dont les sens ne sont pas responsables (perspective, réfraction, maladie). Il n'y a donc pas à proprement parler d'*erreurs des sens*.

QUESTIONNAIRE. — Comment définit-on la perception externe? — Combien de faits suppose-t-elle? — Qu'est-ce qu'on entend par perceptions naturelles? — Par perceptions acquises? — Donnez des exemples. — Que faut-il penser de l'hypothèse des idées-images. — En quoi l'idée diffère-t-elle de l'image? — Énumérez les conditions de la certitude physique. — Les sens peuvent-ils nous tromper?

II. — PERCEPTION INTERNE OU CONSCIENCE

Définition. — Modes de la conscience psychologique. — Ses données.
— Ses limites. — Certitude de son témoignage.

Définition. — La perception interne ou conscience psychologique est *la connaissance que l'âme prend d'elle-même et de ses opérations* (p. 17).

La conscience psychologique est encore appelée *sens intime*, parce qu'elle découvre les faits *intérieurs*, les faits *intimes* (sensations, pensées, sentiments, déterminations) de la vie de l'âme, comme la perception externe découvre les faits du monde extérieur.

Modes de la conscience psychologique. — La conscience psychologique a deux modes : elle est *spontanée* ou *réfléchie*.

La **conscience spontanée** nous fait connaître tout ce qui se passe en nous : c'est elle qui nous permet de savoir ce que nous sentons, ce que nous pensons, ce que nous voulons actuellement ; elle est la condition essentielle de tous les faits psychologiques ; elle ne s'en distingue même pas : les faits psychologiques n'étant rien autre chose que des états de conscience.

La **conscience réfléchie** est un retour de l'âme sur elle-même par un effort de l'intelligence, pour se regarder avec attention et prendre une connaissance nette et précise de ses opérations présentes ou passées. — Elle implique la mémoire et la raison.

Données de la conscience psychologique. — La conscience psychologique nous fait connaître :

1° *Les faits immatériels qui se passent en nous* : elle nous apprend ce que c'est que plaisir et douleur, joie et tristesse, désir, espoir, pensée, souvenir, résolution, etc.;

2° *L'existence même de notre âme* : elle nous la révèle comme *substance* et comme *cause*.

Comme substance [1], c'est-à-dire comme un être existant en soi-même et persistant malgré la variabilité de ses opérations et de ses modifications ou manières d'être. Dans ces phrases : *Je pense, je souffre, je parle, je veux*, le premier mot exprime la substance, le second la manière d'être ou l'attribut.

Comme cause, c'est-à-dire comme un être capable d'action. C'est ce que nous constatons en disant : *C'est moi qui pense, moi qui désire, moi qui veux, moi qui remue le bras*, etc.;

3° *Les caractères essentiels du moi* [2] : son *unité* et son *identité*.

---

[1] Il importe de ne pas confondre la *substance* des êtres avec les *phénomènes* qui manifestent leur existence. — La substance est *ce qui a l'être en soi et non dans un autre*. — Le phénomène est *l'être dans un autre*, c'est ce qui existe dans la substance. Ainsi la terre, l'eau, la pierre, le bois, le métal, l'air, le feu, l'âme, etc., sont des *substances;* mais la propagation du son, la réflexion de la lumière, le rayonnement de la chaleur, la pensée, etc., ne sont que des *phénomènes*.

[2] Le moi se prend quelquefois, en philosophie, pour l'âme seule, en tant qu'elle se connaît et se possède. Ex. : malgré le changement continuel du corps, le même *moi* subsiste toujours un et identique. Ordinairement il exprime l'unité de la personne humaine : le *moi*, c'est l'âme et le corps substantiellement unis pour former l'être humain.

Son **unité**, c'est à la même âme que, dans le moment présent, nous rapportons tous nos actes. Ainsi nous disons : *Je pense, je me souviens, je me détermine;* c'est toujours *je*, toujours *moi*, quel que soit l'acte accompli.

Son **identité** : c'est encore la même âme qui, dans le passé, a fait telle ou telle action : *J'ai pensé, j'ai souffert, je me suis déterminé,* c'est-à-dire qu'elle a gardé son identité aux différents moments de la durée.

Cependant un grand nombre de faits intérieurs demeurent *inconscients,* soit que nous n'y prêtions pas attention, soit que l'impression sur l'âme ait été insuffisante. Ainsi on n'a pas conscience, ou l'on n'a qu'une conscience obscure de ce que l'on voit sans regarder, de ce que l'on entend sans écouter, de ce que l'on fait par routine ou durant le sommeil, les accès de fièvre, la folie, etc.

Limites de la conscience psychologique. — De même qu'elle a des degrés, la conscience a aussi des limites. Elle connaît directement notre âme et ses *phénomènes;* mais elle ne peut atteindre les états d'âme des autres hommes, ni les objets extérieurs, pas même notre propre corps, encore moins l'Être absolu ou Dieu.

Ces vérités nous sont connues autrement. Elles se trouvent sans doute dans la conscience, au même titre que les autres idées, — en tant que connues; — mais nous n'en avons pas véritablement conscience : l'esprit ne peut avoir conscience que de lui-même.

Certitude de son témoignage. — La connaissance qui résulte du témoignage de la conscience psychologique est absolument certaine, parce que, entre les faits observés et la conscience qui les observe, il n'y a aucun intermédiaire qui puisse nous induire en erreur; il y a identité entre le *sujet* et l'*objet :* le sujet connaissant et l'objet connu ne font qu'un, ils sont inséparables : c'est *moi qui connais,* c'est *moi qui suis connu.* On ne saurait, sans tomber dans une absurdité manifeste, *contester* à un homme qu'il souffre, quand il sent qu'il souffre; qu'il est occupé de telle pensée, qu'il prend telle détermination, quand il a conscience de toutes ces choses : ce qui faisait dire à Descartes que si, par impossible, l'esprit venait à révoquer en doute les autres vérités, celles de la *pensée* et de l'*existence*, attestées par la conscience, resteraient toujours incontestables : *Je pense, donc je suis* (*Cogito, ergo sum*).

Avouons toutefois que le témoignage de la conscience psychologique est souvent faussé par les habitudes vicieuses, par les préjugés et par la mauvaise éducation intellectuelle.

QUESTIONNAIRE. — Qu'est-ce que la perception interne? — Quels sont les deux sens du mot conscience? — Quels sont les modes ou degrés de la conscience psychologique? — Quel est son objet? — La conscience a-t-elle des limites? — Le témoignage de la conscience est-il certain?

III. — RAISON

Définition et objet de la raison. — Son importance. — Ses limites. — Certitude de son témoignage. — Dénominations diverses de la raison.

Définition et objet. — La raison est le *pouvoir de connaître ce qui échappe aux sens et à la conscience*, c'est-à-dire ce qui, de sa nature, est intellectuel : les idées nécessaires, universelles, absolues. — La raison est la faculté de connaître par excellence : c'est l'intelligence dans ce qu'elle a de plus élevé, de plus parfait.

La perception, soit externe, soit interne, ne connaît que le *contingent*, c'est-à-dire ce qui est et pourrait n'être pas ou être autrement; le *particulier*, c'est-à-dire ce qui est limité dans le temps et l'espace : ce phénomène, cette qualité appartenant à un sujet déterminé; le *relatif*, c'est-à-dire ce qui dépend de certaines conditions.

La raison pénètre au delà des réalités que découvrent les sens et la conscience; elle saisit les rapports nécessaires (ce qui ne peut pas ne pas être) entre les faits et les idées; elle conçoit l'*universel*, c'est-à-dire ce qui n'a aucune limite dans le temps ni dans l'espace : tout phénomène a une cause. Parfois elle s'élève au-dessus des faits et atteint *l'absolu*, c'est-à-dire ce qui est indépendant de toute condition. Ainsi, par exemple, la vue d'un meuble ancien ne nous permet pas de croire un instant qu'il se soit fait de lui-même : on conçoit immédiatement *l'existence d'un ouvrier* que l'on n'a cependant ni vu ni connu, et dont on n'a jamais entendu parler. De même, la contemplation du ciel étoilé, de l'univers avec toutes ses merveilles, proclame un Dieu créateur et conservateur, bien que nous ne l'apercevions en aucun endroit : nous acquérons ainsi l'idée de cause nécessaire.

Le changement et la disparition des êtres qui nous environnent nous font concevoir l'idée d'un *être immuable, infini*.

Les qualités relatives que nous découvrons dans les créatures nous suggèrent l'idée d'un être *absolument parfait*.

Importance de la raison. — La raison est le plus beau privilège que l'homme ait reçu de son Créateur; c'est elle qui le distingue de l'animal et le rend supérieur à l'animal.

Cette faculté joue le principal rôle dans l'acquisition des connaissances; elle éclaire l'esprit, interprète au besoin les données des sens : par exemple, en dépit des apparences, elle démontre que les étoiles ne sont pas de simples points lumineux; que le soleil n'est pas un disque de vingt centimètres de diamètre; que le bâton plongé dans l'eau n'est pas rompu.

> Quand l'eau courbe un bâton, ma raison le redresse :
>   La raison décide en maîtresse ;
>   Mes yeux, moyennant ce secours,
> Ne me trompent jamais en me mentant toujours.
>   (LA FONTAINE, liv. VII, fable XVIII.)

C'est la raison qui rend l'homme capable de discerner le vrai du faux, de juger que les actes volontaires sont imputables et dignes d'éloge ou de blâme; capable, en un mot, d'apprendre, de savoir, et enfin de gouverner sa vie.

Ses limites. — Bornée, comme toutes nos autres facultés, la raison ne peut comprendre l'infini, ni même connaître à fond tous les êtres créés : elle rencontre des mystères non seulement dans l'ordre surnaturel, mais encore dans l'homme et dans le monde physique lui-même.

Certitude de son témoignage. — Le témoignage de la raison, comme celui de la conscience psychologique, engendre une certitude parfaite; il s'affirme avec une force irrésistible, et personne ne peut fermer les yeux à sa lumière. « Il y a, dit Fénelon, un soleil des esprits qui les éclaire tous, beaucoup mieux que le soleil visible n'éclaire les corps... Ce soleil ne se couche jamais, et ne souffre aucun nuage que ceux qui sont formés par nos passions... Il éclaire les sauvages mêmes dans les antres les plus profonds et les plus obscurs; il n'y a que les yeux malades qui se ferment à sa lumière... Cette lumière universelle découvre et représente à nos esprits tous les objets, et nous ne pouvons rien juger que par elle, comme nous ne pouvons discerner aucun corps qu'aux rayons du soleil. »

Dénominations diverses de la raison. — La raison reçoit des noms différents, selon l'*objet* auquel elle s'applique et selon la *manière* dont elle procède :

Selon son objet, on l'appelle : 1° raison spéculative, quand elle s'applique à la connaissance de la vérité pure ou théorique et en matière scientifique; — 2° raison pratique ou conscience morale, quand elle s'exerce dans le domaine des vérités morales; — 3° goût ou raison esthétique, quand elle est appliquée à l'étude de l'art et du beau; — 4° sens commun, quand elle nous révèle les vérités que tout le monde admet, les vérités premières; — 5° bon sens, quand elle juge sainement, qu'elle discerne le vrai du faux [1].

---

[1] Il ne faut pas confondre le *sens commun* avec le *bon sens*. Le sens commun est égal chez tous les hommes. Le bon sens est une qualité individuelle plus ou moins développée. L'homme de bon sens voit juste et se conduit en conséquence.

Selon la manière dont elle procède, on distingue : 1° la raison intuitive ou supérieure, qui perçoit immédiatement les notions et les vérités premières; — 2° la raison discursive ou inférieure, qui juge les faits recueillis par l'expérience, les compare entre eux pour en déduire des vérités dérivées.

Nous traiterons d'abord de l'objet immédiat de la raison intuitive : les *notions* et les *vérités premières*. — Le travail de la raison discursive sera étudié plus loin (p. 60 et suiv., *Pouvoir d'élaboration*).

QUESTIONNAIRE. — Qu'est-ce que la raison ? — Quel est l'objet de la raison ? — Faites ressortir l'importance de la raison. — La raison a-t-elle des limites ? — Le témoignage de la raison est-il certain ? — Quels noms différents reçoit la raison ?

NOTIONS ET VÉRITÉS PREMIÈRES

Définition des notions premières. — Principales notions premières. — Définition des vérités premières. — Principes directeurs de la connaissance. — Caractères des notions et des vérités premières. — Leur importance.

Définition des notions premières. — On appelle notions premières, ou perceptions rationnelles, les *idées* nécessaires, universelles, qui servent de base à tous nos jugements.

L'esprit conçoit les notions premières à l'occasion des faits fournis par l'expérience : par exemple, à l'occasion du contingent, il conçoit le *nécessaire;* à l'occasion du fini, l'*infini;* de l'imparfait, le *parfait*.

Aucune idée proprement dite ne se présente à nous d'abord isolée, mais, au contraire, unie à d'autres idées sensibles. Les idées premières ne se tirent pas des données des sens, mais sont produites avec leur concours et à leur occasion. Ex. : « Un meurtre vient d'être commis. Aussitôt l'esprit se demande quel est le meurtrier (idée de *cause*); quel motif l'a poussé à tuer son semblable (*but* ou *fin*); dans quelle circonstance ce fait s'est produit (*temps* et *lieu*); quel est le degré de culpabilité de l'assassin (*moralité*); quelles seront les conséquences du crime. » (P. CHABIN.) Nous affirmons implicitement l'existence de la cause, de la fin, etc., même avant de les connaître.

Ces notions ou idées sont dites *premières*, parce qu'elles apparaissent dans l'esprit dès qu'il fait usage de ses facultés, et aussi à cause de leur importance : impossible sans elles d'interpréter l'expérience, de juger, de raisonner.

Principales notions premières. — Les principales notions premières sont les idées d'*être*, de *substance*, de *cause*, de *fin*, d'*infini*, de *temps*, d'*espace*.

Idée d'être. — L'*être* est *tout ce qui existe ou peut exister*. L'être seul peut devenir l'objet de la connaissance : l'esprit ne saurait percevoir le néant *absolu*, c'est-à-dire ce qui n'existe pas et ne peut pas exister.

Idée de substance. — Dans un être quelconque, spirituel ou corporel, il faut toujours distinguer l'*être* lui-même de ses *manières d'être*, le *sujet* de ses *attributs* ou propriétés. La substance est donc ce qui subsiste sous les phénomènes ou manières d'être; c'est l'*être* considéré en lui-même, indépendamment de toute modification.

Idée de cause. — On appelle cause en général *tout ce qui produit quelque chose par son action*. Dès qu'un phénomène est constaté, la raison perçoit nécessairement l'idée de *cause;* et des causes qui n'existent pas d'elles-mêmes, et qu'on appelle *causes secondes*, elle s'élève à l'idée de *cause première* ou *indépendante*. — Tout phénomène, toute chose faite suppose un *agent*, une *cause efficiente*.

Idée de fin. — L'idée de fin est celle du *but* auquel tend une cause dans son action. Toute action réfléchie suppose un motif qui a déterminé la volonté, une *fin* que l'agent s'est proposé d'atteindre.

Idée d'infini. — La vue des êtres limités imparfaits, dépendants, qui nous environnent, nous suggère l'idée d'un être auquel rien ne manque, être sans limitation, parfait à tous égards, absolu, c'est-à-dire ne dépendant d'aucun autre, existant par sa vertu propre. Tels sont les caractères avec lesquels se présente l'idée de Dieu.

— Quant à l'infini, ou plutôt à l'indéfini mathématique, il reste à l'état abstrait, sans réalité correspondante.

Idées de temps et d'espace. — On distingue le temps et l'espace *réels*[1], et le temps et l'espace *idéals :* il ne s'agit ici que de ces derniers. Le temps *idéal* est indéfini et correspond à la durée successive des êtres contingents; l'espace *idéal* est l'étendue indéfinie que nous imaginons comme le lieu de tous les mondes qu'il pourrait plaire à Dieu de créer.

En résumé, par la raison, nous comprenons que tout effet, tout acte, a une *cause* capable de le produire; que la qualité, le mode peut changer, mais non la *substance*; que les événements ont lieu, qu'ils se succèdent dans une durée limitée, mais que le temps est *illimité*[2]; que l'espace qui renferme tous les corps s'étend au delà de ces corps, qu'il est *immense*; que les êtres finis peuvent cesser d'exister, mais non l'être *infini*; que le vrai, le bien, le beau relatifs ne sont que des rayonnements du vrai, du bien et du beau *infinis, absolus, parfaits*.

Les notions premières sont les éléments des vérités premières.

Définition des vérités premières. — Les vérités premières, ou principes de raison, sont des *jugements portant sur des rapports nécessaires, évidents par eux-mêmes et qui servent de base à tous les raisonnements*. Ces jugements sont exprimés par des *propositions*, dans lesquelles les notions premières entrent comme *sujet* et comme *attribut*. Ainsi, l'idée de cause est une notion première, et ce jugement : *tout phénomène a une cause*, est une vérité première.

---

[1] Le temps *réel* (ou le contenant des faits qui se succèdent) est perçu par la conscience; l'idée du temps réel se forme dans l'esprit à l'occasion de la succession de nos sentiments, de nos pensées, de nos volitions. Or ces données, toutes subjectives, sont perçues par la conscience. L'espace *réel* (ou le contenant des corps existants) est perçu par les sens. — Le temps et l'espace *réels* ne sont pas infinis, ils sont limités. Le temps et l'espace *idéals* ne sont pas infinis, ils sont indéfinis.
Le temps *idéal* et l'espace *idéal* ne sont perçus que par la raison.

[2] Il faut se garder de confondre l'éternité avec le temps. L'éternité est simultanée, le temps est successif. L'éternité mesure l'être immuable; le temps mesure le mouvement. Le temps et l'éternité ne s'appliquent pas aux mêmes êtres.

Principes directeurs de la connaissance. — Les vérités premières portent le nom de *principes de raison* ou de *principes directeurs de la connaissance :* la raison leur obéit pour remplir son rôle, qui est de connaître le suprasensible, de juger, de raisonner.

Les principes directeurs de la connaissance sont dits *spéculatifs* ou *théoriques*, s'ils règlent la pensée; *pratiques*, s'ils règlent la conduite [1]. Il est deux principes théoriques auxquels on ramène tous les autres : le principe d'*identité* et celui de *raison suffisante*.

Le principe d'identité est fondé sur le rapport de l'*être* et du *non-être*, c'est-à-dire sur cette vérité évidente que la même chose ne peut pas en même temps être et n'être pas. Il affirme d'un être ce qui est renfermé dans son idée. On le formule de diverses manières : Ce qui est, est; une chose est ce qu'elle est; toute chose est elle-même; une chose n'est pas autre que ce qu'elle est.

Du *principe d'identité* dérivent : 1° Le *principe de contradiction* ou plutôt de *non contradiction :* une chose ne peut pas en même temps être et n'être pas; en d'autres termes, on ne peut pas en même temps affirmer et nier. — 2° Le *principe d'alternative* ou du *milieu exclu :* une chose est ou n'est pas, il n'y a pas de milieu.

Le principe de raison suffisante s'énonce ainsi : Toute chose a sa raison d'être. — La raison d'être d'une chose, c'est tout ce qui l'explique et la rend intelligible, c'est-à-dire sa *substance*, sa *cause*, sa *fin*, sa *loi*. — De là les subdivisions du principe de raison suffisante : tout phénomène, toute qualité ou toute manière d'être, suppose un être ou une substance (*principe de substance*); tout ce qui commence a une cause, ou : il n'y a pas d'effets sans causes (*principe de causalité*); tout être, tout ce qui se fait a un but ou une fin (*principe de finalité*); rien n'est capricieux dans la nature, tout a des lois (*principe d'ordre*); tout être libre et intelligent doit faire le bien et éviter le mal (*principe de l'obligation morale* [2]).

---

[1] Voir *Morale :* principes de l'obligation morale, de la distinction du bien et du mal, etc.

[2] On appelle improprement ces trois derniers principes *vérités premières*, car ils ne sont pas *évidents* par eux-mêmes; mais on peut les démontrer en remon-

Caractères des notions et des vérités premières.
— Les notions et les vérités premières sont : *nécessaires, universelles, impersonnelles, évidentes.*

Nécessaires : on ne peut pas penser sans les notions premières; les vérités premières expriment des rapports nécessaires, c'est-à-dire qui ne peuvent pas ne pas être, ni être énoncées différemment : un fait, par exemple, étant donné, on ne peut pas concevoir qu'il n'ait pas de cause.

Universelles : elles sont admises par tous les hommes et président à tous leurs jugements; l'ignorance ni les préjugés ne peuvent les détruire. Ceux-là même qui les nient sont obligés de les suivre à leur insu, et de contredire dans la pratique leurs maximes spéculatives.

Impersonnelles ou absolues : elles ne dépendent ni des personnes, ni des temps, ni des circonstances : « Elles n'en existeraient pas moins, quoique nul esprit ne les connût, comme les rayons du soleil n'en seraient pas moins véritables, quand même tous les hommes seraient aveugles, et que personne n'aurait des yeux pour en être éclairé » (FÉNELON).

Évidentes, c'est-à-dire claires par elles-mêmes et incontestables : on les comprend dès qu'on les entend énoncer; elles brillent à tous les yeux et s'imposent à tous les esprits. On ne saurait les nier sans se contredire soi-même.

Importance des notions et des vérités premières.
— Les notions et les vérités premières président à tous nos jugements intellectuels, à tous les actes de notre vie morale; elles « nous dirigent, dit Bossuet, sans même que nous y fassions réflexion actuelle, à peu près comme nos nerfs et nos muscles nous servent à nous mouvoir sans que nous les connaissions »; elles servent de point

---

tant jusqu'aux véritables *principes.* Ainsi le principe de finalité se rattache à celui de cause première; cette cause intelligente et libre n'agit pas sans but : tout ce qu'elle crée a une fin, et, pour atteindre cette fin, tout, dans l'univers, est soumis à des lois.

de départ à toutes les sciences[1]; et c'est à leur infaillible lumière que nous recourons toujours pour instruire ceux qui ignorent, pour persuader ceux qui refusent de croire, pour décider toutes les controverses. Elles forment le lien naturel, indissoluble, qui rattache l'homme à son auteur, et qui réunit les hommes de tous les pays et de tous les temps.

Ceux qui ne peuvent se servir des notions premières sont condamnés à l'idiotisme, et ceux qui contestent les principes premiers font preuve ou d'ignorance ou d'une très grande mauvaise foi. Avec eux on ne discute pas : comment s'entendre avec quelqu'un qui se croirait en droit de se contredire lui-même à tout instant ?

QUESTIONNAIRE. — Qu'appelle-t-on notions premières ? — Quelles sont les principales notions premières ? — Comment peut-on définir les vérités premières ? — Quels noms portent les vérités premières ? — Comment se divisent les principes de raison ? — Qu'affirme le principe d'identité, et quelles sont ses subdivisions ? — Comment énonce-t-on le principe de raison suffisante, et quelles sont ses subdivisions ? — Quels sont les caractères et quelle est l'importance des notions et des vérités premières ?

2º POUVOIR DE CONSERVATION

L'intelligence conserve et combine les connaissances acquises par trois aptitudes ou facultés secondaires : la *mémoire*, l'*association des idées* et l'*imagination*.

I. — MÉMOIRE

Définition. — Objet de la mémoire. — Ses fonctions. — Ses états ou degrés. — Conditions du travail de la mémoire. — Diverses sortes de mémoire. — Qualités et défauts de la mémoire. — Importance de la mémoire. — Moyens de la perfectionner. — Maladies de la mémoire.

Définition. — La mémoire est la *faculté de conserver les idées acquises, de les rappeler et de les reconnaître.*

---

[1] La science est dans les principes, comme le mouvement est dans le ressort ou dans la vapeur. Et quand les principes sont universels et absolus, ils servent pour tous les raisonnements et pour tous les actes. — On ne doit parler ou écrire, penser ou agir, qu'à la lumière des principes.

Objet de la mémoire. — La mémoire a pour objet les modifications passées de l'âme, c'est-à-dire les *états de conscience* qui résultent des phénomènes psychologiques du passé : la mémoire est une conscience continuée.

Nous nous souvenons de ce que nous avons vu, touché, entendu, des émotions que nous avons éprouvées, des actes que nous avons accomplis, des idées, des jugements, des raisonnements que nous avons formés : « On ne se souvient, à proprement parler, que de soi-même, a dit Royer-Collard ; ce n'est que par contre-coup qu'on se souvient des objets. » C'est ce qui explique la variété des souvenirs laissés par les mêmes faits à différentes personnes : chacun les voit à travers ses propres sensations ou ses propres sentiments.

Ses fonctions. — Les fonctions de la mémoire sont déjà indiquées dans la définition.

Conservation. — Nous ignorons par quel moyen l'âme conserve ses modifications passées. On s'accorde généralement à dire que les connaissances provoquées par ces modifications se gravent plus ou moins profondément dans l'esprit et y subsistent à l'état latent jusqu'à ce que les circonstances les fassent revivre.

Rappel. — Le rappel ou reviviscence des idées se fait de trois manières : *spontanément*, par *association*, ou *volontairement*.

Il y a des souvenirs qui se présentent *spontanément*, sans que nous les cherchions ; ex. : les souvenirs obsédants d'une injure reçue, d'une émotion subie, d'une faute commise, etc.

Un souvenir qui se trouve actuellement dans la mémoire éveille ceux qui ont été présents dans l'esprit, *simultanément* ou en *association contiguë* (p. 56).

Enfin le souvenir peut reparaître par l'intervention de la *volonté* ; ex. : je rencontre une personne que je connais, mais dont le nom m'échappe ; en cherchant, je le retrouve : la volonté est intervenue au moyen de l'association des souvenirs.

Reconnaissance. — La reconnaissance est l'acte de l'esprit prononçant que le souvenir rappelé s'est déjà présenté à lui dans le passé.

États ou degrés de la mémoire. — On distingue trois états ou degrés dans la mémoire : la simple *réapparition*, la *réminiscence* et le *souvenir*.

La simple **réapparition** est le retour, dans l'esprit, d'une connaissance antérieurement acquise et que l'on croit nouvelle.

La **réminiscence** est le retour, dans l'esprit, d'une connaissance que l'on reconnaît avoir été acquise dans le passé, mais dont les circonstances de temps et de lieu de sa première apparition nous échappent. Une phrase, un vers, viennent souvent à l'esprit sans qu'on se rappelle quel en est l'auteur ; on fredonne un motif musical sans savoir où on l'a entendu ; on rencontre une personne dont les traits sont connus, mais dont on ne peut dire le nom : voilà des réminiscences.

Le **souvenir** est le retour dans l'esprit d'une connaissance antérieure que l'on reconnaît dans tous ses détails ; c'est l'*acte complet de la mémoire*.

Il comprend trois choses : 1° une connaissance passée actuellement présente à l'esprit ; — 2° la localisation de cette connaissance dans le passé, c'est-à-dire la détermination des circonstances de temps et de lieu de sa première apparition ; — 3° la certitude de notre identité personnelle, c'est-à-dire de l'existence continue du moi.

Conditions du travail de la mémoire. — Les conditions du travail de la mémoire sont de deux sortes : *physiologiques* et *psychologiques*.

Conditions physiologiques. — Les conditions physiologiques sont la *santé* et l'*état du cerveau*.

L'expérience constate que la maladie et la plupart des abus qui nuisent à la santé et diminuent la vitalité générale sont funestes à l'intelligence, et tout d'abord à la mémoire.

Le cerveau surtout exerce sur la mémoire une influence qu'on ne peut ni méconnaître, ni expliquer.

Les accidents cérébraux ou l'affaiblissement du système nerveux produisent sur la mémoire les effets les plus surprenants : Pline l'Ancien cite comme exemple l'orateur Messala Corvinus, qui, par suite d'un coup à la tête, oublia son propre nom (voir, ci-après, *Maladies de la mémoire*).

Conditions psychologiques. — Les conditions psychologiques se ramènent à deux principales : *l'attention* et *l'association des idées*. L'attention soutenue est la condition essentielle de la mémoire; l'association des idées facilite le rappel du souvenir.

L'oubli, qui est le contraire du souvenir, se produit quand les associations se dissolvent.

Diverses sortes de mémoire. — On distingue, selon son objet, diverses sortes de mémoire : 1° la mémoire des *choses sensibles,* qui rappelle les images ou les sensations, et qu'on nomme souvent *imaginative* ou *sensitive*, — elle nous est commune avec l'animal; — 2° la mémoire des *choses intellectuelles*, qui rappelle l'ordre logique d'un raisonnement et les idées générales, même les plus abstraites, — elle se trouve uniquement chez l'homme; — 3° la mémoire des *mots*, des *dates*, des *couleurs*, etc.

Qualités et défauts de la mémoire. — Une bonne mémoire doit réunir trois qualités : la *facilité* à apprendre, la *ténacité* ou *fidélité* à retenir, et la *promptitude* à rappeler. Ces qualités vont rarement ensemble : tel apprend vite, mais retient peu de temps; tel autre apprend avec peine, mais retient longtemps.

La mauvaise mémoire est *lente* et *fugitive :* elle ne retient pas aisément et perd vite ses souvenirs; elle est *infidèle :* elle confond les temps, les lieux ou les faits.

Importance de la mémoire. — La mémoire est nécessaire à toutes les opérations de l'esprit; elle est la condition de toute instruction et de tout progrès : « C'est par la mémoire que nous avons la connaissance immédiate des objets passés. Les sens nous enseignent ce qui est actuellement; mais leurs connaissances seraient perdues pour nous, si la mémoire ne les conservait, et nous resterions dans la même ignorance dans laquelle nous sommes nés. » (TH. REID.)

« Nous n'employons dans la plupart de nos raisonnements, et j'ajouterai dans la plupart de nos compositions artistiques et littéraires, que des réminiscences. C'est sur elles que nous bâtissons; elles sont le fondement et la matière de tous nos discours. L'esprit que la mémoire cesse de nourrir s'éteint dans les efforts laborieux de ses recherches. » (VAUVENARGUES.) « La majeure partie du génie, ajoute Chateaubriand, se compose de souvenirs. »

Moyens de la perfectionner. — La mémoire mérite d'être cultivée avec le plus grand soin; elle s'acquiert et se perfectionne :

1° **Par la répétition et l'exercice journalier.** Il faut étudier chaque jour quelques lignes et revenir souvent sur les connaissances que l'on veut conserver. Tout acte de l'esprit, comme tout mouvement des organes, crée en nous une tendance ou aptitude à le reproduire, tendance et aptitude dont l'énergie varie avec sa répétition.

« La mémoire doit être exercée avec vigueur : c'est en peu de temps qu'une leçon doit être apprise et comme emportée d'assaut. C'est une chose singulièrement utile que de décider les enfants des classes moyennes à faire généreusement, en dehors des leçons obligées de la classe, quelque grand effort de mémoire. » (DUPANLOUP.)

2° **Par l'ordre, la liaison, le classement des faits et des idées.** Un excellent moyen de mettre de l'ordre dans ses idées, c'est d'étudier la plume à la main, de prendre des notes, de faire des résumés, de composer des tableaux synoptiques, etc. De Maistre lisait la plume à la main.

Il faut enchaîner ses idées d'une manière logique; classer ses connaissances et les ramener à des principes généraux, de peur de se perdre dans les détails. « Se contenter de lire les choses, c'est écrire sur le sable; les arranger soi-même et les digérer par écrit, selon son goût et sa méthode particulière, c'est graver sur l'airain. » (D'AGUESSEAU.)

Maladies de la mémoire. — On en distingue deux formes principales : l'*amnésie* et l'*hypermnésie*.

L'amnésie[1] est une diminution de la mémoire. Elle est totale ou partielle, subite ou progressive, temporaire ou définitive. Un accident organique, certaines lésions du cerveau, les coups à la tête, les fièvres cérébrales, peuvent causer l'amnésie[2].

Chez les vieillards, les souvenirs se perdent dans l'ordre inverse de l'ordre d'acquisition. Et ceux-là tombent, comme on dit, en *enfance*, qui n'ont plus dans l'esprit que les souvenirs les plus anciens, les souvenirs de leur enfance.

L'hypermnésie est le contraire de l'amnésie ; c'est une surexcitation de la mémoire, produite par certaines maladies ou par certains narcotiques, tels que l'opium, la morphine ou l'alcool. L'affaiblissement des facultés succède à cette excitation anormale.

Dans son livre *De l'intelligence*, Taine cite le fait suivant : Le valet de chambre d'un ambassadeur espagnol, garçon de moyens ordinaires, que ses fonctions faisaient assister à des conversations importantes, paraissait n'en avoir rien retenu. Il fut attaqué d'une fièvre cérébrale, et, pendant son délire, il répétait avec beaucoup d'ordre plusieurs discussions ; mais l'affection du cerveau se dissipa, et le malade, en guérissant, perdit tout souvenir de ces conversations.

QUESTIONNAIRE. — Qu'est-ce que la mémoire ? — Quel est son objet ? — Quelles fonctions diverses remplit la mémoire ? — Nommez les trois états ou degrés de la mémoire. — Quelles sont les conditions du travail de la mémoire ? — Combien distingue-t-on de sortes de mémoire ? — Quelles sont les qualités et les défauts de la mémoire ? — Montrez le rôle exceptionnellement important que joue la mémoire. — Comment peut-on développer la mémoire ? — La mémoire est-elle sujette à la maladie ?

[1] Amnésie, de *a* privatif ; *mnesis*, mémoire.
[2] Ces faits prouvent que la mémoire dépend en grande partie de l'état du cerveau ; mais elle dépend aussi de la volonté, puisqu'il y a des souvenirs volontaires. On peut donc conclure qu'elle dépend de l'être organique tout entier, en tant qu'il est à la fois corps et âme.

II. — ASSOCIATION DES IDÉES

Définition. — Lois de l'association des idées. — Importance et dangers de l'association des idées.

Définition. — L'association des idées est la *faculté d'unir les idées ou pensées de telle sorte que les unes rappellent les autres* (c'est moins une faculté spéciale qu'une opération de la mémoire). — Une idée peut éveiller non seulement une idée, mais encore des faits psychologiques de tout ordre : un sentiment, un désir, une image, une volition, un jugement, etc.

Lois de l'association des idées. — L'association des idées se fait en vertu de leur *contiguïté*.

On appelle idées contiguës celles qui sont entrées dans l'esprit *simultanément* ou qui se sont *immédiatement succédé*. Une pensée ne peut se produire en nous sans donner naissance à d'autres pensées qui se rattachent les unes aux autres; ex. : le premier mot d'un vers connu rappelle le vers entier, et le premier vers d'un morceau, tous les vers de ce morceau : c'est là ce qu'on appelle la loi de contiguïté. — La contiguïté qui produit l'association des idées, c'est donc la contiguïté des idées dans l'esprit.

Cependant, deux idées qui n'ont jamais été contiguës dans l'esprit peuvent s'évoquer l'une l'autre quand, entre leurs objets, il y a *similitude* ou *analogie, contraste* ou *opposition, contiguïté dans le temps* ou *dans l'espace*. Ainsi, la mort tragique de Louis XVI rappelle celle de Charles Ier, un portrait rappelle la personne qu'il représente; la prudence de Charles V fait penser à la témérité de Jean le Bon; la morale impure du paganisme fait penser à l'enseignement élevé du christianisme; la date de 1720 rappelle la peste de Marseille et le dévouement de Belsunce; la Loire fait songer aux noyades de Carrier; l'isthme de Suez, au canal qui le traverse.

Importance et dangers de l'association des idées. — L'association des idées joue un rôle important dans la vie intellectuelle et morale. Elle rend plus faciles l'exercice de la mémoire et les combinaisons de l'imagination, mais elle peut être la source d'une foule d'erreurs, de préjugés, de sympathies, d'antipathies, de crimes même et de désordres sociaux.

C'est une erreur, par exemple, d'associer l'idée de souffrance à celle de travail, l'idée d'honneur à celle de vengeance, l'idée de courage à celle de suicide, l'idée d'esprit fort à celle d'incrédulité, l'idée de liberté au mépris des lois et de toute autorité, l'idée de bonheur à celle d'oisiveté, de richesse, de complète indépendance, etc.

L'homme éprouve souvent jusqu'à son extrême vieillesse les conséquences des associations d'idées qu'il a formées dans son enfance : *vraies* et *légitimes*, elles ont fait prendre à son esprit et à son cœur la plus heureuse direction; *inexactes* et *coupables*, elles ont tout gâté, tout dépravé, tout flétri; elles ont empoisonné sa vie. Il faut donc corriger de bonne heure, ou plutôt prévenir les mauvaises associations d'idées.

QUESTIONNAIRE. — Qu'est-ce que l'association des idées? — En vertu de quelles lois se fait l'association des idées? — Quel rôle joue l'association des idées dans la vie intellectuelle et morale?

III. — IMAGINATION

Définition. — Remarque. — Comment l'imagination crée. — Rapports de l'imagination et de la mémoire. — Avantages et dangers de l'imagination.

Définition. — L'imagination est la *faculté de créer ou d'inventer*.

Remarque. — L'imagination qui reproduit simplement les souvenirs, se confond avec la mémoire. Il n'y a donc pas lieu de distinguer, comme on le fait parfois, deux sortes d'imagination : l'une *reproductive*, l'autre *créatrice*. — La seule imagination véritable, c'est l'imagination créatrice des *idées* et des *images* (des idées abstraites ou concrètes).

Comment l'imagination crée. — L'imagination crée, mais elle ne crée pas de rien : Dieu seul a ce pouvoir ; elle a besoin d'une *matière* qu'elle puisse mettre en œuvre. Cette matière lui est fournie par la perception : ce sont les *idées* et les *images* dont la mémoire a gardé le souvenir.

Pour produire une œuvre nouvelle, l'imagination *modifie plus ou moins profondément la réalité*. Tantôt, à une idée, à une image, elle combine d'autres idées ou d'autres images : c'est la modification *par addition* de la réalité. Tantôt, d'une idée, d'une image complexe, elle retranche quelques-uns de ses éléments : c'est la modification, *par soustraction*, de la réalité.

Tantôt elle emploie à la fois ces deux procédés, ajoutant d'un côté, retranchant de l'autre. Tantôt elle ne prend que des fragments de l'idée ou de l'image primitive, et de leur combinaison il résulte une idée ou une image toute différente de la première : c'est la modification *par substitution* de la réalité.

Tout cela prouve que l'imagination se sert, non seulement de la mémoire, de l'association et de la dissociation des idées, mais encore de l'abstraction. Nous essayons, en effet, de nous représenter les choses spirituelles, intellectuelles et les idées même les plus abstraites : on se représente Dieu comme un vieillard vénérable, le Saint-Esprit comme une colombe, les anges comme de jeunes hommes ailés, l'âme comme une lumière, la mort comme un squelette armé d'une faux, etc. Quand on cherche la démonstration d'un théorème, la solution d'un problème, on s'imagine tout d'abord la construction.

Rapport de l'imagination et de la mémoire. — L'imagination et la mémoire sont tout à la fois distinctes et étroitement unies. Elles diffèrent en ce que : 1° l'imagination met en œuvre les images des objets des sensations, et que la mémoire distingue et reconnaît les objets en les rapportant au passé ; 2° l'imagination combine les idées et les images, et la mémoire rappelle les idées et les images.

Leur concours est manifeste : les images réveillent les idées, et les idées suscitent les images, et les unes et les autres se lient et s'associent. — Le meilleur moyen de cultiver et d'enrichir l'imagination est l'observation et l'étude.

Avantages et dangers de l'imagination. — L'imagination, *gouvernée* par la raison et le goût, joue un rôle important dans la vie humaine : elle amoindrit les peines du présent par l'espérance d'un avenir plus heureux; elle met en sympathie plus grande avec les personnes éloignées; elle aiguillonne le courage, rend ingénieux pour le bien, améliore la vie matérielle par les inventions et les découvertes. C'est elle qui guide le savant dans ses recherches, le général d'armée dans ses manœuvres, l'industriel dans les transformations de son industrie, etc. C'est elle encore qui dirige le crayon de l'architecte, le pinceau du peintre, le ciseau du sculpteur, la plume de l'écrivain, et crée des chefs-d'œuvre dans tous les genres.

Mais laissée à elle-même, sans guide et sans frein, l'imagination, « cette folle du logis, » comme l'appelle Malebranche, peut produire les plus graves désordres : elle tourmente l'ambitieux, qui ne rêve que places et honneurs; égare l'imprudent, qui poursuit des aventures chimériques; elle fausse le jugement, déprave le cœur, aggrave nos peines en exagérant les choses, peuple l'esprit de vaines illusions, engendre l'inquiétude, le dégoût, les vaines terreurs, les appréhensions ridicules, rend bizarre, ombrageux, inconstant. Trop souvent même, elle conduit au crime ou à la folie.

Il importe donc que, de bonne heure, la raison soumette l'imagination à son empire et fasse justice de ses écarts.

QUESTIONNAIRE. — Qu'est-ce que l'imagination? — Y a-t-il lieu de distinguer diverses sortes d'imagination? — Comment l'imagination crée-t-elle? — Existe-t-il quelque rapport entre l'imagination et la mémoire? — Quels sont les avantages et les dangers de l'imagination?

3° POUVOIR D'ÉLABORATION

L'intelligence élabore, — c'est-à-dire approfondit, développe et transforme les connaissances acquises et conservées, — par la *raison discursive* ou faculté de raisonner, qui s'exerce au moyen de l'*attention*, de l'*abstraction*, de la *comparaison*, de la *généralisation*, du *jugement* et du *raisonnement*.

I. — ATTENTION

Définitions. — Formes de l'attention. — Ses divers noms. — Son utilité. — Ses qualités.

Définition. — L'attention est *l'acte par lequel notre esprit concentre ses forces sur une chose pour la mieux étudier.*

L'attention n'a pas d'objet propre : elle est la condition fondamentale de toute connaissance.

Formes de l'attention. — Toutes nos facultés sont susceptibles de s'exercer sous une double forme : la forme *passive* et la forme *active*. L'attention est en quelque sorte l'usage *actif* de nos sens et de nos facultés de connaître. Pour être attentif, en effet, il ne suffit pas de voir, d'entendre, de penser, de toucher, de sentir, de goûter d'une manière distraite ; il faut *regarder*, *écouter*, *réfléchir*, *palper*, *flairer*, *déguster* avec attention : ce qui suppose le concours de la volonté.

L'attrait, la nouveauté, l'importance vraie ou supposée des choses excitent souvent et captivent l'attention sans effort apparent de la volonté. Cette attention passive mériterait plutôt les noms de *distraction*, de *préoccupation*, de *rêverie*, etc.

L'attention passive peut s'évanouir aussitôt, comme chez les enfants, les esprits légers et superficiels, ou bien être l'occasion d'une *attention prolongée :* la seule qui soit vraiment sûre et féconde, comme on le voit par l'exemple de Newton et de Galilée. A ceux qui lui demandaient comment il avait découvert les lois de la gravitation, Newton répondait : « En y pensant toujours. »

Ses divers noms. — L'attention prend différents noms suivant les différentes classes de faits auxquels l'esprit l'applique. Elle garde le nom d'*attention* toutes les fois qu'il s'agit de notions qui nous sont communiquées par nos semblables : faites attention, dit le maître à un élève qui n'écoute pas ; elle s'appelle *observation*, quand l'esprit considère les objets matériels : le physicien, le chimiste observent les phénomènes de la nature : *réflexion*, quand l'esprit se replie sur lui-même pour considérer quelque objet immatériel : le géomètre réfléchit sur un problème mathématique, le philosophe sur une question métaphysique ou morale ; *méditation*, quand la réflexion est prolongée : un orateur médite son discours, un général son plan de bataille ; *contemplation*, quand l'esprit admire l'objet qui le captive et le charme : l'artiste contemple la belle nature ; l'ascète, Dieu et les vérités éternelles.

Utilité de l'attention. — L'attention présente plusieurs avantages ; elle agit sur la *sensibilité*, sur l'*intelligence* et sur la *volonté*.

L'attention exerce une grande influence sur la *sensibilité* : tantôt elle l'active, tantôt elle l'affaiblit ; elle peut même suspendre momentanément les impressions de la faim, du froid, de la souffrance : Thomas Reid raconte qu'un vieux soldat goutteux perdait le sentiment de la douleur au jeu d'échecs. Elle offre un remède puissant contre les passions : le meilleur moyen de les combattre n'est pas ordinairement de résister de front, mais de détourner l'esprit de leur objet, par le travail, la distraction, les voyages, etc. « Il en est des passions, dit Bossuet, comme d'une rivière ; on peut plus facilement la détourner que l'arrêter de droit fil. »

L'attention *accroît les forces de l'intelligence*, et nous met dans les conditions les plus favorables pour comprendre et retenir. Elle nous aide à saisir les rapports cachés, les vérités complexes, les conclusions éloignées. Nous retenons, en général, dans la mesure où nous sommes attentifs.

L'attention permet à la *volonté* de peser les motifs pour

ou contre, et de se déterminer prudemment : « C'est l'attention, dit encore Bossuet, qui rend les hommes graves, sérieux, prudents... » — La responsabilité d'un acte est proportionnelle à l'attention qu'on y a apportée.

Ses qualités. — Pour produire tous ses effets, l'attention doit être : — 1° **Une**, c'est-à-dire se porter sur un seul objet à la fois : l'attention sépare les objets ; l'analyse est son procédé. Sans analyse il n'y a pas de connaissance claire et précise. — 2° **Énergique.** L'attention suppose le concours de la volonté : on ne devient pas du premier coup maître de son attention ; il y faut une longue habitude. L'énergie persévérante s'appelle *application*. — 3° **Contenue, mais sans contention** : un effort excessif produit la *contention*, « qui, dit Montaigne, met l'âme au rouet ». On évitera la contention en délassant son esprit d'une étude par une autre.

QUESTIONNAIRE. — Comment définit-on l'attention ? — Quelles sont ses différentes formes ? — Quels noms divers prend-elle ? — Quelle est son utilité ? — Énumérez les qualités de l'attention.

II. — ABSTRACTION

Définition. — Nécessité de l'abstraction. — Ses avantages et ses dangers. — Remarque.

Définition. — L'abstraction est l'*opération par laquelle l'esprit considère isolément dans un objet ce qui, en réalité, ne peut exister ni séparé, ni isolé.* — C'est un cas particulier de l'attention.

Quand on considère, par exemple, la volonté à l'exclusion de la pensée ou du sentiment ; la substance du fer, à l'exclusion de ses qualités (le poids, la forme, la couleur, la densité, etc.), ou une de ses qualités à l'exclusion des autres, on fait autant d'abstractions.

On connaît la fine et délicate abstraction de Louis XII : « Le roi de France ne venge pas les injures faites au duc d'Orléans. »

L'opération psychologique à laquelle se ramène l'abstraction, est la *dissociation* : abstraire, en effet, c'est dissocier une idée complexe, pour en considérer un seul élément.

Nécessité de l'abstraction. — L'esprit humain, à cause de son imperfection, ne peut saisir à la fois l'ensemble et les détails des objets soumis à son étude; il ne parvient à les bien connaître qu'en considérant successivement chacune de leurs propriétés; il *abstrait* continuellement.

Nous ne pouvons penser sans abstraire; nous ne pouvons pas davantage parler sans pratiquer cette opération. Parler, c'est énoncer une suite de propositions. Or, toute proposition exprime au moins trois choses séparément : le *sujet* dont on parle, sa *manière d'être* et le lien de l'un à l'autre. Toute proposition repose donc sur trois abstractions au moins.

Les sciences ne portent en réalité que sur des abstractions : la géométrie abstrait l'*étendue*; l'algèbre abstrait les *purs rapports de quantité*; la mécanique abstrait le *mouvement*; l'optique abstrait la *lumière*; l'acoustique abstrait le *son*; la morale abstrait la *volonté*, etc.

Avantages et dangers de l'abstraction. — L'abstraction rend nos connaissances plus *claires* et plus *précises* : l'idée abstraite, étant simple, est beaucoup plus claire que l'idée concrète [1], qui est toujours complexe.

« Harpagon s'est décidé à donner un repas. Il appelle maître Jacques... « Est-ce à votre cocher, monsieur, ou à votre cuisinier que vous voulez parler? — Au cuisinier. — Attendez donc, s'il vous plaît. » Il ôte sa casaque de cocher et paraît vêtu en cuisinier. Harpagon veut ensuite qu'il nettoie son carrosse. Maître Jacques, changeant d'habit comme d'office, paraît aussitôt en cocher : il entend les abstractions... » (MOLIÈRE, *l'Avare*.)

« Il n'y a personne, même dans les derniers rangs du peuple, qui ne prouve par ses discours que de pareilles abstractions lui sont familières. L'homme le moins instruit, ayant à faire une révélation à un juge, lui dira

[1] L'idée de l'ensemble des qualités d'un objet est une idée *concrète*.

naturellement : C'est au juge que je parle, et non à monsieur ; ou bien : C'est à monsieur, et non au juge. » (LAROMIGUIÈRE.)

Mais l'abstraction a aussi ses dangers : elle nous expose à croire que chacune de nos idées correspond à une réalité, que les qualités séparées de leur substance ont une existence propre ; en un mot, elle nous expose à *réaliser des abstractions*, ce qui serait une erreur. La plupart des substantifs ne désignent que des abstractions, et chaque fois qu'on s'imagine qu'ils désignent des êtres réels, on erre. — Les mythologues de l'antiquité ont personnifié, divinisé les vertus et les vices, le soleil (Phébus), le vent du nord (Borée), la foudre (Jupiter), le feu (Vulcain), la richesse (Plutus), l'agriculture (Cérès), la guerre (Mars), etc.

Ajoutons que, par une erreur inverse à la précédente, certains esprits sans culture prennent pour de simples abstractions les êtres les plus réels, les plus concrets, comme l'âme et Dieu, et cela uniquement parce qu'ils ne tombent pas sous les sens.

Remarque. — Il ne faut pas confondre l'abstraction avec l'*analyse*. Celle-ci consiste à séparer successivement et à examiner en détail toutes les propriétés ou qualités d'un même objet, afin d'en acquérir une connaissance entière. L'abstraction, au contraire, se borne à l'étude d'une seule propriété ou qualité d'un même objet. L'analyse est donc une sorte d'*abstraction multiple*.

QUESTIONNAIRE. — Définissez l'abstraction. — L'abstraction est-elle nécessaire ? — Quels sont les avantages et les dangers de l'abstraction ? — Quelle différence y a-t-il entre l'abstraction et l'analyse ?

III. — COMPARAISON

Définition. — Conditions de la comparaison. — Son importance.

Définition. — La comparaison est l'*opération par laquelle l'esprit met en présence deux ou plusieurs objets, pour en saisir les rapports.* — C'est l'attention se fixant alternativement sur les objets considérés au même point de vue, et les faisant, pour ainsi dire, coïncider dans l'esprit.

Conditions de la comparaison. — La comparaison suppose : 1° deux objets qui offrent des *ressemblances* et des *différences* : deux objets qui n'auraient rien de commun, ne pourraient évidemment pas être comparés ; s'ils étaient absolument identiques, ils seraient indiscernables ; — 2° l'*abstraction* : pour comparer deux objets, il faut pouvoir considérer à part ce par quoi ils diffèrent ; — 3° la *mémoire*, qui garde présents à l'esprit les objets ou les idées à comparer.

Son importance. — La comparaison intervient dans la plupart des faits intellectuels. — 1° Elle fait mieux connaître les objets en montrant leurs ressemblances ou leurs différences. Connaître, c'est, en général, distinguer les ressemblances et les différences des objets : on juge mieux de deux couleurs quand on les met en présence l'une de l'autre. — Dans le style, la comparaison éclaire l'idée, donne plus de grâce à l'expression, plus de relief et d'intérêt au discours. La métaphore, l'allégorie, l'antithèse, etc., viennent de la comparaison. — 2° Elle est la source de toutes nos idées de grandeur, de petitesse, de supériorité, d'égalité, d'infériorité, de changement, de progrès, etc. — 3° Enfin, elle est la condition de la généralisation, du jugement et du raisonnement.

QUESTIONNAIRE. — Comment définit-on la comparaison ? — Quelles sont les conditions de la comparaison ? — Quelle est l'importance de la comparaison ?

IV. — GÉNÉRALISATION

Définition. — Formation des idées générales. — Remarque. — Degrés et propriétés des idées générales. — Utilité de la généralisation.

Définition. — La généralisation est l'*opération par laquelle l'esprit étend à un nombre indéfini d'objets ou* *de faits ce qu'il remarque de semblable dans quelques-uns.*

Formation des idées générales. — Les idées générales se forment au moyen de l'*observation*, de l'*abstraction* et de la *comparaison*. Ainsi, après avoir observé plusieurs objets blancs : de la neige, du papier, de l'ivoire, un lis, etc., on abstrait et on compare la couleur blanche de *cette* neige, de *ce* papier, de *cet* ivoire, de *ce* lis, on reconnaît qu'elle est une qualité commune à tous ces objets. Alors l'esprit forme l'idée générale de *blancheur*, qui s'applique à tous les objets blancs passés, présents et futurs.

La faculté de former des idées générales est un des caractères essentiels de notre raison, suffisant à lui seul pour distinguer l'âme de l'homme de l'âme de l'animal.

Les connaissances de l'animal ne dépassent pas le champ restreint de ses expériences sensibles : incapable d'abstraire et de généraliser, ses connaissances sont toutes particulières et empiriques. Le domaine de l'intelligence humaine, au contraire, est presque illimité : de la vue des choses sensibles, elle s'élève à des idées qui embrassent toute une classe d'êtres ou d'objets. Par exemple, de la considération d'un homme en particulier, elle s'élève à l'idée d'*humanité*, puis à l'idée d'*être intelligent* (homme, ange, Dieu); de l'étude de quelques phénomènes, elle tire des *lois* (idées générales de rapport) qui indiquent la manière constante de production des phénomènes analogues dans tout l'univers.

Il faut seulement craindre de généraliser trop promptement, de regarder comme constant ce qui n'est qu'accidentel ; de réunir en un seul groupe des êtres dont la ressemblance est plus apparente que réelle : tout groupement, toute classification suppose la connaissance de ce que les êtres ou les faits présentent de stable et de commun.

Remarque. — L'idée générale ne doit être confondue ni avec l'idée simplement *abstraite*, ni avec l'idée *universelle*.

L'idée simplement abstraite n'exprime qu'un seul élément d'un être (le *talent* de Pierre, la *sagesse* de Paul, la *force* de cet animal); l'idée simplement abstraite est individuelle, mais elle est susceptible de devenir générale (le *talent*, la *sagesse*, la *force*).

L'idée universelle est perçue par la *raison;* elle exprime des éléments qui conviennent à tous les êtres ; ex. : tout être a une *cause*, une *loi*, une *raison d'être;* elle s'impose à notre esprit par son évidence même : c'est une idée nécessaire, absolue (voir p. 45). — L'idée générale, au contraire, vient de l'*expérience;* elle est contingente et relative, et ne convient qu'à un *genre* [1] ou à une *espèce*.

Degrés et propriétés des idées générales. — Les idées générales sont plus ou moins générales; en d'autres termes, elles ont des degrés. Ainsi les idées exprimées par les mots : *race, espèce, genre, ordre, classe, règne, être*, forment une progression *ascendante* par rapport au nombre d'individus qu'elles embrassent, et une progression *descendante* par rapport aux caractères (qualités ou propriétés).

La *race* renferme moins d'individus et plus de caractères que l'espèce; l'*espèce*, plus d'individus et moins de caractères que la race. — Ainsi les idées exprimées par les mots : *français, triangle rectangle, chien*, contiennent moins d'individus et plus de caractères que les mots : *européen, triangle, animal*.

Ces degrés, en raison inverse, sont ce qu'on appelle l'*extension* et la *compréhension* des idées générales : ce sont leurs deux propriétés.

L'extension d'une idée générale est le nombre plus ou moins grand de *sujets* auxquels elle s'applique (l'idée d'homme, par exemple, s'applique à tous les hommes : passés, présents, futurs, blancs, noirs, jaunes ou rouges).

---

[1] On appelle *genre* une collection d'êtres qui présentent des ressemblances importantes et constantes. Quand les êtres compris dans un genre offrent des différences notables, le genre se subdivise en *espèces*. Ainsi les idées générales exprimées par les mots *chien, cheval, mouton*, désignent des espèces par rapport au genre *animal*.

La compréhension d'une idée générale est la somme des *attributs* essentiels qu'elle représente (l'idée d'homme, par exemple, comprend quatre attributs essentiels : substance[1], vie, sensation, raison).

Plus l'extension *croît*, plus la compréhension *diminue*, et réciproquement. Ainsi l'idée d'*animal* renferme plus d'individus ou de sujets et moins de caractères ou d'attributs que l'idée de *chevreuil*; l'idée de *chevreuil* comprend moins d'individus et plus de caractères que l'idée d'*animal*.

Utilité de la généralisation. — La généralisation est indispensable à l'étude des sciences ; toute science repose sur des idées générales ; sans idées générales, les sciences ne seraient qu'une nomenclature sans fin d'idées ou de faits individuels; la généralisation groupe, abrège et vient en aide à la faiblesse de notre intelligence et à l'infidélité de notre mémoire.

La généralisation n'est pas moins nécessaire à certains actes intellectuels, tels que le *jugement* et le *raisonnement*. Comment raisonner, porter un jugement, s'élever des phénomènes à leurs lois, sans le secours des idées générales? Le langage lui-même n'est pas possible sans la généralisation : une langue formée exclusivement de termes particuliers ou individuels contiendrait une infinité de mots isolés les uns des autres, et présenterait par là même des difficultés insurmontables. Les mots qui expriment des idées générales (les *noms communs*) forment la plus grande partie du vocabulaire d'une langue.

QUESTIONNAIRE. — Qu'est-ce que la généralisation? — Comment se forment les idées générales? — L'idée générale peut-elle être confondue avec l'idée simplement abstraite ou avec l'idée universelle? — Parlez des divers degrés des idées générales et de leurs propriétés? — Les idées générales sont-elles bien importantes?

---

[1] Voir note 1, p. 40.

V. — JUGEMENT

Définition. — Éléments et caractères du jugement. — Ses deux modes. — Division des jugements.

Définition. — Le jugement est l'*opération par laquelle l'esprit affirme un rapport de convenance ou d'opposition entre deux idées.* — Le jugement est l'acte complet de la pensée humaine. Il s'exprime par une *proposition*. Ainsi, après avoir acquis les idées d'*homme* et de *mortel*, l'intelligence perçoit leur rapport et affirme que la seconde convient à la première : *L'homme est mortel ;* elle affirme de même que l'idée de *Dieu* et l'idée d'*injustice* ne se conviennent pas : *Dieu n'est pas injuste.*

Éléments et caractère du jugement. — Tout jugement comprend trois éléments : 1° une idée d'*être ou de substance ;* — 2° une idée de *mode ou de qualité ;* — 3° l'*affirmation mentale* des rapports de ces idées. — A ces trois éléments du jugement correspondent les trois termes de la proposition qui l'énonce : le *sujet* (ou l'objet dont on affirme ou nie quelque chose), l'*attribut* (ou ce qui est affirmé ou nié du sujet), et le verbe *être* (exprimé ou sous-entendu), par lequel se fait l'affirmation du rapport (voir *Logique*, p. 144).

Le vrai caractère du jugement c'est l'*affirmation*, alors même que sa forme serait négative, car il affirme toujours qu'une chose est ou n'est pas ; ex. : Ce nombre est pair ou impair ; l'azote n'est pas combustible, ou, ce qui revient au même, l'azote est incombustible ; le soleil ne tourne pas autour de la terre, ou : le soleil est non tournant autour de la terre.

Ses deux modes. — Le jugement est *spontané* ou *réfléchi.*

Le jugement spontané ou d'évidence immédiate a pour objet la chose même qui est représentée par une idée concrète et particulière fournie par les sens ou par la conscience. Ainsi notre esprit voit d'intuition que le soleil brille ; que la ligne droite est le plus court chemin d'un point à un autre ; qu'un cercle n'est pas un triangle ; que trois est plus que deux ; que faire le bien est un devoir pour tout être libre.

Le jugement réfléchi ou d'évidence médiate résulte de la comparaison de deux idées abstraites et générales. Par exemple, notre esprit ne voit pas du premier coup : que les trois angles d'un triangle équivalent à deux angles droits ; que les liquides prennent le même niveau dans des vases communiquants. — Ces vérités ne deviennent évidentes qu'après réflexion et avec plus ou moins d'étude et d'efforts.

Division des jugements. — Les jugements peuvent être divisés soit par rapport au *sujet*, soit par rapport au *verbe*, soit par rapport à l'*attribut*.

Par rapport au *sujet*, les jugements sont : 1° **universels**, si le sujet est pris dans toute son extension, c'est-à-dire s'il désigne tous les individus de l'espèce considérée ; ex. : tous les hommes sont mortels ; — 2° **particuliers**, si le sujet désigne une partie seulement des individus de cette espèce ; ex. : quelques savants se sont trompés ; — 3° **singuliers**, si le sujet désigne un nom propre ; ex. : Condé fut un habile général.

Par rapport au *verbe*, les jugements sont : 1° **affirmatifs**, si la proposition affirme que l'attribut convient au sujet ; ex. : Pierre est savant ; — 2° **négatifs**, si la proposition nie que l'attribut convienne au sujet ; ex. : Pierre n'est pas sage.

Par rapport à l'*attribut*, les jugements sont : 1° **analytiques**, si, en expliquant le *sujet*, on trouve que l'*attribut* y est contenu comme une de ses propriétés nécessaires, et que, par conséquent, il s'en tire par une simple analyse ; ex. : tout corps est étendu, — le triangle a trois côtés, — les rayons d'un cercle sont égaux. — On ne peut pas concevoir les corps autrement qu'étendus, ni le triangle sans trois côtés, ni le cercle avec des rayons inégaux ; — 2° **synthétiques**, si l'attribut ajoute au sujet une propriété qui lui convient de fait, mais qui ne lui est pas essentielle et n'en dérive pas par analyse ; ex. :

tout corps est pesant, — ces enfants sont studieux, — ce poêle est brûlant. — Les attributs : pesant, studieux, brûlant, ne sont ajoutés aux sujets de ces propositions qu'après expérience.

QUESTIONNAIRE. — Qu'est-ce que le jugement? — Quels sont les éléments et quel est le vrai caractère du jugement? — Quels sont les deux modes du jugement? — Exposez les principales sortes de jugements et donnez des exemples.

VI. — RAISONNEMENT

Définition. — Éléments et principe du raisonnement. — Ses diverses espèces. — Son importance.

Définition. — Le raisonnement est une *opération par laquelle l'esprit tire un jugement nouveau d'un ou de plusieurs jugements donnés*. Dans cette opération, l'esprit conclut d'un jugement établi à un jugement à établir. Par exemple, après avoir posé ce jugement : les *corps sont pesants,* on en conclut que *l'air est pesant.*

Le raisonnement exprimé s'appelle *argument*.

Éléments et principe du raisonnement. — Le raisonnement, même le plus simple, renferme trois jugements. Raisonner, en effet, c'est établir un rapport entre deux jugements, l'un principe, l'autre conséquence, au moyen d'un jugement intermédiaire qu'on se dispense le plus souvent d'exprimer, comme dans l'exemple ci-dessus ; mais il est facile de mettre en évidence ces trois jugements : *les corps sont pesants; or l'air est un corps; donc l'air est pesant.* — Le premier des trois jugements renfermés dans tout raisonnement se nomme *principe,* et le dernier, *conséquence.*

Les *éléments* du raisonnement sont donc *trois idées* et *trois jugements :* les trois jugements formés par les comparaisons successives de deux idées avec une même idée intermédiaire, et la conclusion qui en découle logiquement. Mais en vertu de quel *principe* les jugements sont-ils liés, de telle sorte que les deux premiers étant posés, le troisième s'impose? En vertu de ce principe : *Deux choses identiques à une troisième sont identiques entre elles.* Si A = B et si B = C, on doit nécessairement conclure que A = C (p. 48, *princ. d'identité*).

Ses diverses espèces. — On distingue trois espèces de raisonnement : *l'analogie*, *l'induction* et la *déduction*.

Analogie. — Dans le raisonnement par analogie, l'esprit conclut d'un cas particulier à un autre cas particulier. Par exemple, de ce que le feu m'a brûlé une fois, je conclus qu'il me brûlera une seconde fois, si j'en approche la main.

Induction. — Dans l'induction, l'esprit conclut d'un cas particulier à une règle générale, des faits aux lois, des conséquences aux principes ; ex. : tous ceux qui ont touché au feu se sont brûlés (faits particuliers) ; donc le feu brûle partout et toujours (loi générale).

Déduction. — Ici l'esprit conclut du général ou du moins général au particulier ; il déduit (extrait, fait sortir) d'une vérité générale les vérités particulières qu'elle renferme ; ex. : la vertu est aimable, donc la justice est aimable.

Nous reviendrons sur ces trois formes du raisonnement dans la Logique pratique.

Importance du raisonnement. — L'importance du raisonnement est considérable ; il nous fait acquérir un grand nombre de vérités et découvrir de nouvelles démonstrations des vérités déjà connues. Nous lui devons les sciences mathématiques et une foule de vérités médiates qui augmentent le nombre si restreint de nos jugements immédiats.

QUESTIONNAIRE. — Qu'est-ce que le raisonnement ? — Quels sont les éléments et quel est le principe du raisonnement ? — Nommez les diverses espèces de raisonnement. — Quel est le rôle du raisonnement ?

ORIGINE DES IDÉES

Quelle est l'origine des idées ? — Théories diverses sur l'origine des idées.

L'étude des divers pouvoirs intellectuels est achevée. Il nous reste à examiner brièvement les différentes théories proposées sur la question de l'origine des idées.

Quelle est l'origine des idées ? — Poser cette question, c'est demander comment les *idées* font leur apparition dans l'esprit, c'est-à-dire *par quelles facultés l'esprit humain peut les acquérir.*

Théories diverses sur l'origine des idées. — La question de l'origine des idées est une de celles qui ont le plus divisé les philosophes. Quelques-uns ont prétendu que toutes nos idées venaient de l'*expérience;* d'autres, de la *raison;* d'autres, enfin, de l'*expérience* et de la *raison*. — Leurs théories diverses peuvent être ramenées à quatre grands systèmes : le *sensualisme*, l'*innéisme*, l'*héréditarisme* et le *spiritualisme*.

1° **Sensualisme.** — Les systèmes *sensualistes* ou *empiriques* se résument dans ce vieil adage de Zénon : « Il n'y a rien dans l'esprit qui n'ait passé par les sens. »

D'après cette hypothèse, nos idées, les idées *nécessaires* aussi bien que les idées *contingentes*, viendraient toutes de l'*expérience* (des sens et de la conscience), ou, selon le langage de Locke, de la *sensation* et de la *réflexion*.

Il est absolument impossible que les idées et les vérités absolues, universelles et nécessaires, tirent exclusivement leur origine de l'expérience. Par les *sens* et la *conscience*, nous ne sortons ni du lieu où nous sommes, ni du moment actuel; nous voyons ce qui se passe ici, là, à telle heure, et, de ces observations particulières, on ne peut tirer que des idées contingentes, relatives, individuelles ou généralisées seulement par rapport aux phénomènes.

2° **Innéisme.** — Les systèmes *innéistes* n'attribuent aucune part aux sens dans la production de nos idées; ils enseignent qu'il n'y a d'idées véritables que les idées *rationnelles;* que ces idées sont *innées*, c'est-à-dire que Dieu, en nous créant, les a déposées dans notre esprit; qu'elles ne sont que des « formes purement subjectives ».

S'il en était ainsi, nous ne pourrions affirmer l'existence d'aucun être.

3° **Héréditarisme.** — Les systèmes *héréditaristes* soutiennent que les principes premiers viennent des *habitudes* transmises d'une génération à une autre.

Si ces habitudes ne sont que des accumulations de faits particuliers, contingents, elles ne produisent que le particulier, le contingent, jamais le nécessaire.

4° **Spiritualisme.** — La doctrine spiritualiste reconnaît que ni l'expérience seule, ni la raison seule ne suffisent à expliquer l'origine de nos idées. Elle fait la part de l'expérience et de la raison. — L'*expérience* nous fait connaître les vérités contingentes; la *raison*, les vérités nécessaires, universelles, absolues.

C'est par la *raison* que, à l'occasion des données de l'expérience, nous saisissons les rapports nécessaires des choses. « Pour que la raison puisse ainsi s'élever du sensible à l'intelligible, du contingent au nécessaire, il suffit qu'il y ait entre ces deux ordres d'idées, si différents qu'ils soient, une *liaison logique*; et cette liaison existe. Pour la saisir, la raison n'a pas besoin d'un travail lent et pénible; elle analyse un seul jugement particulier, celui-ci par exemple : *Ce meurtre suppose un meurtrier;* elle comprend que, les deux termes du rapport pouvant changer indéfiniment, le rapport même subsiste universel et nécessaire. Ce rapport est celui de l'*effet* à la *cause*, et il s'exprime ainsi : « Tout effet a une cause. » Ce principe veut dire que si, dans le monde, il y a des effets, il est *nécessaire* qu'il y ait des *causes;* l'idée de fait est tellement liée à l'idée de cause, que le contraire ne se peut concevoir.

En résumé, tout ce qu'il y a de **contingent** dans nos idées et nos principes vient de l'expérience, c'est-à-dire de la *perception externe*, de la *perception interne* et du *travail fait par notre esprit* sur les données des sens et de la conscience. — Tout ce qui est **nécessaire, universel, absolu** dans nos idées, vient de la raison.

La doctrine spiritualiste s'accorde parfaitement avec la nature humaine. Chez l'homme, être intelligent et sensible, l'acte de connaître ne saurait s'accomplir ni par l'expérience séparée de la raison, ni par la raison séparée de l'expérience, mais bien par l'union, sans confusion pourtant, de l'expérience et de la raison.

QUESTIONNAIRE. — Qu'est-ce que rechercher l'origine des idées? — Quelles sont les principales théories relatives à l'origine des idées? — Exposez-les sommairement.

VOLONTÉ ET LIBRE ARBITRE

Division. — Outre les pouvoirs de connaître et d'éprouver des sensations ou des sentiments, l'âme humaine possède encore un troisième pouvoir : celui de se *déterminer, de prendre librement des résolutions.*

Une résolution peut être prise de trois manières différentes : par *instinct*, par *habitude*, ou par *volonté proprement dite*. Il y a lieu d'examiner successivement ces trois questions. A cette étude se rattache celle de la liberté psychologique.

I. — INSTINCT

Définition. — Principe de l'instinct. — Ses caractères. — Diverses sortes d'instincts.

Définition. — L'instinct est une *impulsion naturelle et aveugle, qui porte à faire certains actes, sans connaissance du but ni des motifs*. — Par actes instinctifs on entend les actes qui sont produits spontanément, sans réfléchir et sans raisonner.

Principe de l'instinct. — L'instinct ne s'explique ni par l'habitude, ni par l'hérédité : il n'est l'acquisition ni de l'individu, ni de l'espèce; il est *naturel* ou *inné*.

L'instinct nous est commun avec les animaux, et, chez quelques espèces, on le trouve plus développé que chez l'homme : c'est que les animaux n'ont que l'instinct pour veiller à leur conservation, tandis que nous possédons l'intelligence, supérieure à tous les instincts.

Ses caractères. — Chez l'homme, dans la première enfance, et surtout chez l'animal, l'instinct est *irréfléchi, infaillible, invariable, uniforme, spécial*.

Irréfléchi. — L'instinct ne connaît ni le but qu'il poursuit, ni les moyens qu'il emploie pour l'atteindre. Le petit enfant et le jeune mammifère qui sont allaités par leur mère n'ont évidemment aucune idée de la faim ni de la soif, ni de l'action bienfaisante du lait; ils sentent un besoin, ils en souffrent, et ils l'apaisent par leur activité instinctive, irréfléchie, voilà tout [1].

Infaillible. — L'instinct va droit au but, sans tâtonnement et sans erreur; il porte l'enfant et l'animal à faire du premier coup ce qui convient à leur nature et à leurs besoins. Dès la première fois, « l'enfant qui tette ajuste ses lèvres et sa langue de la manière la plus propre à tirer le lait qui est dans la mamelle, » l'araignée tisse merveilleusement sa toile; le canard se soutient et avance sur l'eau sans tâtonnement.

Invariable. — Chez les animaux, l'instinct est complet dès le premier acte; il ne progresse jamais, à moins que l'industrie de l'homme ne vienne le modifier. Le rayon de miel de l'abeille, la cabane du castor, la toile de l'araignée, les galeries de la fourmi n'accusent aucun progrès. Les animaux ne savent même pas imiter : le loup ne songe pas à se créer une bergerie, ni le renard un poulailler.

Uniforme. — L'instinct est le même chez tous les animaux de la même espèce : l'instinct de construction, par exemple, est le même chez toutes les abeilles, chez tous les castors, chez toutes les araignées de la même espèce.

---

[1] L'instinct inconscient, aveugle et fatal, ne se trouve guère que chez les enfants en bas âge, et chez les animaux, dont il reste, toute leur vie, l'unique mobile. Chez l'homme adulte, l'instinct est soumis à des influences multiples : à la pure spontanéité des tendances se joint presque toujours un dessein prémédité, la prévision d'un avantage, la pensée d'un devoir ou l'entraînement d'une passion.

Selon Descartes, les animaux ne seraient que de *purs automates*, des machines merveilleuses, dont les ressorts produiraient tout ce que nous admirons dans leur industrie. Cette théorie est démentie par le fait de la sensibilité des animaux.

Spécial. — Chaque animal a son aptitude particulière : l'araignée ne sait que tisser sa toile, elle est incapable de faire un rayon de miel; l'abeille n'est habile que pour construire ses alvéoles. — L'animal est un *spécialiste*.

Diverses sortes d'instincts. — Chez l'homme, on distingue les instincts relatifs à la vie physique, à la vie intellectuelle et à la vie morale.

Les actes instinctifs qui se rapportent à la vie physique ont pour but notre conservation; tels sont : les mouvements du corps pour se remettre en équilibre, l'acte de porter les mains en avant dans une chute, de fermer les yeux menacés d'un coup, etc.

Les actes instinctifs qui se rapportent à la vie intellectuelle ont pour but notre perfectionnement intellectuel ou moral; tels sont : le désir du bonheur, les tendances à étudier ce que nous ne savons pas; l'amour du vrai, du bien et du beau [1].

QUESTIONNAIRE. — Qu'est-ce que l'instinct? — Quel est le principe de l'instinct? — Quels sont les caractères de l'instinct? — Combien, chez l'homme, distingue-t-on de sortes d'instincts, et quel est leur but?

II. — HABITUDE

Définition. — Remarque. — Diverses espèces d'habitudes. — Effets de l'habitude. — Ses avantages et ses inconvénients.

Définition. — L'habitude est une *disposition acquise par la répétition des mêmes actes ou la continuité d'un même état*. L'expérience montre que l'habitude s'acquiert et se fortifie par des exercices répétés, et que, une fois formée, elle porte à agir tantôt par un mouvement spontané, instinctif, tantôt avec attention et réflexion.

Remarque. — Pour créer une habitude, il n'est pas nécessaire de répéter un grand nombre de fois le même

---

[1] Chez les animaux, on distingue : 1° *les instincts de conservation de l'individu* : les animaux savent trouver leur nourriture et l'habitation qui leur conviennent; 2° *les instincts de conservation de l'espèce* : les animaux ne se bornent pas à se conserver, ils prennent mille précautions pour conserver leurs petits; 3° *les instincts de société* : cet instinct est merveilleux chez les abeilles, les fourmis, les castors, les oiseaux migrateurs.

acte : elle commence dès le premier acte. Si rien ne restait après le premier acte, rien ne resterait après dix, après cent, et jamais l'habitude ne se formerait.

Diverses espèces d'habitudes. — Au point de vue de la *cause* qui les a produites, on distingue : — 1° les habitudes **actives**, qui naissent de la répétition des mêmes actes; elles supposent l'effort, l'attention, la réflexion (l'habileté du pianiste provient d'une habitude active); — 2° les habitudes **passives**, qui naissent des sensations répétées et continuées; elles supposent une sorte d'inaction, d'inattention : celui qui demeure dans le voisinage d'une chute d'eau finit par ne plus entendre le bruit, ou, tout au moins, par ne plus remarquer qu'il l'entend.

Au point de vue des *facultés* auxquelles elles se rapportent, on distingue : 1° les habitudes **organiques**, qui sont des dispositions acquises par un organisme vivant : la main se fait à tel travail, l'estomac à tel régime, le corps à tel climat; — 2° les habitudes **intellectuelles**, qui se rapportent à la vie de l'esprit : habitude de la parole, du calcul, de l'observation, du raisonnement; — 3° les habitudes **morales**, qui résultent du pli que nous imprimons à notre volonté, à notre caractère, à notre conduite.

Il ne faut pas confondre l'habitude active avec la *routine*, qui est une habitude dégénérée. « La routine est, en quelque sorte, le retour de l'être vivant à l'inertie de la matière morte : c'est la mort de tout progrès, de toute activité consciente et vraiment humaine. » (PAUL JANET.)

Effets de l'habitude *sur la sensibilité, l'intelligence et la volonté.*

1° L'habitude affaiblit très souvent la partie émotive et passive de la sensibilité; c'est elle qui, sous le nom de temps, émousse les douleurs les plus cruelles, allège les chagrins les plus cuisants, dégoûte des divertissements et des spectacles les plus aimés : l'homme s'habitue à souffrir comme à jouir.

2° L'habitude fortifie les facultés actives; son influence

sur l'activité soit motrice, soit intellectuelle, soit volontaire, va toujours croissant : les exercices corporels (gymnastique, travail manuel) développent les forces physiques; l'habitude de la réflexion perfectionne l'intelligence. L'habitude de la vertu rend la volonté plus énergique et forme l'homme de bien.

Avantages et inconvénients de l'habitude. — Bien dirigée, l'habitude rend plus faciles et plus parfaits les actes de la vie professionnelle, intellectuelle et morale; elle est donc une condition nécessaire du *progrès* dans les arts, la science et la vertu. — C'est grâce à l'*habitude* que nous exprimons facilement nos pensées, que nous formons sans peine les lettres et les mots de l'écriture, que nous observons les règles de l'orthographe, que nous calculons avec promptitude, que nous jouons avec agilité d'un instrument de musique, que nous devenons moins sensibles aux intempéries des saisons, etc.

Les bonnes habitudes amoindrissent ou suppriment l'effort; mais elles n'amoindrissent ni ne suppriment la liberté morale : « Il n'y a que les mauvaises habitudes qui fassent perdre à l'homme une partie de sa liberté, tout ce que la morale approuve est la liberté même. » (HEGEL.)

Les mauvaises habitudes contrarient l'accomplissement du devoir et peuvent entraîner les conséquences les plus funestes. Presque toujours, le bonheur ou le malheur de la vie dépendent des *habitudes morales* que l'homme a contractées dans sa jeunesse. — La mauvaise habitude une fois enracinée est extrêmement difficile à extirper : « C'est comme une seconde nature, » suivant le mot d'Aristote.

Une mauvaise habitude est corrigée en cessant de faire des actes *conformes* et en faisant des actes *opposés :* tel est le moyen infaillible de vaincre les mauvaises inclinations de la nature : *L'habitude lutte contre l'habitude,* dit le proverbe.

QUESTIONNAIRE. — Qu'est-ce que l'habitude? — Quelles sont les diverses espèces d'habitudes? — Quelles sont les effets de l'habitude sur la sensibilité, l'intelligence et la volonté? — Quels sont les avantages et les inconvénients de l'habitude?

III. — VOLONTÉ

Définition. — Analyse de l'acte volontaire. — Remarque. — Caractères de la volonté. — Elle diffère de l'intelligence et de la sensibilité. — Son importance.

Définition. — La volonté est la *faculté d'agir avec réflexion et liberté*, ou encore : la *faculté de se déterminer en connaissance de cause*.

L'activité ou pouvoir d'agir, on l'a vu, se manifeste à des degrés divers dans les émotions de la sensibilité et dans les efforts de l'intelligence; mais c'est surtout dans la volonté qu'on en trouve le type complet.

Analyse de l'acte volontaire. — L'analyse découvre, dans l'acte volontaire, *cinq éléments* bien distincts les uns des autres : — 1º la possession de soi-même : quand l'homme agit spontanément, il ne se possède pas, son action est fatale; quand, au contraire, il a le plein usage de ses facultés et qu'il ne subit aucune influence intérieure ou extérieure, il agit avec liberté, il se sent maître de son action; — 2º la conception ou la connaissance de l'acte à faire, du but à atteindre et des moyens de le réaliser; — 3º la délibération ou l'examen des motifs, pour ou contre, que proposent tour à tour le devoir, l'honneur, l'inclination, l'intérêt ou la passion; — 4º la détermination ou la résolution d'agir ou de ne pas agir; — 5º l'exécution ou l'acte extérieur qui suit ordinairement la résolution.

L'exécution ne fait point partie essentielle de l'acte volontaire; car elle dépend autant des *circonstances extérieures* que de *nous*. La volonté proprement dite réside tout entière dans la détermination, qui seule dépend de nous, et, par cela même, engage notre responsabilité.

Remarque. — Les diverses opérations de l'acte volontaire s'accomplissent parfois si rapidement, qu'elles semblent inséparables. Ainsi, la mère s'élance dès qu'elle aperçoit le danger de son enfant, et le brave d'Assas, à la vue de l'ennemi, s'écrie sans délibération apparente : « A moi, Auvergne ! c'est l'ennemi ! » — L'habitude de se vaincre, la lucidité d'esprit, la force de caractère, la générosité du cœur, épargnent à l'homme, dans des circonstances difficiles, les lenteurs déshonorantes d'une délibération, ou plutôt d'une hésitation. C'est souvent la récompense et l'honneur d'une vie modeste, mais forte, de se révéler ainsi elle-même spontanément dans un acte sublime.

Caractères de la volonté. — De ce qui précède, il résulte que les caractères essentiels de la volonté sont d'être : — 1° réfléchie : vouloir, c'est agir en connaissance de cause, sachant ce qu'on fait et pourquoi on le fait ; — 2° libre : vouloir, c'est avoir l'initiative et le choix de ses *déterminations;* c'est pouvoir toujours dire *oui* ou *non*, à son gré ; — 3° efficace : le vouloir peut beaucoup, soit pour faire, soit pour empêcher ; — 4° responsable : la volonté est responsable dans la mesure de la connaissance et de la liberté.

La volonté diffère de l'intelligence et de la sensibilité. — Elle diffère :

1° De l'intelligence. L'intelligence a pour objet le *vrai*, et la volonté le *bien;* l'intelligence *affirme*, et la volonté *décide;* l'intelligence *éclaire* la volonté qui, par elle-même, est aveugle, et lui fournit des *motifs* d'agir ; la raison, qui est la partie supérieure de l'intelligence, *guide* la volonté dans son choix et lui fait apprécier la *valeur morale* de ses actes.

2° De la sensibilité. Les impulsions de la sensibilité : l'*instinct*, le *désir*, l'*amour*, excluent toute délibération. — L'instinct est une force *inconsciente*, il s'ignore lui-même. — La volonté se *connaît*, elle est à la fois *réfléchie* et *libre*. — Le désir est *fatal :* il naît en nous, sans nous, même malgré nous ; il est donc originairement *indélibéré*, et par conséquent *involontaire*. — La volonté, au contraire, est *parfaitement libre* de ses actes ; son rôle consiste, bien souvent, à combattre les désirs et à refuser de les satisfaire. Sans doute le désir exerce une grande influence sur la volonté, mais il ne s'ensuit pas qu'on puisse le confondre avec le vouloir. — Nous ne portons la responsabilité de nos désirs qu'autant que nous les rendons volontaires par l'adhésion de la volonté. — L'amour est une tendance *spontanée;* comme le désir, il naît en nous indépendamment de notre volonté. La volonté est une détermination *réfléchie.* On est souvent obligé de *vouloir* ce qu'on n'aime pas, et, souvent aussi, d'*aimer* ce qu'on ne voudrait pas. — La volonté diffère donc de l'intelligence et de la sensibilité.

Importance de la volonté. — La volonté est la faculté maîtresse; elle a prise sur toutes les autres facultés de l'âme et même sur le corps :

Sur l'intelligence : la volonté ne commande pas à l'intelligence, mais elle peut beaucoup pour faciliter les *opérations intellectuelles* dont nous avons parlé précédemment : l'attention, l'abstraction, la mémoire, l'association des idées, etc. ;

Sur la sensibilité : la volonté ne va pas jusqu'à *supprimer* les sensations, les sentiments, les imaginations, les désirs; mais elle peut en empêcher les manifestations, les affaiblir ou même les annuler en s'attaquant à leurs causes (voir *Morale,* p. 250);

Sur le corps : la volonté agit sur le corps par l'exercice, par l'hygiène et par la sobriété; elle le meut à son gré et détermine en lui des aptitudes spéciales aux fins auxquelles elle veut l'employer. « Le grand pouvoir de la volonté sur le corps consiste dans ce prodigieux effet que l'homme est tellement maître de son corps, qu'il peut le sacrifier à un plus grand bien qu'il se propose. » (Bossuet.)

Unie à la raison, la volonté constitue ce qu'on appelle le *caractère,* et fait l'homme qui sait vouloir : l'homme qui a des principes et les suit, qui n'est pas à la merci des préjugés, des événements, des opinions.

Questionnaire. — Qu'est-ce que la volonté? — Que nous révèle l'analyse de l'acte volontaire ? — Quels sont les caractères de la volonté ? — En quoi la volonté diffère-t-elle de l'intelligence et de la sensibilité ? — La volonté est-elle bien importante ?

LIBERTÉ PSYCHOLOGIQUE OU LIBRE ARBITRE

Diverses espèces de liberté. — L'homme est maître de ses déterminations. — Preuves tirées de la conduite du genre humain et des conséquences de la négation de la liberté.

Diverses espèces de liberté. — On distingue la liberté *physique* ou *d'action*, la liberté *civile*, la liberté *politique* et la liberté *intérieure* ou *psychologique*.

La liberté physique ou *d'action* est le *pouvoir d'exécuter extérieurement les résolutions de la volonté*. Ce pouvoir est limité par notre propre impuissance, par les autres hommes, par les lois, etc. — Le malade, l'infirme, le prisonnier, ne jouissent pas complètement de la liberté physique.

La liberté civile ou *sociale* est le *pouvoir*, garanti par l'État, *d'exercer certains droits inhérents à la nature humaine* : par exemple, le droit de choisir une profession, de s'instruire, de posséder, de transmettre ses biens par vente, échange, donation ou testament, etc. Ce pouvoir est déterminé et réglé par les lois et les conventions établies pour l'utilité commune. — L'interdit et le mineur ne jouissent pas de la plénitude de la liberté civile.

La liberté politique est la faculté de participer au gouvernement des affaires publiques : droit de choisir les représentants de la nation et de faire partie des assemblées publiques, droit de discussion, de contrôle, de pétition, etc. Ces droits sont concédés aux citoyens par les lois constitutionnelles. — L'étranger et le mineur sont privés des droits politiques.

La liberté intérieure ou *psychologique*, — la seule qui soit notre sujet, — est le *pouvoir de se déterminer ou de prendre une résolution d'après des motifs*[1]. Cette liberté prend encore le nom de liberté morale ou de *libre arbitre* quand elle s'exerce dans l'ordre moral, c'est-à-dire quand elle choisit entre les *contradictoires* (entre plusieurs biens) ou entre les *contraires* (entre le bien et le mal).

La perfection de la liberté morale consiste à choisir entre plusieurs *biens*. Il n'y a de libre que celui qui fait ce qu'il doit, qui se détermine toujours conformément à sa nature d'être raisonnable. Plus un homme est vertueux, plus il est libre. Le pouvoir de faire le mal n'appartient pas à l'essence de la liberté; il n'est que l'abus de la liberté[2]. La vraie liberté est celle qui s'exerce dans la sphère de l'honnête et du bien. — La morale a précisément pour but de nous enseigner à bien vivre, en faisant toujours un bon usage de notre libre arbitre.

L'homme est maître de ses déterminations. — C'est un fait d'expérience, tout homme doué d'intelligence et de raison est maître de ses déterminations : le *témoignage de la conscience*, la *conduite du genre humain*, les *conséquences de la négation de la liberté psychologique* en sont les preuves irrécusables.

Preuve tirée de la conscience. — La conscience nous dit à tout moment que nous sommes libres; elle l'affirme *avant, pendant* et *après* chacune de nos actions. *Avant d'agir*, nous comparons les motifs, nous pesons les avantages des partis opposés, contraires, contradictoires, nous délibérons; *pendant l'exécution*, nous sentons que nous pouvons, à notre gré, continuer ou interrompre l'accomplissement de notre dessein; *après l'action*, nous éprouvons une satisfaction morale ou un remords selon

---

[1] Un acte volontaire peut ne pas être un acte libre; mais tout acte libre est volontaire. Ainsi, nous voulons le *bonheur*, et nous ne pouvons nous empêcher de le vouloir. Cet acte est donc volontaire sans être libre : celui qui n'est pas maître de ses déterminations n'est pas libre. Nous *voulons aller à la promenade*, mais nous sentons que nous pouvons nous empêcher de vouloir aller à la promenade. Cet acte est libre. — L'acte volontaire est libre quand on peut faire ou ne pas faire telle action.

[2] « Celui qui commet le péché est l'esclave du péché. » (S. Jean, VIII, 34.)

que nous avons bien ou mal agi. Or tous ces faits supposent la liberté. « Que chacun de nous, dit Bossuet, s'écoute et se consulte soi-même, il sentira qu'il est libre, comme il sent qu'il est raisonnable. »

Preuve tirée de la conduite du genre humain. — La conduite des hommes, dans tous les siècles et dans tous les pays, atteste leur croyance à la liberté psychologique : l'existence des *lois*, des *tribunaux*, des *peines*, des *récompenses* que l'on trouve chez tous les peuples, ne s'explique pas sans la croyance au libre arbitre. Il est vrai que certains philosophes (Zénon, Sénèque, Épictète, Marc-Aurèle, Manès, Mahomet, Luther, Calvin, etc.) ont nié la liberté ; mais ils ne l'ont niée qu'en théorie : l'histoire nous montre ces hommes eux-mêmes délibérant, exhortant, menaçant, conseillant, publiant des lois, construisant des codes de morale, faisant des contrats comme les autres hommes. D'où l'on peut conclure que le genre humain tout entier croit *pratiquement* à la liberté psychologique. Or la croyance unanime des hommes est une preuve de vérité toutes les fois qu'il s'agit d'un point de doctrine intéressant leur conduite morale [1] (voir *Logique*, p. 167 et suiv.).

Preuves tirées des conséquences de la négation de la liberté. — Si les hommes ne jouissent pas de la liberté psychologique ; s'ils sont dans la nécessité d'agir, comme le feu est dans la nécessité de brûler, l'eau de couler, il faut supprimer la plupart des institutions sociales ; le *bien* et le *mal* sont de vains mots ; le *mérite* et le *démérite* disparaissent à leur tour, car le bien est la source du mérite, comme le mal est celle du démérite. S'il n'y a ni mérite ni démérite, les *récompenses* sont ridicules et les *châtiments* injustes et odieux. Comment, par exemple, s'expliquer les tribunaux, les peines pronon-

---

[1] Il importe de faire cette restriction parce que l'accord d'un grand nombre de témoins peut s'expliquer par une *entente préalable*, une *communauté d'intérêts* ou de *passions* : ce qui ne peut avoir lieu lorsqu'il s'agit « d'un point de doctrine intéressant leur conduite morale ». — Les hommes vicieux auraient intérêt à nier la liberté morale. Si, néanmoins, ils s'accordent à admettre cette liberté, c'est qu'elle existe.

cées contre les prévenus, la considération des circonstances aggravantes ? Vouloir qu'un homme soit coupable d'une faute parce qu'il a fait ce qu'il ne pouvait pas éviter, c'est le comble de l'imposture et de la déraison.

On le voit, cette doctrine entraîne comme conséquences la négation de la vertu, du devoir, de la justice, de la vie future et la ruine de la société. Donc, la conscience, la conduite du genre humain et les conséquences monstrueuses de la négation de la liberté intérieure, nous prouvent que l'homme est maître de ses déterminations.

QUESTIONNAIRE. — Quelles sont les diverses espèces de liberté ? — Qu'est-ce qu'on entend par liberté physique ? — civile ? — politique ? — intérieure ou psychologique ? — L'homme est-il maître de ses déterminations ? — Que nous apprennent : la conscience, la conduite du genre humain, les conséquences de la négation du libre arbitre, relativement à la liberté morale ?

SYSTÈMES QUI NIENT LE LIBRE ARBITRE

Fatalisme. — Déterminisme. — Réfutations. — Remarques.

Les systèmes qui nient la liberté morale ou libre arbitre se ramènent à deux principaux : le *fatalisme* et le *déterminisme*.

Fatalisme. — Le fatalisme (latin *fatum*, destin) est la doctrine qui prétend que tous les événements et tous les actes de la volonté sont régis par le *destin*, c'est-à-dire par l'*inévitable nécessité*. Telle était l'opinion des peuples païens de l'antiquité, des mahométans et des astrologues. On cite comme l'ayant adoptée, bien que placés à des points de vue divers : les manichéens, les luthériens, les jansénistes et quelques philosophes modernes.

L'erreur du fatalisme est démontrée par le témoignage de la conscience et par le sens commun.

Déterminisme. — Le déterminisme est la doctrine qui affirme que les actes de la volonté sont nécessités, déterminés, soit par les *lois* de la nature (physique ou morale) de l'homme, soit par la *prescience* et le *gouvernement* divins. De là trois sortes de déterminisme : le *déterminisme physiologique*, le *déterminisme psychogique* et le *déterminisme théologique*.

1° **Déterminisme physiologique.** — Les déterministes matérialistes, Gall[1], Cabanis[2], etc., qui, ne reconnaissant que la nature matérielle et ses lois, veulent trouver dans le caractère, le tempérament, l'éducation, le climat, l'âge, le milieu, les occupations habituelles, la configuration du cerveau, les prédispositions héréditaires de santé ou de maladie, etc., la cause de toutes nos déterminations.

Réfutation. — On ne saurait nier l'*influence* plus ou moins grande que le caractère, le tempérament, l'éducation, le milieu physique, etc., exercent sur la liberté morale ; mais l'expérience prouve que l'homme peut modifier son caractère, dominer son tempérament, refaire son éducation, agir contre une inclination dominante, assouplir son corps par des exercices pénibles, et le rendre plus apte à seconder les opérations intellectuelles et morales ; enfin, qu'au milieu de ces luttes intérieures, la volonté se sent ordinairement libre de son choix et de sa détermination.

2° **Déterminisme psychologique.** — D'autres partisans du *déterminisme* prétendent trouver dans l'âme elle-même la cause de ses déterminations : c'est le déterminisme *psychologique*. La volonté, disent-ils, ne se détermine pas sans motif, et ce motif devient la cause nécessitante de son acte. Dans le cas de motifs inégaux, la volonté choisit toujours le meilleur. Si les motifs sont égaux, la volonté reste indifférente et inactive : *l'âne de Buridan*[3], placé à égale distance entre deux bottes de foin aussi appétissantes l'une que l'autre, mourra de faim, n'ayant aucune raison de manger l'une plutôt que l'autre.

---

[1] Gall (1758-1828), médecin, né dans le grand-duché de Bade.
[2] Cabanis (1757-1808), médecin, né à Cosnac (Corrèze).
[3] Buridan (1295-1360), philosophe, né à Béthune. On lui prête l'argument dit de *l'âne de Buridan*.

Réfutation. — Il est vrai que la volonté ne se détermine pas sans *motif;* mais le motif n'exerce jamais sur la volonté une action nécessitante. Le motif excite et dispose, mais la volonté peut toujours se déterminer en sens contraire. Entre plusieurs biens égaux, l'homme trouve toujours une raison pour choisir l'un plutôt que l'autre; entre plusieurs biens inégaux, l'homme peut choisir le moindre : ce qui explique le violent effort qu'on doit faire parfois pour prendre une détermination.

3° **Déterminisme théologique.** — La liberté humaine, disent certains fatalistes, ne peut se concilier ni avec la *science divine* appelée *prescience*, ni avec le *gouvernement divin*.

Première objection. — La science infinie de Dieu *prévoit* les choses à venir ; or tout ce que Dieu prévoit doit nécessairement arriver, donc l'homme n'est pas libre.

Réfutation. — Il n'existe pour Dieu ni passé ni avenir: tout lui est *présent*. Dieu ne *prévoit* pas, il *voit*; il est témoin de notre vie entière comme nous sommes témoins de ce qui se passe autour de nous, et sa présence ne rend pas nos actes plus nécessaires que la nôtre ne rend nécessaires les actes de ceux que nous voyons agir. Nos actes ne s'accomplissent pas parce que Dieu les voit ; mais si Dieu les voit, c'est parce que nous les accomplissons. La prescience divine n'empêche donc pas l'homme d'être libre.

Deuxième objection. — Dieu dirige tous les événements vers un *but ;* or toutes les actions de l'homme doivent concourir à ce but ; donc l'homme n'est pas libre.

Réfutation. — Dieu dirige vers un but des événements et des actes toujours présents ; les actes libres de l'homme n'échappent pas plus à la direction divine qu'à sa présence ; mais la direction divine, pas plus que sa prescience, ne détruit la liberté de l'homme. Dieu, comme cause première, coopère à toute action de ses créatures et les dirige vers la fin qu'il a établie; mais il laisse à la cause seconde son action naturelle : action *nécessaire*, dans les créatures qui n'agissent qu'en vertu de l'impulsion reçue, comme les corps bruts, les plantes et les animaux; action *libre*, dans celles qui agissent par elles-même[1]. Notre volonté est donc la *cause réelle* de ses propres déterminations; donc l'homme est libre.

Remarques. — 1° La liberté morale ou libre arbitre, résidant essentiellement dans la volonté, subsiste alors même que toutes les autres libertés nous sont enlevées; aucune puissance humaine ne peut la gêner : on contraint le corps, mais non la volonté.

2° Tous les hommes ne possèdent pas la liberté morale au même degré; elle varie avec l'état des individus; depuis l'enfant, le sauvage, l'homme sensuel, paresseux, passionné, qui sont au bas de l'échelle, jusqu'au sage accompli, ou du moins jusqu'aux hommes qui se rapprochent le plus de ce type que nul ici-bas ne réalise complètement.

QUESTIONNAIRE. — Quelles sont les principales doctrines qui nient la liberté humaine? — Qu'est-ce que le fatalisme? — Qu'est-ce que le déterminisme? — Que savez-vous du déterminisme physiologique ou matérialisme? — du déterminisme psychologique? — de la prescience divine? — du gouvernement divin? — La liberté intérieure peut-elle être gênée? — Est-elle la même chez tous les hommes?

LA PERSONNE. — LA CHOSE

Ce qu'il faut entendre par la personnalité. — Unité et identité de la personne.
— En quoi les personnes diffèrent des choses.

Ce qu'il faut entendre par la personne. — On désigne sous les noms de personnalité ou de personne *un être qui a conscience de soi, et qui, doué de raison et de*

---

[1] Il y a là non une contradiction, mais seulement un ordre de vérités inaccessible à notre intelligence. « La vérité, dit Bossuet, ne détruit point la vérité; et, quand même nous ne saurions pas trouver le moyen d'accorder ces choses, ce que nous ne connaîtrions pas, dans une matière si haute, ne devrait point affaiblir en nous ce que nous en connaissons si certainement. » Nous sommes certains que l'homme est *libre*, la conscience l'atteste, et que la *sagesse* et la *puissance* de Dieu sont infinies, la raison l'atteste.

liberté, s'appartient à lui-même. L'homme possède ces attributs : il a conscience de lui-même ; il est capable de réfléchir sur ce qui se passe en lui ; il peut, par sa raison, distinguer le vrai du faux, le bien du mal ; il agit volontairement ; il est *un* et *tout entier en soi :* il est donc une *personne.*

L'être qui s'ignore lui-même, qui ne réfléchit pas, qui n'a pas la libre dispositions de ses actes, n'est pas une personne, c'est une *chose.* Le minéral, le végétal, l'animal, ne sont que des choses : ils ne s'appartiennent pas, ils n'agissent pas par eux-mêmes ; ils sont plutôt « agis ».

Les animaux, sans doute, ne sont pas dépourvus de sensibilité, de mémoire et d'une certaine intelligence ; mais ils ne réfléchissent pas ; ils sont, pour ainsi dire, toujours hors d'eux-mêmes, et tout, pour eux, se réduit à de confuses impressions. L'homme seul semble avoir le privilège d'arrêter les impressions reçues, de les considérer attentivement, de les lier entre elles et de se les attribuer ; seul il se connaît comme une *cause,* comme un être intelligent, libre, responsable ; seul il dit à chaque instant : *je, moi.*

Unité et identité de la personne. — La personne humaine est composée de deux substances : la substance *matérielle* et la substance *spirituelle,* qui se complètent l'une l'autre. Pour affirmer son *unité* et son *identité,* il suffit que la substance spirituelle soit *une* et *identique.* C'est le cas de l'âme humaine (voir p. 98 et suiv.).

En quoi les personnes diffèrent des choses. — Les personnes diffèrent des choses par leur *nature,* leur *fin* et la *loi* qui les régit.

Par leur nature. — Les personnes appartiennent à l'ordre *moral, spirituel;* les choses à l'ordre *matériel, physique.*

Par leur fin. — Les personnes ont une *destinée supérieure* à laquelle elles ont le droit et le devoir de tendre librement (voir p. 109); les choses ont une *fin renfermée* *dans les limites de l'existence physique*, et elles l'atteignent fatalement.

Par la loi qui les régit. — Les personnes ont une loi *obligatoire* qu'elles doivent suivre sous peine de démériter, de déchoir, de se dégrader (voir p. 217); les choses sont soumises à des lois *nécessitantes*, qu'elles ne peuvent pas ne pas subir.

L'enfant avant l'âge de raison, et l'idiot, sont assimilés aux choses quant à la responsabilité morale.

QUESTIONNAIRE. — Que faut-il entendre par la personnalité ou la personne? — L'homme est-il une personne? — Pourquoi le minéral, le végétal, l'animal, ne sont-ils pas des personnes? — La personnalité est-elle une et identique? — En quoi les personnes diffèrent-elles des choses?

INFLUENCES RÉCIPROQUES DES FACULTÉS DE L'AME

Concours obligé de la conscience. — Influences réciproques de la sensibilité, de l'intelligence et de la volonté.

Les facultés de l'âme sont tout à la fois *distinctes* et *inséparables* : ce qui précède nous en fournit plus d'une preuve. Voyons maintenant comment leurs opérations se combinent et comment elles agissent et réagissent l'une sur l'autre.

Concours obligé de la conscience. — D'abord les phénomènes de la sensibilité, de l'intelligence et de la volonté, n'existent pour nous qu'à la condition de nous être connus, et nous ne les connaissons que par la conscience réfléchie. On ne peut sentir, en effet, sans savoir que l'on sent, ni vouloir sans savoir que l'on veut.

Influence de la sensibilité: — 1° Sur l'intelligence. Nos plaisirs et nos peines occupent souvent, trop souvent peut-être, nos pensées. Nous apprenons mieux et nous retenons plus facilement les choses qui nous intéressent. Par contre, les sensations trop vives, trop fréquentes, trop continues, affaiblissent l'intelligence, éteignent le génie, hébètent l'esprit quelquefois jusqu'à l'idiotisme.

2° Sur la volonté. Les phénomènes sensibles excitent, entraînent la volonté; c'est souvent en conséquence de nos inclinations, de nos affections et de nos passions, que nous nous déterminons : celui qui aime sincèrement accomplit volontiers des actes difficiles. — L'homme insensible est incapable de s'élever aux grands actes de courage et de vertu ; celui qui s'émeut facilement et profondément peut aller loin dans le bien comme dans le mal.

Influence de l'intelligence : — 1° Sur la sensibilité. Nos sensations naissent le plus souvent de nos perceptions, de nos pensées. La culture de l'esprit procure les plaisirs les plus délicats.

2° Sur la volonté. En général, la volonté s'inspire des motifs perçus et jugés par l'intelligence : nous ne sommes en état de choisir et de vouloir une chose que lorsque nous la connaissons.

Influence de la volonté : — 1° Sur la sensibilité. La volonté agit sur la sensibilité pour la modérer, la contenir, au besoin pour lui faire violence. Elle peut comprimer les mouvements du cœur : impatience, colère, répugnance, sympathie, etc., écarter ou rapprocher, voir ou éviter de voir ce qui provoque des émotions; elle peut surtout et elle doit commander aux sentiments délibérés et dominer les passions. — Il est à remarquer que, lorsque la volonté nous interdit ce que nous aimons, et qu'elle nous détermine à faire ce que nous n'aimons pas, nos sentiments finissent par se modifier : nous ne faisons plus alors ce que nous aimons, mais nous finissons par aimer ce que nous faisons.

2° Sur l'intelligence. La volonté se combine, pour ainsi dire, avec l'intelligence dans le phénomène de l'attention; puis l'attention dirige la pensée. — De là vient qu'on est responsable de ses pensées dans la mesure même de l'attention qu'on y a prêtée.

Les pensées non dirigées s'appellent distractions ; les distractions proviennent de la perception extérieure, des sensations physiques et de l'association des idées. La volonté est obligée de lutter contre ce mouvement irrégulier de la pensée. Elle le fait souvent en se servant des lois mêmes de l'association.

En résumé, « toutes nos facultés se tiennent » (MALEBRANCHE); elles agissent les unes sur les autres; le développement ou l'affaiblissement de l'une provoque le développement ou le dépérissement des autres.

QUESTIONNAIRE. — A quelle condition les phénomènes psychologiques existent-ils pour nous? — Que savez-vous des influences de la sensibilité sur l'intelligence et sur la volonté? — des influences de l'intelligence sur la sensibilité et sur la volonté? — des influences de la volonté sur la sensibilité et sur l'intelligence?

EXPRESSION DES FAITS PSYCHOLOGIQUES

Pour exprimer, pour traduire au dehors les faits psychologiques, l'homme a besoin de signes et du langage.

LES SIGNES ET LE LANGAGE

Définition du signe. — Deux sortes de signes. — Définition du langage. — Ses diverses espèces. — Rapports du langage et de la pensée. — Éléments d'une langue complète. — Origine du langage parlé ou de la parole.

Définition du signe. — Un signe en général est un phénomène sensible qui rappelle quelque chose : par exemple, l'agitation des branches des arbres, la fumée, un éclair, etc., rappellent le vent, le feu, l'électricité.

Dans un sens plus restreint, on appelle signe un *fait extérieur* qui manifeste un *fait intérieur :* par exemple, un cri plaintif, une parole, révèlent une souffrance, une pensée.

Deux sortes de signes. — On distingue les signes *naturels,* et les signes *artificiels* ou *conventionnels.*

Les signes naturels sont ceux que nous suggère la

nature; ils révèlent spontanément les états de notre esprit. Ainsi : le rire, les larmes, les sanglots, sont les signes naturels de la joie et de la douleur. — Les signes naturels, fondés sur les lois de l'union de l'âme et du corps, sont partout les mêmes et compris de tout le monde.

Les signes artificiels sont ceux que l'homme a inventés ; ils n'expriment les choses qu'en vertu d'une convention. Ainsi : la palme, l'olivier, une croix sur la poitrine, les lettres et les mots dont se compose le langage, sont les signes conventionnels de la victoire, de la paix, de l'honneur, de la pensée. — Les signes artificiels peuvent être différents d'un peuple à l'autre, d'un groupe de personnes à un autre.

Définition du langage. — Le langage est l'ensemble des signes, *naturels* ou *artificiels*, à l'aide desquels nous exprimons nos sensations, nos sentiments, nos pensées, nos volitions; en un mot, toute la vie psychologique.

Diverses sortes de langage. — On distingue deux sortes de langage : le *langage naturel* et le *langage conventionnel*.

Le langage naturel comprend les sons inarticulés, les soupirs, les cris, le rire, les larmes, les expressions du visage, — qui est le miroir de l'âme, — les attitudes du corps, les mouvements des bras et des mains.

Cette espèce de langue instinctive et universelle, que tous les hommes emploient et comprennent sans avoir besoin de l'apprendre, exprime assez fidèlement les phénomènes de la sensibilité et de la volonté; mais elle ne peut traduire avec précision toutes les pensées.

Le langage conventionnel se compose de tous les *signes* auxquels le consentement général attribue une valeur significative; ex. : l'alphabet. Les *signes conventionnels*, que l'on peut multiplier indéfiniment suivant le besoin, se prêtent à l'expression de tous les détails, de toutes les nuances de la pensée, à toutes les exigences de l'analyse.

Le langage conventionnel comprend la *parole* et l'*écriture*.

La parole, ou langage parlé, est une combinaison de sons *articulés*[1], c'est-à-dire modifiés par les organes de la voix : elle forme les langues dont se servent les hommes pour exprimer leurs pensées et les communiquer à leurs semblables. Mais la parole, supérieure à toutes les autres espèces de langage, est fugitive, et les pensées qu'elle exprime s'évanouiraient avec les sons qui frappent nos oreilles, si l'on ne pouvait la fixer par des signes permanents.

L'écriture, ou langage écrit, est un système de signes permanents[2], qui fixent la pensée et lui permettent de franchir le temps et l'espace. — On distingue deux sortes d'écritures : l'écriture *idéographique* et l'écriture *phonétique*.

L'écriture *idéographique* figure ou représente les objets de nos pensées. Elle est : — 1° *figurative*, quand elle dessine les objets, ex. : les images, les peintures; — 2° *symbolique*, quand elle représente les objets par des signes conventionnels, ex. : les chiffres, les signes algébriques, l'écriture des Chinois, l'écriture hiéroglyphique des anciens Égyptiens. — L'écriture *phonétique* figure ou représente les sons ou les articulations du langage parlé. Elle comprend la notation musicale et l'écriture alphabétique, la plus parfaite de toutes : à l'aide de voyelles et de consonnes, qui se combinent ensemble, l'écriture alphabétique peut traduire toutes les modulations de la voix humaine et, par suite, toutes nos pensées et tous nos sentiments.

Rapports du langage et de la pensée. — 1° La pensée est *mobile* et *fugitive* : le langage lui donne un corps, la rend saisissable et durable. — 2° Le langage *aide à penser*. Sans être la cause et le principe de la pensée, le langage la provoque et la rend plus *claire*, plus *nette*, plus *précise* : c'est en parlant ou en écrivant que l'on trouve le plus d'idées.

---

[1] Il faut distinguer le *cri* de la *parole* ou voix articulée. Le cri, qui constitue la langue *émotionnelle*, nous est commun avec les animaux; mais, chez eux comme chez le petit enfant, il n'exprime que la sensation, ne révèle que des instincts et des besoins inférieurs. — [2] Visuels ou tactiles.

Éléments d'une langue complète. — Les éléments essentiels d'une langue complète sont : les *mots* et les *propositions*.

Les mots servent à exprimer les idées, qui toutes se résument dans les notions de *substance*, de *qualité* ou de *phénomène* et de *rapport*.

Les propositions servent à exprimer les jugements; or tout jugement comprend trois idées : celle de substance, celle de qualité et le rapport qui les unit ou les sépare. La proposition comprend donc : le *substantif*, qui répond à l'idée de substance; l'*adjectif*, à celle de qualité; le *verbe*, à celle de rapport.

A ces trois mots il faut ajouter : la *préposition*, qui exprime le rapport de deux substances ou de deux qualités, et la *conjonction*, celui de deux jugements.

Il y a donc, en réalité, cinq espèces de mots : le *substantif*, l'*adjectif*, le *verbe*, la *préposition* et la *conjonction*. Les autres parties du discours ne sont que des notations abrégées ou des associations des cinq signes primitifs. (*Le pronom remplace le substantif; l'article et le participe sont des sortes d'adjectifs; l'adverbe équivaut à un adjectif joint à une préposition; et l'interjection, quand elle ne remplace pas une proposition entière, n'est qu'un cri inarticulé.*)

La **grammaire générale** étudie les principes communs à toutes les langues.

Origine du langage parlé ou de la parole. — Les langues se sont développées sous l'influence de circonstances particulières qui en expliquent la diversité, et d'après les lois que constatent la *linguistique*, la *grammaire comparée* et la *grammaire générale*; mais le problème de l'origine de la parole a reçu des solutions bien différentes.

La Bible nous apprend que l'homme, sorti des mains du Créateur, dans la plénitude de sa force et de son développement intellectuel, pensait et parlait; qu'il connaissait toutes les choses par leur nature intime, et les nommait par leur nom. — Il reste à savoir si l'homme, abandonné à lui-même, aurait pu inventer la parole.

Certains philosophes prétendent que l'homme aurait pu l'inventer; d'autres soutiennent que l'invention du langage est au-dessus des forces humaines.

On peut leur répondre : l'homme n'a pas eu à inventer le langage; il l'a reçu de Dieu, en ce sens qu'il a été créé dans le plein exercice de ses facultés; mais on admet assez communément qu'il aurait pu l'inventer : la *faculté* et l'*organe d'expression et d'articulation* lui étant naturels, comme la *faculté de penser*, il aurait parlé par le fait même de sa nature. — Mais cela n'est pas clairement démontré.

Quant à la variété des langues modernes, elle s'explique par le caractère, les besoins et les occupations spéciales de chaque peuple.

Pour le complément des faits psychologiques de l'imagination et du langage, voir l'*Esthétique*, p. 119.

QUESTIONNAIRE. — Comment définit-on le signe en général? — Combien distingue-t-on de sortes de signes? — Qu'est-ce que le langage? — Combien distingue-t-on d'espèces de langage? — Que comprend le langage naturel? — le langage artificiel? — Que savez-vous du rapport du langage et de la pensée? — Quels sont les éléments d'une langue complète? — Quelle est l'origine de la parole?

PSYCHOLOGIE RATIONNELLE

Objet et division. — La psychologie rationnelle a pour objet l'*étude de l'âme*, non plus dans ses *faits* et dans ses *facultés*, mais dans sa *nature*.

Quelle est la *nature intime de l'âme*? Cette âme est-elle *distincte du corps*? Comment expliquer son *union avec le corps*? Quelles sont les *conséquences* de cette union? Quelle est son *origine*? Quelle est sa *destinée*? — Telles sont les questions auxquelles doit répondre la psychologie *rationnelle*.

I. — DISTINCTION DE L'AME ET DU CORPS

Spiritualisme et matérialisme. — Doctrine spiritualiste. — Théories matérialistes. — Conclusion.

Spiritualisme et matérialisme. — Deux doctrines sont en présence : celle des *spiritualistes* et celle des *matérialistes*. Les premiers soutiennent que *l'âme est distincte du corps;* les seconds prétendent qu'*elle n'est qu'une fonction du corps*. Examinons brièvement chacune de ces deux théories.

Doctrine spiritualiste. — Pour les spiritualistes, l'âme est une *substance*, une *réalité* qui n'a rien de commun avec la matière : la différence essentielle qui existe entre les propriétés de l'âme et celles du corps suffit à le prouver. L'âme est *une, simple, identique, active, spirituelle;* le corps, au contraire, est *composé, divisible, changeant, inerte, matériel.*

Unité de l'âme. — L'âme est *une dans chaque personne*, c'est-à-dire qu'il n'y en a pas plusieurs en chacun de nous : la conscience et le langage le constatent. — La *conscience* atteste que les faits psychologiques les plus divers doivent tous être rapportés à une cause unique, qui sent, pense et veut de mille façons. « Ce flux et ce reflux d'idées, de sentiments si divers et si mobiles, dit Balmès, ont un point commun de ralliement, un sujet qui les reçoit et qui les fait revivre par le souvenir. » — Le *langage* lui-même vient confirmer le témoignage de la conscience; nous disons, en effet : *Je* sens, *je* pense, *je* veux; c'est toujours *je*, toujours *moi*.

Ce qu'on appelle unité dans le corps n'est au fond que l'harmonie de ses éléments.

Simplicité de l'âme. — L'âme est simple, indivisible; le raisonnement le démontre. Supposons que l'âme soit divisible en trois parties : A, B, C, et que A sente, B connaisse et C veuille. Mais la *sensation* est impossible sans la connaissance : on ne sent qu'autant que l'on connaît qu'on sent; de même, le *vouloir* est impossible sans la connaissance : on ne veut qu'autant que l'on connaît qu'on veut. Donc A, B, C sont inséparables; donc l'âme est simple, indivisible, immatérielle.

Le corps, au contraire, est formé par une agglomération de molécules diverses; il est donc essentiellement composé, divisible, matériel. Les molécules des corps simples sont, elles aussi, divisibles et matérielles.

Identité de l'âme. — Notre âme est identique, c'est-à-dire qu'elle reste toujours la même. Ses idées, ses goûts peuvent changer; elle ne s'altère ni ne se transforme; en d'autres termes, l'unité du moi *dure* ou *persiste*, sans être jamais remplacée par de nouveaux *moi* qui se substitueraient à lui et prendraient sa place : le moi d'aujourd'hui est le même que celui d'hier, que celui de demain, que celui de toute la vie. L'enfant se retrouve dans le jeune homme, l'homme fait dans le vieillard. A la fin de la plus longue carrière, nous sommes les mêmes qui, soixante ou quatre-vingts ans auparavant, commencions à parler, à marcher, à écrire.

La permanence du moi est attestée par la *conscience* et par la *mémoire*. La première de ces facultés nous dit ce que nous sommes dans le présent; la seconde nous rappelle ce que nous avons été dans le passé. Comparant ces deux témoignages, nous reconnaissons facilement que notre âme est toujours la même.

Le corps n'a pas d'identité parfaite : sa substance change et se renouvelle sans cesse, les molécules succèdent aux molécules, la matière à la matière; sa forme seule conserve une sorte d'identité, mais ce n'est là qu'une identité *relative*, qu'il ne faut pas confondre avec l'identité substantielle. Le corps est donc essentiellement composé, divisible, changeant et corruptible.

Activité de l'âme. — L'âme est active : la causalité ou l'activité est le premier de ses attributs (p. 80); elle pense, juge, raisonne; elle veut, elle se détermine par un libre choix; elle se sent responsable de ses actes, digne de récompense ou passible de châtiments, etc. L'intelligence, la volonté, la liberté, la conscience de la personnalité, sont des faits qui n'ont rien de commun avec la matière. — Le corps est inerte et passif; il reçoit la vie, la sensibilité, le mouvement, mais il ne les crée pas. — Aucun être matériel n'est actif par lui-même : quand il agit, c'est qu'il est mu. L'âme est passive quelquefois : elle reçoit passivement les sensations; mais, dans la plupart de ses autres opérations, elle est active. Le corps, par lui-même, est toujours inerte et passif.

Spiritualité de l'âme. — L'âme n'est pas seulement immatérielle, elle est spirituelle. La spiritualité implique l'immatérialité, mais ne lui est pas identique. Tous les êtres qui sont les principes, soit de la vie des animaux et des plantes, soit des forces et des mouvements de la matière, sont immatériels, mais non spirituels [1]. L'être spirituel est celui qui, « non seulement n'est pas matière, mais qui est *indépendant de la matière* ». (S. Thomas.) Or l'âme humaine est douée d'une activité propre et indépendante de la matière, comme le prouvent les opérations de l'intelligence et de la volonté, facultés qui s'exercent sans le secours d'aucun organe matériel : la spiritualité ajoute à l'immatérialité l'intelligence et la volonté. Notre âme est donc spirituelle.

Pour échapper à la rigueur de cette conclusion, il faudrait soutenir que des propriétés immatérielles ne prouvent pas une substance immatérielle; mais alors il ne serait pas vrai de dire, non plus, que des propriétés matérielles prouvent une substance matérielle. D'où il suit que, s'il n'y a pas d'âme, il n'y a pas de corps.

Théories matérialistes. — Les matérialistes, secte « non de philosophes, mais de menteurs », comme disait Pascal, allèguent contre l'existence d'une âme *distincte* du corps : 1° la *concordance du physique et du moral;* 2° la *liaison intime du cerveau et de la pensée.*

1° **Concordance du physique et du moral.** — L'âme, disent les matérialistes, est d'une nature corporelle : elle

---

[1] Voir plus loin : *l'âme des bêtes*, p. 118.

commence, grandit, décline et meurt en même temps que le corps. L'esprit est faible dans une organisation tendre et délicate, fort dans un corps sain et vigoureux ; il languit avec la souffrance, défaille avec la maladie, s'engourdit avec la vieillesse. Une telle concordance n'existerait point si l'âme et le corps étaient des substances distinctes l'une de l'autre.

Réfutation. — Les faits allégués prouvent sans doute une certaine corrélation entre le physique et le moral, mais cette corrélation n'entraîne pas la confusion. D'ailleurs, elle n'offre point le caractère de persistance que lui attribuent les matérialistes. Combien d'intelligences d'élite et de volontés énergiques dans des corps débiles, exténués, décrépits! combien d'intelligences bornées, de volontés chancelantes, dans des corps robustes et bien portants! L'âme et le corps ne sont donc pas une seule et même substance.

2° Liaison intime du cerveau et de la pensée. — La perfection de la pensée, disent encore les matérialistes, est en raison directe de la perfection du cerveau : la forme, le volume ou le poids du cerveau donnent les esprits vastes et les esprits étroits, et les troubles cérébraux entraînent toujours des troubles correspondants dans les idées, les sentiments et les volitions. D'où l'on peut conclure que les phénomènes physiologiques et les phénomènes psychologiques procèdent d'une seule et même substance, la substance cérébrale : le cerveau sécrète donc la pensée, comme l'estomac le suc gastrique, ou le foie la bile.

Réfutation. — La perfection de la pensée n'est pas toujours en raison de la forme, du volume ou du poids du cerveau, et les troubles cérébraux n'entraînent pas toujours les mêmes conséquences. Les anatomistes et les physiologistes découvrent tous les jours « des esprits remarquables logés dans un front fuyant, et, sous un front proéminent, des idiots et des imbéciles; de grands esprits dans une petite tête, et dans une grande tête de petits esprits, de graves lésions du cerveau sans folie, et la folie sans lésion [1] ».

Le cerveau, durant l'union de l'âme et du corps, est l'instrument nécessaire à l'exercice de la pensée, mais il ne produit pas la pensée. Nous l'avons dit déjà, la pensée exige un principe essentiellement *un*, capable de réunir les idées qui constituent un jugement, ou les jugements qui constituent un raisonnement; un principe *identique*, capable de se rappeler le passé. Or le cerveau est composé d'une multitude de lobes, et, comme le reste du corps, il est soumis au *tourbillon vital* [2], qui le renouvelle tout entier périodiquement; il est composé de matière et obéit, comme tout l'univers matériel, à des lois nécessaires. Le cerveau influe grandement sur la pensée, mais il ne produit pas la pensée.

Conclusion. — Les attributs de l'âme diffèrent essentiellement de ceux du corps; donc l'âme est **distincte du corps**, et ces deux substances, intimement unies, ne peuvent jamais se prendre l'une pour l'autre.

> Je sens en moi certain agent,
> Tout obéit dans ma machine
> A ce principe intelligent.
> Il est distinct du corps, se conçoit nettement,
> Se conçoit mieux que le corps même :
> De tous nos mouvements c'est l'arbitre suprême.
>
> (LA FONTAINE.)

QUESTIONNAIRE. — Quel est l'objet de la psychologie rationnelle? — Les spiritualistes soutiennent que l'âme est distincte du corps : sur quoi basent-ils leur affirmation? — Quelles sont les objections des matérialistes? — Réfutez ces objections.

II. — UNION DE L'AME ET DU CORPS

Réalité de l'union de l'âme et du corps. — Définition de l'homme. — L'union de l'âme et du corps est un mystère. — Rôles divers de l'âme et du corps.

Réalité de l'union de l'âme et du corps. — Malgré leur différence essentielle, l'âme et le corps sont unis

---

[1] M. Lélut, médecin à Bicêtre, a déclaré que, sur vingt cas de folie, il en a trouvé dix-sept sans la moindre trace de lésion.

[2] « La vie, dit Cuvier, est une circulation, un tourbillon continuel. »

par les rapports les plus intimes, par des relations de tous les instants, et leurs substances « forment ensemble un tout naturel », comme dit Descartes, qui est à la fois âme et corps, esprit et matière.

Considérés isolément, l'âme et le corps sont deux substances incomplètes, qui, unies substantiellement, forment une seule substance complète, la *nature humaine*, la *personne humaine*.

L'être humain est donc *double* quant aux substances qui le constituent, mais *unique* quant à sa nature. Le langage ordinaire témoigne de cette vérité, car le mot *je* ou *moi* nous sert indifféremment pour désigner l'élément *spirituel* et l'élément *corporel* de notre être. Ainsi, quand je dis : je pense, je comprends, je veux, je vois, j'entends, j'ai faim, je grandis, je me promène, je suis souffrant ou mon corps est souffrant, j'affirme clairement l'union substantielle de l'âme et du corps.

Définition de l'homme. — De ce qui précède, il résulte que ni l'âme seule, ni le corps seul, n'est la personne humaine. Une bonne définition de l'homme devant faire mention des deux éléments qui le constituent, on peut choisir l'une ou l'autre des deux suivantes : L'homme est une *créature raisonnable composée d'une âme et d'un corps*. « L'homme est *la résultante de l'union substantielle d'une âme et d'un corps*. » (S. Thomas.) — Ce sont les vraies définitions philosophiques de l'être humain.

L'union de l'âme et du corps est un mystère. — Pour expliquer l'union de l'âme et du corps, quelques philosophes ont imaginé des *hypothèses* plus ou moins erronées ou insuffisantes, qu'il est inutile d'examiner ici. D'ailleurs, l'union merveilleuse de la substance spirituelle et de la substance matérielle reste un mystère pour nous. L'âme et le corps sont unis l'un à l'autre plus intimement que l'oxygène et l'hydrogène dans une goutte d'eau, c'est un fait incontestable. Mais le *comment* nous échappe : il y a là un profond mystère. « L'homme, dit Pascal, est à lui-même le plus prodigieux objet de la nature, car il ne peut concevoir ce que c'est que corps et encore moins ce que c'est qu'esprit, et moins qu'aucune chose comment un corps peut être uni avec un esprit : c'est là le comble de ses difficultés, et cependant c'est son propre être. »

Rôles divers de l'âme et du corps. — L'*âme* est le principe de tous les phénomènes, soit physiologiques, soit psychologiques, qui se passent en nous; elle vivifie le corps, lui commande, le met en mouvement, le guide, le rend capable de sentir, veille à sa conservation et pourvoit à tous ses besoins.

A ceux qui objecteraient que l'âme n'est pas le principe des phénomènes physiologiques par la raison qu'elle les ignore, on répondrait : 1° que, si l'âme n'a pas conscience des faits purement physiologiques, son intervention dans la production de ces faits ne saurait être contestée; — 2° qu'il n'est pas surprenant que les faits physiologiques lui échappent, puisqu'elle est inconsciente, d'une inconscience relative, d'un certain nombre de faits psychologiques (p. 41).

La faculté que l'âme possède de *mouvoir* son corps s'appelle *faculté motrice*. Cette faculté, dont les organes matériels sont les *nerfs locomoteurs*, est aidée ou contrariée par les *instincts*, les *habitudes corporelles* et la *volonté*.

Le *corps* est l'instrument actif dont l'âme se sert dans la perception externe, dans les opérations de la sensibilité physique et de ses facultés inférieures (mémoire, association des idées, imagination); les facultés supérieures, telles que la pensée, les opérations de l'intelligence et les actes de la volonté, ne procèdent que de l'âme seule.

Le corps n'est pas un *instrument passif* ; l'âme l'envahit, le compénètre de telle sorte, qu'elle le fait sien et lui communique une partie de son activité et de sa puissance. Par là, le corps devient un *instrument actif* de l'âme : il *participe* à un grand nombre de ses actes, et *réagit* sur elle; il *subit* et *transmet* au monde extérieur ses émotions, ses pensées, ses volitions; il lui *communique* et *sent* avec elle les impressions qui viennent du dehors.

QUESTIONNAIRE. — Qu'est-ce qui prouve la réalité de l'union de l'âme et du corps? — Comment peut-on définir l'homme? — Peut-on expliquer l'union de l'âme et du corps? — Quels sont les rôles divers de l'âme et du corps?

III. — CONSÉQUENCES DE L'UNION DE L'AME ET DU CORPS

Division. — Influence du moral sur le physique et réciproquement. — Faits particuliers de cette double influence. — Conclusion.

Division. — Les conséquences générales de l'union substantielle de l'âme et du corps sont de deux sortes : l'*influence* du moral sur le physique et l'*influence* du physique sur le moral. — La vie *morale* de l'homme est formée par l'ensemble des phénomènes de conscience; sa vie *physique,* par l'ensemble des phénomènes perçus par les sens.

Influence : — 1° Du moral sur le physique. L'état de l'âme influe puissamment sur le corps. Ainsi, la quiétude et le contentement intérieurs sont très favorables à la santé; les contrariétés, les chagrins, la crainte, le remords, les passions, les émotions fortes bouleversent le visage, dérangent l'équilibre des fonctions vitales et peuvent abréger la vie.

« Les maladies produites par les passions, dit le Dr Descuret, sont incomparablement les plus fréquentes. Les maladies de poitrine ont très souvent pour cause l'inconduite... Les maladies chroniques de l'estomac, des intestins, du foie, du pancréas, de la rate, sont plutôt dues à l'ambition, à la jalousie, à l'envie, à de longs et profonds chagrins. » Les excès de joie ou de tristesse gênent la respiration, surexcitent ou paralysent les membres, etc.

2° **Du physique sur le moral.** L'état du corps n'influe pas moins puissamment sur l'âme : une maladie, une douleur physique, une blessure à la tête, une congestion sanguine ou séreuse, un ramollissement des fibres cérébrales, suffisent pour troubler les facultés de l'âme et produire l'imbécillité, l'idiotisme, le délire, ou même la folie. Le tempérament (sanguin, bilieux, nerveux ou lymphatique) exerce, lui aussi, une très grande influence sur les aptitudes intellectuelles ou morales; il prédispose à la joie ou à la tristesse, au calme ou à l'inquiétude, à l'action ou au repos, à la générosité ou à l'égoïsme, etc.

Faits particuliers de cette double influence. — Les rapports étroits du physique et du moral peuvent nous fournir l'explication de certains faits anormaux caractérisés, plus ou moins, par l'automatisme psychologique, tels que le *sommeil*, le *rêve*, le *somnambulisme*, l'*hallucination*, la *folie* et l'*idiotisme*.

Sommeil. — Le sommeil est une *interruption périodique* de certaines des fonctions vitales et psychologiques (locomotion, exercice des sens et de l'intelligence). Ce curieux phénomène suspend ou affaiblit la volonté et la liberté, de telle sorte qu'il rend l'homme irresponsable, incapable de bien ou de mal moral, de mérite ou de démérite.

Le sommeil est indispensable à la vie organique. Il paraît être provoqué par tout ce qui diminue l'activité du système nerveux, par la fatigue de l'esprit ou du corps, par le travail de la nutrition, l'influence du froid ou de la chaleur, un bruit monotone et continu, l'approche de la nuit, etc.; il est retardé par tout ce qui excite l'intelligence ou émeut la sensibilité : l'étude, la lecture, la conversation, le jeu, les spectacles.

Les effets physiologiques et psychologiques du sommeil varient suivant qu'il est plus ou moins profond.

Rêve. — Le rêve est une *association d'idées ou d'images* propre au sommeil. Ces idées et ces images, — plus ou moins bizarres, incohérentes et fugitives, — nous donnent l'illusion de la réalité, nous font prendre l'imaginaire pour le réel.

« Les rêves correspondent presque toujours à ce qui nous a vivement occupés ou impressionnés dans la veille, ou encore à nos dispositions morales ou corporelles : le chagrin, l'espoir, la crainte, la maladie, la fatigue, la position du corps pendant le sommeil, etc. — Le rêve, qui semble être permanent durant le sommeil, prouve qu'il n'y a de repos absolu ni pour l'âme, ni pour le corps.

Somnambulisme, hypnotisme ou magnétisme. — Le somnambulisme est un *sommeil imparfait* qui laisse à l'activité son jeu naturel et paraît même l'exciter. Ainsi le somnambule marche comme dans l'état de veille ; il met à profit les données des sens, coordonne logiquement ses idées, et peut même être amené à converser avec quelqu'un, pourvu que les *suggestions* qui lui sont faites correspondent à ses préoccupations actuelles ; c'est un *rêve en action,* dont le rêveur somnambule n'a pas conscience, et dont il ne garde aucun souvenir.

Ce sommeil étrange est provoqué artificiellement par les *passes* magnétiques, le regard ou la volonté du magnétiseur. M. Braid, médecin anglais, l'a produit en faisant regarder au patient un objet brillant placé tout près de ses yeux, et lui a donné le nom d'*hypnotisme* ou *magnétisme.*

Dangers du magnétisme. — Le magnétisme agit subitement sur le système nerveux et « produit, dit le célèbre magnétiseur du Potet, des désordres quelquefois irréparables ». Braid, lui-même, avoue que les expériences sont toujours nuisibles à la santé des sujets hypnotisés, et pourraient être mortelles pour ceux qui ont une tendance à l'apoplexie ou sont atteints d'une sérieuse affection du cœur. — La personne magnétisée ou hypnotisée reste sous l'entière dépendance de l'agent externe, dont elle reproduit fatalement les gestes et accomplit les volontés ; elle exécute même quelquefois dans la veille, et après un temps plus ou moins long, ce qui lui a été commandé pendant le sommeil magnétique : « elle peut, quelques mois après, commettre un vol ou un meurtre, sans aucune raison apparente. » (Dr GIBIER.)

Pour ces motifs et pour d'autres encore, la prudence et la morale commandent d'être circonspect dans l'emploi de l'hypnotisme, ou mieux de n'en point faire usage.

Hallucination. — L'hallucination est un *état morbide* de l'esprit qui, dans la veille, croit voir, entendre, percevoir des choses qu'il ne voit pas, qu'il n'entend pas, qu'il ne perçoit pas réellement. Cette maladie, qui tient à un trouble cérébral, échappe ordinairement à l'empire de la raison ; quand elle persiste et se renouvelle fréquemment, elle engendre la *folie*.

Folie. — La folie, ou aliénation mentale, est un *dérangement* partiel ou général des facultés psychologiques : si elle ne porte que sur une idée fixe, à laquelle tout est comme subordonné, c'est la *monomanie*; si l'imagination est absolument déréglée ou ne peut plus être contenue par la raison et la volonté, c'est la *folie complète*.

La folie résulte ordinairement d'un désordre *physique* ou *moral* : lésion ou inflammation du cerveau, abus de boissons alcooliques, inconduite, frayeur soudaine, accès de colère, chagrin profond, etc.

Idiotisme. — L'idiotisme ou imbécillité est l'impuissance à exercer les facultés mentales ; il a pour cause l'atrophie du cerveau.

Conclusion. — Tous ces états anormaux, que nous venons de faire connaître, sont autant de preuves de l'union étroite du physique et du moral. — Maine de Biran a eu raison de dire que l'homme n'est pas seulement *servi*, mais qu'il est souvent *asservi* par ses organes.

QUESTIONNAIRE. — Que savez-vous des influences réciproques de l'âme et du corps? — Citez quelques faits particuliers de cette double influence. — Que prouvent ces divers états anormaux ?

IV. — ORIGINE ET DESTINÉE DE L'AME

Opinions erronées sur l'origine de l'âme. — Véritable doctrine. — Destinée de l'homme. — Immortalité de l'âme. — Importance de cette question. — Preuves de l'immortalité de l'âme. — Conclusion.

Opinions erronées sur l'origine de l'âme. — Les philosophes panthéistes soutiennent que l'âme est une émanation de Dieu, une partie de sa substance. Tertullien enseignait que toutes les âmes humaines émanent de celle d'Adam ; Leibniz prétend que toutes les âmes ont été créées en même temps, à l'origine du monde.

La première de ces opinions est contraire à la parfaite simplicité et indivisibilité de la substance divine ; la seconde est contraire à la nature de l'âme humaine, simple et indivisible ; la troisième ne repose sur aucune raison solide : outre que cette préexistence des âmes serait stérile et sans but, Leibniz ne dit pas ce que deviennent les âmes jusqu'au moment où elles sont unies à un corps.

Véritable doctrine. — L'âme humaine est créée par celui qui, seul, possède le pouvoir de donner l'être et la vie. — A ce sujet la Bible rapporte qu'après avoir tiré du néant le ciel, les astres, la terre, les plantes et les animaux, le Seigneur dit : *Faisons l'homme à notre image et à notre ressemblance, pour qu'il préside à l'univers*, et Dieu forma lui-même le corps de l'homme du *limon de la terre* et inspira sur sa face un *souffle de vie*, et l'homme devint vivant et animé. La *Genèse* distingue donc dans l'homme le corps et l'âme : le corps, ou substance matérielle que le Créateur a formée du limon de la terre, et l'âme, ou substance spirituelle, qu'il a tirée non de la matière, mais du néant, et qu'il a créée à son image en lui donnant l'intelligence [1].

---

[1] « Le domaine qu'exerce notre âme sur la portion de matière qui lui est unie nous peint, en quelque manière, l'action toute-puissante du moteur de l'univers. La *variété* de ses pensées, ses souvenirs du passé, ses pressentiments de l'avenir, la *rapidité* avec laquelle elle passe d'une chose ou d'un endroit à un autre, semblent la rapprocher de l'Intelligence infinie, qui embrasse d'un coup d'œil

Destinée de l'homme. — La destinée de l'homme est la fin ou le but pour lequel il a été créé. Chaque être appelé à l'existence a, dans l'univers, une fin qui lui est propre. Le Créateur aurait manqué de sagesse s'il avait agi sans intention et sans but, s'il n'avait assigné une fin actuelle à chacune de ses créatures.

La fin d'un être se détermine d'après les facultés constitutives de cet être : on peut considérer comme un axiome que les facultés essentielles d'un être sont toujours en rapport avec sa destinée, et que la destinée d'un être ne peut s'accomplir que lorsque ses facultés sont entièrement satisfaites. Or l'homme possède trois facultés principales : l'intelligence, ou faculté de *connaître la vérité*; la volonté, ou faculté de *vouloir le bien*; la sensibilité, ou faculté de *sentir son propre bonheur*. La fin dernière de l'homme est donc la pleine et entière satisfaction de connaître, de vouloir et de se sentir heureux.

Mais il est d'expérience que, dans la vie présente, l'homme ne peut contenter parfaitement ce triple besoin de sa nature.

La destinée de l'homme n'étant pas complète ici-bas, il s'ensuit qu'il doit y avoir pour lui une vie à venir, où toutes ses aspirations seront satisfaites : ce qui suppose *l'immortalité de l'âme*.

Immortalité de l'âme. — **Importance de cette question.** — « L'immortalité de l'âme, dit Pascal, est une chose qui nous importe si fort et qui nous touche de si près, qu'il faut avoir perdu tout sentiment pour être dans l'indifférence sur cette question. Toutes nos actions, toutes nos pensées doivent prendre des routes si différentes, selon qu'il y a ou non des biens éternels à espérer, qu'il est impossible de faire une démarche avec sens

tous les temps, tous les lieux, toutes les révolutions du monde. La *force* qu'elle a de régler ses volontés, de réprimer ses désirs, de calmer le mouvement des passions, imite encore, quoique imparfaitement, l'empire que Dieu exerce sur ses créatures. Les *regards* qu'elle jette continuellement sur l'avenir, l'*étendue* de ses espérances, le *désir* de l'immortalité, dont elle ne peut se dépouiller, sont autant de signes par lesquels Dieu l'avertit qu'elle doit participer, par grâce, à l'éternité qui lui appartient à lui seul par nature. Ainsi donc, l'Écriture ne nous trompe point lorsqu'elle nous dit que Dieu a créé l'homme à son image. »
(GOUSSET, *Théol. dogm.*)

et jugement tant que cette question n'est pas résolue... L'indifférence en une affaire où il s'agit de nous-mêmes, de notre éternité, de notre tout, m'étonne, m'irrite, m'épouvante! » « Au fond, ajoute Mgr Dupanloup, la grande terreur de l'homme et sa grande douleur, c'est la mort; sa grande consolation sera donc l'immortalité rendue manifeste. »

La foi catholique ne laisse pas de doute sur ce point; mais il est utile d'invoquer les lumières de la *raison*, et d'établir par elle l'*immortalité de l'âme* et l'*existence d'une vie future*.

Preuves de l'immortalité de l'âme. — L'immortalité de l'âme humaine est attestée : 1° par la *croyance universelle* ; 2° par la *simplicité* et la *spiritualité de l'âme* ; 3° par les *tendances de l'homme* ; 4° par la *nécessité d'une sanction parfaite*.

1° Par la croyance universelle. — Tous les peuples, partout et toujours, ont cru à l'immortalité de l'âme et à l'existence d'*une autre vie* pour l'homme : vie de bonheur, si sur la terre il a été vertueux; vie de tourments, s'il a été criminel. La tradition, l'histoire, et en particulier le culte des morts, que nous trouvons chez tous les peuples, sont autant de signes de cette croyance.

« La foi des Égyptiens à une autre vie est attestée par les monuments funèbres; celle des Indous et des Gaulois, par la doctrine de la métempsycose; celle des Chinois, par l'évocation des morts. Selon Xénophon, cette croyance existait chez les Perses, même avant Zoroastre. Les Grecs et les Romains avaient leur Élysée et leur Tartare; les Scandinaves, leur Walhalla, etc. La foi à l'immortalité, constamment professée par les Hébreux, a été très vive chez les premiers chrétiens, comme le montrent les symboles, où nous lisons constamment : *vitam æternam*, les homélies des Pères, les réponses des martyrs, les prières pour les morts, le terme employé pour désigner le lieu de leur repos : *koimétérion*, « cimetière, dortoir, » et par-dessus tout leurs éminentes vertus, qui remplissaient d'admiration les païens eux-mêmes. » (NARDI.)

Or ce concert unanime, dans une question si importante, si souvent examinée, si contraire aux passions, ne peut provenir que de la vérité. Donc l'âme est immortelle.

2º Par la simplicité et la spiritualité de l'âme. — *a)* La mort, telle qu'elle se présente à nous, a pour effet la *séparation*, la *dissolution* des éléments constitutifs du corps, qui auparavant étaient agrégés ensemble et qui retombent sous les lois de la nature inanimée. Or l'âme, *être simple* ou *immatériel,* ne saurait subir un pareil sort. La mort du corps n'entraîne pas nécessairement celle de l'âme : il n'est pas possible d'admettre que la *partie la plus noble* de nous-même soit soumise à la destinée de la partie la moins noble et dépende d'elle ; il n'est pas possible d'admettre que l'âme fasse exception à la *loi du plus fort.* Si l'âme périssait avec le corps, rien d'elle ne subsisterait plus, et son sort serait inférieur à celui du corps, dont les éléments se transforment, mais ne sont pas anéantis.

b) L'âme, *être spirituel,* vit surtout par l'intelligence et la volonté. Or l'intelligence et la volonté sont des facultés immatérielles et indépendantes de l'organisme. D'où il suit que la mort du corps les laisse subsister dans leur intégrité.

Aucune force créée ne peut avoir d'action sur notre âme. Reste cette supposition que Dieu pourrait l'anéantir au moment de la mort. Sans doute, il le pourrait ; mais Dieu ne se dédit pas et n'agit que par raison. Il n'a pas de raison d'anéantir l'âme ; il en a une de la conserver : la sanction parfaite de la loi morale, dont il sera question plus loin.

3º Par les tendances de l'homme. — L'homme, en ce monde, est obsédé par des désirs irrésistibles ; il a soif de bonheur, de vérité, de liberté. Nous voulons être heureux ; nous aimons la vérité ; nous aspirons à la liberté. Mais combien sont imparfaites, fugitives, illusoires, les satisfactions accordées ici-bas à notre nature sensible !
« Vanité des vanités, disait Salomon, tout est vanité. »
« Ce que je sais, disait Socrate, c'est que je ne sais rien. »

Nous ne sommes pas libres : mille causes physiques et morales restreignent ou détruisent notre liberté. Cependant ces désirs dérivent de notre nature; nous les avons donc reçus de Dieu avec l'être et la vie. Or Dieu ne fait rien en vain; il faut que ces espérances, toujours déçues en cette vie, mais indestructibles, soient réalisées dans un autre monde. Donc l'âme est immortelle [1].

4° **Par la nécessité d'une sanction parfaite.** — *L'homme a l'idée de la justice;* sa raison et sa conscience lui disent également que la *vertu* mérite une récompense, et le *vice* un châtiment. « La peine, disait le vieil Homère, suit toujours le crime d'un pas lent et sûr; » et Rousseau : « Plus je rentre en moi, plus je me consulte, et plus je lis ces mots écrits dans mon âme : Sois juste, et tu seras heureux. » Or, dans la vie présente, le bonheur n'est pas toujours le partage de la vertu, ni le malheur toujours le partage du vice; trop souvent, au contraire, le vice demeure non seulement impuni, mais triomphant, et la vertu, non seulement méconnue, mais persécutée. Cependant la *justice* et l'*ordre* veulent que la vertu soit récompensée et le vice puni. Il est donc absolument nécessaire qu'il y ait une autre vie pour réparer

---

[1] « L'âme est, donc elle sera. Voilà le plus simple, le plus invincible des arguments gravés par Dieu dans l'âme humaine. Argument sans réplique. Et la preuve, c'est que, quand on ne veut pas de l'âme dans l'avenir, on commence par la supprimer dans le présent. Mais comment faire ? Il faut beaucoup d'esprit pour se persuader qu'on n'a pas d'âme. Tout le monde n'est pas capable de cet effort; et comme ce malade auquel on cherchait à persuader qu'on ne meurt qu'autant qu'on le veut bien, et qui répondait : « J'ai peur d'avoir une distraction, » à la moindre distraction on se trouve ayant foi à son âme.

« Et non seulement l'âme est, mais elle veut être; elle veut être de plus en plus. Encore plus de lumière ! encore plus d'amour ! encore plus de vie ! voilà ce qu'elle dit. C'est le cri de toutes les âmes. Et cela aboutirait au néant ! Cette faim, cette soif qui constituent l'essence de l'âme, auraient été inutiles, sans but, sans raison, dénuées de sens ! que dis-je ? se retourneraient contre elle, comme une moquerie ! Vous avez soif de lumière infinie : réjouissez-vous, vous aurez des ténèbres ! Vous avez faim et soif de vie : on vous donnera la mort et le néant ! Vous disiez : « Toujours ! » on vous répondra : « Jamais ! » C'est stupide.

« Quoi ! voilà vingt ans, trente ans que je travaille mon cœur pour le rendre pur, fécond, pour le détacher de tout ce qui est bas, vil, périssable, passager; et au moment où il donne des fruits et des fleurs, c'est la mort qui cueillera les fleurs, c'est le néant qui moissonnera les fruits ! Non, non, cela est impossible. J'affirme que vous vous trompez. L'âme ne peut grandir pour mourir ! Elle ne peut pas se parer pour le néant. ! » (E. BOUGAUD, *le Christianisme et les temps présents*, t. I, p. 513.)

les injustices et les désordres de la vie présente [1] (voir *Morale*, Sanction de la justice divine).

Conclusion. — L'âme humaine est, d'après ce qui précède, *une substance : une, simple, identique, active, spirituelle et immortelle.* — C'est la définition adéquate de l'âme humaine.

Questionnaire. — Citez les principales opinions erronées sur l'origine de l'âme. — Quelle est la véritable doctrine relativement à l'origine de l'âme? — L'âme humaine a-t-elle une destinée ultérieure? — Qu'est-ce qui le prouve? — Quelles sont les principales preuves de l'immortalité de l'âme? — Donnez une définition adéquate de l'âme humaine.

NOTIONS DE PSYCHOLOGIE COMPARÉE

Objet et division. — La psychologie comparée *a pour objet l'étude des variations, des ressemblances et des différences que présentent les phénomènes psychologiques, soit dans l'homme, soit dans l'animal.*

[1] « Ces raisons sont solides et inébranlables à qui sait les pénétrer ; mais le chrétien a d'autres raisons qui sont le vrai fondement de son espérance : c'est la parole de Dieu et ses promesses immuables. Il promet la *vie éternelle* à ceux qui le servent et condamne les rebelles à un *supplice éternel*. Il est fidèle à sa parole et ne change point ; et comme il a accompli aux yeux de toute la terre ce qu'il a promis de son Fils et de son Église, l'accomplissement de ces promesses nous assure la vérité de celles de la vie future. » (Bossuet.)

« Ainsi l'immortalité dessine le but de l'homme sur la terre. Elle lui explique la douleur, elle lui justifie l'épreuve. Elle lui fait comprendre qu'il n'est pas ici pour s'endormir dans le repos ou se complaire dans la jouissance, mais pour travailler, lutter, souffrir. Elle l'avertit que, le bonheur réel n'étant pas de ce monde, il ne doit ressentir ni surprise ni regret de ne point le goûter ; et elle lui montre en cela même la sagesse admirable des vues de la Providence. Elle relève son esprit qui s'abat, soutient son cœur qui défaille, lui apprend à être tranquille dans la vie, à se mettre au-dessus de la prospérité comme du malheur, à accepter l'un, à ne pas s'abandonner à l'autre, à se réserver pour le ciel. Elle lui enseigne partout la résignation ; on peut attendre quand on a l'éternité pour se dédommager et pour jouir. Dès lors les angoisses de la vie s'adoucissent ; ses incertitudes se fixent ; ses nuages se dissipent. La main de la Providence peut faire tomber ses plus rudes épreuves. Si l'homme est accablé dans le présent, il vit dans l'avenir ; sans ressource, il lui reste l'espérance. L'innocence ou l'expiation lui ouvrent également la justification et la récompense. Relevé dans ses chutes les plus profondes, guéri dans ses plus cruelles blessures, garanti contre tout désespoir, il porte au fond de lui-même, comme une sauvegarde infaillible, *la glorieuse et sainte certitude d'une vie meilleure*. Dieu justifié dans tous ses desseins lui devient, pour ainsi dire, visible. La terre lui apparaît comme le seuil du ciel, le temps comme le parvis de l'éternité. » (Baguenaud de Puchesse, *l'Immortalité*.)

I. — VARIATIONS PSYCHOLOGIQUES CHEZ L'HOMME

Enfance. — Jeunesse. — Age mûr. — Vieillesse.

Dans l'enfance, le système nerveux est très actif, les impressions sont très mobiles, les habitudes faciles à contracter. L'enfant n'a d'abord que la faculté de sentir; sa sensibilité, qu'on pourrait appeler corporelle, se manifeste à l'occasion et au moyen du corps, du jeu des organes, des fonctions de la vie animale. Vers quatre à sept ans, il commence à réfléchir, il atteint l'âge de raison. Dès lors sa sensibilité peut être excitée par un fait intellectuel, sans l'intervention directe des sens; il a le sentiment du vrai, du bien, du mal, du beau, de l'infini.

Dans la jeunesse, le système nerveux et les organes musculaires acquièrent leur plus grande puissance; les désirs sont vifs, mais inconstants; la volonté est impérieuse, mais changeante. Le jeune homme est orgueilleux, il veut dominer; il vit d'espérance, et son ambition n'a pas de bornes; il dédaigne la richesse et préfère l'honneur à l'intérêt; le sentiment le guide plutôt que le raisonnement.

Dans l'âge mûr, les mouvements vitaux se ralentissent; la confiance aveugle en soi-même disparaît, pour faire place à la circonspection et à la sagesse : l'homme fait examine chaque chose en elle-même, et la vérité règle tous ses jugements; il n'agit pas uniquement par honneur ni par intérêt, mais par l'un et l'autre.

Dans la vieillesse, les fonctions organiques languissent et dégénèrent, les facultés intellectuelles s'affaiblissent, le caractère devient, par excès de prudence, de plus en plus timide et défiant : le vieillard n'ose rien affirmer. Les changements amenés par l'âge dans le physique ont été accompagnés **de changements correspondants dans le moral.**

Remarque — Nous ne dirons rien de l'homme sauvage : l'état sauvage n'est pas l'état primitif de l'humanité. « Les sauvages ne sont pas des arriérés de l'espèce humaine, ce sont des êtres déchus : le fait est constaté par toutes les tribus réduites à ce misérable état... Les sauvages ne sont pas des peuples en progrès; ils marchent dans la voie de la décadence, vers une extinction inévitable. » (J. GUIBERT, *l'Ame de l'homme*.)

QUESTIONNAIRE. — Que savez-vous des divers états de l'homme?

II. — RESSEMBLANCES ET DIFFÉRENCES ENTRE L'HOMME ET L'ANIMAL

Méthode à suivre. — Analogie entre l'animal et l'homme. — Leurs différences. — L'âme des bêtes.

La comparaison de l'homme et de l'animal fait ressortir de nombreux traits de ressemblance, et aussi des différences caractéristiques.

Méthode à suivre. — La méthode à suivre, dans l'étude comparative de l'homme et de l'animal, est la méthode d'induction et d'analogie. Cette méthode n'a de valeur que si l'on part, comme le veut Bossuet, de l'étude de soi-même, que si l'on prend pour pierre de touche les phénomènes analogues que l'on a observés en soi directement. On ne peut aller de la connaissance de l'animal à celle de l'homme : nous ne jugeons de l'animal que d'après nous. Dans aucun ordre de questions on n'explique le supérieur par l'inférieur.

Ressemblances entre l'animal et l'homme. — L'animal est pourvu d'organes sensitifs semblables à ceux de l'homme ; or les organes supposent des facultés. L'animal doit donc, comme nous, posséder la *sensibilité physique* : ses attitudes, ses mouvements, ses cris le démontrent avec évidence. — Outre les *sensations*, on reconnaît encore, chez quelques animaux, certains *sentiments* analogues aux nôtres : ils aiment leurs petits, ils s'irritent, se passionnent, se montrent reconnaissants ou gardent rancune, selon qu'on leur fait du bien ou du mal [1].

L'animal possède aussi quelques-unes des *facultés inférieures de l'intelligence*; — 1° la *perception externe* : il voit, entend, flaire, goûte ; la *perception interne* : il a conscience (une sorte de conscience sensitive non réfléchie) de ce qu'il éprouve ; — 2° la *mémoire des choses sensibles* : il reconnaît les lieux, les personnes et les choses ; — 3° l'*imagination reproductrice* : il conserve les images sensibles des objets qu'il a perçus, et peut faire revivre ces images et les associer : on empêche les chiens de toucher à la viande en associant en eux l'idée du méfait et des coups reçus, etc. [2].

Les animaux, du moins le plus grand nombre, ont l'activité motrice : ils se mettent en relation avec les autres êtres animés, ils cherchent leur nourriture, exécutent tous les mouvements qui dépendent de leur instinct ou de leurs habitudes.

Ces faits condamnent évidemment la théorie des animaux-machines de Descartes (*note*, p. 76).

Différences entre l'animal et l'homme. — L'animal ne possède ni l'intelligence proprement dite, ni les facultés qui s'y rapportent : il n'a point d'idées abstraites, point d'idées générales, point d'idées du vrai, du beau, du bien ; il ne juge pas et ne raisonne pas, parce qu'il ne réfléchit pas. Si les animaux étaient capables de réflexion, ils le seraient d'invention et de progrès ; mais

---

[1] Les passions proprement dites proviennent de l'abus de la liberté. Or, l'animal n'est pas libre : il obéit fatalement soit à l'instinct, soit à la sensibilité ; ses passions (haine, colère, vengeance) ne sont pas autre chose qu'une surexcitation de la sensibilité.
[2] Le lien des choses échappe aux animaux ; ils connaissent, par l'expérience, que certaines choses viennent à la suite de certaines autres choses ; ils peuvent même le savoir antérieurement à toute expérience, grâce à ce sens appréciatif et inné qui les renseigne avec une étonnante précision sur tout ce qui est nécessaire à la conservation de l'individu et de l'espèce. Voilà pourquoi certaines images déterminent chez eux certains mouvements qui semblent provenir de quelque raisonnement élaboré en secret. Mais tout se passe en eux d'une façon automatique, et c'est l'imagination qui décide de tout. Ils se portent vers le bien délectable, comme la flamme monte au lieu de descendre, par la seule pente de leur nature.

rien ne prouve « que, depuis l'origine du monde, ils aient ajouté quelque chose à ce que la nature leur avait donné » (Bossuet).

L'animal possède l'activité de l'instinct et celle de l'habitude ; mais, ne réfléchissant pas, il est clair qu'il n'a ni volonté, ni liberté, ni responsabilité.

L'âme de l'animal n'est ni spirituelle ni immortelle. — Les facultés de l'animal, si imparfait qu'il soit, supposent nécessairement l'existence d'une *âme*. Cette âme est simple et indivisible, puisqu'elle a des connaissances et des sentiments ; mais elle n'est ni spirituelle, ni immortelle.

La *spiritualité* suppose la réflexion, la raison et la liberté morale. Or les animaux ne peuvent ni raisonner, ni réfléchir, ni discerner le vrai du faux, le juste de l'injuste ; ils sont soumis à la fatalité, et par conséquent incapables de responsabilité morale. Leur âme est un esprit d'ordre inférieur ; elle ne peut agir ni exister sans le corps : c'est une âme sensitive.

L'*immortalité* fait également défaut à l'âme de l'animal. On juge de la destinée d'un être par ses aptitudes, ses facultés, ses tendances. Or rien dans les aptitudes, les facultés et les tendances de l'animal, ne réclame l'immortalité. Il ne connaît, n'aime, ne poursuit que le bien sensible, périssable et mortel : son âme est donc mortelle comme l'objet de ses facultés et de ses désirs. Cette âme, « dont toutes les opérations se rapportent au monde physique, et par conséquent ne peuvent s'accomplir qu'avec et par des organes, cesse d'exister quand le cours des lois de la nature amène sa séparation d'avec le corps. Mais ce n'est point par décomposition qu'elle périt, puisqu'elle est simple ; ce n'est point non plus parce que Dieu l'anéantit, car Dieu n'anéantit aucune de ses œuvres. Elle est détruite en quelque sorte indirectement, en tant que le corps, sans lequel elle ne peut exister, lui fait défaut. C'est ainsi, d'ailleurs, que finissent toutes les *forces* physiques, toutes les *formes*, toutes les *modifications* des corps inorganiques et des plantes. » (San-Séverino.)

QUESTIONNAIRE. — Quelles analogies y a-t-il entre l'animal et l'homme? — Quelles différences y a-t-il entre l'animal et l'homme? — Que savez-vous de l'âme des bêtes?

COMPLÉMENT DE LA PSYCHOLOGIE

NOTIONS D'ESTHÉTIQUE

Définition et objet. — Division.

L'esthétique[1] est le complément naturel des faits psychologiques de l'imagination et du langage.

Définition et objet. — L'esthétique est la *science du beau*, ou encore : c'est la *philosophie des beaux-arts*.

Son objet est *l'être* en tant qu'il plait à la sensibilité. Toutefois l'esthétique ne relève pas uniquement de la sensibilité : l'intelligence a une grande part dans l'appréciation et la réalisation du beau.

Division. — L'esthétique se divise en deux parties : l'une *théorique*, et l'autre *pratique*. La première *considère le beau en général*; la seconde traite de l'*art*, c'est-à-dire de la *réalisation du beau sous une forme sensible*.

I. — DU BEAU

Le beau est distinct de l'utile et de l'agréable. — Rapports du beau avec le vrai et le bien. — Éléments du beau. — Diverses sortes de beau. — Degrés du beau. — Le goût. — Le talent. — Le génie.

Le beau en général est la *manifestation harmonieuse de l'ordre*, ou encore : c'est *ce qui réunit la grandeur et l'ordre* (ARISTOTE); c'est l'*unité dans la variété*; c'est ce qui *plait à voir ou à entendre*[2].

[1] D'un mot grec qui signifie *perception sensible*.
[2] Le beau est une notion première, et, comme les autres notions premières, il échappe à une définition rigoureuse.

Le plaisir de la *vue* ou de l'*ouïe* qu'une chose nous procure, a pour caractères propres d'être *désintéressé* et d'exciter notre *admiration*. Le plaisir esthétique ou le beau est donc distinct de l'*utile* et de l'*agréable*.

Le beau est distinct de l'utile. — L'utile nous procure un profit ou la satisfaction d'un besoin. Le beau, au contraire, nous procure une jouissance désintéressée et excite notre admiration.

Le beau et l'utile peuvent se rencontrer dans un même objet, mais on ne dit jamais qu'il est beau en tant qu'utile. Une colonne, par exemple, ne tire pas sa beauté de ce qu'elle sert de support, mais des formes élégantes qui s'harmonisent avec son rôle. — Le plaisir esthétique ou le beau est donc distinct de l'utile.

Le beau est distinct de l'agréable. — L'agréable est ce qui plaît aux sens; or le plaisir des sens n'implique pas nécessairement la beauté. Ainsi, il y a des saveurs agréables, des odeurs agréables; il n'y a ni de belles saveurs ni de belles odeurs. L'agréable est personnel; il varie et change avec le tempérament, l'âge, les circonstances, etc. L'idée du beau est objective, universelle, absolue : elle ne change pas. Ce qui me plaisait hier peut me déplaire aujourd'hui; ce qui était réellement beau hier, l'est encore aujourd'hui. — Le beau est donc distinct de l'agréable.

Rapports du beau avec le vrai et le bien. — Le vrai, le bien et le beau ont chacun leur domaine propre : la science, la morale, l'art. Le *vrai* consiste dans l'identité de l'idée avec son objet; le *bien*, dans la conformité d'un être avec sa fin; le *beau*, dans l'éclat du vrai resplendissant à travers des formes sensibles.

Tout ce qui est *vrai* satisfait notre intelligence; tout qui est *bien* nous inspire de l'estime; tout ce qui est *beau* excite notre admiration.

Le vrai et le bien sont les conditions du beau : rien n'est beau que le vrai et que le bien. C'est toujours par quelque chose de vrai que la *fiction* elle-même nous plaît et nous instruit.

Il ne saurait exister aucune *contradiction* entre le beau, le vrai et le bien; cependant ni le vrai ni le bien, chacun pris en soi, ne suffit à constituer le beau et à exciter l'admiration. Ainsi, par exemple : Les premiers principes, les axiomes mathématiques, sont *vrais;* ils ne sont pas beaux, ils ne s'adressent qu'à la raison pure, ils ne nous émeuvent pas. Un débiteur acquitte ses dettes, un patron paye à ses ouvriers le salaire convenu, un riche donne de son superflu : tous font une *bonne* action, non une belle action; ils inspirent de l'*estime*, non de l'admiration. — Le bien apparaît comme obligatoire, mais le beau n'a aucun caractère d'obligation.

Éléments du beau. — 1° L'idée du beau suppose avant tout quelque chose de grand (en *étendue*, en *délicatesse*, en *énergie* ou en *noblesse*), soit dans les choses de la nature, soit dans les œuvres de l'homme. Mais la grandeur ne suffit pas à elle seule pour constituer l'idée du beau, il faut l'ordre dans le déploiement de cette grandeur, c'est-à-dire, selon les cas particuliers, l'*unité*, la *variété*, l'*harmonie*, la *proportion*, la *convenance*.

2° Pour produire en nous le sentiment du beau, l'idée doit se manifester sous une *forme sensible*, frapper les sens pour éveiller l'attention et exciter l'admiration.

Le beau s'adresse à la fois aux sens et à la raison : tout en plaisant aux sens, il doit satisfaire la raison.

Diverses sortes de beau. — On distingue le beau *physique*, le beau *moral*, le beau *idéal* et le beau *absolu*.

Le beau **physique** se trouve partout dans la nature : 1° dans les êtres *inanimés* (majesté des fleuves, imposante grandeur des montagnes, immensité des mers, splendeur des cieux); 2° dans les êtres *vivants* (beauté de certaines plantes, de certaines fleurs, de certains animaux; rayonnement de l'intelligence sur le visage des hommes de génie; reflet de l'innocence sur le visage des enfants, de la vertu sur le visage des saints).

Le beau **moral** existe dans les *actions humaines :* dans l'empire de la volonté sur les appétits et les passions;

dans le sacrifice volontaire, dans le dévouement désintéressé, etc.

Le beau idéal est une conception de la raison, qui en réunit les éléments essentiels, et de l'imagination, qui, à l'aide de la perception externe et de la mémoire sensible, invente et combine des formes variées : c'est le beau artistique (voir plus loin : *de l'art*).

Le beau absolu, comme le bien et le vrai absolu, n'existe qu'en Dieu, qui est la beauté parfaite, éternelle, incréée.

Degrés du beau. — On considère, en général, le *joli* et le *sublime* comme des degrés du beau. Ils ne diffèrent du beau que par les sentiments qu'ils nous inspirent.

Le *joli* (le *charmant*, le *gracieux*) s'adresse plutôt à notre sensibilité qu'à notre raison ; il nous plaît et nous charme, sans faire sur nous une impression profonde ; c'est la miniature du beau, c'est le beau en petit (ex. : l'enfant, le bouton de rose, le jeune animal).

Le *sublime*, c'est le beau ou le grand élevé à un degré tel, qu'il semble hors de proportion avec notre nature. Il nous frappe d'étonnement, et provoque le respect, l'admiration, l'enthousiasme, le ravissement. « Toute œuvre vraiment belle et sublime *élève l'âme* vers l'infini : infini est le terme commun où l'âme aspire par le chemin du beau, comme par celui du vrai et du bien. » (COUSIN.) Le laid est la prédominance du désordre sur l'ordre, le défaut d'harmonie ou de proportion.

Le goût. Le talent. Le génie. — La faculté de juger du beau porte le nom de *goût* ; celle de le reproduire s'appelle le *talent*, le *génie*.

Le goût, qui a pour objet le beau, est une faculté mixte. Il se compose de sentiment, d'imagination et de raison ; mais le rôle principal appartient à la raison. Le goût se perfectionne, comme toutes les facultés, par la réflexion, par l'exercice fréquent de la critique sérieuse, par l'étude des meilleurs modèles, par le commerce habituel avec les hommes d'un goût sûr et délicat.

Le talent est une aptitude, une habileté donnée par la nature ou acquise par le travail. Il est capable de produire le beau dans la poésie, l'éloquence, les arts.

Le génie est un don de la nature. Son caractère est l'inspiration spontanée. Le génie invente, crée, produit le beau, le sublime.

QUESTIONNAIRE. — Comment peut-on définir l'esthétique? — Quel est son objet? — En combien de parties se divise l'esthétique? — Donnez une idée du beau. — Le beau est-il distinct de l'utile, de l'agréable? — Le beau a-t-il quelques rapports avec le vrai et le bien? — Que suppose l'idée du beau? — Combien distingue-t-on de sortes de beau? — Quels sont les degrés du beau? — Que savez-vous du goût, du talent, du génie?

II. — DE L'ART

Définition. — But de l'art. — Systèmes opposés sur l'art. — Classification des beaux-arts.

Définition. — L'art *est l'expression du beau sous une forme sensible*. Il repose sur ce principe que toute forme matérielle est le symbole plus ou moins expressif d'une idée ou d'un sentiment. — Les œuvres d'art sont donc des formes du langage : l'imagination de l'artiste parle à l'imagination du public.

But de l'art. — Le but de l'art est d'exciter dans l'âme l'émotion esthétique. Tous les artistes, en quelque genre que ce soit, doivent se proposer de produire sur nous, par la représentation du beau, les effets que le beau produit lui-même. Le beau nous plaît, nous ravit, enlève notre admiration, parce qu'il est une révélation de l'harmonie, de l'ordre, de la perfection; exciter en nous ce délicieux sentiment, nous faire aimer et admirer ces grandes choses, élever notre âme vers Dieu, source de toute beauté, voilà la tâche de l'artiste, voilà l'idéal de l'art.

Systèmes opposés sur l'art. — Il existe, relativement aux moyens par lesquels l'art atteindra sa fin, deux systèmes opposés : le *réalisme* ou *naturalisme*, et l'*idéalisme* ou *spiritualisme*.

L'école **réaliste** ou **naturaliste**, qui définit l'art : *l'imitation de la nature*, ne lui donne d'autre but que de reproduire la réalité perçue par les sens. Le *réalisme* est une théorie fausse; car toute créature étant nécessairement défectueuse, sa reproduction extérieure, sa photographie peut produire de l'effet, mais elle ne réunit pas tous les éléments du beau. L'école réaliste a donc tort de conclure que l'imitation soit l'art lui-même ou son élément principal. « Si l'art, dit Cousin, est un écolier servile, il est condamné à n'être jamais qu'un écolier impuissant. »

L'**idéalisme** ou **spiritualisme**, qui définit l'art : *la représentation de l'idéal*, lui donne pour fin de transfigurer la réalité et d'idéaliser la nature. — L'idéal, au sens philosophique, c'est la perfection de chaque chose en son genre.

Deux choses sont nécessaires à toute œuvre d'art : l'idée et la forme, l'*idéal* et le *réel*. Dans le *Moïse* de Michel-Ange, par exemple, l'*idée*, c'est la puissance, l'autorité souveraine du législateur des Hébreux ; la *forme*, c'est la taille, l'attitude, l'expression : admirablement assis, il impressionne par son imposante majesté.

L'art consiste donc dans l'union harmonieuse de l'*idéal* et du *réel*, de l'idéal réalisé dans un type de la nature, du réel transfiguré par l'idéal.

Classification des beaux-arts. — On classe généralement les beaux-arts d'après leur *degré d'excellence*, c'est-à-dire d'après leur aptitude à exciter l'admiration en satisfaisant l'instinct du beau. Rangés par ordre de mérite, nous aurons : l'*architecture*, la *sculpture*, la *peinture*, la *musique*, la *poésie*.

L'*architecture* exprime le beau de la matière inorganique : elle donne le sentiment de la grandeur et de l'infini.

La *sculpture* exprime le beau par l'imitation du monde organique, dans ses deux règnes : végétal et animal.

La **peinture** exprime le même genre de beauté que la sculpture, mais elle possède des moyens d'expression plus riches et plus variés.

La **musique** exprime les sentiments et les passions ; mais, pour exprimer les pensées, elle a besoin du concours de la parole.

La **poésie** exprime les sentiments et les pensées à l'aide de la parole, qui est le mode d'expression le plus délicat, le plus étendu, le plus précis et le plus parfait.

Aussi la poésie est-elle prise comme la mesure de la beauté de toutes les œuvres artistiques : on admire la *poésie* d'un beau tableau, d'une statue expressive, d'un édifice majestueux.

On peut encore classer les beaux-arts en deux groupes : les arts qui s'adressent à la *vue* : architecture, sculpture, peinture, et ceux qui s'adressent à l'*ouïe* : musique et poésie.

QUESTIONNAIRE. — Qu'est-ce que l'art ? — Quel est le but de l'art ? — N'y a-t-il pas deux écoles, deux systèmes opposés sur l'art ? — Comment classe-t-on les beaux-arts ?

RÉSUMÉ

Psychologie : science de l'âme ou du principe de vie.
   Méthode : science d'*observation*. Méthode *expérimentale*.

PSYCHOLOGIE EXPÉRIMENTALE

Faits psychologiques : *sensibles, intellectuels, volontaires.*
Facultés de l'âme : *sensibilité, intelligence, volonté.*

Sensibilité
Faculté de *sentir*, c'est-à-dire d'éprouver du plaisir ou de la douleur, des sensations ou des sentiments, des penchants ou des appétits.

Intelligence
Faculté d'*acquérir* des *connaissances*, de les *conserver* et de les *élaborer*.
L'intelligence connaît : — 1° ce qui est *au dehors de nous*, à l'occasion de ce qui se passe en nous, c'est-à-dire des sensations ; — 2° ce qui *se passe en nous*, au moyen de la conscience psychologique ; — 3° ce qui est universel, nécessaire, absolu, c'est-à-dire les *principes directeurs de la connaissance*.
Elle conserve la connaissance au moyen des facultés auxiliaires, qui sont la *mémoire*, l'*association des idées* et l'*imagination*.
Elle élabore les connaissances au moyen de l'*attention*, de l'*abstraction*, de la *comparaison*, de la *généralisation*, du *jugement* et du *raisonnement*.

PSYCHOLOGIE EXPÉRIMENTALE

Volonté
- Faculté d'*être cause*. — On distingue l'activité *instinctive*, l'activité *habituelle* et l'activité *volontaire*.
- L'acte *instinctif* ou *automatique* est celui qui est produit spontanément, sans conscience et sans réflexion.
- L'acte *habituel* est celui qui est produit sans conscience et sans réflexion, par suite de la répétition fréquente du même acte.
- L'acte *volontaire* est celui que l'homme accomplit avec conscience, réflexion et liberté

Liberté : pouvoir de se *déterminer* ou de *choisir*. — L'homme est maître de ses déterminations : le témoignage de la conscience, la conduite du genre humain, les conséquences de la négation de la liberté psychologique, en sont autant de preuves.

Les systèmes qui nient la liberté psychologique sont : le *fatalisme* et le *déterminisme*.

Nota. — Les facultés de l'âme sont tout à la fois *distinctes* et *inséparables*.

L'expression des faits psychologiques se fait au moyen de *signes* et du *langage*.

PSYCHOLOGIE RATIONNELLE

Nature de l'âme : *substance* distincte du corps, comme le prouvent son *unité*, sa *simplicité*, son *identité*, son *activité*, sa *spiritualité*.

Objections des matérialistes : la concordance du physique et du moral, la liaison intime du cerveau et de la pensée.

Union substantielle de l'élément *spirituel* et de l'élément *corporel*.

La personne : *être qui a conscience de lui-même, et qui est doué de raison et de liberté*.

Influence de l'âme sur le corps, et réciproquement. — Faits particuliers : *sommeil*, *rêve*, *somnambulisme*, *hallucination*, *folie*.

Origine et destinée de l'âme : créée, c'est-à-dire tirée du néant par Dieu, pour vivre éternellement.

L'immortalité de l'âme est attestée par : la *croyance universelle*, par la *simplicité* et la *spiritualité de l'âme*, par les *tendances de l'homme*, par la *nécessité d'une sanction parfaite de la loi morale*.

Psychologie comparée
Étude comparative de l'homme et de l'animal.

Esthétique
- *Science du beau*. — Le beau est la *manifestation harmonieuse de l'ordre*.
- On distingue : le beau *physique*, le beau *moral*, le beau *idéal* et le beau *absolu*.
- L'art est l'expression du beau sous une *forme sensible*.

DEUXIÈME PARTIE

LOGIQUE

Objet et définition. — **Importance de la logique.** — **Division.**

Objet et définition. — La logique[1] est un complément pratique de la psychologie : elle recherche les règles auxquelles doit obéir l'intelligence, pour atteindre la vérité, qui est sa fin.

La logique peut donc se définir : la *science de bien penser*, ou encore : *l'art d'arriver au vrai*.

Importance de la logique. — L'importance de la logique résulte de son *objet* et de ses *rapports avec les autres sciences*.

1º **De son objet.** — La logique enseigne les moyens de trouver la vérité : bien qu'on puisse naturellement découvrir et démontrer la vérité, on a beaucoup plus de chance de ne pas errer quand on connaît les règles de la logique, que lorsqu'on ne les connaît pas. Outre qu'elle dirige l'intelligence, la logique peut encore la développer, lui donner de la dextérité, de la pénétration, de la justesse, et l'élever au plus haut degré de perfection. Elle mérite donc toute notre estime; car, dit Descartes, « ce n'est pas assez d'avoir l'esprit bon, le principal est de l'appliquer bien. »

2º **De ses rapports avec les autres sciences.** — La logique présuppose la psychologie, mais elle ne relève d'aucune autre science. Au contraire, en posant les règles sui-

---

[1] Du grec *logos*, raison, pensée, parole; *art de penser ou de raisonner*.

vant lesquelles chacune de nos facultés intellectuelles doit procéder dans son application aux divers objets de nos études et de nos recherches, la logique se lie par d'intimes rapports à toutes les sciences. Elle les pénètre en quelque sorte, elle en est le fondement, et l'on pourrait, à juste titre, l'appeler du nom de *science première*, puisqu'il n'y a pour l'homme de vraie connaissance, en quelque ordre que ce puisse être, qu'à la condition de l'usage régulier de ses facultés intellectuelles.

Division de la logique. — La logique, avons-nous dit, est la science de bien penser. Or, cette science a un double but : déterminer les règles que la pensée doit suivre pour arriver à la vérité, et, la vérité une fois connue, indiquer le moyen de la distinguer de l'erreur. De là deux parties dans la logique : 1° la logique *pratique* ou *méthodologie*; 2° la logique *critique*.

QUESTIONNAIRE. — Quel est l'objet de la logique et comment peut-on la définir? — La logique est-elle bien importante? — En combien de parties se divise-t-elle?

LOGIQUE PRATIQUE OU MÉTHODOLOGIE

Définition et objet. — La logique pratique est la *science des procédés et des règles qu'impose à l'esprit la nature des choses qu'il cherche à connaître.* Son objet propre est donc de déterminer la méthode à suivre dans l'étude des divers ordres de sciences. — D'où le nom de *méthodologie*, sous lequel on désigne souvent cette partie de la logique.

La logique pratique traite : 1° des procédés généraux qu'emploie l'esprit pour parvenir à la connaissance; 2° des méthodes spéciales à chaque ordre de sciences.

PROCÉDÉS GÉNÉRAUX

Division. — Les procédés généraux qu'emploie l'esprit pour parvenir à la connaissance, sont : l'*observation*, l'*expérimentation*, l'*induction*, la *classification*, la *définition*, l'*hypothèse*, l'*analogie*, la *déduction*, l'*analyse* et la *synthèse*.

I. — OBSERVATION

Définition. — Moyens d'observation. — Qualités de l'observateur. — Règles de l'observation.

Définition. — L'observation est l'*examen attentif des faits ou des phénomènes qui se présentent à nous, afin d'en découvrir la nature, les causes et les lois.*

Moyens d'observation. — L'observation des faits ou des phénomènes matériels se fait au moyen des *sens*, aidés au besoin d'*instruments* qui en augmentent la portée ou la précision : microscope, télescope, baromètre, thermomètre, balance, pendule, météorographe, microphone, hygromètre, électroscope, galvanomètre, appareils enregistreurs, etc. Il faut que les sens soient *exercés*, et que les instruments soient *précis*. Mais les sens et les instruments ne suffisent pas pour observer ; c'est surtout avec l'esprit que l'on observe.

Qualités de l'observateur. — Les principales qualités du bon observateur sont : 1° la *patience :* qui regarde à la hâte discerne mal ; — 2° l'*attention :* le distrait est incapable de rien saisir ; — 3° l'*impartialité*, c'est-à-dire être dégagé de tout parti pris, afin de voir les phénomènes tels qu'ils se produisent réellement et non tels qu'il les a supposés.

Règles de l'observation. — L'observation doit être : 1° *exacte et complète*, c'est-à-dire ne rien ajouter et ne rien omettre : ce qui suppose l'emploi de l'analyse ; — 2° *précise*, c'est-à-dire arriver autant que possible à des notations numériques ; — 3° *méthodique*, c'est-à-dire aller du simple au composé ou du composé au simple, en tenant compte de tous les détails intermédiaires ; — 4° *vérifiée par la synthèse*, qui réunit, dans leurs vrais rapports, les parties ou les propriétés de l'objet observé.

QUESTIONNAIRE. — Qu'est-ce que l'observation ? — Comment se fait l'observation ? — Quelles sont les qualités de l'observateur ? — Quelles sont les règles de l'observation ?

II. — EXPÉRIMENTATION

Définition. — L'expérimentation doit être guidée. — Ses règles. — Qualités de l'observateur et de l'expérimentateur.

Définition. — L'expérimentation est l'*étude* des phénomènes que l'on produit artificiellement, dans des conditions déterminées par le but qu'on se propose.

« La seule différence entre l'observation et l'expérimentation consiste en ce que le fait que doit constater l'expérimentateur ne s'étant pas présenté naturellement à lui, il a dû le faire apparaître, c'est-à-dire le *provoquer* par une raison particulière et dans un but déterminé. L'expérience n'est au fond qu'une *observation provoquée*. » (CLAUDE BERNARD.)

L'expérimentation doit être guidée. — L'expérimentation implique une *hypothèse* et a pour but de la vérifier. Sans une *hypothèse*, sans une *idée directrice*, l'expérimentation n'est « qu'un pur tâtonnement, capable d'étonner plutôt que d'instruire ». (BACON.) Avant l'expérience qu'il fit exécuter sur le Puy-de-Dôme, Pascal avait imaginé cette hypothèse, que, si l'air est pesant, il doit être moins dense dans les hautes régions de l'atmosphère qu'en bas, et que, par conséquent, plus on s'élève, plus la colonne barométrique doit baisser. C'est ce que démontra l'expérience du 19 septembre 1648.

Quelquefois l'*idée directrice* fait défaut, comme il arrive dans les choses nouvelles ; alors on la cherche par tâtonnement. Ces expériences, « pour voir, sont utiles dans les sciences peu avancées, dans lesquelles on ne devra pas craindre d'agir un peu au hasard, afin d'essayer de pêcher en eau trouble ».

Règles de l'expérimentation. — Pour rendre l'expérimentation fructueuse, il faut : — 1° *varier* l'expérience, c'est-à-dire la renouveler dans des conditions différentes : c'est ainsi que les expériences de Torricelli et de Pascal avec de l'eau, puis du mercure, puis du vin, amenèrent la découverte de la loi qui explique par la pression atmosphérique l'ascension des liquides dans les tubes ; — 2° *étendre* l'expérience, c'est-à-dire la répéter dans des proportions de plus en plus grandes : ainsi, pour vérifier la loi de Mariotte, on peut répéter l'expérience en augmentant progressivement soit la pression atmosphérique, soit la quantité de gaz sur laquelle on opère ; — 3° *renverser* l'expérience, c'est-à-dire constater les résultats d'un procédé par l'emploi d'un procédé inverse : après avoir obtenu de l'eau en combinant de l'hydrogène et de l'oxygène, Lavoisier la décomposa et retrouva les deux gaz dont il s'était servi.

Qualités de l'expérimentateur. — Le bon expérimentateur doit : — 1° avoir de l'*imagination* pour concevoir les expériences qui doivent contrôler ses hypothèses ; — 2° il faut, de plus, qu'il soit comme l'observateur, *patient et impartial*.

QUESTIONNAIRE. — Qu'est-ce que l'expérimentation ? — Qu'implique l'expérimentation ? — Quelles sont les règles de l'expérimentation ? — Quelles sont les qualités du bon expérimentateur.

III. — INDUCTION

Définition. — Principe de l'induction. — Ses méthodes.

Définition. — L'induction est le *procédé par lequel l'esprit s'élève des faits*, connus par l'observation et l'expérimentation, *aux lois qui les régissent*.

Les lois sont les rapports constants qui existent entre les causes et les effets. — Un fait étant donné, il faut, pour établir la loi qui le régit : 1° trouver sa cause ; 2° passer, de là, à une loi générale.

Ainsi, nous avons remarqué plusieurs fois que l'eau se congelait à 0°; qu'elle entrait en ébullition à 100°, sous la pression de 76 centim.; que les corps abandonnés à eux-mêmes tombaient vers la terre, etc., et nous affirmons que, dans les mêmes conditions, ces phénomènes doivent encore se produire; d'où les lois générales de la congélation et de l'ébullition de l'eau, de la chute des corps.

Principe de l'induction. — Le passage de *quelques* à *tous*, des *faits* aux *lois*, ne peut se faire qu'en s'appuyant sur un principe rationnel, qui est absolument étranger à l'expérience; ce principe, le voici : *La nature ou l'essence des êtres est invariable.* D'où ces conséquences : *Les êtres de même nature ont les mêmes propriétés; les êtres qui agissent fatalement produisent les mêmes effets dans les mêmes circonstances.*

Il suffit donc de connaître les propriétés ou les lois de quelques êtres pour affirmer avec certitude que ces propriétés ou ces lois se trouveront toujours, en des circonstances identiques, dans tous les êtres de même nature.

Ses méthodes. — Pour découvrir la *cause* ou la *loi* des faits, les savants emploient les quatre méthodes formulées par Stuart Mill. Ces méthodes sont dites d'*accord* ou de *concordance*, de *différence*, des *variations concomitantes*, des *résidus* ou des *restes*.

La méthode de concordance consiste à comparer les différents cas dans lesquels se présente un phénomène, pour examiner si partout et toujours il y a *concordance* entre les effets et les causes : par exemple, le refroidissement et la rosée. — L'effet (la rosée) provient de la cause, qui est constante (le refroidissement).

La méthode de différence, qui est la contre-partie de la précédente, consiste à retrancher ce qui paraît être la cause d'un phénomène, pour voir si ce phénomène cesse à son tour de se produire : par exemple, si l'on empêche le refroidissement, empêche-t-on le dépôt de rosée ?

La **méthode des variations concomitantes** consiste à faire varier la cause pour examiner si le phénomène *varie* dans les mêmes proportions : par exemple, la pression atmosphérique et la colonne mercurielle.

La **méthode des résidus** ou des restes consiste à retrancher d'un phénomène donné tout ce qui, en vertu d'inductions antérieures, peut être attribué à des causes connues ; ce qui reste sera l'effet des antécédents qui ont été négligés, et dont l'effet était une quantité encore inconnue. Soit un groupe de faits *abc* et un groupe d'antécédents ABC. Si je sais que *bc* sont les effets de BC, j'en conclus que *a* est l'effet de A.

QUESTIONNAIRE. — Qu'est-ce que l'induction ? — Quel est son principe ? — Quelles sont ses méthodes ?

IV. — CLASSIFICATION

Définition et division. — Classification artificielle. — Classification naturelle. — Ses règles. — Utilité des classifications.

Définition et Division. — *La classification est une opération par laquelle l'esprit groupe les objets divers de sa pensée d'après leurs ressemblances et leurs différences*[1]. — On distingue deux sortes de classifications : la classification *artificielle* et la classification *naturelle*.

Classification artificielle. — La classification artificielle n'est fondée que sur les ressemblances extérieures des individus : telles sont, en *botanique*, les classifications de Tournefort et de Linné. Le premier s'appuyait sur la structure de la corolle et de la tige, et partageait les végétaux en ligneux et en herbacés ; le second classait les plantes d'après le nombre et la forme des étamines, des styles et des stigmates.

[1] Plus explicitement, la classification *consiste à distribuer dans un petit nombre de groupes* (espèce, genre, famille, ordre, classe, règne) *les individus*, c'est-à-dire les êtres qui forment les trois règnes de la nature, *et les objets particuliers de chaque science* : les phénomènes de conscience en psychologie, les maladies en médecine, etc. L'espèce réunit les individus qui ont une constitution identique ; le genre groupe les espèces qui ont une ressemblance essentielle ; plusieurs genres semblables forment une famille. Ainsi de suite.

La classification artificielle rend très facile la détermination des objets à classer; mais elle présente l'inconvénient de détruire les analogies naturelles et de rapprocher des êtres essentiellement différents.

Classification naturelle. — La classification naturelle, bien supérieure à la précédente, s'appuie sur les principaux caractères essentiels des êtres, c'est-à-dire sur les caractères desquels dépendent tous les autres; ex. : des *livres* distribués, d'après l'ordre des matières, en livres de littérature, d'histoire, de mathématiques, etc.; les *plantes* classées par Jussieu, d'après la structure de leur graine, en acotylédonées, monocotylédonées, dicotylédonées, suivant que le germe est dépourvu de cotylédons, ou en possède un ou deux; les *animaux* groupés par Cuvier, d'après la structure du système nerveux, en quatre embranchements : vertébrés, annelés, mollusques, zoophytes ou rayonnés.

Règles de la classification naturelle. — La classification naturelle doit être : — 1° *basée sur des caractères constants*, autrement elle induirait en erreur; — 2° *entière*, c'est-à-dire qu'elle ne doit omettre ni individu ni espèce; — 3° *graduée*, c'est-à-dire qu'elle doit former une progression; ex. : la classification de Jussieu, dans la botanique, et celle de Cuvier, dans la zoologie.

Utilité des classifications. — Les classifications *artificielles* et *naturelles* servent à mettre de l'ordre et de la clarté dans les connaissances et à soulager la mémoire en les coordonnant.

Les classifications *naturelles* font en outre connaître la nature véritable et les rapports réels des êtres classés; elles satisfont l'esprit et l'élèvent par degrés jusqu'à la conception de l'ordre établi par Dieu dans la création.

QUESTIONNAIRE. — Qu'est-ce que la classification? — Combien distingue-t-on de sortes de classification? — Que savez-vous de la classification artificielle? — de la cassification naturelle? — Quelles sont les règles de la classification naturelle? — Quelle est l'utilité des classifications?

V. — DÉFINITION

Définition et division. — Qualités de la définition logique. — Remarque.

Définition et division. — La définition *est une proposition par laquelle on détermine le sens d'un mot ou la nature d'un objet.* De là diverses sortes de définitions : les définitions de mots ou définitions *nominales*, les définitions de choses ou définitions *réelles*, les définitions *rationnelles* ou *déductives*, et les définitions *empiriques* ou *inductives*.

Définitions nominales. — Les définitions nominales expliquent le sens des mots, ou par l'**étymologie**, par ex. : *analyse* (du grec *ana*, parmi; *luô*, délier) signifie décomposition d'un tout en ses parties élémentaires; *estrade* (italien *strada*), élévation en forme de plancher; ou d'après l'**usage**, par ex. : *Dieu* signifie, pour tous, l'Être suprême.

Les définitions des mots sont arbitraires : libre à chacun d'attacher aux mots le sens qu'il veut, pourvu qu'il en prévienne. Cependant il faut se conformer à l'usage et ne pas détourner les mots de leur signification convenue : elle doit être *invariable* dans toute la suite d'une discussion ou d'un raisonnement; autrement il serait impossible de s'entendre.

Définitions réelles. — Les définitions réelles expliquent les choses, ou par leur *origine*, ex. : La sphère est un solide engendré par la révolution d'un demi-cercle autour de son diamètre; — ou par l'ensemble de leurs caractères *essentiels*, ex. : L'homme est un animal raisonnable; le carré est un rectangle à quatre côtés égaux. — La définition par les propriétés caractéristiques ou l'essence des objets est de toutes la plus parfaite : c'est la définition *logique*.

Les définitions réelles ne sont pas arbitraires, puisqu'elles doivent spécifier la nature des objets : la nature des objets ne change pas.

Définitions rationnelles. — Les définitions *rationnelles* ou *déductives* ou *à priori* sont employées dans les sciences exactes, et se rapportent à des *idées abstraites*, telles que celles de nombre, de triangle, de cercle, de polygone, etc. : elles délimitent la combinaison de l'unité avec elle-même ou imposent une limite à une portion de l'espace. — On les nomme rationnelles, parce qu'elles s'appuient sur une intuition de la raison.

Les définitions mathématiques sont : *universelles*, c'est-à-dire, par exemple, que la définition convenue de la ligne droite s'applique à toutes les lignes droites; celle du triangle, à tous les triangles; celle de la circonférence, à toutes les circonférences, etc.; *nécessaires*, c'est-à-dire qu'on ne saurait concevoir les objets définis autrement que ne l'indiquent leurs définitions. — On considère les définitions mathématiques comme des axiomes (p. 159).

Définitions empiriques. — Les définitions *empiriques* ou *inductives* sont propres aux sciences d'observation, et sont dues à la *généralisation* et à l'*induction;* leur but est de faire connaître la nature des êtres *réels* et *complexes*. Ces définitions n'ont qu'une valeur relative : elles se perfectionnent avec les sciences.

Qualités de la définition logique. — Une bonne définition des choses doit être :

1° claire, brève, réciproque, entière, propre :

Claire, autrement elle manquerait son but, qui est d'expliquer;

Brève, car la prolixité est contraire à la précision et à la clarté;

Réciproque, c'est-à-dire qu'on doit pouvoir remplacer le sujet par l'attribut. Cette définition : La ligne droite est une suite de points, est mauvaise, parce qu'on ne peut pas dire : Une suite de points est une ligne droite. Celle-ci : La ligne droite est le plus court chemin d'un point à un autre, est bonne; car on peut dire : Le plus court chemin d'un point à un autre est la ligne droite;

Entière, c'est-à-dire convenir à tout l'objet défini, l'embrasser tout entier;

Propre, c'est-à-dire ne convenir qu'à l'objet défini. — Une définition entière et propre est dite *adéquate*, c'est-à-dire qu'elle donne une idée absolument exacte de l'objet.

2° Elle doit énoncer, tout d'abord, les *caractères généraux* qui lui sont communs avec tous les êtres de la même classe, et ensuite ceux qui lui sont *spéciaux*, qui le distinguent de tous les autres êtres de la même classe : elle doit, comme disaient les scolastiques, indiquer le *genre prochain* et la *différence spécifique* ou l'*espèce*.

Dans cette définition : Le carré est un parallélogramme qui a les côtés égaux et les angles droits, — *parallélogramme* est le genre prochain du carré ; *côtés égaux* et *angles droits*, est la différence spécifique du carré. Si l'on se contentait de dire : Le carré est un parallélogramme, ou : Le carré est une figure qui a les côtés égaux, ou : Le carré est une figure qui a les angles droits, il n'y aurait pas de définition du carré.

Remarques. — La majeure d'un syllogisme (p. 144) n'est souvent qu'une définition. Si cette définition manquait de précision, la conclusion à laquelle on aboutirait serait nécessairement fausse ou obscure : d'où la nécessité de bien définir.

Quand la définition n'est pas possible, on y supplée par la description : on détaille les qualités principales de l'objet, ou bien on le désigne par sa cause, son usage, son semblable ou son contraire.

QUESTIONNAIRE. — Qu'est-ce que la définition ? — Combien y a-t-il de sortes de définitions ? — Que savez-vous des définitions nominales, réelles, rationnelles, empiriques ? — Quelles sont les qualités de la définition des choses ?

VI. — HYPOTHÈSE

Définition. — Règles de l'hypothèse. — Son rôle. — Les grandes hypothèses.

Définition. — L'hypothèse ou supposition est une *explication provisoire, anticipée, d'un fait déjà observé, dont on ne connaît pas encore la cause ou la loi.*

Règles de l'hypothèse. — L'hypothèse doit : — 1º s'appuyer sur la *connaissance* d'un grand nombre de faits; — 2º être *vraisemblable*, c'est-à-dire conforme aux lois de la nature et aux principes de la raison; — 3º *expliquer* tous les faits observés; — 4º être *vérifiée* par des observations et des expériences nouvelles.

Son rôle. — L'hypothèse joue un rôle important dans les sciences. On doit toutes les grandes découvertes à d'heureuses hypothèses. Le Verrier attribue les perturbations de la marche d'*Uranus* à l'influence d'un corps céleste inconnu; peu de temps après on découvre *Neptune*. Torricelli observe les variations de la hauteur du mercure dans un tube de verre et découvre la pesanteur de l'air. Newton voit tomber quelques fruits d'un arbre : il généralise le phénomène de l'attraction, et découvre les lois de la gravitation; Képler, Galvani, Volta, etc., soupçonnèrent, avant de les constater, les lois auxquelles ils attachèrent leur nom.

« L'esprit du savant se trouve, en quelque sorte, toujours placé entre deux observations : l'une qui sert de point de départ au raisonnement, l'autre qui lui sert de conclusion. Une idée anticipée ou une hypothèse est donc le point de départ de tout raisonnement expérimental. Sans cela, on ne saurait faire aucune investigation, ni s'instruire; on ne pourrait qu'entasser des observations stériles. Si l'on expérimentait sans idée préconçue, on irait à l'aventure. » (CLAUDE BERNARD.)

Les grandes hypothèses. — Les hypothèses les plus importantes que l'on trouve dans l'histoire des sciences sont : les hypothèses de la *révolution des planètes*, de l'*émission des corps lumineux*, des *ondulations*, de la *nébuleuse*, des *corrélations organiques*, de l'*unité des forces physiques*, du *transformisme*, de l'*évolutionnisme*, et de la *théorie atomique* (p. 195).

Hypothèse de la révolution des planètes. — Képler soutint, le premier, que les mouvements planétaires avaient le soleil pour centre, et non un point vide de l'espace (hypothèse admise).

Hypothèse de l'émission. — Newton, Lavoisier, Laplace, Gay-Lussac, prétendirent que les corps lumineux lançaient dans l'espace un fluide impondérable, nommé *calorie*, qui pouvait traverser les corps transparents (hypothèse abandonnée).

Hypothèse des ondulations. — Descartes, Huyghens, Thomas Young, Fresnel et tous les physiciens modernes soutiennent que les corps lumineux produisent un mouvement vibratoire, qui cause la chaleur, et se transmet jusqu'à notre œil par l'intermédiaire d'un fluide impondérable, l'*éther*, répandu partout, dans l'air, dans le vide et dans les corps pondérables (hypothèse adoptée).

Hypothèse de la nébuleuse. — Laplace a supposé que le système planétaire s'était formé des fragments d'une masse homogène, d'une *nébuleuse*, retenus et consolidés à des distances différentes d'un noyau central qui est devenu le soleil (hypothèses vérifiées par le calcul et par l'expérience. — Si l'on introduit une goutte d'huile dans un mélange d'eau et d'alcool, et qu'on lui imprime un mouvement de rotation au moyen d'une aiguille, on voit cette goutte s'aplatir aux pôles, et de son équateur renflé se détacher une sorte d'anneau qui se rompt en globes dont chacun commence à tourner autour de la masse centrale).

Corrélations organiques de Cuvier. — « Tout être organisé, dit Cuvier, forme un ensemble, un système clos, dont les parties se correspondent mutuellement, et concourent à une même action définitive par une réaction réciproque. Une dent tranchante et propre à découper la chair ne coexistera jamais dans la même espèce avec un pied enveloppé de corne, qui ne peut que soutenir l'animal, et avec lequel il ne peut saisir sa proie. Tout animal à sabot est herbivore, etc. » Cette hypothèse est une des lois fondamentales de l'anatomie comparée.

Hypothèse de l'unité des forces physiques. — La science tend aujourd'hui à ramener au mouvement (vibrations moléculaires) tous les phénomènes physiques. Ainsi elle a constaté qu'un même agent, un courant électrique, par exemple, produit tout à la fois : du mouvement, de la lumière, un son, une odeur, une saveur, selon qu'il agit sur nous par l'intermédiaire des nerfs, du toucher, de la vue, de l'ouïe, de l'odorat ou du goût (hypothèse en partie justifiée).

Transformisme ou évolutionnisme. — Lamarck et Darwin ont prétendu que le règne animal descendait de quatre ou cinq types primitifs, le règne végétal d'un nombre égal ou moindre, et que la *transformation* des espèces se faisait par l'action des lois naturelles.

Herbert Spencer, appuyant sa théorie sur l'hypothèse de la nébuleuse, a supposé que le monde s'était formé, à l'origine, en *évolutionnant* (passant) de l'homogénéité confuse à l'hétérogénéité coordonnée (p. 210).

Ces hypothèses sont inadmissibles, parce qu'elles manquent à la fois aux quatre règles énumérées plus haut (p. 138).

QUESTIONNAIRE. — Qu'est-ce que l'hypothèse ? — Quelles sont les règles de l'hypothèse ? — Quel est le rôle de l'hypothèse ? — Que savez-vous des grandes hypothèses ?

VII. — ANALOGIE

Définition. — Règles de l'analogie. — Son utilité.

Définition. — L'analogie[1], comme procédé de l'esprit, est une induction incomplète qui consiste à *conclure de ressemblances ou de rapports observés à une ressemblance totale* : par exemple, les phénomènes de la foudre et ceux de l'électricité présentant des caractères semblables, on en conclut qu'ils sont produits par une même cause.

Une seule exception détruit cette sorte de raisonnement. Ainsi de la ressemblance de la terre avec d'autres corps célestes, on ne peut conclure que tous les astres sont habités; car l'un d'eux, la lune, ne peut l'être faute d'atmosphère.

Règles de l'analogie. — Pour que les jugements formés par l'analogie soient *probables*[2], il faut : — 1º que les *ressemblances* observées soient *importantes*; — 2º qu'à défaut de ces ressemblances essentielles, on multiplie les *ressemblances de détail* ; — 3º que l'on *contrôle* les conclusions par l'expérimentation.

Son utilité. — L'analogie abrège le travail de la science en *groupant* les êtres selon leur espèce et leur genre; elle supplée à des recherches impossibles, et peut même devenir un instrument de découverte.

QUESTIONNAIRE. — En quoi consiste l'analogie? — Quelles sont les règles de l'analogie? — Quelle est son utilité?

---

[1] Ce mot a deux sens : il signifie la *ressemblance* ou *similitude des choses*, et un *procédé de l'esprit*; ex. : il y a ressemblance partielle entre la nageoire d'un poisson et l'aile de l'oiseau, entre la trachée d'un insecte, la branchie d'un poisson et le poumon d'un mammifère.

[2] L'analogie est *hypothétique*; elle ne peut aboutir qu'à des probabilités.

VIII. — DÉDUCTION

Définition. — Principe de la déduction. — Ses deux modes.

Définition. — La déduction est le procédé par lequel l'esprit descend du *général* au *particulier*, des *principes* aux *conséquences*, des *causes* aux *effets*, des *lois* aux *faits*.

Déduire, c'est tirer une proposition particulière d'une proposition générale. Mais pour qu'on puisse tirer une proposition particulière d'une proposition générale, il faut que cette proposition générale ait été établie par l'induction, ou, tout au moins, posée par hypothèse. Ainsi, tandis que par l'induction nous concevons une loi générale, par la déduction nous en tirons les conséquences.

Principe de la déduction. — La déduction repose sur ce principe : Tout ce qui est vrai d'une proposition générale est vrai des propositions particulières qu'elle contient. Par exemple, tout ce qui est vrai d'un genre est vrai de toute espèce contenue dans ce genre (p. 67).

Ses deux modes. — La déduction peut être *immédiate* ou *médiate*. Elle est *immédiate* quand la proposition nouvelle peut se tirer directement de la proposition déjà connue. Elle est *médiate* quand elle ne peut s'en tirer qu'indirectement, au moyen d'une ou de plusieurs propositions intermédiaires.

QUESTIONNAIRE. — Comment définit-on la déduction ? — Quel est son principe ? — Quels sont ses modes ?

DÉDUCTION IMMÉDIATE

Opposition. — Ses deux espèces. — Conversion. — Ses règles.

Les deux principaux moyens de tirer immédiatement une proposition d'une autre, sont l'*opposition* et la *conversion*.

Opposition des propositions. — L'opposition consiste à conclure de la vérité ou de la fausseté d'une proposition, la fausseté ou la vérité d'une proposition opposée.

Deux propositions sont opposées lorsque, ayant même sujet et même attribut, elles diffèrent soit en *quantité*, soit en *qualité*, soit en *quantité* et en *qualité* à la fois.

La *quantité* d'une proposition dépend de l'extension du sujet (p. 67). Or le sujet est universel, ou particulier, ou individuel, suivant qu'il est pris dans toute son extension, ou dans une partie de son extension, ou qu'il est individuel. Par rapport à la quantité, les propositions sont donc *universelles*, ex. : les hommes sont mortels; ou *particulières*, ex. : des savants se sont trompés; ou *individuelles*, ex. : Bossuet fut un grand écrivain [1].

La *qualité* d'une proposition dépend de l'attribut. Par rapport à la qualité, les propositions sont *affirmatives*, quand elles affirment que l'attribut convient au sujet; ex. : les hommes sont mortels (l'attribut est affirmé du sujet); ou *négatives*, quand elles nient que l'attribut convienne au sujet, ex. : l'animal n'est pas responsable (l'attribut est nié du sujet).

En tenant compte de la quantité et de la qualité, on forme quatre sortes de propositions : les *universelles affirmatives* que l'on désigne par la lettre A, — les *universelles négatives*, par la lettre E, — les *particulières affirmatives*, par la lettre I, — les *particulières négatives*, par la lettre O.

Deux sortes d'oppositions. — Entre les quatre propositions précédentes, il existe deux principales sortes d'oppositions; elles peuvent être : *contradictoires* ou *contraires*.

Les propositions contradictoires diffèrent à la fois de *quantité* et de *qualité*, ex. : tous les angles droits sont égaux (A), quelques angles droits ne sont pas égaux (O); aucun homme n'est menteur (E), quelques hommes sont menteurs (I).

---

[1] En logique, les propositions singulières sont assimilées aux propositions universelles, parce que, en fait, le sujet y est pris dans toute son extension : dans l'exemple proposé, Bossuet = la classe entière des individus portant ce nom, classe qui se réduit à un seul individu. Il ne reste donc à considérer que les propositions universelles et les particulières. — Le mot *universel*, en logique, signifie *général*; en métaphysique, il est synonyme d'*infini*.

Les contradictoires ne peuvent être toutes deux vraies, ni toutes deux fausses, puisque l'une nie ce que l'autre affirme : leur opposition n'admet pas de milieu. Si A est vrai, O est évidemment faux, et réciproquement; si E est vrai, I est faux, et réciproquement.

Les propositions contraires sont deux universelles qui diffèrent de *qualité*, ex. : tout homme est mortel (A), aucun homme n'est mortel (E); tous les hommes sont blancs (A), aucun homme n'est blanc (E).

Les contraires ne peuvent être vraies toutes deux, puisque l'une nie l'autre; mais elles peuvent être fausses toutes deux, parce que entre deux universelles il y a un milieu, la *particulière,* qui souvent est seule vraie, c'est le cas du dernier exemple donné : quelques hommes sont blancs, quelques hommes ne sont pas blancs. Si A est vrai, E est faux. Mais si A est faux, on ne peut rien conclure pour E : il est faux que tous les hommes soient blancs, mais cela ne prouve pas qu'il soit vrai qu'aucun homme n'est blanc.

Conversion des propositions. — La conversion consiste à tirer une proposition d'une autre proposition en *intervertissant le sujet et l'attribut,* sans changer la qualité (ou le sens). Soit cette proposition : *l'homme est un animal raisonnable;* on peut dire, sans changer le sens : *l'animal raisonnable est homme.*

Principales règles de la conversion: — 1º Les propositions *universelles affirmatives* se convertissent en particulières affirmatives; ex. : tous les angles droits sont égaux : quelques angles égaux sont droits. — 2º Les propositions *universelles négatives* se convertissent sans que le sens soit changé; ex. : nul angle aigu n'a quatre-vingt-dix degrés; nul angle de quatre-vingt-dix degrés n'est aigu. — 3º Les propositions *particulières affirmatives* se convertissent aussi sans changement, ex. : quelques infirmes sont heureux; quelques heureux sont infirmes. — 4º Les propositions *particulières négatives* ne se convertissent pas.

En résumé, les A se convertissent en I, les E en E, les **I en I,** les O ne se convertissent pas.

La source la plus féconde de sophismes est la tendance à convertir les propositions universelles affirmatives en leurs propres termes, ex. : tous les esprits puissants ont de larges cerveaux; tous les larges cerveaux indiquent de puissants esprits.

QUESTIONNAIRE. — Quels sont les principaux moyens de la déduction immédiate? — De quoi dépend la quantité d'une proposition? — et la qualité? — Combien la quantité unie à la qualité donnent-elles de propositions? — En quoi consiste l'opposition des propositions? — En quoi consiste la conversion des propositions? — Quelles sont ses règles?

DÉDUCTION MÉDIATE : LE SYLLOGISME

Sa forme. — Définition du syllogisme. — Ses éléments. — Moyen d'en reconnaître les termes. — Son procédé. — Son principe. — Ses règles. — Remarque. — Diverses sortes de syllogismes. — Utilité du syllogisme.

Sa forme. — La déduction médiate est celle qui se fait par intermédiaires. Sa forme la plus régulière est le *syllogisme*.

Définition du syllogisme. — Le syllogisme est un *argument composé de trois propositions* dont la dernière, nommée *conclusion*, se déduit nécessairement des deux premières appelées *prémisses*. Si, par exemple, je pose en principe que *tout être qui a des devoirs a aussi des droits*, et que j'ajoute : *l'homme a des devoirs*, il s'ensuit nécessairement que *l'homme a des droits*. Voilà un syllogisme.

Ses éléments. — Tout syllogisme comprend : 1º trois idées, exprimées par *trois termes :* le grand, le moyen et le petit [1]. Le *grand terme* est celui qui exprime l'idée la plus étendue; le *moyen terme*, celui qui exprime l'idée intermédiaire; le *petit terme*, celui qui exprime l'idée la moins étendue; — 2º trois jugements, exprimés par *trois propositions* : la *majeure*, la *mineure* et la *conclusion*. — La *majeure* est celle qui renferme le grand terme; la *mineure*, celle qui renferme le petit terme.

---

[1] En logique, on appelle terme l'*expression* d'une idée. Le terme logique peut être un mot isolé (Dieu, homme, éternel), ou un substantif joint à l'article ou à l'adjectif (ce livre, le tableau noir).

Moyen de reconnaître les termes. — Le *petit* terme et le *grand* se trouvent toujours réunis dans la *conclusion* : le premier comme *sujet*, le second comme *attribut*. Le *moyen* terme ne doit pas entrer dans la conclusion; mais il se répète dans chaque prémisse. Ainsi dans ce syllogisme :

Tout corps est pesant; — Majeure. } Prémisses.
Or l'air est un corps; — Mineure. }
Donc l'air est pesant; — Conclusion.

Pesant est le grand terme, *corps* le moyen terme, *air* le petit terme. — Les deux idées exprimées par les termes extrêmes, *pesant*, *air*, constituent la question : *L'air est-il pesant?*

Remarques. — Les deux prémisses contiennent les *trois termes*; la conclusion n'en contient que *deux*. Les trois termes d'un syllogisme sont exprimés chacun deux fois.

Procédé du syllogisme. — Ce qu'on se propose de démontrer dans le syllogisme précédent, c'est que l'air est pesant; c'est que le terme « air » et le terme « pesant » se conviennent. Comme cela n'est pas évident du premier coup, on cherche un terme intermédiaire (corps), qui, convenant à la fois aux deux autres, puisse servir à les rapprocher. Tous les corps étant pesants, et l'air étant un corps, on en conclura que l'air est pesant.

Le procédé du syllogisme consiste donc à *comparer* successivement le *grand* terme et le *petit* au *moyen* terme. Si le grand terme et le petit conviennent au moyen, il est évident que le grand et le petit se conviennent entre eux. Si le grand et le petit ne conviennent pas au moyen, le grand et le petit s'excluent.

Son principe. — Le syllogisme repose donc sur ce principe évident : Deux idées qui *conviennent* à une troisième se conviennent entre elles ; et deux idées, dont l'une *convient* et l'autre *ne convient pas* à une troisième, ne se conviennent pas entre elles.

Ses règles. — Les règles du syllogisme, posées par Aristote, sont au nombre de huit. Les quatre premières s'appliquent aux *termes* du syllogisme; les quatre dernières, aux *propositions*.

Règle des termes. — 1º Le syllogisme ne doit renfermer que trois termes : le *grand*, le *moyen* et le *petit*. S'il y en avait quatre, les deux extrêmes ne seraient pas comparés avec un même objet, et il serait impossible de savoir s'ils se conviennent ou ne se conviennent pas entre eux. Dans le syllogisme suivant : *L'homme est un animal ; or un animal est un être privé de raison ; donc l'homme est privé de raison ;* il y a trois termes en apparence, mais quatre en réalité, le terme *animal* ayant deux significations différentes. Avec quatre termes, il n'y a pas de comparaison possible.

2º Aucun terme ne doit avoir plus d'extension dans la conclusion que dans les prémisses. Autrement la conclusion ne serait pas contenue dans les prémisses : le plus ne peut pas être contenu dans le moins, ex. : *Les chênes sont des arbres; or les chênes produisent des glands; donc les arbres produisent des glands*. Dans la première proposition, le terme *arbres* n'est pas pris selon toute son extension, il est particulier ; dans la conclusion, au contraire, il devient général : ce qui rend le syllogisme défectueux.

3º Le moyen terme doit être pris, au moins une fois, généralement. S'il était pris deux fois partiellement, il exprimerait deux idées différentes ; et l'on ne serait pas en droit de conclure que le petit et le grand terme se conviennent entre eux ; ex. : *Certains hommes sont justes; or certains hommes sont voleurs ; donc...* Point de conclusion.

4º Le moyen terme ne doit pas entrer dans la conclusion : le rôle de ce terme consiste, en effet, à montrer seulement le rapport des deux extrêmes ; il doit donc rester étranger à la conclusion, qui est l'expression de ce rapport. Le syllogisme suivant est donc défectueux : *Paul est bon; or Paul est peintre; donc Paul est un bon peintre.*

Règles des propositions. — 5º Deux prémisses négatives ne donnent pas de conclusion. Elles disent que les deux extrêmes sont en opposition avec le moyen, mais elles n'indiquent pas leur accord ou leur désaccord entre eux; ex. : *Pierre ne ressemble pas à Paul; André ne ressemble pas à Paul; donc...* Point de conclusion.

6° Deux prémisses affirmatives ne peuvent donner une conclusion négative. En effet, quand les deux extrêmes conviennent au moyen, ils se conviennent entre eux; ex. : *La vertu est aimable; or la justice est une vertu; donc la justice est aimable.* Il serait absurde de conclure négativement.

7° La conclusion suit toujours la plus faible des prémisses, c'est-à-dire qu'elle est particulière si l'une des prémisses est particulière, négative si l'une des prémisses est négative; ex. : *Les exilés ne sont pas heureux; or Paul est exilé; donc Paul n'est pas heureux.*

8° Deux prémisses particulières ne donnent aucune conclusion : il y a alors l'équivalent de quatre termes; ex. : *Quelques hommes sont savants; or quelques musiciens ne sont pas savants; donc...* Point de conclusion.

Remarque. — Les huit règles du syllogisme se réduisent toutes aux deux suivantes :

1° *Le moyen terme doit être pris au moins une fois dans toute son extension* (dans la majeure).

2° *Le grand terme et le petit terme ne doivent pas être plus étendus dans la conclusion que dans les prémisses.*

Ces deux règles suffisent, sans doute, pour garantir l'enchaînement logique des propositions du syllogisme; mais les règles des anciens sont préférables, quand il s'agit de démontrer le vice d'un mauvais raisonnement.

Diverses sortes de syllogismes. — Toutes les variétés du syllogisme peuvent être divisées en trois groupes : le syllogisme *simple*, le syllogisme *composé*, et les syllogismes *irréguliers*.

Syllogisme simple. — Le syllogisme est *simple*, quand le moyen terme est joint successivement à chacun des deux extrêmes.

Les syllogismes simples se divisent en *incomplexes* et

en *complexes* : — *incomplexes*, quand chacun des deux extrêmes est joint tout entier au moyen terme (tous les syllogismes donnés ci-dessus sont autant d'exemples de syllogismes simples et incomplexes); — *complexes*, quand la conclusion, renfermant un terme complexe, c'est-à-dire formé de plusieurs mots, une partie seulement de ce terme est comparée au moyen dans l'une des prémisses, et l'autre partie comparée au même moyen dans l'autre prémisse; ex. : *Le duel est un acte criminel; or un chrétien ne peut participer à aucun acte criminel; donc un chrétien ne peut participer au duel.*

Syllogisme composé. — Le syllogisme est *composé*, quand l'affirmation ou la négation implique une *condition*, une *alternative* ou une *incompatibilité*. Exemple, les syllogismes ci-dessous :

Syllogisme conditionnel ou *hypothétique* : Si Jésus-Christ est ressuscité, sa doctrine est divine; or il est ressuscité; donc sa doctrine est divine.

Syllogisme disjonctif : Il est nécessaire que les méchants soient punis ou dans ce monde ou dans l'autre; or beaucoup ne sont pas punis en ce monde; donc il est nécessaire qu'ils le soient dans l'autre.

Syllogisme conjonctif : On ne peut à la fois être dévoué au bien public et ne rien sacrifier de ses intérêts; or vous ne voulez rien sacrifier de vos intérêts, donc vous n'êtes pas dévoué au bien public.

Syllogismes irréguliers. — Les principaux syllogismes irréguliers sont l'*enthymème*, l'*épichérème*, le *prosyllogisme*, le *sorite*, le *dilemme*, l'*argument personnel* et l'*argument à fortiori*.

L'**enthymème** est un syllogisme complet dans l'esprit, mais dont on n'exprime que l'une des deux prémisses; ex. : *Je pense, donc je suis* (proposition sous-entendue : *Ce qui pense existe*).

L'**épichérème** est un syllogisme dont une des prémisses, au moins, est accompagnée de sa preuve; ex. : *Tous les* *corps sont pesants; or l'air est un corps, l'expérience le démontre; donc l'air est pesant.*

Le **prosyllogisme**, ou mieux, le *polysyllogisme* est un double syllogisme, où la conclusion du premier sert de majeure au second; ex.: *Ce qui est indivisible est immatériel; or l'âme est indivisible, donc elle est immatérielle; ce qui est immatériel est incorruptible; or l'âme est immatérielle, donc elle est incorruptible.*

Le **sorite** est une suite de propositions enchaînées entre elles de manière que l'attribut de la première devienne le sujet de la seconde, l'attribut de la seconde le sujet de la troisième, et ainsi de suite jusqu'à la conclusion, qui comprend le sujet de la première et l'attribut de la dernière; ex.: *Le péché offense Dieu; ce qui offense Dieu nous sépare de lui; ce qui nous sépare de Dieu nous prive du souverain bien; ce qui nous prive du souverain bien est le plus grand des maux; donc le péché est le plus grand des maux.*

Le **dilemme** est un double syllogisme, hypothétique et disjonctif, d'où l'on tire une seule et même conclusion, quelque partie de la disjonction que prenne l'adversaire. Un général disait à une sentinelle qui avait laissé passer l'ennemi: *Ou tu étais à ton poste, ou tu n'y étais pas; si tu étais à ton poste, tu as agi en traître; si tu n'y étais pas, tu as enfreint la discipline; donc tu mérites la mort.* — On connaît le dilemme de Mathan: *A d'illustres parents s'il* (Joas) *doit son origine*, etc. (Athalie, II, v.)

L'**argument personnel** ou **ad hominem** est celui par lequel on se sert des propres paroles ou des actes de l'adversaire pour le réfuter ou le confondre. Ce procédé, connu encore sous le nom d'*ironie socratique*, est fréquemment employé dans la discussion. Le sceptique Pyrrhon ayant été mordu par un chien, quelqu'un lui fit ce raisonnement: *La morsure du chien et la douleur sont douteuses; donc il est douteux que tu souffres et que tu aies été mordu.* Pyrrhon répondit: *On ne se dépouille pas facilement de la nature.*

L'argument **à fortiori** consiste à conclure du plus au moins ou du moins au plus ; ex. : *Si Dieu accorde aux prières les prospérités temporelles, combien plus leur accorde-t-il les vrais biens, c'est-à-dire les vertus !* (BOSSUET.)

Utilité du syllogisme. — Le syllogisme sert : 1º à démontrer, d'une manière claire et évidente, les conséquences d'un principe ; 2º à découvrir et à réfuter l'erreur. Une bonne argumentation conduit infailliblement d'un principe vrai à une conclusion vraie, et d'un principe faux à une conclusion fausse ; 3º il habitue l'esprit à la précision et lui donne de la vigueur.

QUESTIONNAIRE. — Quelle est la forme de la déduction médiate ? — Qu'est-ce que le syllogisme ? — Que doit-il renfermer ? — Comment reconnaît-on les termes du syllogisme ? — En quoi consiste le procédé du syllogisme ? — Sur quel principe repose-t-il ? — Quelles sont les règles du syllogisme qui s'appliquent aux termes ? — aux propositions ? — Quelles sont les deux règles qui résument les précédentes ? — Combien distingue-t-on de sortes de syllogismes ? — Que savez-vous du syllogisme simple ? — du syllogisme composé ? — Qu'est-ce que l'enthymème ? — l'épichérème ? — le prosyllogisme ? — le sorite ? — le dilemme ? — l'argument personnel ou *ad hominem* ? — *à fortiori* ? — A quoi sert le syllogisme ?

PROCÉDÉS ESSENTIELS : ANALYSE ET SYNTHÈSE

Définition de l'analyse. — Son procédé. — Ses règles. — Définition de la synthèse. — Son procédé. — Ses règles. — Union de l'analyse et de la synthèse. — Méthodes analytique et synthétique.

Les huit procédés généraux qui précèdent peuvent se ramener à deux types principaux : l'*analyse* et la *synthèse*. — Les deux premiers sont des analyses ; les six autres, des synthèses.

Définition de l'analyse. — L'analyse est la *décomposition* d'un tout en ses éléments constitutifs pour les étudier en détail et les mieux connaître.

Procédé de l'analyse. — L'analyse procède : — 1º *du*

composé aux éléments. Le chimiste, par exemple, décompose l'eau et reconnaît que l'oxygène et l'hydrogène en sont les éléments constitutifs; le psychologue analyse l'âme et reconnaît ses trois facultés; — 2° *des conséquences aux principes, des effets aux causes ou aux lois, du particulier au général*; ex. : L'air est pesant, le gaz est pesant (faits particuliers); donc tous les corps sont pesants (fait général).

Règles de l'analyse. — 1° L'analyse doit être complète, c'est-à-dire qu'il faut la pousser jusqu'aux éléments simples et irréductibles; — 2° elle ne doit rien omettre et ne rien supposer; — 3° elle doit éliminer les choses inutiles ou étrangères au but poursuivi; — 4° elle doit vérifier ses résultats par la synthèse ou par des analyses nouvelles.

Définition de la synthèse. — La synthèse est la *recomposition* d'un tout au moyen de ses éléments constitutifs, séparés par l'analyse.

Procédé de la synthèse. — La synthèse procède : — 1° *des éléments au composé*. Le chimiste combine de l'hydrogène et de l'oxygène et en fait de l'eau ; le psychologue réunit par la pensée les facultés de l'âme dans l'unité du moi, leur principe commun; — 2° *du principe aux conséquences, du général au particulier*; ex. : Tous les corps sont pesants, donc l'air est pesant; — de *l'abstrait au concret*; ex. : La vertu est aimable; or Paul est vertueux, donc Paul est aimable.

Règles de la synthèse. — 1° La synthèse ne doit combiner que des éléments bien connus; — 2° elle doit réunir les éléments dans leur ordre naturel; — 3° avancer graduellement d'une conclusion à une autre; — 4° éviter les digressions qui font perdre l'enchaînement des idées; — 5° vérifier par l'analyse les résultats obtenus.

Remarque. — L'analyse et la synthèse, appliquées aux sciences *concrètes*, opèrent sur des réalités (*faits* ou *êtres réels*); appliquées aux sciences *abstraites*, elles opèrent sur des *idées*, sur des *vérités générales*.

Union de l'analyse et de la synthèse. — L'analyse et la synthèse se retrouvent dans tout travail intellectuel ; elles se complètent l'une l'autre : l'analyse seule ne peut faire connaître que des objets isolés ; la synthèse, sans l'analyse, ne donne que des conceptions vagues et abstraites.

Méthodes analytique et synthétique. — La méthode où domine l'*analyse* s'appelle méthode analytique ; celle où domine la *synthèse* s'appelle méthode synthétique.

On nomme encore la première méthode inductive, expérimentale ou d'observation, d'invention, de résolution, à posteriori[1]. — *Inductive*, parce qu'elle s'élève des conséquences et des effets aux principes et aux causes ; — *expérimentale* ou *d'observation*, parce qu'elle part de l'étude des faits ; — *d'invention*, parce que son but est de découvrir des vérités nouvelles ; — de *résolution*, parce qu'elle sert spécialement à résoudre les problèmes ; — *à posteriori*, parce qu'elle suit l'observation (p. 161).

La seconde prend les noms de méthode déductive, rationnelle ou logique, démonstrative, à priori[2]. — *Déductive*, parce qu'elle va des principes et des causes aux conséquences et aux effets ; — *rationnelle* ou *logique*, parce que les principes qui lui servent de point de départ sont empruntés à la raison ; — *démonstrative*, parce qu'elle sert à la démonstration des vérités déjà connues ; — *à priori*, parce qu'elle devance l'observation (p. 161).

QUESTIONNAIRE. — Qu'est-ce que l'analyse ? — Quel est son procédé ? — Quelles sont ses règles ? — Qu'est-ce que la synthèse ? — Quel est son procédé ? — Quelles sont ses règles ? — Quels rapports y a-t-il entre l'analyse et la synthèse ? — Qu'appelle-t-on méthode analytique ? — méthode synthétique ?

MÉTHODES SPÉCIALES

Les méthodes spéciales ne sont pas autre chose que l'application, aux *diverses classes de sciences*, des procédés généraux que nous venons d'exposer.

---

[1] *A posteriori*, latin : *d'après ce qui suit.*
[2] *A priori*, ibid. : *d'après un principe antérieur et évident.*

Mais, tout d'abord, qu'est-ce que la science? Quels sont les caractères de la science? Qu'est-ce que classer les sciences? Quels sont les principaux essais de classification des sciences? Enfin, quelles sont les méthodes spéciales?

LA SCIENCE. — LES SCIENCES
LEUR CLASSIFICATION. — LEURS MÉTHODES

Définition de la science. — Caractères de la science. — Leur définition. — Remarque. — Essais de classification des sciences. — Division adoptée par les programmes. — Hiérarchie. — Avantages et bienfaits de la science. — Les quatre méthodes spéciales. — Qualités d'une bonne méthode. — Règles communes à toute méthode.

Définition de la science. — La science peut être définie : *la connaissance raisonnée des êtres, la connaissance des causes ou des principes et des lois.*

La connaissance de toutes les propriétés des êtres et de l'action de toutes les causes constituerait la science *universelle* et *parfaite*. La science parfaite n'appartient qu'à Dieu.

La science humaine se décompose en autant de sciences particulières qu'il y a d'objets distincts, susceptibles d'être connus.

Caractères de la science. — Toute science véritable est *un ensemble de connaissances certaines, méthodiques et générales sur un même objet.*

La science est :

1° *Certaine :* elle explique le *pourquoi* des choses en remontant à leurs causes ou à leurs principes, et le *comment* ou la *loi* des choses en rapprochant constamment les causes des faits ou des conséquences (p. 132).

Il y a une grande différence entre la connaissance *vulgaire* et la connaissance *raisonnée*. La première est *vague* et *douteuse;* elle se borne à connaître les choses superficiellement, à constater les phénomènes les plus apparents et à en tirer des conséquences pratiques. La seconde est *certaine;* elle s'applique à découvrir non seulement les phénomènes, mais leurs causes et leurs lois.

Ainsi, la plupart des hommes savent que le tonnerre se produit lorsqu'il fait chaud et que le ciel est couvert de nuages ; que les corps tombent si rien ne les soutient : c'est la connaissance *vulgaire* (p. 8). — Les savants savent, de plus, que la foudre est une étincelle électrique produite par la rencontre de deux nuages chargés d'électricité contraire ; ils connaissent la *cause* ou le *pourquoi* de la chute des corps : la pesanteur, et ils savent *comment*, d'après quelle *loi* se fait la chute (loi du mouvement uniformément accéléré) : c'est la connaissance *scientifique*.

2° *Méthodique*. La science n'est pas un recueil de vérités isolées et simplement *juxtaposées*. Elle est, au contraire, un ensemble de vérités *coordonnées*, c'est-à-dire disposées dans leur ordre rationnel. Or, ce qui produit dans la science cet enchaînement logique des vérités ou des faits, c'est la *méthode* (p. 157 et suiv.).

3° *Générale.* — La science est la connaissance des causes et des lois, c'est-à-dire de ce qui est général et *permanent*.

Le caractère spécial de la connaissance scientifique, c'est de ramener une *multiplicité* réelle à une *unité* logique ou intellectuelle ; par exemple : la multiplicité des phénomènes particuliers à l'unité de la loi générale, la multiplicité des êtres individuels à l'unité du type, la multiplicité des théorèmes à l'unité de l'axiome ou du théorème fondamental. Réduire un maximum d'êtres à un minimum de types, un maximum de faits à un minimum de lois, voilà l'idéal de la science.

Essais de classification des sciences. — Classer les sciences, c'est déterminer les rapports qui les unissent, et les ranger en groupes distincts et subordonnés. Il existe plusieurs essais de classification des sciences, tous plus ou moins imparfaits ; car, selon le mot de Pascal : « Nous ne connaissons le tout de rien. »

ARISTOTE distribue les sciences, d'après leur but, en

trois classes : 1° les sciences *théoriques* ou *spéculatives* (physique, mathématiques et philosophie première ou métaphysique), qui s'occupent de la connaissance pure, sans aucune préoccupation pratique ; 2° les sciences *pratiques* (morale, politique, économique), qui ont pour but de diriger nos actions ; 3° les sciences *poétiques* (poétique, rhétorique), qui donnent des préceptes pour la réalisation d'œuvres extérieures.

Cette classification est aujourd'hui incomplète : elle ne fait aucune place aux sciences historiques, et restreint trop le domaine des sciences spéculatives. De plus, elle sépare sans raison suffisante les sciences pratiques des sciences spéculatives : aucune science n'est purement pratique ; toute science pratique suppose une théorie correspondante.

FRANÇOIS BACON divise les sciences en trois classes correspondant aux facultés de l'âme : 1° sciences de *mémoire* (histoire) ; 2° sciences d'*imagination* (poésie ou littérature, beaux-arts) ; 3° sciences de *raison* (philosophie).

Cette classification est superficielle et inadmissible : les diverses facultés de l'esprit humain sont inséparables dans leur exercice, et aucune science n'est l'œuvre d'une seule faculté. De plus, elle rapproche l'histoire naturelle et l'histoire civile, qui n'offrent entre elles aucune analogie.

AMPÈRE partage les sciences, d'après leur objet, en deux grandes classes : 1° les sciences *cosmologiques*, qui ont pour objet le monde des corps ; 2° les sciences *noologiques*, qui ont pour objet le monde des esprits.

Les sciences *cosmologiques* se subdivisent en sciences des corps *organisés* (botanique et zoologie) ; en sciences des corps *inorganiques* (physique, chimie, astronomie, géologie) ; en sciences des corps considérés au seul point de vue de la *quantité mesurable* (arithmétique, algèbre, géométrie, mécanique).

Les sciences *noologiques* renferment les sciences *métaphysiques* (théodicée, métaphysique) et les sciences *psychologiques* (psychologie, logique, morale, histoire, politique, législation, grammaire, littérature, poétique).

Cette classification est juste dans son ensemble ; mais ses subdivisions ne s'accordent ni avec celles qui se sont introduites naturellement dans le domaine de la science, ni avec l'ordre dans lequel les sciences se subordonnent entre elles.

Auguste Comte groupe les sciences d'après le degré de simplicité et de généralité que présentent les idées, les faits ou les lois ; d'où, en allant du simple au complexe, cette série de sciences fondamentales : les *mathématiques*, l'*astronomie*, la *physique*, la *chimie*, la *biologie*, et la *sociologie*. — Les mathématiques commencent la série, parce que leur objet est le plus simple, le plus général, le plus facile à connaître ; les sciences sociales terminent la série, parce que leur objet est le plus complexe, le plus particulier, le plus difficile à connaître.

Cette classification est plus simple que celle d'Ampère, mais elle ne renferme pas toutes les sciences : elle exclut à peu près complètement les sciences morales (la psychologie, la théodicée et la métaphysique).

Division adoptée par les programmes. — Actuellement on distribue les sciences en quatre ordres ou groupes principaux : 1° les sciences *mathématiques* ou *exactes* ; 2° les sciences *physiques* et *naturelles* ; 3° les sciences *morales* et *politiques* ; 4° les sciences *historiques*.

Hiérarchie des sciences. — Par hiérarchie des sciences, on peut entendre l'ordre de *dignité* de chacune d'elles, ou bien l'*ordre* dans lequel elles doivent être étudiées.

Au point de vue de la dignité, les sciences philosophiques tiennent le premier rang : elles éclairent toutes les autres de leurs principes.

Au point de vue de la dépendance logique, on aura la classification suivante : 1° les sciences *abstraites*, qui n'étudient que les propriétés numériques des êtres (arithmétique, géométrie, algèbre) ; 2° les sciences *abstraites-concrètes*, qui n'étudient que les phénomènes, indépendamment des êtres où ils se produisent (mécanique, astronomie) ; 3° les sciences *concrètes*, qui étudient les êtres eux-mêmes (sciences physiques : physique, chimie, géologie, minéralogie ; sciences naturelles ou biologiques : botanique, zoologie, anatomie, physiologie ; sciences psychologiques ou morales).

Avantages et bienfaits de la science. — A. Comte a résumé les avantages et les bienfaits de la science dans cette formule : « Science, d'où prévoyance ; prévoyance, d'où action ; » ou en d'autres termes : *Savoir pour prévoir, afin de pourvoir.*

Les quatre méthodes spéciales. — Toute science a sa méthode. On distingue quatre classes ou groupes principaux de sciences. Il y a donc quatre méthodes spéciales : la *méthode des sciences mathématiques* ou *exactes*, la *méthode des sciences physiques et naturelles*, la *méthode des sciences morales et politiques*, et la *méthode des sciences historiques*.

Rien n'est plus important que d'appliquer à chaque science la méthode qui lui convient : c'est par la méthode, autant que par le talent, qu'on peut éviter l'erreur et faire des progrès dans les sciences.

Qualités d'une bonne méthode. — Toute bonne méthode doit être *simple, abréviative* et *sûre*. Ainsi qu'une route, elle suppose trois choses : *un point de départ, un but* et *une direction*. Il importe donc tout d'abord de déterminer rigoureusement le point d'où l'on part et le but où l'on tend, puis de suivre l'ordre naturel des idées : car les idées tiennent les unes aux autres et sont enchaînées par des rapports résultant, soit de la nature des choses, soit des lois de la pensée.

Règles communes à toute méthode. — Les règles communes à toute méthode sont indiquées, avec beaucoup de justesse, par Descartes dans son *Discours sur la Méthode* (2e partie). Voici, en abrégé, les quatre règles qu'il donne :

1° N'admettre pour vrai que ce qui est évident; éviter la précipitation et la prévention. — C'est la règle de l'*évidence*.

2° Diviser les difficultés pour les mieux résoudre. — C'est la règle de l'*analyse*.

3° Procéder par ordre, du plus facile et du plus simple, pour monter par degrés jusqu'au plus difficile et au plus compliqué. — C'est la règle de la *synthèse*.

4° Faire des dénombrements assez complets, des revues assez générales, pour être sûr de ne rien omettre. — C'est la règle de l'*énumération*.

Aux règles précédentes, Bossuet ajoute celle-ci : « Ne jamais abandonner une vérité clairement démontrée, quelques difficultés qu'on ait à la concilier avec d'autres vérités. »

QUESTIONNAIRE. — Qu'est-ce que la science? — Qu'est-ce qui constitue la science universelle? — En combien de sciences particulières se décompose la science humaine? — Qu'est-ce qu'une science en particulier? — Comment peut-on la définir? — Quelle différence y a-t-il entre la connaissance vulgaire et la connaissance scientifique? — Qu'est-ce que classer les sciences? — Citez les principales classifications des sciences. — Qu'entend-on par hiérarchie des sciences? — Comment A. Comte a-t-il résumé les avantages de la science? — Combien y a-t-il de méthodes spéciales? — Quelles sont les qualités d'une bonne méthode? — Nommez les règles communes à toute méthode.

1° MÉTHODE DES SCIENCES MATHÉMATIQUES

Objet des sciences mathématiques. — Division. — Leur méthode. — Procédés de la méthode déductive. — Axiomes. — Règles des axiomes. — Postulats. — Définitions mathématiques. — Leur rôle. — Démonstration. — Démonstration directe. — Remarque. — Démonstration indirecte. — Règles de la démonstration.

Objet des sciences mathématiques. — Les sciences mathématiques, — nommées encore sciences *exactes*, à cause de la rigueur de leurs résultats qui n'ont rien de conditionnel, et sciences *abstraites*, parce qu'elles n'opèrent que sur des abstractions, — sont celles qui ont pour objet les vérités fondées sur les nombres, l'étendue et le mouvement.

Leur division. — Les sciences mathématiques comprennent : l'*arithmétique*, qui traite du nombre et de la quantité ; l'*algèbre*, qui traite des quantités non définies : c'est l'arithmétique généralisée ; la *géométrie*, qui traite de l'étendue ; la *trigonométrie*, qui traite de la résolution des triangles, et la *mécanique*, qui traite du mouvement en général[1].

Leur méthode. — Les sciences mathématiques ont pour but de *démontrer* les théorèmes et de *résoudre* les problèmes ; leur méthode est donc la méthode synthétique ou déductive, parce qu'on sait à l'avance sur quel principe évident il convient de s'appuyer.

On emploie la méthode analytique ou inductive lorsqu'on ne peut déterminer tout d'abord de quel principe évident il faut partir pour résoudre la question proposée : ce qui a lieu dans la plupart des problèmes.

Procédés de la méthode déductive. — La méthode déductive (p. 141) doit partir, soit d'un principe évident ou *axiome*, soit d'une *définition*, et, par la *démonstration*, en tire les vérités particulières qui y sont contenues.

Axiomes. — Les axiomes sont *des propositions évidentes par elles-mêmes et avant toute démonstration*, qui servent à démontrer d'autres propositions. Quand on dit : Le tout est plus grand que la partie, — deux quantités égales à une troisième sont égales entre elles (axiomes mathématiques), — tout être libre est responsable, — toute bonne action mérite une récompense (axiomes moraux), — tout phénomène a une cause, — ce qui est, est (axiomes métaphysiques), etc., on énonce autant d'axiomes.

[1] On divise encore les sciences mathématiques en mathématiques *pures* et en mathématiques *appliquées*. Les premières (l'*arithmétique*, l'*algèbre*, la *géométrie*) sont théoriques et indépendantes de l'expérience. Les secondes (la *mécanique*, l'*astronomie*, la *physique dite mathématique*), sans être absolument indépendantes de l'expérience, consistent surtout dans une application des mathématiques pures à certaines données de l'expérience.

Règles des axiomes. — 1° Ne pas prendre pour axiome ce qui a besoin d'être démontré. — 2° « Ne pas passer outre sans s'assurer que l'axiome proposé est accordé comme principe de démonstration. » (*Logique* de Port-Royal.)

Postulats. — Il ne faut pas confondre les axiomes avec les postulats. Les postulats (ce qui est postulé ou demandé) sont des *propositions évidentes*, comme les axiomes; mais leur évidence n'est pas aussi immédiate. On ne démontre pas plus les postulats que les axiomes; ce sont des théorèmes sans démonstration. Tel est le postulatum d'Euclide : « Par un point extérieur à une droite on peut mener une parallèle à cette droite, mais on n'en peut mener qu'une. » Les postulats reposent sur des définitions initiales, qui, elles-mêmes, dérivent de l'expérience. Ainsi le postulatum précédent repose sur la définition préalable de deux lignes parallèles. Comme les postulats sont nécessaires à l'enchaînement des vérités mathématiques, le géomètre demande qu'on les lui accorde. Par exemple, on demande qu'il soit admis sans preuve que *la ligne droite est le plus court chemin d'un point à un autre.*

Définitions mathématiques. Leur rôle. — Nous avons déjà indiqué les caractères distinctifs des définitions mathématiques (voir p. 136).

De tous ces caractères, on peut facilement déduire leur *rôle*. Elles sont le point de départ et le point d'appui de la démonstration. Puisqu'elles disent l'essence et la loi génératrice de leur objet, les poser, c'est poser du même coup les propriétés secondaires qui sont l'objet des théorèmes. De la définition du triangle, par exemple, découle la science de toutes ses propriétés. Les définitions servent de prémisses à la démonstration.

Démonstration. — La démonstration est un *raisonnement par lequel on tire, de prémisses évidentes, une conclusion certaine.* — La démonstration est donc une déduction (voir p. 141). Elle est *directe* ou *indirecte*.

Démonstration directe (par synthèse et par analyse). — La démonstration directe prouve directement qu'une chose est ou n'est pas. Elle prend deux formes :

1° *Elle part d'un principe, d'une proposition évidente à priori ou déjà démontrée, et en tire les conséquences* (marche descendante ou synthétique). Ex. : Deux surfaces qui coïncident sont égales ; or les deux triangles A et B coïncident, donc ils sont égaux ;

2° *Elle part d'une proposition à démontrer, et remonte à quelque vérité déjà démontrée* (marche ascendante ou analytique). Ainsi, pour trouver la mesure de l'angle du segment, on compare cet angle à l'angle au centre qui intercepte le même arc (voir p. 150 et suiv.).

Remarque. — La démonstration *directe* comprend la démonstration *à priori* et la démonstration *à posteriori* (p. 152).

La démonstration est à priori quand on prouve l'*effet* par la *cause*, c'est-à-dire quand la vérité qui sert de point de départ est antérieure (*prior*) *d'une priorité de temps ou de raison*, à la vérité que l'on cherche. Ex. : Il n'y a pas d'effet sans cause ; donc tout ce qui n'existe pas par soi-même a été créé.

La démonstration est à posteriori quand on prouve la *cause* par l'*effet*, c'est-à-dire quand la vérité qui sert de point de départ est postérieure (*posterior*), en réalité, à ce qui doit être démontré. Ex. : La création du monde, où l'on ne voit que des êtres contingents, ne peut s'expliquer que par une cause nécessaire ; donc cette cause nécessaire existe.

Démonstration indirecte ou par l'absurde. — La démonstration indirecte ou par l'absurde *prouve la vérité d'une proposition en démontrant l'impossibilité du contraire*. Ex. : Si deux angles adjacents valent ensemble deux angles droits, leurs côtés extérieurs sont en ligne droite.

Ce mode de démonstration contraint l'esprit sans l'éclairer, car elle ne montre ni pourquoi ni comment elle est vraie : ce qui est le but de toute démonstration vraiment scientifique; aussi ne doit-on l'employer que lorsque la démonstration directe est impossible ou trop compliquée.

Règles de la démonstration. — Arnaud, dans l'*Esprit géométrique*, les résume ainsi :

1º N'entreprendre de démontrer aucune des choses qui sont tellement évidentes par elles-mêmes, qu'on n'ait rien de plus clair pour les prouver;

2º Prouver toutes les propositions un peu obscures, et n'employer à leurs preuves que des axiomes très évidents ou des propositions déjà accordées ou démontrées;

3º Substituer toujours mentalement les définitions aux définis, pour ne pas se laisser tromper par l'équivoque des termes.

QUESTIONNAIRE. — Quel est l'objet des sciences mathématiques? — Que comprennent les sciences mathématiques? — Quelle est leur méthode? — Quels sont les procédés de la méthode déductive? — Qu'appelle-t-on axiomes? — Quelles sont les règles des axiomes? — Qu'appelle-t-on postulats? — Quel est le rôle des définitions mathématiques? — Qu'est-ce que la démonstration? — Que savez-vous de la démonstration directe? — de la démonstration *à priori*? — *à posteriori*? — de la démonstration indirecte ou par l'absurde? — Quelles sont les règles de la démonstration?

2º MÉTHODE DES SCIENCES PHYSIQUES ET NATURELLES

Objet. — Division. — Méthode. — Ordre de ses opérations. — Principe de la méthode inductive. — Procédés de la méthode inductive. — Division logique. — Règles de la division. — La déduction dans les sciences naturelles.

Objet des sciences physiques et naturelles. — Les sciences physiques et naturelles ont pour objet les *êtres* et les *phénomènes* de la nature ou du monde sensible.

Leur division. — Si les êtres et les phénomènes de la nature appartiennent à la matière *brute et inorganique*, les sciences qui s'en occupent sont : la *physique*, qui étudie les propriétés des corps; la *chimie*, qui étudie les combinaisons des corps; la *géologie*, qui étudie les matériaux dont se compose le globe terrestre; la *minéralogie*, qui étudie la constitution des corps.

Si ces êtres et ces phénomènes appartiennent à la matière *organisée et vivante*, les sciences qui s'en occupent sont : la *botanique*, qui étudie les végétaux; la *zoologie*, qui étudie les animaux; l'*anatomie*, qui étudie la structure des êtres organisés; la *physiologie*, qui étudie les phénomènes de la vie dans les animaux et les végétaux; la *médecine*, qui apprend à connaître et à guérir les maladies; la *paléontologie*, qui étudie les fossiles de la flore et de la faune des premiers âges du monde.

Leur méthode. — La méthode employée dans les sciences physiques et naturelles est la **méthode analytique inductive**, parce qu'on commence par constater des faits pour remonter aux causes et aux lois de ces faits.

Cette méthode a pour fondement la croyance à la stabilité et à la généralité des lois de la nature, d'où ce principe : Dans les mêmes circonstances, les mêmes causes produisent les mêmes effets (voir p. 132).

Ordre de ses opérations. — La méthode inductive commence : — 1° par *observer* et *expérimenter*; — 2° à l'occasion des faits observés, elle imagine des *hypothèses*; — 3° par l'*induction*, et, à son défaut, par l'*analogie*, elle ramène les faits et les objets particuliers à un petit nombre de lois ou de genres.

Procédés de la méthode inductive. — Les procédés de la méthode inductive sont : l'*observation*, l'*expérimentation*, l'*induction*, l'*analogie*, l'*hypothèse*, la *classification* et la *division logique*. — Les six premiers procédés nous sont connus (p. 129 et suiv.). — Disons seulement un mot du dernier.

Division logique. — La division logique consiste à *partager un tout abstrait en ses diverses parties*. — On l'emploie pour étudier méthodiquement les objets que leur étendue ou leur complexité empêche de saisir d'un seul regard; ex. : le genre humain qui se divise en race blanche, noire, jaune, brune et rouge.

Règles de la division. — La division doit être : — 1° *entière* ou *adéquate*, c'est-à-dire comprendre tout l'objet divisé ; autrement elle conduirait à une idée incomplète de l'objet divisé. C'est ce qui arriverait si on divisait les hommes en deux races : les blancs et les noirs, attendu qu'il y a encore les jaunes, les bruns et les rouges. La division des êtres matériels en minéraux, végétaux et animaux, est entière ; — 2° *irréductible*, c'est-à-dire présenter des parties bien distinctes. On manquerait à cette règle si on divisait les opinions en vraies, fausses ou probables ; car toute opinion probable est nécessairement vraie ou fausse.

Remarque. — Quand la division porte sur un tout collectif, elle prend le nom de classification.

LA DÉDUCTION DANS LES SCIENCES NATURELLES

Rôle de la déduction dans les sciences de la nature. — Bien que les sciences du monde sensible soient surtout expérimentales et inductives, la déduction leur est utile *comme moyen de vérification des hypothèses, comme moyen d'explication des faits et des lois, et comme moyen de découvrir des lois et des faits nouveaux.*

1° **Comme moyen de vérification des hypothèses.** — Lorsqu'une hypothèse n'est pas vérifiable directement par l'expérience ou par induction, elle l'est par *déduction* : (*a*) si tous les faits connus peuvent être déduits de cette hypothèse ; (*b*) si les conséquences qu'on en peut tirer se trouvent réalisées dans la nature ; ex. : Harvey[1] supposa que le sang circulait dans les artères et les veines ; et, partant de cette hypothèse, il fit le raisonnement suivant : le sang va dans les veines de la périphérie au centre, et dans les artères du centre à la périphérie ; en liant les unes et les autres avec un fil, on interrompra la marche du sang ; mais les veines devront se gonfler au-dessus (du côté de la périphérie), les artères au-dessous (du côté du centre) de la ligature. La *déduction* lui avait fourni le résultat que devait donner l'expérience, si son hypothèse était exacte.

2° **Comme moyen d'explication des faits et des lois.** — Un fait est expliqué lorsqu'on peut le déduire d'une ou de plusieurs lois. Un verre de lampe se brise soudainement. Ce fait est expliqué si, constatant la proximité d'une source de chaleur, je puis le *déduire* de cette loi générale que la chaleur dilate les corps. — Une loi est

---

[1] Harvey *William* (1578-1657), célèbre médecin, né à Folkestone (Angleterre).

expliquée lorsqu'on peut la déduire d'une ou de plusieurs autres lois. Ainsi la loi d'ascension d'un ballon se *déduit* des lois combinées de la pesanteur et de l'élasticité.

3° Comme moyen de découvrir des lois et des faits que l'observation n'avait pu révéler. — Ainsi cette loi que les gaz traversent les membranes animales, explique l'empoisonnement de l'homme ou de l'animal respirant un air vicié.

« La déduction joue un rôle important dans l'enseignement des sciences. Le professeur énonce la loi qui forme la majeure, puis les conditions de l'expérience qui constituent la mineure, et il annonce ce qui va se produire, c'est-à-dire la conclusion du syllogisme. Il réalise les conditions de l'expérience (mineure), la conclusion annoncée se produit d'elle-même, et la majeure est par là même affirmée par les auditeurs. » (FONSEGRIVE.)

QUESTIONNAIRE. — Quel est l'objet des sciences physiques et naturelles? — Quelle est leur division? — leur méthode? — Quel est le fondement de la méthode inductive? — Quel est l'ordre de ses opérations? — Quels sont ses procédés? — En quoi consiste la division? — Quelles sont les règles de la division? — Quel est le rôle de la déduction dans les sciences de la nature? — Donnez quelques explications. — En quoi consiste la division logique? — Quelles sont ses règles? — (Pour les questions relatives à l'observation, à l'expérimentation, à l'induction, à l'analogie, à l'hypothèse et à la classification, V. p. 129 et suiv.)

3° MÉTHODE DES SCIENCES MORALES ET SOCIALES

Objet des sciences morales et sociales. — Leur division. — Leur méthode. — Méthode de la psychologie, de la morale, du droit positif, de la pédagogie, de la politique.

Objet des sciences morales et sociales. — Les sciences morales et sociales ont pour objet *l'étude des faits et la recherche des lois de l'activité humaine*, c'est-à-dire de l'activité consciente, raisonnable et libre.

Leur division. — Les sciences morales et sociales comprennent : — 1° la *psychologie expérimentale*, science des faits intimes; — 2° la *logique*, science des lois de la pensée; — 3° la *morale proprement dite*, science du bien, ou encore science de la fin de l'homme; — 4° le *droit naturel ou positif*, science des droits et des devoirs de l'homme vivant en société ; — 5° la *pédagogie*, science de l'éducation ; la *politique*, science du gouvernement des sociétés ; — 6° l'*histoire*. En raison de son importance, l'histoire sera étudiée séparément.

Leur méthode. — Les sciences morales et sociales, considérées dans leur ensemble, emploient une méthode mixte ; elles se servent tour à tour des procédés de la méthode *inductive* et de ceux de la méthode *déductive* : la méthode des sciences morales théoriques (psychologie, histoire...) est surtout inductive ; celle des sciences morales pratiques (esthétique, logique, morale...) est surtout déductive.

Méthode de la psychologie. — En psychologie expérimentale, on constate les faits psychologiques par l'*observation interne*, ou mieux par la *réflexion* (l'âme se *replie* sur elle-même pour s'étudier, au moyen de la conscience). On *analyse* les faits psychologiques, on les *compare*, on les *contrôle* en étudiant ses semblables par l'*observation externe* ; on les *classe*, et, par l'*induction*, on les ramène à des lois. — On part de certaines définitions ou de principes établis, et, par la *déduction*, on en tire des conclusions qui démontrent, par exemple, que l'âme est spirituelle, que l'homme est libre et responsable, qu'il mérite ou démérite, selon qu'il agit bien ou mal.

Méthode de la morale. — La morale théorique est une science d'observation : le psychologue observe les faits de conscience, et conclut des faits aux lois qui régissent l'activité humaine. Sa méthode est donc l'*induction*. La morale pratique est surtout une science d'application. C'est donc ici la méthode *déductive* qu'il faut suivre. Elle s'appuie, d'une part, sur les premières données de la raison ; d'autre part, sur les faits de conscience (observation interne), et en déduit les conséquences relatives à la pratique de la vie.

Méthode du droit. — Le droit se divise en droit *naturel* et en droit *positif*, selon qu'il dérive de la loi naturelle ou des lois positives (p. 217). En science juridique, on part des principes essentiels du droit naturel, et on en *déduit* les formules ou les lois écrites qui règlent, au point de vue social, la vie des individus d'une même nation.

Méthode de la pédagogie. — La pédagogie, qui enseigne les moyens d'éclairer l'intelligence et de former le cœur des enfants, tire ses principes généraux de la psychologie et de la morale; car tout système sérieux d'éducation suppose la connaissance : — 1° de l'âme humaine, de ses aptitudes, de ses instincts pervers, de ses passions généreuses; — 2° des mœurs générales de la société au milieu de laquelle doivent vivre ceux qu'il s'agit d'élever; — 3° des dispositions individuelles de ces derniers, de leurs facultés, du but qu'ils se proposent d'atteindre.

La pédagogie emploie donc, tour à tour, l'*observation*, l'*induction* et la *déduction*.

Méthode de la politique. — La politique s'appuie à la fois sur l'expérience et sur la raison. Elle implique la connaissance des *passions humaines* et des *sociétés*, telles qu'elles ont été et telles qu'elles sont, afin de montrer les conséquences de certaines vérités antérieures, et de dégager de l'étude des faits les lois d'une bonne administration sociale.

QUESTIONNAIRE. — Quel est l'objet des sciences morales? — Que comprennent les sciences morales? — Quelle est leur méthode? — Quelle est spécialement la méthode de la psychologie? — de la morale? — du droit positif? — de la pédagogie? — de la politique?

4° MÉTHODE DE L'HISTOIRE

Objet des sciences historiques. — Rapports de l'histoire et des sciences sociales. — Division. — Méthode des sciences historiques. Témoignage des hommes. — Règles concernant les faits et les témoins. — Sources de l'histoire et critique historique. — Tradition orale. — Ses règles. — Tradition écrite. — Ses règles. — Tradition monumentale. — Ses règles. — Rôle du témoignage.

Objet de l'histoire. — L'histoire a pour objet les *faits* de la vie des peuples.

Rapports de l'histoire et des sciences sociales. — La connaissance de l'histoire est nécessaire au *politique*, au *sociologue*, au *jurisconsulte*. Comment, en effet, gouverner sagement une nation sans connaître son histoire, c'est-à-dire son tempérament, son caractère, ses idées, l'ensemble très complexe des causes et des faits qui font qu'elle est ce qu'elle est, et qui permettent de conjecturer ce qu'elle sera, ce qu'elle pourra être?

Division. — Les principales sciences historiques sont: l'*histoire*, qui étudie les événements passés ou présents des sociétés humaines; l'*archéologie*, qui traite des monuments anciens; l'*épigraphie*, qui a pour objet les inscriptions antiques; la *paléographie*, ou étude des vieux manuscrits; la *numismatique*, ou science des monnaies et des médailles, et la *géographie politique*, qui a pour objet les pays habités.

Méthode des sciences historiques. — Les sciences historiques se servent tout à la fois des méthodes *inductive* et *déductive*, et d'un moyen spécial: le *témoignage des hommes*.

Témoignage des hommes. — Le témoignage des hommes est la *transmission* et l'*attestation* d'un fait par un certain nombre de personnes.

La valeur du témoignage humain dépend de certaines conditions, dont les unes concernent *les faits*, les autres *les témoins*.

Règles concernant les faits. — Les faits doivent être:
1° *Vraisemblables*, c'est-à-dire ne contredire aucun des principes de la raison. Toutefois on doit se garder d'affirmer trop vite qu'un fait est invraisemblable, *le vrai pouvant quelquefois n'être pas vraisemblable*. L'invraisemblance d'un fait n'autorise donc jamais à nier; elle donne seulement le droit d'être plus sévère dans l'examen de ce fait, et d'exiger des témoins toutes les garanties désirables. Mais aucun témoignage ne doit faire croire à des faits absurdes ou contradictoires;

2° *Observables*, c'est-à-dire de nature à pouvoir être

saisis et étudiés attentivement. On doit tenir pour certain un fait *public*, parce qu'un grand nombre de témoins ont pu l'observer;

3° *Importants en eux-mêmes ou dans leurs conséquences :* les faits importants attirent l'attention, et chacun est disposé à les bien examiner;

4° *Non contradictoires*. — Deux faits sont contradictoires quand la réalité de l'un prouve péremptoirement l'impossibilité de l'autre. Ainsi au tribunal un accusé peut se disculper par un *alibi* (lat., *ailleurs*), c'est-à-dire en prouvant sa présence dans un lieu autre que celui où a été commis le fait délictueux, au moment où il a été commis.

Règles concernant les témoins. — Deux causes peuvent vicier le témoignage : *l'erreur* et le *mensonge*. Les témoins doivent donc être :

1° *Compétents*, c'est-à-dire d'une science et d'une capacité telles, qu'ils n'aient pu être trompés;

2° *Véridiques*, c'est-à-dire qu'ils ne veuillent pas tromper : on s'assure de la bonne foi des témoins en s'informant de leur *moralité* et de l'*intérêt* qu'ils pourraient trouver dans l'altération de la vérité;

3° *Clairs et précis*, c'est-à-dire que leur témoignage ne doit pas donner lieu à plusieurs interprétations différentes : les dispositions ambiguës n'ont aucune valeur.

Remarque. — Plus les témoins sont nombreux, opposés de *caractère*, d'*intérêts*, de *passions*, etc., plus leurs témoignages offrent de garanties. Cependant la *prudence* fait une loi de peser les témoignages plutôt que de les compter : deux témoins éclairés, probes, désintéressés, sont infiniment plus dignes de foi que vingt témoins ignorants, passionnés et peu sincères; mais elle ne permet pas de s'en rapporter au témoignage d'un seul. « Aucune loi humaine et juste n'autorise la condamnation d'un accusé sur lequel ne pèse que le témoignage d'un seul homme. La raison en est que l'on n'est jamais assez sûr de pénétrer dans l'esprit d'un seul homme pour se convaincre sans réserve, ou qu'il a bien vu une chose, ou qu'il n'a aucun intérêt possible à affirmer l'avoir vue. » (Paul Janet.) — Quand il s'agit de faits passés, le témoignage humain devient de l'histoire.

Sources de l'histoire et critique historique. — Les sources de l'histoire sont au nombre de trois : la *tradition orale*, la *tradition écrite* et la *tradition monumentale*.

La critique historique est la science des *conditions* et des *garanties* que doivent présenter les témoignages pour faire autorité.

Tradition orale. — La tradition orale est la *transmission* de bouche en bouche d'un événement historique, depuis les témoins oculaires. Elle peut passer par trois états distincts : elle n'est d'abord qu'un récit de père à fils; ensuite elle se fixe dans les usages domestiques ou publics, dans des cérémonies et des institutions, et quelquefois, mais assez tard, par l'écriture; ex. : la tradition de la loi salique en France.

A l'origine, tout a été traditions; mais, dans l'état actuel de l'histoire des peuples civilisés, il n'y a presque plus de traditions purement orales, si ce n'est pour des faits d'un intérêt local et restreint.

Ses règles. — La tradition orale est sujette à l'altération. Pour produire la certitude, il est nécessaire qu'elle soit : — 1° *constante*, c'est-à-dire qu'elle n'ait point été interrompue, et qu'on puisse remonter jusqu'aux témoins oculaires; — 2° *abondante*, c'est-à-dire offrir un grand nombre de témoins; — 3° *unanime*, c'est-à-dire confirmée, ou du moins non contredite par la tradition écrite. Il faut croire, par exemple, à l'existence de Charlemagne, mais ne point admettre les exploits que lui prêtent les chansons de geste, parce qu'ils sont contredits par des documents positifs.

Tradition écrite. — La tradition écrite est le *récit* des faits passés, fixés par l'écriture. Elle se compose de procès-verbaux, de rapports, de journaux ou de revues, de mémoires où l'auteur raconte les événements auxquels il s'est trouvé mêlé, de correspondances, de relations de voyages, enfin des récits des contemporains.

Règles concernant les écrits. — Pour mériter la confiance, les documents écrits doivent être *authentiques*, *intègres* et *véridiques*.

Authentiques, c'est-à-dire appartenir réellement à l'époque et à l'écrivain auxquels on les attribue. Les caractères de l'authenticité sont : — 1° la *conformité* du style et des idées d'un écrit avec le langage et les mœurs de l'époque à laquelle on les rapporte; — 2° la *conformité* des réflexions et des jugements avec le caractère, l'esprit et les mœurs de l'auteur présumé; — 3° enfin, l'*accord* des faits attestés avec la tradition et les écrits des auteurs contemporains ou postérieurs.

Intègres, c'est-à-dire être parvenus jusqu'à nous sans altération importante. L'intégrité d'un écrit se démontre : — 1° par les *caractères* qui en établissent l'authenticité; — 2° par la *confrontation* du manuscrit original avec ses différentes éditions.

Véridiques, c'est-à-dire rapporter les faits tels qu'ils se sont passés. Les signes de la véracité d'un historien sont les mêmes que ceux qui établissent la véracité des témoins.

Qualités de l'historien. — L'historien doit offrir les mêmes garanties que le témoin oculaire. On doit donc s'assurer : — 1° de sa *compétence*, c'est-à-dire constater qu'il possédait les moyens de reconnaître et de vérifier les faits qu'il rapporte; — 2° de sa *moralité*, c'est-à-dire s'informer de la vie de l'auteur, de ses habitudes, de son caractère, de ses rapports avec les hommes et les choses, de l'estime ou de la confiance qu'il inspirait aux contemporains; — 3° de son *impartialité* : « Le bon historien n'est d'aucun temps, ni d'aucun pays; quoiqu'il aime sa patrie, il ne la flatte jamais en rien »(TACITE); — 4° de son *désintéressement* : se défier des récits dictés par l'intérêt personnel, ou par l'intérêt d'une secte, d'un parti, d'une faction. Quand un historien se laisse dominer par ses passions, il ne peut que fausser le récit des événements et louer ou blâmer de parti pris. — Pour **démasquer un écrivain suspect de partialité, il suffit de**

contrôler son témoignage par celui d'un écrivain de la même époque, défendant des opinions et des intérêts différents.

Tradition monumentale. — Les monuments sont des *objets matériels* : édifices, arcs de triomphe, colonnes, statues, médailles, peintures, armes, monnaies, diplômes, inscriptions, etc., destinés à perpétuer le souvenir des faits accomplis.

Règles concernant les monuments. — Les monuments et leurs inscriptions établissent la certitude des faits quand ils sont : 1° *authentiques*, c'est-à-dire qu'ils appartiennent à l'époque, au lieu, au fait, au personnage auxquels on les attribue ; — 2° *sincères*, c'est-à-dire qui sont l'expression de la vérité. Les monuments ne sont pas toujours véridiques : la flatterie, la politique, les passions populaires, l'amour-propre national, y introduisent trop souvent des inexactitudes et des mensonges qui, si l'on n'y prend garde, peuvent induire en erreur ; — 3° quand ils ont une *signification claire et précise* et qu'ils sont *fidèlement interprétés*. — L'authenticité et la véracité des monuments s'établissent comme celles des écrits.

Remarque. — Les règles du témoignage et de la critique historique ne s'appliquent pas seulement aux faits naturels ; elles servent encore à établir la vérité d'une opinion, d'une science, d'une doctrine, d'un fait surnaturel. — Le caractère miraculeux d'un fait ne change rien aux conditions requises pour en constater la réalité : il n'est pas plus difficile, par exemple, de voir un phénomène céleste quand il se produit contrairement aux lois de l'astronomie, que lorsqu'il s'accomplit selon ces lois ; de parler à un homme après sa résurrection, que de lui parler avant sa mort.

Rôle du témoignage. — Le témoignage n'est pas seulement la condition de l'histoire, il a une importance considérable dans la pratique de la vie. L'éducation, la société, la justice humaine, la science en général, trouvent dans le témoignage une base nécessaire ou un auxiliaire puissant. Sur la foi du témoignage, l'enfant croit à la parole de ses parents et de ses maîtres; l'homme fait obéit à des lois qu'il n'a pas portées; il respecte des magistrats qu'il n'a pas élus; il paye des dettes qu'il n'a pas contractées, etc. Dans les sciences, le témoignage dispense le vulgaire de vérifier les lois déjà formulées et permet aux savants de travailler au progrès des connaissances humaines, en partant du point où s'étaient arrêtés leurs devanciers. Mais c'est surtout en religion que se manifeste, d'une manière éclatante, la foi des individus et des peuples au témoignage des hommes qui sont les interprètes de la parole de Dieu.

QUESTIONNAIRE. — Quel est l'objet des sciences historiques ? — Quelle est leur importance ? — Nommez les principales sciences historiques. — Quelle est leur méthode ? — Qu'est-ce que le témoignage des hommes ? — Quelles sont les règles concernant les faits ? — concernant les témoins ? — Quelle remarque y a-t-il à faire à propos des témoins ? — Quelles sont les sources de l'histoire ? — Qu'est-ce que la tradition orale ? — Quelles sont ses règles ? — Qu'est-ce que la tradition écrite — Quelles sont ses règles ? — Quelles sont les règles concernant les monuments ? — Les règles du témoignage et de la critique historique ne s'appliquent-elles qu'aux faits naturels ? — Quel rôle joue le témoignage dans la vie pratique et dans les sciences ?

LOGIQUE CRITIQUE

Division. — Dans la première partie de la logique, nous avons fait connaître les moyens d'arriver à la vérité. Mais l'emploi correct de ces moyens n'est pas un garant infaillible de la rectitude de nos jugements : l'esprit humain peut se tromper, c'est-à-dire prendre le *faux* pour le *vrai*.

Qu'est-ce donc que la vérité ? Y a-t-il un signe, un *critère*, qui permette de distinguer le vrai du faux ?

Qu'est-ce que l'erreur? Que vaut la connaissance humaine? — La logique critique répond à ces questions.

I. — VÉRITÉ

Définition de la vérité. — Divers états de l'esprit par rapport à la vérité.

Définition. — On appelle vérité la *conformité de nos pensées ou de nos jugements* avec la réalité des choses.

Divers états de l'esprit par rapport à la vérité. — L'esprit peut se trouver dans plusieurs états par rapport à la vérité. S'il ne la connaît pas, c'est l'*ignorance;* s'il hésite, c'est le *doute;* s'il ne peut affirmer d'une manière absolue, c'est l'*opinion;* s'il a plus de raison d'affirmer que de nier, c'est la *probabilité;* s'il adhère à la vérité sans hésitation, c'est la *certitude*.

Ignorance. — L'ignorance *est la privation* ou *la limitation de la vérité,* c'est le manque de connaissance.

L'ignorance est volontaire ou involontaire. La première a pour cause l'insouciance ou la paresse; la seconde est due à la faiblesse de l'esprit ou à l'élévation de certaines vérités.

Doute. — Le doute est l'*hésitation* de l'esprit en présence de raisons pour ou contre qui semblent équivalentes.

Le doute est *naturel* ou *systématique :* naturel quand il tient à la faiblesse, à l'imperfection de l'esprit; systématique quand il est voulu et adopté à dessein.

Le doute systématique est lui-même de deux sortes : *méthodique* ou *sceptique*. — Le doute méthodique, provisoire ou fictif, est un des moyens d'arriver à la vérité, une des conditions de la science réfléchie, un commencement de science. Descartes prétendit en faire le point de départ et le fond de sa méthode. Le *doute méthodique* **est légitime à la condition qu'on ne l'applique pas aux** vérités premières, qu'on ne peut rejeter sans renoncer à la raison. — Le doute sceptique consiste à douter pour douter, à s'arrêter dans le doute comme dans un état définitif de la raison. C'est « un doute de ténèbres qui ne conduit point à la lumière, mais qui en éloigne toujours, tandis que le premier naît de la lumière et aide en quelque sorte à la produire à son tour ». (MALEBRANCHE.)

Opinion. — L'opinion est *un doute mitigé;* c'est l'*adhésion partielle* à un jugement : l'esprit n'hésite pas, comme dans le doute naturel; il croit qu'une chose est telle, mais sans pouvoir l'affirmer d'une manière absolue.

Probabilité. — La probabilité ou la vraisemblance est une opinion qui n'est pas encore résolue, mais dont les raisons d'*affirmer* l'emportent. La probabilité admet une infinité de degrés, c'est-à-dire qu'elle grandit ou diminue suivant les circonstances. Ainsi, par exemple, d'une urne qui contient *dix boules blanches*, il est évident qu'on tirera une boule blanche; cela serait très probable, mais non évident, si l'urne contenait *neuf boules blanches* et *une noire*, et cette probabilité diminuerait si le nombre des boules noires augmentait.

QUESTIONNAIRE. — Comment définit-on la vérité? — Quels sont les divers états de l'esprit par rapport à la vérité? — Qu'est-ce que l'ignorance? — le doute? — (le doute naturel? systématique? méthodique? sceptique?) — Qu'est-ce que l'opinion? — la probabilité?

II. — ÉVIDENCE ET CERTITUDE

Définitions. — Différences entre l'évidence et la certitude? — Diverses espèces d'évidence et de certitude. — Leur valeur. — Remarque.

Définition de l'évidence. — L'évidence est *la clarté avec laquelle une vérité s'impose à l'esprit.*

Cette *lumière*, qui nous permet de juger la vérité ou la fausseté d'une proposition, est le critérium, c'est-à-dire *la marque, le signe distinctif de la vérité*, et *le fondement de la certitude*.

Tantôt l'évidence est *immédiate, intuitive,* antérieure

à la démonstration, comme dans les faits de conscience et dans la perception des vérités premières; d'autres fois elle est *médiate*, et ne se produit qu'à la suite d'un raisonnement (comme dans les sciences mathématiques) ou d'un témoignage digne de foi.

Définition de la certitude. — La certitude est *une ferme adhésion de l'esprit à ce qu'il juge être la vérité*, ou encore : c'est *l'assurance raisonnée de l'esprit de posséder la vérité.*

La certitude est *absolue*, c'est-à-dire qu'elle n'admet pas de degrés : elle existe ou elle n'existe pas. — La certitude repose sur l'évidence.

Différences entre l'évidence et la certitude. — Il ne faut pas confondre l'*évidence* avec la *certitude*. L'évidence est dans le fait jugé : elle est *objective;* la certitude, au contraire, est dans l'esprit qui juge : elle est *subjective*. — L'évidence et la certitude sont corrélatives. Dire : Je suis certain de telle chose, ou : Telle chose est évidente pour moi, c'est tout un.

Diverses espèces d'évidence et de certitude. — On distingue, d'après l'objet : 1° L'évidence *sensible*, qui donne la **certitude physique.** — La certitude physique est la croyance de l'esprit aux données des sens; elle a pour objet les faits externes qui sont à notre portée et repose sur la stabilité des lois de la nature physique.

2° L'évidence *rationnelle*, qui donne la **certitude métaphysique.** La certitude métaphysique est la croyance de l'esprit aux axiomes ou premières vérités de la raison et aux conclusions du raisonnement; elle a pour objet les vérités nécessaires et les conséquences qui en découlent logiquement, et repose sur la convenance ou l'opposition de deux idées. Tels sont les jugements suivants : Le tout est plus grand que la partie, — deux quantités égales à une troisième sont égales entre elles, — tout phénomène a une cause, — il y a un Dieu, — tout être intelligent et libre est responsable, — la somme des trois angles d'un triangle égale deux droits, etc.

3° L'évidence *morale*, qui donne la **certitude morale.**

La certitude morale est la croyance de l'esprit aux affirmations du sens intime ou de la conscience psychologique et au témoignage des hommes; elle a pour objet les faits internes et les faits externes qui ne sont pas à notre portée, et repose sur la stabilité des lois du monde moral. Les jugements suivants : Je pense, — je souffre, — je veux, sont évidents s'ils expriment des faits internes réels. — César conquit les Gaules, — Londres est une ville très populeuse, sont évidents parce qu'ils sont attestés par des hommes dignes de foi.

Leur valeur. — Ces diverses sortes d'évidence et de certitude sont d'égale valeur. L'évidence mathématique est d'une autre nature que l'évidence morale, mais ne lui est pas supérieure.

On ne doit demander dans chaque ordre de vérités que la certitude que cet ordre de vérités comporte. « Il serait ridicule de vouloir exiger une démonstration géométrique des vérités d'expérience ou historiques. » (EULER.) Le matérialisme qui nie l'âme sous prétexte qu'en fouillant le cerveau il ne l'a pas rencontrée sous son scalpel ou sous sa loupe, est absurde : l'âme ne se voit ni ne se touche, mais elle se manifeste par les phénomènes spirituels qu'elle produit. — L'âme est objet de certitude morale et métaphysique, non de certitude physique : l'humanité atteste son existence; ses effets nous la font connaître comme cause.

Remarque. — « Lorsqu'on croit quelque chose sur le témoignage d'*autrui*, ou c'est Dieu que l'on croit, et alors c'est la *foi divine;* ou c'est l'homme, et alors c'est la *foi humaine.* » (BOSSUET.)

La foi divine ou plutôt la *foi religieuse* est la croyance au témoignage de Dieu, qui ne saurait ni se tromper, ni nous tromper. Ce témoignage est rendu évident par les miracles et les prophéties.

Dieu seul, en effet, peut faire de vrais miracles et de vraies prophéties; or il en a fait pour distinguer et confirmer son témoignage. Ce témoignage, qu'on nomme la **révélation,** est un critérium certain pour les vérités surnaturelles, mais il a besoin d'être démontré. L'intelligence, au début, ne dit pas : *Je crois*, mais *je vois* (voir *Règles concernant les témoins*, p. 169).

QUESTIONNAIRE. — Qu'est-ce que l'évidence? — Qu'est-ce que la certitude? — En quoi l'évidence et la certitude diffèrent-elles? — Combien distingue-t-on d'espèces d'évidence et de certitude? — Ces diverses sortes d'évidence et de certitude sont-elles d'égale valeur?

III. — L'ERREUR

Définition. — Causes et remèdes de nos erreurs.

Définition. — L'erreur *est la non-conformité ou le désaccord de notre jugement avec son objet.* C'est une double ignorance : celui qui erre croit ce qui n'est pas ; il ignore la vérité, et, de plus, il ne sait pas qu'il l'ignore. Quand l'accord ou le désaccord affirmés entre le sujet et l'attribut sont contraires à la réalité, le jugement est faux.

Causes et remèdes de nos erreurs. — Nos erreurs ont pour causes : l'imperfection de notre esprit, la précipitation du jugement, l'imagination, les passions, les préjugés.

Imperfection de notre esprit. — L'esprit de l'homme se trompe dans *l'interprétation* des données des sens ; il se trompe dans ses *raisonnements* : c'est qu'il est imparfait, limité, « et tout esprit limité, dit Malebranche, est, par sa nature, sujet à l'erreur. »

L'imperfection de l'esprit peut être diminuée par l'étude, mais elle ne disparaîtra jamais entièrement.

Précipitation du jugement. — Elle consiste à *juger* ce qu'on ne connaît pas suffisamment ; à juger sans examen de l'inconnu par le connu ; à généraliser avec excès ; à faire des inductions sur des observations superficielles et incomplètes, sur de trompeuses analogies, sur des hypothèses en désaccord avec les faits.

On corrige cette cause d'erreur par l'attention, la réflexion et la méthode.

L'imagination. — L'imagination est une occasion d'erreur ; elle altère souvent la vérité par des images exagérées ou rapetissées des choses sensibles.

On corrige les écarts de cette faculté par un contrôle sévère du jugement.

Passions. — Tous les moralistes s'accordent à reconnaître que les *passions* sont une des sources les plus fécondes de l'erreur ; elles nous font envisager les personnes et les choses à un point de vue exclusif et faux : tant qu'on aime quelqu'un, il n'a que des qualités ; vient-on à le haïr, il n'a plus que des défauts. L'*orgueil* nous fait prendre des chimères pour des réalités ; l'*intérêt* nous rend injustes ; la *jalousie* nous rend chagrins ; l'*amour-propre* nous empêche de connaître nos défauts, etc.

On doit s'abstenir de juger et de se déterminer lorsqu'on est sous l'influence de quelque affection désordonnée, lutter avec énergie contre les passions, observer exactement les préceptes de la religion et de la morale.

Préjugés. — On entend par préjugés les *jugements* tout faits que l'on accepte sans examen et sans contrôle de sa famille, de ses maîtres, de son pays, du milieu social dans lequel on vit. Se soumettre en aveugle et sans vérification à une autorité faillible, c'est s'exposer à tomber presque inévitablement dans l'erreur : nombre d'opinions fausses et de croyances erronées n'ont pas d'autre origine

On remédie à ces causes d'erreur par un examen prudent, une sage lenteur et un sincère amour de la vérité. En matière de doctrine, il ne faut croire à l'autorité des savants qu'autant que leurs raisons ont de la valeur ; en matière de faits, on doit croire seulement les historiens dont la science et la véracité sont hors de doute.

QUESTIONNAIRE. — Qu'est-ce que l'erreur ? — Quelles sont les causes de nos erreurs ? — Que faut-il faire pour éviter l'erreur ?

IV. — LE SOPHISME

Définition. — Diverses sortes de sophismes. — Remèdes aux sophismes.

Définition. — Le *sophisme* est un *faux raisonnement fait avec intention de tromper;* il provient de la mauvaise foi. Quand il est fait sans intention de tromper, on l'appelle *paralogisme :* il naît de l'ignorance, de l'irréflexion ou d'un manque de rectitude dans l'esprit.

Entre le sophisme et le paralogisme il n'y a pas de différence logique. — La logique appelle sophismes tous les raisonnements faux, sans tenir compte de l'intention.

Diverses sortes de sophismes. — On distingue les sophismes de *grammaire* ou de *mots* et les sophismes de *logique* ou de *pensée*.

Sophismes de mots. — Les sophismes de *mots* proviennent : 1° de l'*équivoque;* ils consistent à prendre, au cours d'un raisonnement, le même mot dans des acceptions différentes. Ce que l'on dit, par exemple, des mots *progrès, indépendance, liberté, égalité,* etc., pris dans un certain sens, cesse d'être vrai quand on prend ces mots dans une signification différente.

2° *De la confusion du sens composé et du sens divisé* et réciproquement. Le sens composé *réunit simultanément* des propriétés ou des actes contradictoires, qui ne peuvent exister que *successivement;* ex. : Les aveugles voient; les sourds entendent (*Évangile*). Cela est contradictoire, si on le prend au sens composé; mais cela est vrai au sens divisé : ceux qui étaient aveugles voient... Le sens divisé *sépare des choses* qui ne sont vraies que réunies et considérées ensemble; ex. : Les avares n'entreront pas dans le ciel (*Évangile*). On sous-entend : s'ils restent avares. Cette proposition est vraie dans le sens composé, fausse dans le sens divisé.

Sophismes de pensée. — Les sophismes de *pensée* sont des raisonnements fondés sur des *principes faux;* ils se divisent en *sophismes de déduction* et en *sophismes d'induction*.

Les principaux sophismes de **déduction** sont :

1° *L'ignorance de la question.* Ce sophisme consiste à s'écarter du sujet et à prouver autre chose que ce qui est en question; ex. : Un jeune homme est accusé de vol. L'avocat montre que son client est bon fils : il discute sur autre chose que ce qui est en question. Ce défaut est très ordinaire dans les contestations. Les uns, par exemple, condamnent la liberté, et les autres la défendent; mais les premiers entendent la liberté illimitée, et les seconds, une liberté sage et réglée. Les auteurs de comédies exploitent volontiers les *quiproquos*, parce qu'ils prêtent beaucoup à rire (voir *l'Avare*, de Molière; *les Plaideurs*, de Racine, etc.).

2° *La pétition de principe.* Ce sophisme consiste à supposer prouvé ce qui est en question. On dira, par exemple : « Cela n'est pas défendu, donc je puis le faire. » Mais il s'agit de savoir si cela n'est pas défendu. La fable *la Génisse, la Chèvre*, etc. (LA FONTAINE, liv. I, fable VI), n'est qu'une suite de pétitions de principe.

3° *Le cercle vicieux.* Ce sophisme consiste à prouver l'une par l'autre deux propositions contestables. Si, par exemple, après m'être appuyé sur la véracité d'un témoin pour conclure la vérité d'un fait, je m'appuie sur la vérité du fait pour conclure la véracité du témoin, je tombe dans un cercle vicieux.

Les principaux sophismes d'**induction** sont :

1° *L'erreur sur la cause.* Ce sophisme consiste à attribuer un fait à une cause qui ne l'a pas produit; ex. : Attribuer, comme J.-J. Rousseau, la dépravation des mœurs à la culture des lettres; dire que les guerres, les famines, les épidémies, qui arrivent après l'apparition d'une comète, sont dues à l'influence de cet astre, c'est prendre pour cause ce qui n'est pas cause.

2° *L'erreur de l'accident.* Ce sophisme consiste à juger une chose par des effets accidentels; ex. : Quelques hommes pervers abusent de la science et de la religion;

donc la science et la religion sont mauvaises de leur nature. « Un fait isolé, rare et sans conséquence, donné comme constant, un abus passager présenté comme un état de choses habituel et général, voilà le grand moyen des révolutions. » (BOSSUET.)

3° *L'énumération imparfaite.* Ce sophisme consiste à tirer une conclusion générale d'un fait ou de quelques faits en nombre insuffisant; ex. : Attribuer à une famille tout entière les défauts ou les fautes de quelques-uns de ses membres; affirmer qu'il y a des habitants dans les planètes parce qu'il y en a sur la terre.

Remèdes aux sophismes. — Pour éviter et pour réfuter les sophismes, il faut :

1° Appliquer aux déductions les règles du syllogisme;

2° User du procédé inductif après une observation scrupuleuse des faits, et tirer des conclusions conformes aux données expérimentales;

3° Prendre, comme base de solution, des principes ou des propositions générales incontestables;

4° Définir les mots dont le sens n'est pas clair ou qui sont susceptibles de deux acceptions;

5° Faire des divisions ou des dénombrements complets;

6° N'affirmer qu'après un examen sérieux et à la seule lumière de l'évidence.

QUESTIONNAIRE. — Qu'est-ce que le sophisme? — Combien distingue-t-on de sortes de sophismes? — Que savez-vous des sophismes de mots? — des sophismes de pensées — Quels sont les principaux remèdes aux sophismes?

V. — VALEUR DE LA CONNAISSANCE

La connaissance humaine est-elle certaine? c'est-à-dire représente-t-elle une *réalité objective*, ou n'est-elle qu'une *simple conception de l'esprit?* — Trois solutions sont données à ce problème : le *scepticisme*, l'*idéalisme* et le *dogmatisme.*

1° SCEPTICISME

Thèse. — Diverses formes du scepticisme : *scepticisme absolu, probabilisme, relativisme.*

Thèse. — Le scepticisme (*examen*) est la doctrine des philosophes qui, à la suite du philosophe grec Pyrrhon (384-288 av. J.-C.), ont nié que l'évidence soit une garantie de la vérité. Il consiste à prétendre que nous n'avons aucun moyen de discerner la vérité de l'erreur.

Ses diverses formes. — On distingue le *scepticisme absolu*, le *probabilisme* et le *relativisme*.

Scepticisme absolu. — Le scepticisme absolu est le doute universel. Les partisans de cette doctrine prétendent que « tout est incertain »; et ils appuient leur dire sur les arguments suivants :

1° *L'erreur existe* : l'esprit humain se trompe quelquefois, il peut se tromper toujours.

Réponse. — L'erreur suppose la vérité, comme la nuit suppose le jour, comme la déviation suppose la ligne droite. Reconnaître que l'esprit humain se trompe, c'est admettre des cas où il ne se trompe pas.

2° *L'esprit humain se contredit sans cesse* : aucun homme ne pense comme un autre homme; « l'homme est la mesure de toutes choses, » c'est-à-dire que les choses sont ce que chacun les fait par son jugement.

Réponse. — Si les hommes se contredisent sur bien des questions, leur désaccord est plutôt théorique que pratique, car alors la vie sociale serait impossible; tous s'accordent, au moins pratiquement, sur les données des sens et de la conscience et sur les premiers principes de la raison; par ex. : il ne faut pas rendre le mal pour le bien; en ce moment je me brûle, j'éprouve telle crainte, tel remords, etc. Qui oserait contester la vérité de ces propositions? « On n'en peut venir là, dit Pascal, et je mets en fait qu'il n'y a jamais eu de pyrrhonien effectif et parfait; la nature empêche l'homme d'extravaguer à ce point. » Les contradictions individuelles tiennent à l'âge, aux passions, aux intérêts, au développement intellectuel.

3° *La raison ne peut se prouver à elle-même qu'elle soit capable d'atteindre la vérité* : il lui est impossible de démontrer sa véracité sans tourner dans un cercle vicieux, n'ayant qu'elle pour faire cette démonstration.

Réponse. — Sans doute, la raison ne peut pas logiquement se prouver à elle-même sa véracité ; mais l'expérience supplée ici à la démonstration : l'esprit humain est capable de vérité ; il croit, avec une invincible confiance à la réalité objective des vérités dont l'évidence le frappe ; par ex. : deux et deux font quatre ; deux quantités égales à une troisième sont égales entre elles.

Le scepticisme absolu est donc inacceptable théoriquement, et impossible pratiquement.

Probabilisme. — Le probabilisme, imaginé par d'autres philosophes grecs (Arcésilas, 315-240 av. J.-C., Carnéade, 219-120), est un scepticisme atténué. D'après le scepticisme absolu, « le pour et le contre se balancent ; ils sont également incertains. » D'après le probabilisme, « tout est nécessairement incertain ; mais il y a des degrés dans l'incertitude : nos jugements sont plus ou moins probables, sans jamais être certains. »

Réfutation — Le probabilisme se contredit lui-même. Dire que « tout est simplement probable », c'est affirmer et nier du même coup la certitude ; la probabilité suppose la certitude : comment, en effet, juger de la probabilité d'une chose si on ignore à quelles conditions elle est certaine? Dire que l'esprit peut atteindre la probabilité, c'est reconnaître implicitement qu'il est capable d'atteindre la certitude.

Relativisme. Le relativisme, autre forme du scepticisme, a été soutenu par Kant, Auguste Comte, Herbert Spencer, etc. Suivant cette doctrine, nos idées ne sont pas la copie exacte des choses ; elles dérivent de notre esprit au moins autant que des choses mêmes. Toute connaissance est donc *relative;* elle n'a rien d'*absolu*.

Réfutation. — Il est vrai que parfois nos perceptions sensibles sont erronées; que la vue, le toucher, l'ouïe, le goût, l'odorat, nous font juger les choses d'après certaines dispositions de ces organes et non d'après la réalité. Il est vrai aussi que nos perceptions rationnelles sont relatives à notre savoir. Mais toutes les connaissances ne sont pas relatives et personnelles. L'esprit humain peut découvrir des vérités métaphysiques, logiques, mathématiques, qui ne relèvent de lui en aucune façon, qui s'imposent même à lui, qui sont rigoureusement conformes à la réalité.

QUESTIONNAIRE. — Parlez du scepticisme. — Combien distingue-t-on de sortes de scepticisme? — Dites ce que vous savez du scepticisme absolu. — Réfutez ses principaux arguments. — Qu'est-ce que le probabilisme? — Réfutez-le. — Que savez-vous du relativisme? — Réfutez-le.

2° IDÉALISME

Thèse. — Réfutation.

Thèse. — L'idéalisme, imaginé par le philosophe anglais Berkeley (1684-1755), prétend que la connaissance est purement *subjective*. Les relativistes disaient: « Toute connaissance représente *l'état de l'esprit* au moins autant que *l'état des choses*. » Berkeley supprime ce dualisme et proclame l'identité des *choses* et de *l'esprit*. Ce que nous nommons les choses, dit-il, ce sont nos idées mêmes. Les idées *représentatives* des choses ne répondent pas à des choses dans le sens ordinaire du mot, mais à des apparences extérieures, à des images.

Réfutation. — Nous ne connaissons pas seulement nos idées, nous connaissons aussi les objets extérieurs qu'elles représentent. Ces objets ne sont pas en nous; ils existent donc réellement en dehors de nous.

L'existence des objets extérieurs n'a pas besoin d'être prouvée; nous croyons à l'existence des corps comme à notre propre existence, c'est un fait.

Quand un objet accessible est vu et touché à la fois, successivement ou simultanément, son existence, sa forme, sa distance, par rapport à nos organes, ne sont-elles pas pleinement évidentes? N'est-ce pas l'évidence type de toutes les autres? Ne dit-on pas tous les jours : une vérité tangible, une vérité palpable, pour exprimer celle dont l'évidence est la plus grande possible? Est-il quelque chose de plus certain que ce dont on peut dire : « Je l'ai vu, de mes propres yeux vu, ce qu'on appelle vu ! »

Sans doute, toutes les perceptions n'ont pas cette évidence. Il y en a qui sont douteuses; les illusions naturelles sont possibles. Mais il suffit que dans certains cas l'évidence de la perception soit complète, pour que, dans ces cas, nous devions croire à l'existence du monde corporel.

QUESTIONNAIRE. — Dites ce que vous savez de l'idéalisme. — Réfutez-le.

3º RÉALISME ET DOGMATISME

Définition. — En quoi consiste la doctrine réaliste-dogmatiste? — Conclusion.

Définition. — Le réalisme (l'opposé de l'idéalisme) et le dogmatisme (l'opposé du scepticisme) est l'affirmation de la vérité, après examen et preuves.

En quoi consiste la doctrine réaliste-dogmatiste? — Cette doctrine consiste à avoir foi dans nos facultés intellectuelles, à croire à la réalité objective de nos connaissances; à reconnaître que nos diverses facultés (les *sens*, la *conscience*, la *raison*) nous découvrent la vérité sur nous, sur le monde et sur Dieu. Les réalistes et les dogmatistes soutiennent, par conséquent, que la connaissance porte sur les choses mêmes et non pas seulement sur leurs idées, que la vérité objective existe et que l'esprit humain est capable de la posséder et la possède avec certitude.

Il est impossible de démontrer directement cette proposition (p. 184, 3°) : les facultés de l'âme n'ont d'autre preuve qu'elles-mêmes. Mais on l'a démontrée *indirectement*, en faisant voir l'absurdité des propositions contradictoires, c'est-à-dire en réfutant le scepticisme et l'idéalisme.

Conclusion. — Nous pouvons arriver à la connaissance, non de toutes les vérités, car l'intelligence humaine est limitée, mais d'un certain nombre. Pour cela il suffit de bien raisonner, c'est-à-dire d'observer la méthode propre à découvrir la vérité que l'on recherche.

QUESTIONNAIRE. — Qu'est-ce que le réalisme et le dogmatisme ? — En quoi consiste la doctrine réaliste-dogmatiste ? — Que conclure de ce qui précède ?

RÉSUMÉ

LOGIQUE PRATIQUE OU MÉTHODOLOGIE

- **Logique** : science de bien penser.
- **Importance** : elle résulte de son *objet* et de *ses rapports* avec les autres sciences.
- **Division** : Logique *pratique* et logique *critique*.

Procédés généraux :
- Science des procédés qu'impose à l'esprit la nature des objets qu'il cherche à connaître.
- **Observation** : étude des objets ou des phénomènes.
- **Expérimentation** : étude des phénomènes que l'on produit artificiellement.
- **Induction** : faits isolés érigés en lois.
- **Classification** : groupement des objets d'après leurs ressemblances et leurs différences.
- **Définition** : proposition par laquelle on détermine le *sens d'un mot* ou la *nature d'un objet*.
- **Hypothèse** : solution provisoire.
- **Analogie** : conclusion de ressemblances observées à une ressemblance totale.
- **Déduction** : raisonnement par lequel on tire d'un principe les conséquences qu'il contient.
- **Syllogisme** : raisonnement composé de trois termes et de *trois propositions*.
- **Analyse** : séparation des éléments d'un tout.
- **Synthèse** : réunion des éléments d'un tout.

LOGIQUE PRATIQUE OU MÉTHODOLOGIE

- **Méthodes spéciales**
  - Application, aux divers ordres de sciences, des procédés généraux résumés ci-dessus.
  - Classification des sciences : sciences *mathématiques, physiques et naturelles, morales et historiques*.
  - Règles communes à toute méthode : n'admettre pour vrai que ce qui est évident ; diviser les difficultés ; aller du plus simple au plus difficile ; faire des dénombrements si complets, qu'on soit sûr de ne rien oublier.
  - **Méthode des sciences mathématiques**
    - Méthode *déductive*.
    - Axiomes : propositions évidentes par elles-mêmes.
    - Définitions mathématiques : définitions rationnelles ou déductives.
    - Démonstration : raisonnement par lequel on tire, de prémisses évidentes, une *conclusion certaine*.
  - **Méthode des sciences physiques et naturelles**
    - Méthode *inductive*.
    - Observation, Expérimentation, Induction, Analogie, Hypothèse, Classification.
    - Division : réduction d'un tout en ses parties.
  - **Méthode des sciences morales et historiques**
    - Définition : étude des *faits* et recherche des *lois* de l'activité humaine. — Méthode surtout *inductive*. — *Témoignage des hommes*.

LOGIQUE CRITIQUE

- Vérité logique : conformité de la pensée avec l'objet connu.
- Évidence : clarté avec laquelle une vérité s'impose à l'esprit.
- Erreur : jugement *faux*.
- Sophisme : raisonnement *trompeur*.
- Valeur objective de la connaissance : *Scepticisme, Idéalisme, Réalisme et dogmatisme*.

TROISIÈME PARTIE

MÉTAPHYSIQUE

Définition et objet. — Division. — Remarque.

Définition et objet. — La métaphysique [1] *est la science des premiers principes et des premières causes;* la science qui, sous les qualités, saisit la substance (note, p. 34), et la cause sous les effets; la science qui, du visible et du particulier, pénètre jusqu'à l'invisible et à l'universel. Ainsi, dans l'étude de l'âme, elle s'appuie sur les faits de conscience, pour en conclure avec certitude une substance personnelle : une âme, simple, spirituelle, immortelle; dans les sciences de la nature, elle s'élève des phénomènes particuliers aux lois générales.

La métaphysique a donc pour objet l'*essence* [2] même des êtres.

Division. — La métaphysique se divise en métaphysique *générale* et en métaphysique *spéciale*.

La métaphysique générale peut se définir : la science des *premiers principes* de toute *existence* et de toute *connaissance* [3]; elle comprend : l'*ontologie*, science de l'être en général, et la *critériologie*, science de la certitude.

---

[1] Du grec *meta ta phusica*, « après les choses physiques, » c'est-à-dire au delà et au-dessus des choses physiques.
[2] Ne pas confondre l'*essence* avec l'*accident* : l'essence est l'ensemble des propriétés ou qualités distinctives d'un être (voir p. 191); l'accident est toute propriété ou qualité qu'un être pourrait ne pas avoir, ou avoir autrement.
[3] Toute science étant basée sur des principes premiers et toute existence réclamant une cause première, la métaphysique est mêlée à toute la philosophie, à toute la science.

La métaphysique spéciale s'occupe des *êtres en particulier*. Or il y a d'une part l'être incréé : *Dieu*, et d'autre part les êtres créés : *l'âme* et la *nature* D'où ces trois parties distinctes de la métaphysique spéciale : la *psychologie rationnelle*, science de l'âme (sa nature, son origine, sa destinée) ;— la *cosmologie rationnelle*, science des premiers principes du monde corporel (l'essence de la matière, le principe vital) ; — la *théologie rationnelle* ou *théodicée*, science de Dieu.

Remarque. — Plusieurs questions de métaphysique ont déjà trouvé leur place dans ce qui précède; en psychologie : la spiritualité et l'immortalité de l'âme, l'origine des idées, les vérités premières, le beau ; en *logique* : le vrai, le fondement de la certitude, la valeur de la connaissance. Il sera question, en *morale*, des principes de l'honnêteté, du juste, du droit, du devoir, et, enfin, de la religion naturelle.

Il nous reste à traiter ici : 1º de l'être en général ; 2º de la nature en général; 3º de la théodicée rationnelle.

QUESTIONNAIRE. — Qu'est-ce que la métaphysique? — Quel est son objet? — Comment divise-t-on la métaphysique?

I. — DE L'ÊTRE EN GÉNÉRAL

Notions de l'être. — Principales propriétés de l'être. — Classification des êtres. — Relations des êtres.

Notions de l'être. — L'être, objet de la métaphysique, *est tout ce qui existe ou peut exister*, c'est tout ce qui peut constituer l'objet d'une pensée : Dieu, l'âme humaine, une couleur, un acte, etc., sont des êtres.

A *l'être* est opposé le *néant*, qui, n'ayant aucune propriété, ne peut être conçu par notre intelligence.

Principales propriétés de l'être. — Les principales

propriétés métaphysiques de l'être sont : la *possibilité*, l'*essence*, l'*unité*.

1º **Possibilité.** — On distingue l'être existant et l'être possible. L'être possible en soi est celui dont l'existence ne répugne pas, n'implique pas de contradiction. La *possibilité* est donc cette propriété que possède un être de pouvoir exister, ex. : tel édifice, conçu par un architecte, n'existe pas encore, mais il peut exister; il est possible.

2º **Essence.** — L'*essence* d'un être est ce qui constitue sa *nature*; c'est ce qui fait qu'un être est ce qu'il est. Ainsi l'essence d'un triangle est d'avoir trois angles et trois côtés; l'essence d'un triangle rectangle est d'avoir un angle droit; l'essence de la nature humaine c'est l'ensemble de ses qualités distinctives : l'intelligence et la volonté.

3º **Unité.** — L'*unité*, c'est l'absence de division, ce qui fait qu'un être est indivisible en lui-même et distinct de tout autre. Tout être est un, sinon il ne serait pas un être, mais plusieurs êtres. Il ne faut confondre cette unité métaphysique ni avec l'*unité substantielle* ou *simplicité* propre aux seuls êtres immatériels, ni avec l'*unité collective*, qui consiste dans la coordination de plusieurs êtres par rapport à une même fin, comme l'unité d'une montre, formée de différentes pièces.

Classification des êtres. — On distingue : l'être *nécessaire* et l'être *contingent*, la *substance* et le *mode*.

Nécessaire, contingent. — L'être *nécessaire* est celui qui ne peut pas ne pas être, celui dont on ne peut concevoir la non-existence. — L'être *contingent* est celui qui est, mais qui pourrait ne pas être ou être autrement.

Tout ce qui est créé, tout ce qui est par un autre et n'a pas en soi sa raison d'être est contingent : l'univers entier est contingent. Dieu seul, conçu par notre esprit comme cause première, infinie, parfaite, ne peut pas ne pas être; non seulement il est, mais il est le seul être qui ait en soi sa raison d'être : il est nécessairement.

Considéré au point de vue le plus général, le nécessaire se divise en *absolu* et en *relatif*. Le nécessaire absolu convient d'abord à Dieu, et ensuite à tout ce qui découle de l'essence des choses. Le nécessaire relatif se dit de tout ce qui ressort nécessairement de telle condition, de telle loi, de tel principe donnés (voir pp. 42 et 43).

Substance, mode ou accident. — Tout être contingent actuel se présente comme *substance* et comme *mode*.

La substance est un être subsistant non *par soi*, mais *en soi*, sans adhérer à aucun autre : la substance exclut d'elle, non l'idée d'une cause qui la produit, mais seulement l'idée d'un sujet auquel elle soit inhérente.

Le mode ou accident est un être existant dans un autre. Voilà de la *cire;* elle est blanche ou jaune, carrée ou ronde, liquide ou solide; la cire est une substance, parce qu'elle subsiste en elle-même; *blanc* est un mode, un accident, parce qu'il n'existe pas sans un sujet auquel il soit inhérent (voir *note* 2, p. 189).

Relations des êtres. — On appelle *relations* en général les *rapports* des êtres entre eux [1]. Leur nombre est illimité. Citons seulement les rapports de *cause*, d'*espace* et de *temps*.

Rapport de cause. — Les êtres sont ou causes ou effets. La *cause* est ce qui produit un être ou concourt nécessairement à sa production; ce qui est produit s'appelle *effet :* l'attraction attire nécessairement les corps vers le centre de la terre.

L'expression du rapport entre la cause et l'effet s'appelle *principe de causalité :* tout phénomène a une

---

[1] Dans tout rapport il y a un *sujet*, un *terme* et un *fondement*. Ainsi, dans le *rapport de possession*, l'homme qui possède est le *sujet*, l'objet possédé est le *terme*, l'acte qui a produit la possession est le *fondement*.

cause, tout changement est produit par une force. Il y a différentes sortes de causes. Aristote en distingue quatre : — 1° La **cause matérielle**, qui répond à la question de composition : De quoi est fait un être ? — 2° La **cause formelle**, qui répond à la question de type et d'essence : Comment est fait un être ? — 3° La **cause efficiente**, qui répond à la question d'origine : Par qui est fait un être ? (C'est la cause proprement dite.) — 4° La **cause finale**, qui répond à la question de destination : Pourquoi est fait un être ?

Rapports d'espace et de temps. — L'espace est la continuité indéfinie de choses *simultanées*, c'est la relation de position entre les corps existants. Le temps est la continuité indéfinie de choses *successives*, c'est l'ordre des événements. Les êtres sont reliés entre eux par l'espace et par le temps. Nous ne pouvons, en effet, concevoir l'existence d'un corps sans le placer dans l'espace, ni celle d'un événement sans le rapporter à une partie de la durée, c'est-à-dire au temps.

QUESTIONNAIRE. — Comment peut-on définir l'être, objet de la métaphysique ? — Quelles sont les principales propriétés de l'être ? — Que savez-vous de l'être nécessaire ? — de l'être contingent ? — de la substance ? — du mode ? — Quels sont les principaux rapports des êtres entre eux ?

II. — DE LA NATURE EN GÉNÉRAL

Définition et division. — La nature ou le monde matériel est l'*ensemble des êtres soumis à des lois nécessitantes*. Ces êtres se divisent en deux groupes : les êtres *inorganiques*, dont le fond substantiel est la *matière*, et les êtres *organisés*, qui ont pour caractère propre la *vie*.

Mais quelle est l'*essence* de la matière, quel est le *principe* de la vie ? Deux questions que la métaphysique seule peut chercher à résoudre.

1° ESSENCE DE LA MATIÈRE

Diverses conceptions sur la matière : matière et forme, atomisme pur, dynamisme, atomisme chimique.

Diverses conceptions sur la matière. — Les diverses théories proposées pour expliquer l'*essence*[1] des corps bruts ou de la matière sont au nombre de quatre : la *matière* et la *forme*, le *mécanisme* ou *atomisme pur*, le *dynamisme* et l'*atomisme chimique*.

1° Matière et forme. — Ce système de la matière et de la forme, professé par Aristote et les scolastiques, consiste à admettre que les corps sont composés de deux principes distincts : la *matière première* et la *forme substantielle*.

La matière première est une réalité indéterminée, incapable d'exister par elle seule, mais apte à devenir un corps quelconque[2] : la matière première serait donc *la même* dans tous les corps.

La forme substantielle est une autre réalité qui détermine la matière à être tel corps en particulier. Les scolastiques la définissent : « une substance physiquement incomplète, déterminant la matière à constituer un corps naturel ; » la forme substantielle serait donc *variée*.

Ces deux principes ne peuvent exister l'un sans l'autre et doivent être considérés comme fondus en un seul être.

2° Mécanisme ou atomisme. — Le système de l'atomisme, professé par Démocrite, Épicure, Descartes, consiste à admettre comme unique élément des corps des atomes étendus, mais si petits, qu'on ne peut les diviser sans les détruire, et n'ayant entre eux aucune différence essentielle.

---

[1] Voir, p. 191, et note, p. 189.
[2] Liberatore, *Cosmologia*.

Ce système ne fait que reculer la question ; il ne dit pas en quoi consistent les atomes en eux-mêmes : les atomes étant eux-mêmes de petits corps. Il contredit la diversité substantielle entre les corps; en effet, si tous les atomes sont de même nature, les corps ne diffèrent plus entre eux que par un degré plus ou moins grand de condensation ou de raréfaction ; l'eau, par exemple, ne différera plus du bois que par plus ou moins de condensation des atomes qui la constituent.

Si les atomes ne sont pas de même nature, n'étant unis entre eux que par l'attraction ou le hasard, ils ne formeraient jamais des unités substantielles et ne seraient que des agglomérations accidentelles d'atomes : ainsi l'eau ne sera que la réunion de deux volumes d'hydrogène et d'un volume d'oxygène ; elle n'aura point en propre une substance et des propriétés spéciales, mais ne possédera que la substance et les propriétés réunies de l'hydrogène et de l'oxygène.

3° **Dynamisme.** — Le système du dynamisme, professé par Pythagore (vi° s. av. J.-C.), Leibniz et Kant, consiste à admettre que les corps se composent d'éléments simples ou inétendus, doués de forces attractives et répulsives, qu'on a appelés *monades*.

Ce système ne se comprend pas; car, en admettant les monades, éléments simples et inétendus, comment peuvent-elles produire l'étendue, qui est la propriété fondamentale des corps ?

4° **Atomisme chimique.** — Le système de l'atomisme chimique, professé par quelques philosophes modernes, consiste à admettre que les premiers éléments des corps sont les *atomes primitifs*, c'est-à-dire les dernières particules qu'on peut obtenir en divisant les corps simples; que ces atomes sont des substances, non seulement étendues, mais douées d'une force attractive : *interne* selon les uns, *interne* et *externe* selon les autres.

La plupart des savants admettent aujourd'hui le système de l'atomisme chimique, mais plutôt comme hypothèse que comme vérité démontrée.

QUESTIONNAIRE. — Quelles sont les diverses théories proposées pour expliquer la matière? — Que savez-vous du système de la matière et de la forme? — du mécanisme ou atomisme? — du dynamisme? — de l'atomisme chimique?

2º PRINCIPE VITAL

Ce qu'on entend par principe vital. — Diverses conceptions sur la vie : organicisme, dynamisme, vitalisme, animisme.

Ce qu'on entend par principe vital. — Par principe vital on entend cette force secrète qui préside aux fonctions des êtres organisés : nutrition, contraction musculaire, accroissement, perception sensible, etc.

Diverses conceptions sur la vie. — Les principales hypothèses qui ont pour objet d'expliquer le principe vital sont : l'*organicisme*, le *dynamisme*, le *vitalisme*, l'*animisme*.

1º Organicisme. — Ce système considère la vie comme le résultat de l'*organisation de la matière* dans les êtres vivants : les plantes, les animaux et l'homme.

La faiblesse du système organiciste est évidente : cette organisation qu'on donne comme un principe est elle-même un effet dont il faudrait rendre compte. L'organisation de la matière explique comment le mouvement vital s'opère, mais n'explique pas le mouvement lui-même.

2º Dynamisme. — Ce système prétend expliquer les phénomènes vitaux par le seul jeu des forces mécaniques, physiques et chimiques, de la matière brute.

Si les phénomènes vitaux se réduisent à des élaborations chimiques, comment se fait-il que la science ne puisse produire aucun être organisé, même avec les combinaisons les plus multiples?

3º Vitalisme. — Le vitalisme attribue le principe vital à une substance immatérielle, à la fois distincte du corps et de l'âme.

Cette doctrine est contraire à la nature de l'homme, car elle en fait un composé, non de deux, mais de trois substances.

4° Animisme. — D'après cette doctrine, l'âme est, dans l'homme, la cause unique de tous les phénomènes de la vie organique aussi bien que de la vie intellectuelle.

Cette doctrine est appuyée par la conscience psychologique, qui nous atteste que c'est toujours en nous le même être qui veut, qui marche, qui se nourrit, etc. L'unité substantielle de l'âme et du corps est un fait admis par tous les hommes.

QUESTIONNAIRE. — Qu'entend-on par principe vital? — Citez les principales hypothèses qui ont pour objet d'expliquer le principe vital.

III. — THÉODICÉE RATIONNELLE

Objet. — Importance de la théodicée. — Division.

Objet. — La théodicée rationnelle [1] est la *science de Dieu*, ou l'*étude des perfections divines par les lumières de la raison*.

Remarque. — Il ne faut pas confondre la *théodicée* avec la *théologie* : celle-ci repose tout entière sur la *révélation* et traite non seulement de Dieu, mais de toutes les vérités révélées; celle-là part des *données de la raison*, et ne s'occupe que de Dieu considéré en lui-même et dans ses rapports avec les autres êtres.

Importance de la théodicée. — La théodicée, nous élevant jusqu'à la connaissance de Dieu, est la plus noble de toutes les sciences; elle est aussi la plus importante et la plus digne de fixer notre attention, parce que Dieu est tout à la fois la cause première de toute exis-

---

[1] Étymologiquement, *théodicée* veut dire justification de Dieu, mot créé par Leibniz pour servir de titre à son traité de la Providence.

tence, la source de toute vérité et la fin de toutes choses : *Il est l'Alpha et l'Oméga, le commencement et la fin.* (*Apoc.*, XXI, 6.) En vain l'homme acquerrait les connaissances les plus variées; s'il ignore Dieu, l'essentiel lui manque, le dernier mot des choses lui échappe; il sera continuellement aux prises avec la contradiction et le mystère.

La théodicée est nécessaire à la *psychologie*, car il faut remonter jusqu'à Dieu pour trouver la raison première de l'âme humaine; — à la *logique*, parce que les vérités premières, les principes de la raison et de la certitude, n'ont d'autre fondement que Dieu, vérité éternelle et infinie; — à la *morale*, qui peut se ramener à deux principes (la *loi du devoir* et le *principe du mérite et du démérite*) : le premier suppose un être doué d'une autorité absolue, et le second celle d'un rémunérateur parfait.

Division. — La théodicée comprend trois parties : la première traite de l'*existence de Dieu*; la seconde, *de la nature* et *des attributs de Dieu*; la troisième, *des rapports de Dieu avec le monde* ou *de la Providence.* — Cette étude sera suivie de l'exposé sommaire des principales *erreurs sur Dieu et la création.*

QUESTIONNAIRE. — Quel est l'objet de la théodicée ? — Donnez-nous une idée de l'importance de cette science. — Que comprend la théodicée ?

1° EXISTENCE DE DIEU

Définition de Dieu. — Dieu existe. — Preuves physiques. — Preuves morales — Preuves métaphysiques.

Définition de Dieu. — Dieu est l'*Être qui existe par soi*, l'*Être infiniment parfait*, principe et auteur de tout ce qui existe en dehors de lui.

Dieu existe. — L'existence de Dieu ne nous est pas immédiatement évidente, parce que nous ne connaissons pas la nature de Dieu ; mais c'est une des vérités que la *raison* seule peut démontrer avec certitude, sans recourir à la révélation. Pour se convaincre de l'existence de Dieu, un esprit libre de passions et de préjugés n'a besoin que de contempler les merveilles de l'univers et surtout d'écouter la voix intérieure qui parle à notre conscience et à notre raison.

De là trois classes de preuves de l'existence de Dieu : les *preuves physiques*, les *preuves morales*, les *preuves métaphysiques*.

Preuves physiques. — Les principales preuves physiques sont tirées de l'*existence* et de l'*ordre* du monde matériel.

1º Existence du monde. — Il existe des êtres matériels : les astres, la terre, la mer, les plantes, les minéraux, les animaux et les hommes. Or :

a) La *matière* ne s'est pas créée elle-même, — rien ne peut se créer de rien : « Qu'il y ait un moment, dit Bossuet, où rien ne soit, éternellement rien ne sera. » L'existence ne lui vient pas du hasard : le hasard n'est rien et ne peut rien produire [1]; elle n'existe pas nécessairement, car de chacun des êtres existants on peut dire : Cet homme, cet animal, cette pierre, cet astre, aurait pu ne pas exister.

b) La *vie* n'est pas éternelle : les observations les plus récentes de la science permettent de soutenir que tout, dans les entrailles de la terre comme à sa surface, indique un commencement. Tous les géologues reconnaissent qu'à une certaine époque il n'y avait pas d'êtres vivants sur le globe, et qu'il est facile, à l'observation, de marquer le point précis où la vie a commencé. Un grand nombre s'accordent à dire que l'univers, dans son organisation actuelle, n'a pas plus de sept à huit mille ans d'existence [2].

---

[1] « L'univers, disent les panthéistes (v. p. 209), est l'œuvre de la nature. » Si, par *nature*, ils entendent l'ensemble des corps ou des forces physiques, l'universalité des êtres, ils affirment cette absurdité : *L'univers est l'œuvre de l'univers*. Si, par nature, ils désignent quelque chose d'idéal et d'imaginaire, ils oublient qu'un être imaginaire ne peut rien produire de réel.

[2] Voici ce que la science constate dans les différents terrains qui forment le

Qui a créé la matière? qui a créé les êtres vivants? « Si une horloge, dit Voltaire, prouve un horloger, et un palais un architecte, comment l'univers ne démontre-t-il pas une intelligence suprême?... »

Le monde visible n'existe pas par lui-même, il est donc contingent; or les êtres contingents supposent un Être qui soit par lui-même, c'est-à-dire un Être nécessaire. Il n'y a pas d'effet sans cause; donc l'existence du monde prouve l'existence de Dieu. (Voir p. 202, Nécessité d'une cause première.)

2° **Ordre du monde.** — Partout, dans l'univers, on aperçoit un ordre admirable. Cet ordre existe :

a) Dans les cieux et sur la terre; les globes célestes se meuvent et exécutent leurs révolutions périodiques avec une exactitude et une perfection constantes. La terre tourne sur elle-même en vingt-quatre heures; les saisons se succèdent régulièrement; les fleuves et les pluies fécondent la terre, les vents la purifient, et ses produits divers suffisent à tous nos besoins;

b) Dans l'organisation merveilleuse des animaux et du corps humain;

c) Dans les lois qui président à la composition des corps inorganiques (lois des proportions multiples et définies, formation toujours régulière des cristaux, etc.).

Si le monde n'a pu se créer seul, il n'a pu davantage se donner à lui-même cet ordre. Un ordre si parfait ne peut avoir été conçu que par un ordonnateur infiniment sage, exécuté que par une intelligence et une puissance souveraines. Donc l'ordre du monde prouve l'existence de Dieu.

---

globe terrestre : dans le *terrain primitif*, formé de granit, on ne découvre aucun fossile; dans le *terrain de transition*, ou de sédiments anciens, apparaissent les premiers fossiles d'êtres organisés : végétaux immenses, animaux rudimentaires (trilobites, mollusques, polypiers, poissons); dans les *terrains secondaires*, ou de sédiments moyens, se trouvent des débris de plantes et de reptiles énormes, des empreintes de poissons et des squelettes d'oiseaux; dans les *terrains tertiaires*, on rencontre des fossiles de tout genre (végétaux, volatiles, quadrupèdes), mais point de débris humains; dans les *terrains quaternaires* ou de transport, de formation récente, on trouve, pour la première fois, des ossements humains et des objets de l'industrie naissante.

Notons, en passant, que ces découvertes de la science vérifient d'une manière admirable le récit de la *Bible* touchant la création (CUVIER).

Preuves morales. — Les preuves morales sont fondées sur la *croyance du genre humain* et sur *l'existence de la loi naturelle ou morale*.

1° **Croyance du genre humain.** — Tous les peuples, dans tous les siècles, ont toujours admis l'existence de Dieu. Les monuments les plus divers : temples, médailles, inscriptions, statues, tombeaux, etc., attestent partout la croyance à la divinité. « Il n'est pas de peuple si barbare et si immoral, dit Sénèque, qui ne croie à l'existence de quelque divinité. » Et Plutarque : « Parcourez le monde, vous trouverez des villes sans murailles, sans littérature, sans lois régulières ; des peuples sans habitations fixes, sans propriétés, sans l'usage des monnaies ; mais un peuple sans temple, sans dieux, sans prières, sans sacrifices, nul n'en vit jamais [1]. » — « J'ai cherché l'athéisme, dit de Quatrefages, chez les peuples les plus inférieurs comme chez les plus élevés. Je ne l'ai rencontré nulle part, si ce n'est à l'état individuel, ou à celui d'écoles plus ou moins restreintes, comme on l'a vu en Europe au siècle dernier, comme on le voit encore aujourd'hui... Partout et toujours la masse des populations lui a échappé ; nulle part, ni une des grandes races humaines, ni même une division quelque peu importante de ces races, n'est athée. » Or cette croyance ne vient ni des préjugés, qui diffèrent de temps et de lieu ; ni des passions, qui ne voudraient pas de Dieu ; ni de l'ignorance, puisque la science la rend plus évidente ; ni de la crainte, qui ne peut se faire sentir à tout le monde en même temps ; ni de la politique, car on en connaîtrait l'auteur et l'époque ; en un mot, cette croyance, étant universelle, ne peut venir de l'erreur : elle atteste la vérité.

Donc la croyance unanime des peuples à l'existence de Dieu prouve que Dieu existe [2].

---

[1] Les voyageurs modernes les plus autorisés, tels que Cook, La Pérouse, Vancouver, Kotzebue, Stanley, rapportent avoir rencontré partout, chez les Indiens de l'Amérique, chez les noirs de l'Afrique, chez les anthropophages de l'Océanie, des traces de religion.

[2] « Tout jugement de la nature, quand il est universel, est nécessairement vrai. » (Cicéron.)

2° Existence de la loi naturelle. — Tous les hommes sentent et comprennent qu'il y a des actions bonnes ou mauvaises, indépendamment des suites heureuses ou fâcheuses qu'elles peuvent avoir. Tous reconnaissent, par exemple, que l'homicide, le vol, le mensonge, sont des actes mauvais ; que l'aumône, l'équité, le respect de la vérité, sont des actes louables ; tous reconnaissent également une obligation de pratiquer le bien et d'éviter le mal ; tous enfin, après une bonne ou une mauvaise action, ressentent les joies de la conscience ou les tourments du remords.

Il existe donc une loi universelle, absolue, immuable, que la conscience reconnaît et accepte comme la plus réelle et la plus obligatoire de toutes. Une telle loi ne peut venir ni de notre volonté, ni d'aucune autorité humaine ; elle suppose nécessairement une puissance souveraine, un législateur divin.

Donc l'existence de la loi naturelle prouve l'existence de Dieu.

Preuves métaphysiques. — Les preuves métaphysiques sont empruntées aux vérités qui ne tombent pas sous les sens, c'est-à-dire aux notions de la raison pure. Les plus connues sont : la preuve tirée de la *nécessité d'une cause première*, et la preuve tirée de l'*existence des vérités premières*.

1° Nécessité d'une cause première. — Il existe des êtres finis et contingents. Or les êtres finis et contingents n'ont pas en eux-mêmes la raison de leur existence ; la cause qui les fait exister est, au moins en dernière analyse, une cause première. Le mouvement, par exemple, que nous constatons dans l'univers (le soleil, les astres, la sève des plantes, les animaux...) suppose un moteur, et tout moteur qui est lui-même en mouvement suppose un autre moteur ; mais, comme il n'est pas possible d'admettre une série infinie de causes secondes, qui ne sont au fond que des effets, il faut de toute nécessité s'arrêter à une cause première et indépendante de toute cause antérieure, à un être incréé auteur des êtres créés. Donc les causes secondes dont se compose l'univers prouvent l'existence d'une cause première et infinie, d'un être nécessaire ayant en soi sa raison d'être. Cet être, nous l'appelons Dieu. Donc Dieu existe.

2° **Existence des vérités premières.** — Cette preuve est exposée par Platon, saint Augustin, Bossuet, Fénelon, Leibniz. On peut la résumer ainsi :

L'homme reconnaît qu'il y a des vérités universelles immuables et éternelles (les principes de raison, les conclusions des mathématiques, les vérités morales, etc.), indépendantes des êtres où elles se réalisent et de notre esprit qui les conçoit. Ces vérités supposent l'existence d'un être également immuable et éternel, dans l'intelligence duquel elles subsistent. Cet être est Dieu; donc Dieu existe.

QUESTIONNAIRE. — Donnez-nous une définition de Dieu. — Peut-on prouver l'existence de Dieu sans recourir à la révélation? — Que savez-vous des preuves physiques? — des preuves morales? — des preuves métaphysiques?

2° NATURE ET ATTRIBUTS DE DIEU

Nature de Dieu. — Ses attributs. — Leur division. — Attributs absolus. — Attributs relatifs ou moraux.

Nature de Dieu. — La nature d'un être est l'essence de cet être avec les qualités ou propriétés qui lui sont propres, ou, en d'autres termes, *ce qui constitue cet être*, ce qui fait qu'il est ce qu'il est. La nature de Dieu est *d'être nécessairement*. — La nature de Dieu est incompréhensible, mais non inconnaissable [1].

Ses attributs — Nous connaissons les êtres créés par leurs propriétés et Dieu par ses attributs, c'est-à-dire par les perfections diverses dont ses œuvres nous offrent

[1] Dieu est tellement élevé au-dessus de nous, qu'il ne peut être connu d'une manière adéquate. Tertullien le définit : « l'Être souverainement grand, » et saint Louis, dans Joinville : « Une chose si bonne que meilleure ne peut être. »

un reflet. Pour connaître les attributs de Dieu, il faut étudier les qualités ou propriétés des êtres créés.

Division des attributs divins. — Les attributs de Dieu sont de deux sortes : *absolus* et *relatifs*. Les premiers nous font connaître quelque chose de Dieu lui-même, les seconds nous le montrent dans ses relations avec le monde.

Attributs absolus. — Les principaux attributs absolus de Dieu sont : l'*infinité*, l'*unité*, la *simplicité*, l'*immutabilité*, l'*immensité*, l'*éternité*.

Infinité. — Les êtres créés sont finis. Dieu est l'être premier; il ne dépend de personne. Rien ne peut le limiter ni dans sa nature, ni dans ses perfections. Donc Dieu est infini.

Unité. — Dieu est *un*, c'est-à-dire seul; car deux êtres infinis se limiteraient l'un l'autre. De plus, l'*unité de dessein* que l'on remarque dans la nature ne s'explique que par l'unité de la cause qui l'a produite.

Simplicité. — Dieu est *simple*, c'est-à-dire indivisible. Si la substance divine était composée de parties, ou bien chacune de ces parties serait infinie, et alors il y aurait autant de dieux que de parties, ce qui est contraire à l'unité divine; ou bien chacune de ces parties serait finie, et alors l'infini résulterait d'une collection de parties finies, ce qui est absurde.

Immutabilité. — Les êtres créés sont soumis au changement; ils acquièrent ou perdent sans cesse quelque chose. Dieu est immuable, c'est-à-dire qu'il ne peut y avoir en lui ni altération ni changement. Si Dieu était changeant, il ne serait pas l'absolue perfection; la perfection *exclut* le changement. Donc Dieu est immuable.

Immensité. — Dieu est sans mesure, sans bornes; il est *présent* partout, sans être renfermé dans aucun lieu particulier [1].

---

[1] « Où aller, dit le Psalmiste, pour échapper à vos regards ? Où fuirai-je pour m'éloigner de votre présence ? Si je monte au ciel, vous y êtes; si je descends

Éternité. — Dieu n'a pas commencé d'être, puisqu'il est la *cause première*, et que sans lui rien ne serait. Il est éternel, et cette éternité n'exclut pas seulement tout commencement, elle exclut encore toute succession. En Dieu, il n'y a ni passé ni futur : tout est dans un indivisible et perpétuel présent.

Attributs relatifs ou moraux. — Les attributs relatifs ou moraux se rapportent à l'action de Dieu sur les créatures et aux relations qui en découlent; ils nous montrent Dieu agissant à la manière des êtres intelligents et libres. Tout ce qu'il y a de *bon* et de *grand* dans les œuvres de la création, surtout dans l'homme, doit évidemment se trouver dans le Créateur. Or l'homme est doué d'*intelligence*, de *liberté*, de *puissance*, de *bonté*, de *sagesse*, de *justice*, de *miséricorde*, de *sainteté*, etc.; d'où l'on conclut que Dieu possède ces mêmes qualités, mais à un degré infini.

QUESTIONNAIRE. — Quelle est la nature de Dieu? — Qu'est-ce qu'on entend par attributs de Dieu? — Comment divise-t-on les attributs divins? — Que savez-vous des attributs absolus et des attributs relatifs ou moraux de Dieu?

3° PROVIDENCE

Définition. — Preuves physiques. — Preuves morales. — Preuve tirée des attributs de Dieu.

Définition. — La Providence est *l'acte par lequel Dieu prend soin de ses créatures et les conduit à des fins dignes de sa sagesse infinie.*

Dieu, étant la perfection absolue, se suffit pleinement à lui-même. Il convenait toutefois à sa bonté de faire participer d'autres êtres à ses perfections, et c'est pourquoi il a créé le monde.

aux abîmes, je vous y trouve. Si je prends des ailes pour m'envoler vers l'orient et habiter aux plus lointaines extrémités de l'Océan, c'est votre main qui me conduit, c'est votre bras qui me soutient. » (Ps. CXXXVIII, 7-10.)

Les êtres créés ne doivent pas seulement à Dieu leur *origine;* ils lui doivent encore leur *conservation.* « Dieu garde et gouverne par sa Providence tout ce qu'il a fait, atteignant avec force d'une fin à l'autre et disposant toutes choses avec suavité. » (Concile du Vatican.)

Trois sortes de preuves suffiront à établir cette vérité :

Preuve physique. — Au milieu de troubles et de désordres apparents, nous remarquons dans le monde physique un *ordre*, une *constance*, une *régularité* admirables : les astres suivent toujours la même route; les saisons, les jours et les nuits se succèdent invariablement; chaque être a une fin spéciale bien déterminée, et son organisation répond parfaitement à cette fin ; or un ordre si constant ne s'explique que par l'action incessante de celui qui a créé l'univers et posé les lois qui le régissent; donc il y a une Providence.

Preuves morales. — L'*histoire* et la *conduite de l'homme* prouvent que Dieu s'occupe tout particulièrement du monde intellectuel et moral.

1º L'histoire nous retrace les *vicissitudes* des destinées humaines, le va-et-vient des peuples, les catastrophes des empires, et nous montre, dans l'enchaînement des faits, une sagesse supérieure cachée sous les causes secondes. Mais il n'y a que ceux qui voient de haut et de loin qui soient capables de distinguer ainsi la main de Dieu, tenant « les rênes de tous les royaumes et préparant les effets dans les causes les plus éloignées »: (BOSSUET, *Disc. sur l'Hist. univ.*)

2º L'homme, dans ses impuissances et ses épreuves, a *recours à la prière*, il implore la protection de Dieu; or à quoi bon prier, si Dieu ne s'occupe pas de nous? Mais l'homme sait par sa propre expérience qu'il est entendu de son Père invisible, et sa plus douce consolation, au milieu des épreuves de cette vie, est de savoir que rien ne lui arrive que par la volonté ou par la permission de ce Père infiniment bon, qui accepte la peine comme expiation, et la récompense, lorsqu'elle est patiemment supportée. Il y a donc une Providence, et aucune créature n'est abandonnée aux caprices du hasard [1].

Preuve tirée des attributs de Dieu. — Nier la Providence, c'est nier la *sagesse*, la *justice*, la *bonté* et la *puissance* de Dieu. Dieu ne serait pas *sage*, s'il ne mettait pas de l'ordre dans ses œuvres, s'il ne donnait pas aux êtres qu'il a créés une fin conforme à leur nature et les moyens de parvenir à cette fin; il ne serait pas *juste*, s'il ne rendait pas à chacun selon ses œuvres; il ne serait pas *bon*, s'il pouvait se désintéresser de sa créature; il ne serait pas *tout-puissant*, s'il ne pouvait gouverner le monde. Or Dieu est essentiellement sage, juste, bon et puissant; donc il y a une Providence.

QUESTIONNAIRE. — Qu'est-ce que la Providence? — Comment se manifeste la Providence dans la nature, dans l'histoire, et dans les attributs de Dieu?

OBJECTIONS CONTRE LA PROVIDENCE

Problème du mal : mal physique, mal moral. — Réfutations.

Problème du mal. — Les principales objections contre la Providence se tirent de l'existence du mal. — La croyance à une Providence, dit l'athéisme, est inconciliable avec l'existence du *mal* soit physique, soit moral, dont souffrent les créatures.

Mal physique. — On appelle mal physique les *désordres* apparents ou réels qui se manifestent dans le monde des corps : tremblements de terre, inondations, tempêtes, infirmités, maladies, etc., et l'on prétend que tout cela n'existerait pas si le monde était gouverné par un Dieu puissant, juste et bon.

---

[1] Les déistes du XVIII° siècle trouvaient indigne de la majesté divine de s'occuper des plus infimes comme des plus nobles créatures : « Ne faisons pas cette injure à Dieu, dit Platon : Celui qui est très sage peut prendre soin de tout... Celui qui a soin de tout a pris des mesures efficaces pour maintenir l'univers dans son intégrité et sa perfection. »

Réfutation. — Les tempêtes, les tremblements de terre et tout ce que nous appelons *désordres* de la nature sont les effets des lois générales établies par Dieu pour régir le monde physique; ces événements avertissent l'homme de sa faiblesse, et lui montrent qu'il ne doit pas considérer la terre comme sa véritable patrie.

Les infirmités, les maladies, les afflictions, servent à détacher l'homme de la vie présente et lui font désirer le bonheur de la vie future. Ces infirmités, ces maladies, ces afflictions résultent du péché, de nos imprudences et de nos désordres.

La mort elle-même est l'évènement à la vie réelle, dont cette vie éphémère n'est que le prélude.

Mal moral. — On appelle mal moral les *imperfections* de l'intelligence, les *penchants* déréglés de la sensibilité, la *faiblesse* de la volonté, et tous les désordres qui résultent de l'abus de notre liberté. De là plusieurs objections contre la Providence.

Réfutation. — La créature *devait* être imparfaite : Dieu seul est parfait. Dieu ne veut pas le mal moral; mais, pour nous rendre capables de vertus et de mérites, il nous a créés libres, c'est-à-dire en état de faire le bien par choix. Ce choix est l'épreuve de la volonté, qui peut toujours suivre les inspirations de la conscience et résister aux entraînements. Si donc nous *abusons* de notre liberté, et qu'il en résulte des conséquences fâcheuses, nous ne devons nous en prendre qu'à nous-mêmes. Si Dieu nous avait donné la liberté sans nous accorder la raison, sans nous dicter ses commandements, sans nous indiquer la voie que nous devons suivre pour atteindre notre fin, nous aurions droit de nous plaindre; mais il n'en est pas ainsi, et les reproches adressés à la Providence ne prouvent que l'ignorance ou la mauvaise foi de l'homme.

QUESTIONNAIRE. — D'où se tirent les principales objections contre la Providence? — Que savez-vous du mal physique? — du mal moral?

ERREURS SUR DIEU ET LA CRÉATION

Principales erreurs. — Athéisme. — Dualisme. — Déisme. — Panthéisme. — Matérialisme. — Hétérogénie. — Transformisme.

Principales erreurs. — Les principales erreurs sur Dieu et la création sont : l'*athéisme*, le *dualisme* ou *manichéisme*, le *déisme*, le *panthéisme*, le *matérialisme* ou *positivisme*, l'*hétérogénie* ou *générations spontanées*, le *transformisme* ou *évolutionnisme*.

Athéisme. — L'*athéisme* est la négation de Dieu. Y a-t-il des athées de bonne foi ? Il est permis d'en douter. L'athéisme, s'il est possible, ne peut venir que d'une profonde corruption du cœur; car la corruption du cœur répand ordinairement dans l'esprit des ténèbres si épaisses, qu'on en vient à nier les vérités les plus évidentes. « Je voudrais voir un homme sobre, modéré, chaste, équitable, prononcer qu'il n'y a point de Dieu ni d'âme immortelle; il parlerait sans intérêt; mais cet homme ne se trouve pas. » (LA BRUYÈRE, *Caractères*.)

Dualisme ou manichéisme. — Le *dualisme* ou *manichéisme* suppose l'existence de deux principes ennemis l'un bon, l'autre mauvais, auteurs du bien et du mal que nous voyons sur la terre.

Déisme. — Le *déisme* admet un Dieu, mais il nie la Providence et rejette toute religion révélée.

Panthéisme. — Le *panthéisme* est la doctrine qui ne reconnaît d'autre substance que la substance divine, comprenant à la fois Dieu, le monde et l'humanité. Cette monstrueuse erreur, qui divinisait l'univers et n'admettait d'autre Dieu que le *Grand-Tout*, a de nos jours perdu tout crédit.

Matérialisme ou Positivisme. — Le *matérialisme* n'admet d'autre substance que la matière. Le *positivisme* rejette formellement les causes et les principes métaphysiques, et ne reconnaît pour réel et positif que les faits matériels, les faits de l'expérience sensible et du calcul mathématique.

D'après cette doctrine, l'univers aurait pour éléments des atomes matériels incréés et éternels; la vie ne serait que « la résultante de l'action des organes »; la pensée, « une sécrétion du cerveau »; la volonté, « une excitation cérébrale ».

Ainsi, pour vouloir répudier Dieu, et dans le vain espoir d'échapper aux nécessités de la logique, les positivistes se condamnent, eux, les dédaigneux ennemis de l'hypothèse, à accumuler des hypothèses sans nombre, dont le ridicule le dispute à l'absurde. Ils supposent des myriades d'effets sans une cause première et absolue, c'est-à-dire sans aucune cause. *O incrédules, les plus crédules des hommes!* le mot est de Pascal.

Hétérogénie ou générations spontanées. — *L'hétérogénie*, ou *générations spontanées* (système universellement rejeté aujourd'hui), prétendait que la matière inorganique peut passer à l'état d'être vivant par ses seules forces physiques et chimiques. « Singulier système, dirons-nous avec Lamartine, qui prend pour créateur une pelletée de boue desséchée dans un marécage! Et tout cela pour se passer de Dieu ou pour le reléguer dans l'abîme de l'abstraction et de l'inertie. »

C'est un fait que l'air, la terre et l'eau sont remplis de germes, déposés par des êtres vivants, et qui n'attendent pour éclore qu'un milieu propice; mais si l'on détruit ces germes, aucune éclosion ne se produit, la matière reste absolument stérile; c'est ce qu'ont démontré victorieusement les expériences de MM. Longuet, de Quatrefages, de Humboldt, Flourens, Pasteur et autres savants modernes. « Tous les animaux, conclurons-nous avec M. Milne-Edwards, sont soumis à la même loi; ils n'existent que *procréés* par des *êtres vivants.* »

Transformisme ou évolutionisme. — Ce système n'admet, à l'origine, qu'un petit nombre de types rudimentaires, « pourvus de puissantes énergies créatrices tendant à se développer, à progresser toujours, à passer d'un état inférieur à un état supérieur. »

Lamarck, naturaliste français, explique l'*évolution* progressive des types rudimentaires, par le *milieu*, le *besoin*, l'*habitude*. — Le milieu, le besoin, l'habitude peuvent développer et modifier ce qui existe; mais ils sont impuissants à rien créer de nouveau.

Darwin, philosophe anglais, prétend que la transformation des espèces est due à la *sélection naturelle*. L'hypothèse de Darwin est démentie par l'histoire et l'expérience. — La paléontologie n'a découvert, dans les débris fossiles, aucune trace de la variabilité des espèces. « Les révolutions que notre globe a subies, et dont il porte dans notre âge les stigmates indélébiles, n'ont pu altérer les types originairement créés; les espèces ont conservé leur stabilité, jusqu'à ce que des conditions nouvelles aient rendu leur existence impossible; alors elles ont péri, mais elles ne se sont pas modifiées[1].

« Voilà six mille ans que nous manions la nature, dit M. Bougaud, et, en l'aidant avec tout notre esprit, nous ne sommes pas parvenus à lui faire, une seule fois, sauter le pas du minéral à la plante, de la plante à l'animal, pas même du singe à l'homme; et la nature aurait fait cela toute seule, sans aide et des milliers de fois! » Et pourquoi ne le fait-elle plus? L'homme, pour obtenir des races ou des variétés nouvelles, choisit constamment les individus en qui se trouvent les qualités qu'il veut fixer : c'est la sélection artificielle, intelligente, réfléchie. La nature, au contraire, obéit à des lois irréfléchies; elle est incapable de choisir.

« Croire à la transformation des espèces, dit Cuvier, c'est montrer une profonde ignorance de l'anatomie. » Linné, Blainville, Geoffroy Saint-Hilaire, Agassiz, sont du même avis.

« C'est un fait acquis à la science, conclut M. de Quatrefages, un des savants qui ont le plus étudié cette question, la loi des êtres vivants est la *fixité* des espèces et non la *variabilité*. »

Les transformistes, d'ailleurs, doivent forcément recourir à un créateur pour expliquer l'apparition de la

---

[1] Godron, *De l'Espèce et des Races*.

première ou des premières espèces, d'où dérivent toutes les autres.

QUESTIONNAIRE. — Nommez les principales erreurs sur Dieu et la création. — Que savez-vous de l'athéisme? — du dualisme ou manichéisme? — du déisme? — du panthéisme? — du matérialisme ou positivisme? — de l'hétérogénie ou générations spontanées? — de l'évolutionisme ou transformisme?

RÉSUMÉ

MÉTAPHYSIQUE

Science de ce qui est au delà et au-dessus des choses physiques.
De l'être. — L'être *est tout ce qui existe ou peut exister.* — On distingue l'être *nécessaire* et l'être *contingent*, la *substance* et le *mode*.
De la nature en général : ensemble des *êtres soumis à des lois nécessitantes*.
Diverses conceptions sur la matière : *matière* et *forme*, *mécanisme* ou *atomisme*, *dynamisme* et *atomisme chimique*.
Diverses conceptions sur la vie : *organicisme, dynamisme, vitalisme, animisme*.

Théodicée

Science de Dieu. Dieu est l'*Être parfait*, cause première de toutes choses.

Preuves physiques tirées de	L'existence du monde. L'ordre du monde.
Preuves morales fondées sur	La croyance du genre humain. L'existence de la loi naturelle.
Preuves métaphysiques fondées sur	La nécessité d'une cause première. L'existence des vérités premières.
Attributs absolus	Unité, simplicité, immutabilité, immensité, éternité.
Attributs moraux	Intelligence, liberté, puissance, bonté, sagesse, justice, miséricorde, sainteté.

Providence : acte par lequel Dieu gouverne le monde et conduit tous les êtres à leur fin.

Preuves	Ordre du monde. Conduite des peuples. Attributs divins.

Objections : existence du mal *physique* et du mal *moral*.
Erreurs : *athéisme, dualisme, déisme, panthéisme, positivisme, hétérogénie, transformisme*.

QUATRIÈME PARTIE

MORALE

Définition et objet. — Caractère. — Rapports. — Division.

Définition et objet. — La morale [1] est la *science des mœurs*, c'est-à-dire la *science des actions libres de l'homme*.

Les *mœurs* sont la manière de vivre et d'agir des êtres doués de raison et de liberté. Les mœurs que la morale enseigne, on le conçoit, ce sont les mœurs telles qu'elles doivent être. — La morale s'occupe directement des *actions libres de l'homme*, c'est-à-dire des actions émanant de la raison et de la volonté.

Caractère de la morale. — La morale est surtout une science *pratique :* elle dit ce qu'il faut faire, elle donne des règles à la volonté ; elle apprend à l'homme à bien user de sa liberté pour atteindre sa fin dernière. C'est à cette fin qu'elle rapporte tout ; c'est vers cette fin qu'elle oriente toutes les bonnes volontés.

Rapports de la morale avec les autres sciences. — La morale trace aux sciences pratiques, à la jurisprudence, à l'économie politique, à la pédagogie, à l'esthétique, les *principes* qui leur servent de base et en dehors desquels ces sciences deviendraient trompeuses et nuisibles. Aristote nommait la morale : la science la plus excellente, la science régulatrice, la science principale.

---

[1] Du latin *mos, mores*, mœurs, manières de vivre et d'agir ; ou du grec *êthos*, éthique, nom employé autrefois pour désigner la morale.

Quant au rapport de la morale avec les autres parties de la philosophie, il est facile de voir qu'elle est le complément de la psychologie et de la logique : de la *psychologie*, car la connaissance de nos *pouvoirs* appelle naturellement l'étude de nos *devoirs*; de la *logique*, puisqu'on ne doit apprendre à *mieux connaître le vrai* que *pour mieux pratiquer le bien*, et qu'elle repose sur la *théodicée*; car, sans la croyance en Dieu, elle n'aurait aucune efficacité pratique.

Division. — La morale se divise naturellement en deux parties : la *morale générale* ou *théorique*, et la *morale particulière* ou *pratique*; la première étudie les principes qui sont la base de la morale, et la seconde en fait connaître les applications particulières.

QUESTIONNAIRE. — Comment définit-on la morale ? — Quel est son caractère ? — Quels rapports a-t-elle avec les autres sciences ? — — En combien de parties se divise la morale ?

MORALE GÉNÉRALE

Objet et division. — La morale générale ou théorique a pour objets : — 1° la *loi morale, ses caractères, son principe, les devoirs qu'elle impose et les droits qu'elle confère*; — 2° les effets du devoir accompli ou violé : *la vertu et le vice, la responsabilité et la sanction*. Telle est aussi sa division.

Mais parlons d'abord de la faculté qui apprécie les faits de l'ordre moral : de la *conscience morale*.

I. — CONSCIENCE MORALE

Définition. — Rôle de la conscience. — Son objet. — Son domaine. — Ses divers états. — Formation de la conscience. — Son autorité. — Remarque

Définition. — La conscience morale est *la faculté qui nous fait discerner le bien du mal, le juste de l'in-*

juste, *l'obligatoire de l'indifférent, le permis du défendu.*

Rôle de la conscience morale. — La conscience morale est à la fois un conseiller, un juge et un exécuteur : — *conseiller*, elle nous avertit de la bonté ou de la malice de nos actes, nous encourage ou nous dissuade ; — *juge*, elle nous acquitte ou nous condamne ; — *exécuteur*, elle récompense le bien par la satisfaction intérieure et punit le mal par le remords [1].

Son objet. — L'objet propre de la conscience morale est d'*éclairer la volonté* et d'*apprécier ses déterminations*, de *détourner l'homme du mal* et de *juger ses actions*.

Son domaine. — Les jugements de la conscience morale portent exclusivement sur les actes produits *sciemment* et *librement* par nous et par nos semblables. Ainsi :

1º Quand nous sommes témoins d'une action librement accomplie par autrui, nous portons aussitôt ce jugement : Ceci est *bien*, ceci est *mal*. Nous pensons en même temps que l'auteur de cette action est *responsable*, qu'il a *mérité* ou *démérité*, qu'il est digne de *récompense* ou de *châtiment*, d'*approbation* ou de *blâme*, d'*estime* ou de *mépris*.

2º Les actions que nous accomplissons nous-mêmes sont généralement *précédées* d'un avertissement et *suivies* d'une satisfaction morale ou d'un remords. Avant de nous déterminer à agir, nous jugeons que l'acte est bon, et que nous pouvons ou devons l'accomplir, ou qu'il est mauvais et que nous devons nous abstenir. Si nous avons fait le bien, nous croyons avoir mérité une récompense ; si nous avons fait le mal, nous croyons que nous devons être punis. Ces jugements et ces senti-

---

[1] « Chaque homme a dans son cœur un tribunal où il commence par se juger lui-même, en attendant que l'Arbitre souverain confirme la sentence. »
(CHATEAUBRIAND, *le Génie du Christianisme*.)

ments, qui nous instruisent de la bonté ou de la malice
de nos actions, qui les condamnent ou les approuvent,
attestent de la manière la plus évidente que les *idées* du
bien et du mal sont comme gravées dans notre conscience par la main même du Créateur.

Ses divers états. — On distingue la conscience *droite*,
la conscience *erronée* et la conscience *douteuse*.

La conscience est *droite* ou *vraie* quand ses jugements
sont conformes à la loi morale; quand elle juge exactement de ce qui est permis ou défendu, de ce qui est
obligatoire ou facultatif.

La conscience est *erronée* ou *fausse* quand ses jugements déclarent bien ce qui est mal, ou mal ce qui est
bien. Quand l'erreur est invincible, elle est involontaire,
et l'action qui la suit est pratiquement bonne, car l'intention est honnête. Si l'erreur est vincible, elle est
évitable et ses conséquences sont coupables.

La conscience est *douteuse*, quand elle reste en suspens sur la bonté ou la malice d'un acte. Dans ce cas,
on ne doit pas agir avant d'avoir pris conseil; car il
n'est jamais permis d'agir d'après une conscience douteuse. Si le conseil fait défaut et qu'il y ait obligation
d'agir, on doit prendre le parti le plus sûr.

Formation de la conscience. — La conscience
morale se développe et se perfectionne par l'éducation,
la prière, la lecture des moralistes, le recours à des
conseils prudents, l'imitation des bons exemples qu'on
a sous les yeux, et surtout par la répression des passions dont l'effet est d'obscurcir les facultés morales.

Former en nous une conscience qui ne se laisse troubler ni par les mauvais exemples, ni par les mauvais
conseils, ni par les sophismes, tel doit être le but de
nos efforts de chaque jour, et la fin de toutes les études
morales. « C'est une grande ressource, a dit Louis XIV,
que le sentiment d'une bonne conscience. »

L'homme vaut ce que vaut sa conscience. Aussi le plus
bel éloge qu'on puisse faire d'un homme, c'est de dire
de lui qu'il est consciencieux.

Autorité de son témoignage. — La conscience morale est le *juge* intérieur et pratique qui, dans chaque cas particulier, décide du bien ou du mal. On ne peut demander à chaque homme qu'une chose : c'est d'agir suivant sa conscience. La conscience est souveraine pour chaque individu ; nulle autorité ne saurait prévaloir contre elle.

Remarque. — On désigne souvent la conscience morale, ou raison pratique, sous le nom de *sens moral*, comme la conscience psychologique, ou raison théorique, sous celui de *sens commun*. — Dire d'un homme qu'il a perdu le sens moral, qu'il a le sens moral oblitéré, signifie qu'il ne discerne pas ou qu'il ne paraît que très peu discerner le bien du mal.

QUESTIONNAIRE. — Quel est l'objet de la morale générale ? — Qu'est-ce que la conscience morale ? — Quel est son rôle ? — Quel est son objet ? — Sur quels actes portent ses jugements ? — Que savez-vous des divers états de la conscience ? — Comment se forme la conscience ? — Quelle est la valeur de ses jugements ? — Sous quels noms désigne-t-on encore la conscience morale ?

II. — LOI MORALE

La loi. Les lois. — Leurs espèces — Remarque. — Définition de la loi morale. Preuves de l'existence de la loi morale.

La loi. Les lois. — Leurs espèces. — La loi[1], au sens le plus général du mot, est la *règle constante et universelle qui gouverne les êtres* et leur fait accomplir leur destinée. Cette règle est inévitable ou *fatale* pour les êtres privés de raison ; elle est *obligatoire* pour l'être raisonnable.

Dans le premier cas, ce sont les lois de la *nature* : lois des phénomènes astronomiques, physiques, chimiques, biologiques. — Dans le second cas, c'est la loi *morale*, ainsi appelée parce qu'elle gouverne les personnes, et

---

[1] Du latin *lex, ligare*, mot qui signifie *lier*.

qu'on y obéit, non pas comme aux lois naturelles, d'une manière aveugle et fatale, mais par une soumission intelligente et libre.

Remarque. — La loi morale est dite aussi *loi naturelle*, parce qu'elle est essentielle à notre nature ; pour être supprimée ou seulement modifiée, il faudrait que la nature humaine cessât d'abord d'être ce qu'elle est.

Il y a encore les lois *positives* ou *écrites*. On appelle ainsi : 1º les lois *divines* (patriarcales, mosaïques, évangéliques), qui ne résultent pas nécessairement de l'essence de notre nature, mais qui servent de complément à la loi morale ; elles sont écrites dans les livres révélés ; — 2º les lois *humaines* (ecclésiastiques, civiles ou politiques), librement établies par l'Église ou par les autorités purement humaines pour régler, soit notre vie chrétienne, soit notre vie de citoyens.

Définition de la loi morale. — La loi morale est la *règle à laquelle tout être intelligent et libre doit conformer sa conduite dans les différentes situations de la vie.* Cette loi, comme toutes les lois positives, ordonne, défend, permet ; elle nous *ordonne* de faire le bien et d'éviter le mal [1].

Preuves de l'existence de la loi morale. — L'existence de la loi morale nous est attestée par la *raison*, par la *croyance des peuples* et par la *conscience individuelle*.

Par la raison. — L'être intelligent et libre ne se comprend pas sans une loi qui règle ses actions. Tous les êtres ont leurs lois ; le monde matériel a ses lois, les animaux ont leurs lois, l'homme doit avoir ses lois : Dieu n'a pu créer l'homme sans lui assigner une fin

---

[1] « Il y a, dit Cicéron, une loi *conforme* à notre nature, *commune* à tous les hommes, *constante*, *immuable*, *éternelle*, qui nous commande la vertu et nous défend le mal. Ni le peuple ni les magistrats n'ont le pouvoir de *délier* des obligations qu'elle impose. Elle n'est pas *autre* à Rome et *autre* à Athènes, ni *différente* aujourd'hui de ce qu'elle sera demain ; *universelle*, *inflexible*, toujours la même, elle embrasse toutes les nations et tous les siècles. Par elle, Dieu, qui en est l'auteur, instruit et gouverne souverainement tous les hommes. » (*Traité des devoirs.*)

conforme à sa nature, et sans lui donner une loi qui l'y conduise.

Par la croyance des peuples. — Les hommes de tous les temps ont regardé certaines actions comme *bonnes* et permises; d'autres, comme *mauvaises* et défendues; ils ont admis la distinction du *juste* et de l'*injuste*, et, sur ce principe, ils ont fait reposer toutes leurs législations. Cette conduite prouve l'existence d'une loi morale.

Par la conscience individuelle. — La conscience individuelle conçoit, promulgue et applique la loi morale. Tout homme jouissant de ses facultés *entend* dans son âme une voix qui lui dit à chaque instant : Telle action est honnête et permise, *fais-la;* telle autre action est honteuse et défendue, *ne la fais pas*. Cette voix de la conscience, nous pouvons refuser de l'écouter; mais il n'est pas moins vrai que pour nous quelque chose demeure permis ou défendu. Il y a donc pour l'homme une règle de conduite, une *loi* à observer.

QUESTIONNAIRE. — Qu'est-ce que la loi en général? — Comment peut-on définir la loi morale? — Exposez les preuves de l'existence de la loi morale.

III. — CARACTÈRES DE LA LOI MORALE

Caractères de la loi morale. — Importance de la loi morale. — Différence de la loi morale et des lois humaines.

Caractères de la loi morale. — La loi morale présente certains caractères importants : elle est *universelle, immuable, absolue, évidente, obligatoire, praticable* (Relire la belle définition de Cicéron, note ci-contre).

Universelle. — La loi morale est *universelle*, c'est-à-dire qu'elle s'impose à tous les hommes de tous les siècles et de tous les pays; qu'elle s'applique à tous leurs actes de la même manière, dans les mêmes circonstances. — Cette universalité de la loi morale repose sur l'identité de la nature humaine.

Immuable. — La loi morale est *immuable*, c'est-à-dire qu'elle ne change pas ; elle est plus ou moins connue de la conscience humaine, suivant les temps et les circonstances ; mais, en elle-même, elle est invariable. Ce qui était bien autrefois est encore bien aujourd'hui et le sera demain.

Absolue. — La loi morale est *absolue*, c'est-à-dire qu'elle doit être observée à tout prix : elle ne dépend d'aucun intérêt, d'aucune position, d'aucun caprice ; elle s'impose à tous les hommes *sans exception*.

Évidente. — Les premiers principes moraux et leurs conséquences immédiates sont évidents par eux-mêmes ; ils ne peuvent être ignorés invinciblement : la conscience révèle à tous, savants et ignorants, les prescriptions essentielles de la loi morale.

Obligatoire. — La loi morale est *obligatoire*, c'est-à-dire qu'elle s'impose à l'être intelligent et libre, sans cependant lui faire violence : elle commande à sa volonté sans la contraindre ; et il sent que, s'il se soustrait à son autorité, il commet un acte coupable.

Praticable. — La loi morale est toujours praticable, parce que l'être raisonnable et libre peut toujours distinguer le bien du mal, et vouloir faire le bien de préférence au mal. La possibilité est une conséquence de l'obligation : à l'impossible nul n'est tenu.

Importance de la loi morale.

— L'importance de la morale se tire, soit de l'excellence de sa *fin*, soit de ses *rapports* avec les lois humaines.

La loi morale a pour fin d'apprendre à l'être libre à se conduire avec rectitude et honnêteté ; or, rien n'est plus nécessaire à l'homme : c'est la condition de son perfectionnement et de sa grandeur véritable. — Elle produit chez ceux qui lui obéissent fidèlement les joies de la conscience, et fait naître en eux la vertu et le mérite, c'est-à-dire le droit à la récompense.

La loi morale préexiste aux lois humaines, et les Codes

ne sont légitimes que par elle et de par elle. — Sans la loi morale, l'ordre social, les lois civiles et l'autorité politique n'auraient d'autres points d'appui que la force ou un accord purement conventionnel, c'est-à-dire ce qu'il y a de plus variable et de plus fragile.

Différence de la loi morale et des lois humaines. — Les caractères de la loi morale suffisent à la distinguer des lois humaines. Celles-ci, en effet, ne sont ni *universelles*, ni *immuables* : elles dépendent des temps, des lieux, des circonstances, des traditions, des coutumes, etc. ; elles ne sont *obligatoires* et n'ont de valeur qu'autant qu'elles viennent d'une autorité légitime et compétente, et qu'elles ne sont contraires ni à la *loi morale*, ni aux *lois divines positives*.

En cas de collision de lois, la plus faible doit le céder à la plus forte; or la loi morale l'emporte sur les lois humaines. Toute loi humaine qui sort de ses limites naturelles est un désordre et n'a aucune force obligatoire.

QUESTIONNAIRE. — Quels sont les caractères de la loi morale ? — Faites ressortir l'importance de la loi morale. — Quelle différence y a-t-il entre la loi morale et les lois humaines ?

IV. — LE BIEN MORAL : PRINCIPE DE LA LOI MORALE

Définition. — Raison de la distinction du bien et du mal. — Le bien moral remplit toutes les conditions de la loi morale. — Raisons de l'obligation morale.

Définition. — Le bien moral est le principe, le fondement de la loi morale.

Le bien moral, qu'on appelle encore l'honnête, le juste, *c'est ce qui est conforme à la loi morale, c'est ce que la conscience morale prescrit, c'est ce qu'il faut faire, c'est ce qui est louable en soi.*

Le bien moral porte l'homme à rechercher un *bien*, non pour le plaisir qui peut y être attaché (*morale épicurienne*), ni pour les avantages qui peuvent en résulter (*morale utilitaire*), mais avant tout pour obéir à la *loi morale*, qui *oblige* de faire le bien et d'éviter le mal. Quand l'homme repousse le plaisir ou l'intérêt pour suivre les inspirations de sa conscience, il sent qu'il se conduit *moralement*, qu'il remplit son *devoir*.

Au bien moral est opposé le mal moral ; le mal moral, c'est *ce qui est contraire à la loi morale, ce que la conscience morale défend*.

Raison de la distinction du bien et du mal. — La distinction du bien et du mal, ou, si l'on veut, l'*idée du bien*, est dans la conscience ; on la trouve chez tous les hommes : tous les hommes reconnaissent qu'il est bien de faire l'aumône, de se dévouer, d'adorer Dieu ; qu'il est mal de trahir, de blasphémer. Mais d'où vient que certaines actions sont bonnes et que d'autres sont mauvaises ?

Le bien, pour chaque être, c'est ce qui *convient* à sa nature, ce qui le perfectionne et le conduit à sa fin. Or on distingue en l'homme la fin physique, la fin intellectuelle et la fin morale. Il y a donc pour lui trois espèces de biens : le *bien physique* (conservation de la santé et de la vie), le *bien intellectuel* (connaissance de la vérité), et le *bien moral* (ce qui est bien en soi, abstraction faite de toute considération égoïste, ou, comme dit Cicéron, « ce qui est louable en soi, quand même personne ne le louerait »).

Poursuivre ces trois espèces de biens, atteindre ces trois espèces de fins, c'est pour l'homme la règle de sa perfection, c'est la condition de son bonheur, c'est l'ordre dans la nature raisonnable vis-à-vis d'elle-même, vis-à-vis des autres êtres et vis-à-vis de Dieu.

Le mal pour l'homme, c'est ce qui est *contraire* à sa nature, à sa fin et à l'ordre moral ; c'est le non-accomplissement de sa destinée.

La distinction du bien et du mal repose donc sur l'*essence même des choses*.

Le bien moral remplit toutes les conditions de la loi morale. — Le bien moral a les mêmes caractères que la loi morale ; il est *universel, immuable, absolu* : tous les hommes s'accordent partout et toujours à juger que le bien est bien, que le mal est mal ; qu'il est bon d'honorer ses parents, de respecter les droits d'autrui, de tenir ses promesses, de se dévouer pour la patrie, d'aimer Dieu, de faire aux autres ce que nous voulons qu'ils fassent pour nous, etc. Le *bien moral* est donc le principe et l'unique fondement de la loi morale.

Raisons de l'obligation morale. — La loi morale nous *oblige* de faire le bien et d'éviter le mal ; mais d'où *vient* pour nous cette obligation ? Le bien est obligatoire : 1° *parce qu'il est bien ;* 2° *parce que Dieu nous l'impose comme moyen nécessaire pour arriver à notre fin dernière.*

1° Parce qu'il est bien. — En effet, le bien, avons-nous dit, c'est l'*ordre moral*. Or la raison demande que l'ordre moral soit observé, et que l'on trouve dans les actes libres de l'homme la même régularité que dans les êtres impersonnels.

L'homme qui fait le bien reste dans l'ordre et se perfectionne suivant la loi de sa nature et de sa destinée.

Ainsi, pour observer l'ordre, condition de son perfectionnement, l'homme doit faire les actions qu'il reconnait être bonnes et éviter celles qu'il reconnait être mauvaises.

2° Parce que Dieu l'impose. — Dieu est l'auteur de l'*ordre du monde*, c'est-à-dire de l'harmonie des moyens avec les fins, de l'organisation des êtres avec le but qui leur est assigné. Or Dieu *veut* nécessairement que l'être moral et raisonnable respecte cet ordre et ne trouble pas cette harmonie ; il veut que l'homme fasse le bien et évite le mal.

L'homme a donc le devoir de *réaliser* l'ordre que Dieu veut, sous peine de ne pas *accomplir ses destinées secondaires et terrestres*, et de ne pas *arriver à sa fin dernière*, c'est-à-dire au bonheur *parfait* et sans *fin*, qui est la possession même de Dieu.

La volonté divine est donc, en dernière analyse, le véritable fondement de l'obligation morale. — Nous entendons parler de la volonté *nécessaire* et *immuable* de Dieu, par laquelle il veut et doit vouloir l'observation de l'ordre établi par lui. Dieu ordonne certaines actions et en défend d'autres. Mais ces actions ne sont pas bonnes ou mauvaises uniquement parce que Dieu les a commandées ou défendues. Admettre cela, ce serait admettre que Dieu eût pu faire le contraire; que, s'il l'eût voulu, ce qui est mauvais serait bon et ce qui est bon serait mauvais : une pareille contradiction répugne à la fois à notre raison et à la sagesse de Dieu. Dieu prescrit *ce qui est bien en soi*, il défend *ce qui est mal en soi*. Il y a donc un bien et un mal antérieurs, logiquement, au commandement divin et qui lui servent de motif. Les actions sont bonnes ou mauvaises en elles-mêmes, selon qu'elles sont conformes à l'ordre moral que Dieu a établi ou qu'elles tendent à le troubler. Il y a entre le bien et le mal une différence *intrinsèque* et *objective* [1].

QUESTIONNAIRE. — Comment définit-on le bien moral? — le mal moral? — Quelle est la raison de la distinction du bien et du mal? — Le bien moral remplit-il toutes les conditions de la loi morale? — Pourquoi le bien est-il obligatoire?

V. — LE DEVOIR ET LE DROIT

Définition du devoir. — Caractère impératif du devoir. — Division des devoirs. — Définition et origine du droit. — Théories erronées sur l'origine du droit. — Division des droits. — Corrélation du devoir et du droit. — Limites de nos droits. — Leur étendue. — Dignité personnelle et autonomie morale.

Définition du devoir. — Le bien obligatoire *s'appelle le devoir*, parce qu'on doit le faire. Le devoir est donc *ce que nous devons faire et pratiquer;* c'est ce à *quoi nous sommes obligés par la loi morale.*

[1] Les partisans de la morale indépendante veulent que le seul fondement rationnel de l'obligation morale soit l'*honneur*, la *dignité humaine*, sans retour d'égoïsme comme sans *considération aucune de la divinité.* « La science des mœurs, disent-ils, ne relève en rien de Dieu; son unique principe est la *personnalité humaine.* » Cette morale n'est pas autre chose que l'athéisme pratique, car le simple bon sens nous dit que, si Dieu existe, il est créateur; s'il est créateur, il est législateur. — « *La morale indépendante est une morale sans couronnement nécessaire, sans efficacité, sans conclusion logique; une morale que répudie la saine raison, aussi bien que le sentiment et la foi universelle du genre humain.* » (FRANCK.)

Le devoir est la conséquence de la distinction du bien et du mal. Si le bien existe, si on a le pouvoir de le négliger, on sent qu'on est tenu de l'accomplir.

Caractère impératif du devoir. — Le devoir ne tire sa force ni de notre intérêt, ni de notre plaisir, mais uniquement de l'autorité de Dieu ; et c'est pour cela qu'on dit que le devoir a un caractère *impératif*, c'est-à-dire un caractère de commandement qui s'impose de lui-même ; quand la conscience nous déclare que nous devons faire une action, c'est une obligation pour nous, sous peine de nous rendre coupables, de l'accomplir et de ne pas reculer même devant le sacrifice de nos intérêts, de notre réputation, de notre plaisir. Le proverbe populaire : *Fais ce que dois, advienne que pourra*, exprime très bien cette nécessité. L'honnête homme « ne songe jamais qu'à son devoir, il laisse à Dieu le soin de son bonheur ». (TH. REID.)

Le devoir présuppose ainsi deux idées : l'idée de *liberté* et l'idée d'une *dépendance absolue* à l'égard de Dieu.

Division des devoirs. — Les devoirs peuvent être classés d'après la *manière dont ils se formulent*, ou d'après leur *objet*.

D'après la manière dont ils se formulent, on distingue :

1º Les devoirs positifs et les devoirs négatifs. Les devoirs sont dits *positifs* ou *affirmatifs*, s'ils ordonnent (rends à chacun ce qui lui est dû, honore tes parents) ; ils sont dits *négatifs* ou *prohibitifs*, s'ils défendent (ne fais tort à personne).

2º Les devoirs larges et les devoirs stricts. En général, les devoirs larges correspondent aux devoirs positifs : ils sont plus ou moins laissés à notre appréciation, quant à l'objet, au temps, à la mesure, à la manière[1].

---

[1] *Tout ce qui est bien n'est pas obligatoire.* Tout ce qui est devoir est bien ; mais tout ce qui est bien n'est pas devoir. — *Je n'ai fait que mon devoir*, dit-on. On peut donc faire plus que son devoir : au delà du devoir rigoureux, il y a la perfection ; au delà du bien, il y a le mieux ; au delà de ce qui est commandé, il y a ce qui est simplement conseillé.

Les devoirs *stricts* correspondent aux devoirs négatifs, ils s'imposent absolument dans toutes les circonstances possibles et ne donnent lieu à aucune incertitude ni interprétation : deux personnes placées dans les mêmes circonstances, ont absolument les mêmes devoirs.

D'après leur objet, ou, ce qui revient au même, d'après les diverses situations de l'homme, on distingue : — 1º les devoirs individuels ; 2º les devoirs sociaux ; 3º les devoirs religieux (voir *Morale pratique*).

Cette classification, toute moderne, a dû être empruntée à l'Évangile, qui la donne, en effet, très nettement : « Aime *Dieu* par-dessus toute chose et ton *prochain* comme *toi-même*. »

Les anciens : Socrate, Platon, Aristote, etc., faisaient rentrer tous les devoirs dans ces quatre vertus : **prudence, justice, courage et tempérance**. Cette division est moins précise et moins claire que la division moderne.

Définition et origine du droit. — Le droit est *le pouvoir moral de faire ou d'exiger certaines choses*; c'est, pour l'homme, la puissance inviolable de remplir son devoir, d'atteindre sa fin et de réaliser, par l'effort libre de sa volonté, l'ordre voulu de Dieu.

Le *droit* est inséparable du *devoir* : ils dérivent l'un et l'autre de la loi morale, dont ils sont des applications différentes : la loi morale est le *devoir* en tant qu'elle oblige, qu'elle commande le bien et défend le mal ; elle est le *droit* en tant qu'elle rend inviolable la personne ou le sujet de la loi (p. 228).

Théories erronées sur l'origine du droit : 1º La force est-elle le fondement du droit? — Les socialistes : Hobbes, Proudhon [1], etc., prétendent que le droit dérive de la *force :* « On a, disent-ils, le droit de faire tout ce qu'on peut faire. »

La force est un pouvoir sans doute, mais un pouvoir *physique*, dont on se sert aussi bien pour opprimer le droit que pour le défendre : dire que la force engendre

---

[1] Proudhon *Pierre-Joseph* (1809-1865), né à Besançon.

le droit, c'est admettre que ce qui est *doit être;* c'est justifier toutes les tyrannies, tous les crimes.

Quand le fabuliste nous dit que « la raison du plus fort est toujours la meilleure », il constate un fait, non un droit; il dit ce qui est, non ce qui doit être. Le droit est un pouvoir *moral;* il subsiste, lors même que la force l'opprime.

2º **Est-ce le besoin?** — « L'homme, disent d'autres socialistes, a autant de *droits* qu'il a de *besoins naturels.* »

Cette théorie n'est pas acceptable, car le droit est toujours parfaitement déterminé par rapport aux personnes qu'il intéresse et aux objets auxquels il s'applique; au contraire, le besoin est vague, indéfini. Comment d'ailleurs distinguer les besoins *naturels, nécessaires,* des besoins *factices,* qui ne sont que des appétits transformés en besoins par l'habitude?

Division des droits. — On distingue deux espèces de droits : les droits *naturels* et les droits *positifs.*

Les droits naturels ont pour fondement la *nature même des choses* (droit de conserver ma vie, de me servir de mes facultés, droit du père sur ses enfants); ils sont innés, absolus, universels. — Les *droits positifs* sont acquis par le travail ou résultent des contrats librement consentis (droit de posséder telle maison, tel champ, tel animal, tel livre); ils sont variables et relatifs.

Corrélation du devoir et du droit. — Le *devoir* et le *droit* s'appellent mutuellement, et se fondent l'un et l'autre sur l'obligation morale d'observer l'ordre imposé par la loi naturelle. Le devoir suppose le droit : ce que j'ai le devoir de faire ou d'éviter, j'ai le droit de le faire ou de l'éviter, et mon semblable a le devoir de ne pas m'en empêcher.

Ce qui est un droit pour moi crée un devoir pour mon semblable, et réciproquement. Ainsi, du *droit* du créancier, relativement à son débiteur, naît le *devoir* du débiteur, relativement à son créancier. Aux droits du père à l'égard de son fils, du patron par rapport à l'ouvrier, correspondent les devoirs du fils à l'égard de son père, de l'ouvrier par rapport au patron. — Quiconque possède un droit impose par là même aux autres un devoir: celui de respecter son droit. Voici, en effet, un principe absolu : *Nul n'a le droit d'empêcher ce que la loi morale prescrit certainement comme un devoir*. Ce qui revient à dire, avec Bossuet : « Il n'y a point de droit contre le droit. »

Limites de nos droits. — Nos droits sont limités par nos devoirs : ce que le devoir nous défend, nous n'avons pas le droit de le faire; ils le sont aussi par les droits de nos semblables, que nous sommes tenus de respecter, comme ils sont tenus de respecter les nôtres.

Étendue de nos droits. — Nos droits s'étendent plus loin que nos devoirs : nous pouvons faire beaucoup de choses qu'aucune obligation ne nous impose. Nous avons le *droit de faire* tout ce qui n'est pas défendu, et le *droit d'omettre* tout ce qui n'est pas prescrit.

Nous pouvons abandonner nos droits; nous ne pouvons jamais nous soustraire à nos devoirs.

Dignité personnelle et autonomie morale. — Le fait d'avoir des droits et des devoirs constitue l'*éminente dignité de la personne humaine,* dignité que nous avons le devoir de respecter en nous et dans les autres.

Les animaux n'ont ni droits ni devoirs. Les droits et les devoirs ne se conçoivent pas sans l'intelligence et la liberté : l'intelligence pour connaître et comprendre la règle; la liberté pour l'accomplir. Dans l'ordre purement physique, la loi s'accomplit aveuglément et fatalement; dans l'ordre moral, elle est connue et librement observée.

Jamais l'homme ne peut se traiter ni être traité comme une chose, comme un moyen; il a la loi morale à suivre, un but moral à atteindre; il doit se respecter et être respecté à cause de la loi morale dont il est le sujet : loi *autonome,* en ce sens qu'étant l'expression de la sagesse et de la volonté divines, elle ne reconnaît pas d'autorité qui lui soit supérieure, de principe qui soit au-dessus d'elle. L'homme est *inviolable* dans la loi morale qui le couvre, dans la fin qu'elle lui enjoint de poursuivre.

Les droits forment autour de chaque homme comme un rempart que nul ne peut franchir sans sortir de l'ordre, sans déchoir, sans s'avilir.

L'homme qui manque au devoir abaisse et diminue sa dignité. Il ne perd pas pour cela ses droits : il demeure toujours le sujet de la loi morale, mais il devient moins digne de les exercer. Une sorte de contradiction s'établit entre sa nature raisonnable, source de ses droits, et sa vie contraire à la raison. « Celui qui fait son devoir, au contraire, conserve et augmente la dignité de sa personne. A la dignité naturelle se joint une dignité librement acquise, qui lui attire tout spécialement et avec justice l'honneur et le respect. »

(A. DE BROGLIE.)

QUESTIONNAIRE. — Comment définit-on le devoir? — Que signifie cette expression (de Kant) : le devoir a un caractère impératif? — Comment divise-t-on les devoirs? — Que savez-vous du droit? — Exposez et réfutez les théories erronées sur l'origine du droit. — Combien distingue-t-on d'espèces de droits? — Exposez les relations réciproques du devoir et du droit. — Quelles sont les limites de nos droits? — Tout droit correspond-il à un devoir, et réciproquement? — Qu'est-ce qui constitue l'éminente dignité de la personne humaine?

VI. — VERTU ET VICE. — PERFECTION. — PROGRÈS

Définition de la vertu. — Conditions et caractères de la vertu. — Définition du vice. — Division des vertus et des vices opposés. — Effets de la vertu et du vice. — Perfection individuelle. — Progrès de l'humanité.

Les *effets* du devoir accompli ou violé sont : la *vertu* ou le *vice,* la *perfection* ou la *dégradation de l'individu,* le *progrès* ou la *décadence de l'humanité.*

Définition de la vertu. — On peut définir la vertu : *l'habitude de faire le bien,* c'est-à-dire *une disposition acquise par des actes réitérés à faire le bien par devoir.*

Conditions de la vertu. — La première condition de la vertu, comme de tout acte moral, est que celui qui agit *sache ce qu'il fait,* c'est-à-dire qu'il *connaisse* la valeur morale de son acte et qu'il ait l'intention d'agir pour le bien.

La seconde condition de la vertu est la *volonté de la pratiquer :* la vertu n'est pas une qualité innée; elle résulte de l'effort, de la volonté : « Il n'y a point de vertu proprement dite sans victoire sur nous-mêmes. » (J. DE MAISTRE.) Il faut du courage, surtout au début, pour accomplir son devoir toujours. Aussi la vertu tire-t-elle son nom du mot latin *virtus,* qui veut dire force, courage, ou mieux virilité. L'âme virile est donc celle qui maîtrise ses passions et suit fidèlement la loi du devoir. — Remarquons toutefois que cette lutte contre nos passions devient facile en proportion de nos efforts, et que la vertu nous paraît de plus en plus aimable à mesure que nous la pratiquons.

Définition du vice. — Le vice est *l'habitude de faire le mal et de désobéir à la loi du devoir,* c'est le triomphe des forces aveugles sur la raison et la liberté.

Division des vertus morales et des vices qui leur sont contraires. — On peut ramener toutes les vertus morales naturelles aux quatre vertus, dites *cardinales* (lat. *cardo,* gond), ainsi appelées parce qu'elles servent de base à toutes les autres. Ce sont : la prudence, la justice, la force et la tempérance.

La *prudence,* ou *sagesse,* dispose l'intelligence à discerner et choisir les meilleurs moyens à prendre pour accomplir le devoir. — Les vices contraires sont : la précipitation, l'inconsidération, l'inconstance, l'astuce.

La *justice* incline la volonté à rendre à chacun ce qui

lui est dû. — Les vices contraires sont : l'esprit de révolte contre l'autorité de la famille ou de la société, l'ingratitude, le mensonge, la déloyauté.

La *force* donne à l'âme le courage de supporter l'adversité et de résister aux passions. — Les vices contraires sont : la témérité, la lâcheté, la présomption, la pusillanimité.

La *tempérance* fait éviter les excès et user de toutes choses selon la droite raison. — Les vices contraires sont : la gourmandise, l'ivrognerie, la cruauté, l'immodestie et tout ce qui est opposé à la chasteté.

Effets de la vertu et du vice. Conséquences qui en découlent. — En résumé, la vertu est l'ordre dans notre nature; elle donne la *paix*. — Le vice est le désordre dans notre nature; il produit le *trouble* et la *tristesse*.

La vertu est force, harmonie, dignité, amour, dévouement, liberté. — Le vice est faiblesse, désaccord, bassesse, égoïsme, esclavage.

La vertu perfectionne le cœur; elle nous rend bienveillants, généreux, dévoués. — Le vice tue le cœur : il est l'égoïsme même.

Dans le vice, l'homme est vaincu, défait, asservi. Dans la vertu, l'homme est vainqueur, il commande, il règne.

Il faut donc :

1º Aimer la vertu et la pratiquer avec joie dès l'adolescence, car elle est une énergie précieuse pour le bon gouvernement de la vie.

2º Détester le vice et s'en préserver à tout prix; car, ainsi que le constatent la médecine, l'histoire, l'économie politique, ses effets sont désastreux, au point de vue physique comme au point de vue moral.

Perfectibilité humaine. — La question de la perfectibilité humaine a donné lieu à deux hypothèses principales. La première, celle des peuples de l'antiquité, est formulée par Hésiode, qui place à l'origine un *âge d'or,* souvenir plus ou moins altéré du Paradis terrestre, ère de bonheur par laquelle l'homme a débuté. La seconde, celle des modernes, admet une marche continuellement ascendante dans la voie du progrès.

La première de ces opinions est confirmée par la Bible, en ce point seulement que l'homme fut créé dans un état de félicité, et qu'il perdit cet état par le péché; mais il n'est pas exact de dire que la décadence est allée en s'accentuant à tous les âges, ni surtout chez tous les peuples. « Les annales de l'Égypte et de la Chaldée nous montrent des civilisations déjà pleinement constituées avant l'époque où les plus larges systèmes de la chronologie biblique placent le déluge. » (A. DE BROGLIE.)

La science moderne, à son tour, a le tort d'oublier la chute originelle et d'appliquer son système au monde entier; mais elle est dans le vrai, quand elle enseigne qu'un progrès social, réel sinon continu, s'est accompli dans nos contrées occidentales : l'histoire et l'archéologie sont d'accord pour l'attester.

« Est-il nécessaire de rappeler le tableau si souvent reproduit des vérités conquises et des préjugés refoulés par le progrès de la conscience humaine? Par exemple, le sentiment du respect de la vie des hommes s'étant de plus en plus développé sous la double influence de la philosophie et de la religion, on a vu disparaître ou s'affaiblir progressivement tout ce qui pouvait porter atteinte à ce principe. C'est ainsi que le cannibalisme, la *vendetta*, les guerres privées, les sacrifices humains, le suicide, le duel, la torture, après avoir été longtemps des pratiques permises et même honorées, ont été condamnées par la morale. C'est ainsi que l'idée vraie de la famille s'étant répandue, on a vu disparaître ou se circonscrire dans certains pays la polygamie, le droit de vie et de mort des parents sur les enfants, etc. Par rapport à la propriété, on a vu aussi, à mesure que la société a été plus assurée, le pillage et le brigandage, autrefois privilège des héros, devenir le refuge des malfaiteurs... Par rapport au droit des gens, on a vu peu à peu le droit de guerre se réduire au strict nécessaire. Le pillage, le massacre des vaincus, la réduction des prisonniers en esclavage, les armes empoisonnées et

perfides, etc., ont été peu à peu abandonnés et flétris. »
(P. JANET, *Unité morale de l'espèce humaine*.)

Progrès de l'humanité. — Le progrès humain est en raison directe de la moralité des individus : plus les individus sont honnêtes, vertueux, plus l'humanité progresse. La perfectibilité individuelle est indéfinie, parce que l'individu peut croître indéfiniment en vertu, sans jamais atteindre l'idéal. L'humanité, étant composée d'individus indéfiniment perfectibles, progresse, elle aussi, dans son ensemble. Mais le progrès est-il continu ?...

L'hypothèse du progrès continu ne tient pas compte d'un fait qui s'est souvent réalisé : la dégénérescence des races humaines, la décroissance des civilisations. « Des peuples civilisés peuvent retourner à la barbarie; des peuples barbares peuvent retourner à l'état sauvage. L'histoire nous en présente de nombreux exemples : les Kabyles de l'Algérie sont les descendants des habitants civilisés de l'Afrique romaine; la Mésopotamie, l'une des plus anciennes patries de la civilisation, est maintenant à l'état barbare. » (A. DE BROGLIE.)

QUESTIONNAIRE. — Comment peut-on définir la vertu ? — Quelles sont les conditions de la vertu ? — Qu'est-ce que le vice ? — Combien distingue-t-on d'espèces de vertus morales naturelles, et quels sont les vices contraires ? — Quels sont les effets de la vertu et du vice ? — L'humanité est-elle perfectible ? — A quoi tient le progrès de l'humanité ?

VII. — RESPONSABILITÉ MORALE

Définition. — Conditions de la responsabilité. — Mesure. — Conséquences. — Intention morale. — Remarque.

Définition. — La responsabilité morale est la *nécessité où se trouve l'homme de rendre compte de ses actions volontaires et libres, et d'en supporter les conséquences.* Un homme a fait tort à autrui, volontairement et librement; il est responsable du dommage, qu'il ait été exécuteur, coopérateur ou simple conseiller. — Au mot *responsable* correspond le mot *imputable*. Le premier se dit des personnes, le second des actes : la personne est responsable, l'acte est imputable.

De tous les êtres de la création, l'homme seul est responsable, parce que seul il a des *devoirs*, les *connait* et *peut les remplir*. C'est un fait; l'homme croit à sa responsabilité et à celle de ses semblables : les jugements qu'il porte sur lui et sur eux suffisent à le prouver.

Conditions de la responsabilité. — La première condition de la responsabilité est la *pleine connaissance des décisions de la volonté*. La conscience psychologique nous révèle nos faits volontaires, et la conscience morale les apprécie, c'est-à-dire les approuve ou les condamne; par là elle nous rend témoignage du bien et du mal que nous faisons. — La seconde condition de la responsabilité est la *liberté d'action*. Nous ne devenons responsables que du moment où nous acceptons le bien ou le mal que renferme une action : il ne suffit pas de savoir ce que l'on fait, ni de savoir si ce que l'on fait est bien ou mal, on ne peut pas nous imputer le bien ou le mal que nous avons fait sans le vouloir ou malgré nous.

Mesure de la responsabilité. — Notre *liberté morale* et la *connaissance* de nos actes et de nos obligations peuvent être plus ou moins parfaites. Il suit de là que tout ce qui détruit ou diminue l'intelligence et la liberté supprime ou diminue la responsabilité. Quand il s'agit du mal, l'*ignorance*, l'*inadvertance*, la *violence*, la *crainte*, sont autant de circonstances qui atténuent la responsabilité; la *préméditation* et la *pleine possession de soi* l'aggravent. D'où il faut conclure que la responsabilité morale a des degrés. S'il en est ainsi, personne, excepté Dieu, n'est capable d'apprécier exactement les actions humaines. « Dieu seul, dit M. Léon Gautier, a de ces grands regards profonds qui percent tout [1]. »

---

[1] *Léon* Gautier (1832-1898), né au Havre, professeur de paléographie à l'École des chartes.

Conséquences de la responsabilité. — Les conséquences de la responsabilité sont le mérite ou le démérite, l'estime ou le mépris, l'approbation ou le blâme, la récompense ou le châtiment. Quand l'homme fait le bien librement, il comprend qu'il mérite une *récompense*, ou tout au moins l'*approbation* et l'*estime* ; quand il fait le mal, il comprend qu'il mérite un *châtiment*, ou tout au moins la *désapprobation* et le *blâme*.

La raison dit, en effet, que les généreux efforts qu'impose la vertu ne doivent pas être confondus avec les lâches défaillances du vice ; c'est-à-dire que les bons et les mauvais ne méritent pas le même traitement.

Intention morale. — Quelle que soit la *bonté* d'une action, si on l'accomplit uniquement ou parce qu'elle est *agréable*, ou parce qu'elle est *utile*, elle devient moralement nulle pour l'agent, c'est-à-dire qu'elle ne lui donne droit à aucune récompense.

Pour qu'une action, bonne en soi, le devienne moralement, il faut l'accomplir *par devoir*.

Mais le motif du *plaisir* et celui de l'*intérêt bien entendu* peuvent se trouver réunis au motif du devoir, sans altérer la bonté d'une action d'ailleurs conforme à la loi morale : la morale n'exclut que le plaisir et l'intérêt contraires à la raison ou à l'honnêteté. Celui qui fait l'aumône : — 1° parce que son cœur compatissant y trouve du plaisir ; — 2° à cause des récompenses promises à la charité, et en même temps par devoir, fait une action en tout point excellente.

Remarque. — Cet accord du plaisir, de l'intérêt et du devoir, a été méconnu dans l'antiquité par les philosophes *stoïciens*, et dans les temps modernes par les *rationalistes* et les *positivistes*. De là vient que leur morale, même lorsqu'ils la fondent sur le devoir, est fausse, excessive ou chimérique.

QUESTIONNAIRE. — Qu'est-ce que la responsabilité morale ? — Quelles en sont les conditions ? — Pouvons-nous apprécier exactement les actions humaines ? — Quelles sont les conséquences de la responsabilité ? — A quelle condition un acte est-il moralement bon ?

VIII. — SANCTION DE LA LOI MORALE

Définition. — Nécessité de la sanction morale. — Ses diverses espèces. — Sanctions individuelles. — Sanctions sociales. — Insuffisance des sanctions terrestres. — Sanction de la justice divine.

Définition. — En morale, on appelle sanction l'ensemble des *récompenses ou des châtiments attachés à l'observation ou à la violation de la loi morale.*

Nécessité de la sanction morale. — Toute loi doit avoir une sanction : une loi privée de sanction serait une loi dérisoire. L'homme, entraîné par son intérêt particulier, manquerait souvent aux lois, si l'espoir d'une récompense ou la crainte d'un châtiment ne l'excitait à leur obéir. La loi morale doit donc avoir une sanction.

Diverses espèces de sanctions. — Les actes libres de l'homme se rapportent à *lui-même*, à la *société* ou à *Dieu*; il y aura donc, dans la vie présente, des sanctions *individuelles* et des sanctions *sociales*, et, dans la vie future, la sanction de la *justice divine*.

Sanctions individuelles. — Les sanctions individuelles terrestres comprennent : la *sanction naturelle*, et la *sanction intérieure* ou du *sentiment moral*.

La sanction naturelle consiste dans les *biens* et les *maux* qui découlent comme naturellement de nos actions. La santé du corps, la vigueur de l'intelligence, l'énergie du caractère, le succès dans les entreprises, sont les résultats ordinaires de la tempérance, du travail et de la vertu. Au contraire, les infirmités, les maladies corporelles et intellectuelles, les déceptions et les échecs, proviennent trop souvent de l'intempérance, de la paresse et du vice. « Chacune de nos passions, dit Lacordaire, a son châtiment terrestre et révélateur, destiné à nous apprendre que leur route est fausse, et que la félicité n'est pas au terme... »

La justice divine se montre quelquefois en ce monde d'une manière évidente; le plus souvent elle se cache sous le voile des *causes naturelles*. (En preuve : la fin tragique d'Athalie[1], d'Aman, de Balthazar, de Julien l'Apostat, de Robespierre et de la plupart des Terroristes, etc.)

Mais, en pareille occurrence, il serait imprudent de ne voir que châtiments et punitions où il y a seulement épreuve et miséricorde : « Il ne faut voir dans les tribulations que le fouet de celui qui corrige pour prévenir les arrêts de celui qui châtie. » (S. AUGUSTIN.)

La **sanction intérieure** ou **du sentiment moral** consiste dans les *joies* et les *remords* de la conscience. Il n'y a pas de plaisir plus doux au cœur de l'honnête homme que le sentiment du devoir accompli, que le témoignage d'une bonne conscience. Il n'y a pas non plus de tourment comparable à celui du remords qui poursuit partout le coupable et ne lui laisse aucun repos. « Quiconque est mauvais est mal avec lui-même et devient son propre bourreau. » (S. AUGUSTIN.) — « La joie du cœur est la vie de l'homme, dit l'Écriture, et la joie de l'homme rend sa vie plus longue. »

Sanctions sociales. — Les sanctions sociales comprennent : la *sanction de l'opinion* et la *sanction des lois civiles*.

La **sanction de l'opinion** consiste dans les *jugements* que portent sur nos actes ceux qui nous entourent. Ils estiment et admirent la vertu et accordent leur confiance à celui qui fait le bien ; ils méprisent, ils blâment, ils flétrissent l'égoïsme, le vice, le crime, et repoussent celui qui fait le mal.

La **sanction des lois civiles** consiste dans l'ensemble des *récompenses* et des *peines* que le code assigne au

---

[1] Par cette fin terrible et due à ses forfaits,
Apprenez, roi des Juifs, et n'oubliez jamais
Que les rois dans le ciel ont un juge sévère,
L'innocence un vengeur, et l'orphelin un père.
(RACINE, *Athalie.*)

respect ou à la violation des lois civiles. Les honneurs, les distinctions, les dignités, etc., sont réservés à l'homme de bien ; la prison, la déportation, la déchéance sociale, l'échafaud, etc., à l'homme criminel. — Les lois civiles sont plus souvent coercitives et pénales que rémunératrices.

Insuffisance des sanctions terrestres. — Les sanctions terrestres sont insuffisantes, parce qu'elles ne sont ni *proportionnées* ni *universelles* : les unes n'offrent ni une récompense ni une peine en rapport avec le mérite et le démérite ; les autres sont loin d'atteindre tous les actes bons ou mauvais. Ainsi :

La sanction naturelle est insuffisante ; car la pratique du bien, la fidélité au devoir, imposent quelquefois de pénibles sacrifices. D'autre part, la vertu ne produit pas toujours des conséquences immédiatement utiles ; le vice, des conséquences immédiatement nuisibles. Dieu permet plus d'une fois que le méchant prospère et que le juste vive dans l'adversité ; et, lorsqu'il châtie ou récompense dès cette vie, il ne donne pas au vice et à la vertu tout ce qu'ils méritent.

La sanction de la conscience est insuffisante : le remords, qui d'ordinaire s'affaiblit à mesure que le coupable s'enfonce dans le crime, n'inflige plus une punition proportionnée au mal ; le soldat qui donne sa vie pour sa patrie, celui qui meurt pour la défense d'une cause juste, le martyr qui se laisse massacrer plutôt que de renier sa foi, ne trouvent pas dans le témoignage de leur conscience une récompense proportionnée à l'héroïsme de leur sacrifice.

La sanction de l'opinion est insuffisante ; car tous nos actes n'arrivent pas à la connaissance de nos semblables. Combien de vertus sont ignorées ! combien de crimes demeurent cachés ! Parmi les actes qui sont connus, combien sont mal appréciés ! car il s'en faut que l'opinion publique prononce toujours des jugements infaillibles et se montre parfaitement équitable.

La sanction de la loi est insuffisante; car la loi ne punit que les actes qui blessent le droit d'autrui, tels que le vol, la diffamation, le meurtre, et nullement les fautes privées (intérieures ou extérieures), qui dégradent l'homme, comme la colère et les turpitudes de la sensualité. Le coupable peut éviter et il n'évite que trop souvent le châtiment, en fuyant ou en corrompant les juges. D'autre part, la justice humaine est sujette à se tromper; combien de fois n'a-t-elle pas condamné l'innocence et laissé le crime impuni !

Sanction de la justice divine. — Toutes les sanctions de la vie présente sont imparfaites. Cependant l'ordre moral exige que les injustices de ce monde soient réparées. La véritable sanction de la loi morale est donc dans la vie future, où chacun recevra de la justice de Dieu tout ce qu'il aura mérité par ses actes. Dieu seul, infiniment juste et puissant, atteint sans exception nos actes méritoires ou déméritoires, pour les apprécier et leur appliquer exactement la récompense ou le châtiment qu'ils méritent, et pour réaliser cette parfaite harmonie entre le *bien* et le *bonheur*, entre le *mal* et le *malheur*. — Nous recevrons certainement de la justice de Dieu tout ce que nos actes nous auront mérité. Ainsi notre bonheur ou notre malheur, au delà de la tombe, sont entièrement entre nos mains.

La sanction parfaite de la loi morale suppose donc l'immortalité de l'âme et l'existence de Dieu[1].

---

[1] L'idée de *Dieu* et celle d'une *récompense* ou d'un *châtiment*, nous l'avons reconnu, sont nécessaires pour constituer une morale rationnelle et complète.

« Doit-on conclure que les hommes qui ne croient pas à ces vérités sont nécessairement dépourvus de moralité ? Ce ne serait pas exact d'une manière générale.

« On rencontre, en effet, assez souvent, chez ceux qui ne croient point en Dieu et en la vie future, la pratique de certaines vertus, principalement de celles qui concernent les rapports de l'homme avec ses semblables. — Les exemples d'un accomplissement intégral des devoirs individuels, de la pratique de la tempérance, de la chasteté, sont beaucoup plus rares; il y aurait cependant de l'exagération à dire qu'il ne s'en rencontre aucun.

« Nous avons dit que le sentiment du devoir est universel dans l'humanité. Les *athées* sentent donc, comme les autres hommes, l'obligation qui pèse sur eux. Comme les autres hommes, ils ont devant eux l'idéal de la perfection morale, ils ont donc la base essentielle de la moralité. De plus, ils peuvent

Remarque. — La certitude d'un avenir pour l'homme après la tombe, ce dogme épuré et divinement confirmé par le christianisme, est le couronnement nécessaire d'une philosophie qui ne cherche pas sa règle dans la sensation, qui croit à la Providence de Dieu, à la liberté, à la distinction du bien et du mal, au droit et au devoir.

QUESTIONNAIRE. — Qu'appelle-t-on sanction morale ? — Est-elle nécessaire ? — Exposez les diverses espèces de sanction. — Montrez que les sanctions terrestres ne sont ni proportionnées ni universelles. — N'existe-t-il pas une sanction parfaite de la loi morale ?

FAUX SYSTÈMES DE MORALE

Division. — De nombreux systèmes de morale ont été imaginés par les philosophes pour expliquer l'origine du bien et du mal. Examinons brièvement les principaux, qui sont : le *sensualisme* ou la morale du plaisir, l'*utilitarisme* ou la morale de l'intérêt, le *sentimentalisme* ou la morale du sentiment, le *rationalisme* ou la morale *stoïcienne* et la morale absolument *désintéressée*; enfin, la morale fondée sur l'*éducation*, l'*habitude*, la *législation*.

Système sensualiste : morale du plaisir. — Certains moralistes superficiels (Aristippe de Cyrène et Épicure, dans l'antiquité; Hobbes et Helvétius, Saint-Simon et Fourier, chez les modernes) prétendent que le plaisir est le but légitime de l'activité humaine; ils appellent *bien* ce qui nous procure du plaisir, et *mal* ce qui nous cause de la douleur.

trouver certains appuis pour les aider à accomplir le devoir et pour suppléer aux sanctions de la vie future. — Il y a d'abord leur intérêt, l'opinion publique, le désir de la louange, la crainte du déshonneur, les affections bienveillantes, la sympathie pour les maux d'autrui.

« Donc, il n'y a rien d'étonnant à ce que certaines vertus soient pratiquées, parfois à un haut degré, par des hommes qui ne croient ni à Dieu ni à la vie future. Mais cette morale partielle et indépendante de Dieu ne peut exister que chez les hommes qui ont, soit au point de vue de la conscience, soit au point de vue du dévouement, d'heureuses dispositions naturelles. » (DE BROGLIE.)

Réfutation. — Cette doctrine n'est pas soutenable : l'*expérience* et la *raison* en démontrent aisément la fausseté; elles nous apprennent en effet :

1º Que le plaisir n'est pas toujours un *bien*, ni la douleur toujours un *mal;* qu'ils peuvent se transformer, le plaisir en douleur et la douleur en plaisir. Ainsi les plaisirs de l'*intempérance* amènent, un jour ou l'autre, la maladie, la perte de la santé, quelquefois de la raison, et abrègent la vie; les plaisirs de la *paresse* entraînent la pauvreté et le mépris; les plaisirs de la *vengeance* exposent au châtiment et au remords, etc. — Au contraire, l'*amputation* d'un membre gangrené sauve la vie; le *travail énergique* nous procure l'aisance; les *fatigues de l'étude* nous méritent les honneurs. Si l'on considère ici les résultats, le plaisir est un mal, la douleur un bien.

2º Que le plaisir *varie avec le temps :* ce qui est un plaisir aujourd'hui peut être une peine demain; qu'il *varie avec les individus :* le plaisir de l'un n'est pas le plaisir de l'autre; ce qui est un plaisir pour le pauvre, le paysan, le jeune homme, etc., peut être une douleur pour le riche, le citadin, le vieillard : le pauvre se réjouit de la baisse des denrées, le producteur s'en attriste; le jeune homme est insatiable de divertissements, le vieillard ne soupire qu'après le repos et le calme de la solitude.

3º Qu'on a toujours regardé certains plaisirs comme *défendus*, par exemple : le plaisir du gourmand, de l'ivrogne; d'autres comme *permis,* par exemple : le plaisir de faire l'aumône, de se dévouer pour ses semblables, et l'on a prononcé sur leur malice ou leur bonté sans s'arrêter aux suites qui en pouvaient découler pour leur auteur.

Le plaisir, qui nous porte à la *jouissance sensible,* à la satisfaction du moment, sans préoccupation de l'avenir, ne peut être un motif digne de l'homme. Il nous est permis, à coup sûr, de nous accorder certains plaisirs légitimes, certains délassements nécessaires, mais non de chercher uniquement le plaisir. Ce serait s'abaisser au niveau de la brute. Inutile d'ajouter que l'homme doit fuir plutôt que rechercher le plaisir corporel.

Le plaisir n'est donc pas le but de la vie. Partout, à tous les degrés de l'échelle animale, le plaisir n'est qu'un *moyen*, jamais une *fin*. Il est licite quand il accompagne une activité permise ; mais il n'est jamais obligatoire ni méritoire : si je sacrifie un plaisir légitime, un délassement utile, ma conscience ne m'adresse aucun reproche.

Les *cyrénaïques*[1] et les *épicuriens*, sensualistes les uns et les autres, diffèrent en ce que les premiers sacrifiaient l'avenir au présent, et les seconds, le présent à l'avenir. Les *premiers* enseignaient que l'homme, ne pouvant trouver le vrai bonheur, le bonheur durable, devait se contenter du plaisir présent, quel qu'il fût, sans se préoccuper de l'avenir. Les *seconds* prétendaient que la sagesse consiste moins à rechercher le plaisir qu'à fuir la douleur ; et, comme les plaisirs sensuels, d'ailleurs passagers, causent à l'âme plus d'inquiétude que de joie, il fallait leur préférer les plaisirs du repos, de la paix, de l'insensibilité. La meilleure morale épicurienne consistait à pratiquer par égoïsme la prudence, la sobriété, la vertu.

La *morale du plaisir*, condamnée par l'expérience et la raison, l'est encore par ses funestes conséquences : on sait qu'elle fut la cause principale de la décadence des Grecs et des Romains, et l'on voit tous les jours ce que deviennent les hommes qui la mettent en pratique.

Le plaisir n'est ni universel, ni immuable, ni obligatoire ; on ne saurait donc y reconnaître le principe de la loi morale.

Système utilitaire : morale de l'intérêt. — La morale de l'intérêt se présente sous une triple forme : l'*intérêt personnel*, l'*intérêt bien entendu* et l'*intérêt général*.

Intérêt personnel. — Bentham assimile le *bien* à l'*utile* ou à l'*intérêt*. Il prétend qu'une action est plus ou moins bonne ou mauvaise, suivant qu'elle est plus ou moins

---

[1] Disciples d'Aristippe de Cyrène, fondateur de l'école cyrénaïque.

utile ou nuisible. D'après cette doctrine, la morale se réduirait à calculer l'utilité des actions humaines, de manière à se ménager la plus grande somme possible de bien-être.

Réfutation. — La morale de l'utile ou de l'intérêt personnel, semblable au fond à celle du plaisir, se réfute de même.

1° Il y a des intérêts *légitimes* que l'on peut, que l'on doit rechercher, et des intérêts *illégitimes* qu'un honnête homme réprouvera toujours; — 2° les intérêts comme les plaisirs n'ont rien d'*absolu* : ils changent avec les personnes, les temps, les lieux, et aussi avec les situations. — 3° ils n'ont rien d'*obligatoire* : si je sacrifie un intérêt légitime, on peut m'accuser d'imprudence, mais non de crime; — 4° ils n'ont rien d'*universel* : dès lors que nous ne sommes pas seuls sur la terre, la recherche de nos intérêts propres ne peut être la règle unique de notre conduite; car les intérêts de nos semblables, comme leurs droits, nous imposent à tous des concessions mutuelles.

Intérêt bien entendu. — L'intérêt bien entendu, dit Stuart Mill, consiste à sacrifier certains plaisirs et à accepter certaines douleurs, quand cela peut nous assurer la possession d'une satisfaction plus complète et plus noble. — Cette doctrine, qui prétend remplacer la *quantité* par la *qualité*, quoique moins dégradante que la précédente, ne peut pas davantage servir de fondement à une morale universelle, obligatoire, et n'explique pas mieux les actes de désintéressement qui excitent notre admiration, comme, par exemple, l'héroïsme de Socrate mourant pour la vérité, ou de Régulus s'exposant au supplice pour garder sa parole, ou de d'Assas sacrifiant sa vie pour sauver ses compagnons d'armes.

La morale de l'intérêt est égoïste à un tel point qu'elle tarit la source du dévouement.

Intérêt général. — Le bien, disent Hume, Helvétius, etc., est ce qui est utile à la société; et le mal, ce qui lui est nuisible. — Selon cette doctrine, on devra sacrifier ses intérêts particuliers aux intérêts généraux de la société. Mais il est impossible de déterminer à tout moment quel est l'intérêt général de la société; il est souvent très difficile de distinguer l'intérêt général de l'intérêt d'un parti ou d'une faction : on sait quels crimes ont été commis au nom de l'intérêt public. D'ailleurs qu'est-ce qui m'oblige à sacrifier mon intérêt à l'intérêt général? En outre, l'intérêt général, tout comme l'intérêt particulier, est relatif et variable.

Le bien et l'utile devant l'histoire. — L'utile résulte souvent du bien; mais les *deux* idées ne se confondent jamais. Les hommes distinguent toujours les mots devoir, justice, charité, dévouement, des mots intérêt, passion, bien-être. Les premiers impliquent l'idée de vertu; les autres, l'idée d'égoïsme. On admire les hommes désintéressés : les martyrs de la foi, de la vérité, du patriotisme, du respect du serment, de la piété filiale, de la charité; on flétrit, ou tout au moins on refuse d'honorer ceux qui n'agissent que par intérêt.

La morale de l'intérêt, quel qu'il soit, est donc condamnée par ses conséquences antisociales, par la conscience individuelle et par la conscience du genre humain, manifestée par l'histoire. Elle n'a pas les caractères de la loi morale.

Système sentimentaliste : morale du sentiment. — Hutcheson, Adam Smith, Thomas Reid, Jacobi, etc., ont essayé de fonder la morale sur les sentiments désintéressés, *altruistes*, comme *l'amour des autres,* la *bienveillance* ou la *sympathie*. Voici leurs formules : Ce que nous approuvons dans les actions humaines, ce qui provoque la sympathie, est *bien;* ce que nous désapprouvons, ce qui provoque l'antipathie, est *mal.* »

Réfutation. — La morale du sentiment a au moins le mérite de reconnaître le désintéressement de la vertu; mais on lui objecte : — 1° que le sentiment de sympathie n'est pas le même chez tous les hommes : qu'il varie suivant les âges, les tempéraments et les circonstances ; — 2° que le bien ne provoque pas toujours notre sympathie, ni le mal notre antipathie ; car le sentiment prend sa source dans la sensibilité, et l'on ne gouverne pas sa sensibilité comme on gouverne sa volonté. On ne peut pas nous forcer d'aimer tel ou tel de nos semblables ; on peut, tout au plus, exiger que nous le respections et que nous lui rendions service.

Le sentiment est, pour l'homme, un puissant mobile d'action ; il rend plus facile l'accomplissement de certains devoirs ; mais il peut quelquefois aussi les faire méconnaître. Que d'écarts, que d'égarements, que de crimes même, proviennent uniquement de la sympathie ou de l'antipathie !

Le défaut capital de ce système est de supprimer l'idée de l'obligation. D'après la morale du sentiment, on pourrait dire à ses parents : « Je ne vous aime plus ; donc je ne vous dois rien. »

Système rationaliste : *a*) **morale stoïcienne.** — Les stoïciens : Zénon et Chrysippe en Grèce, Sénèque, Épictète et Marc-Aurèle à Rome, ont professé une morale austère, qui fut du moins une protestation contre la morale épicurienne. Leur doctrine peut se résumer dans ces maximes célèbres : *Supporte, abstiens-toi, suis la nature, obéis à la raison.*

Supporte les choses qui ne dépendent pas de toi : la calomnie, la trahison, la pauvreté, la maladie, la mort même ; abstiens-toi des plaisirs des sens, des satisfactions viles et grossières, de tout désir relatif aux biens extérieurs, de tout sentiment, de toute affection ; sois insensible à tout, car la parfaite insensibilité est la gloire du sage.

Suis la nature, mais ta nature d'être raisonnable. Obéis à la raison, qui est en toi l'image et comme une parcelle de la raison divine. Puisque tu as appris par ton intelligence à comprendre dans les choses l'ordre et la beauté, qui révèlent partout une Providence, mets l'ordre et la beauté dans ta conduite, étouffe la passion ;

car le seul but que tu doives te proposer d'atteindre, le souverain bien, l'unique bien auquel tu doives aspirer, c'est l'*honnête* et la *vertu*.

Réfutation. — On voit par ce rapide exposé les vues élevées, et en même temps les idées fausses et dangereuses de cette morale. Les stoïciens s'accordent avec tous les spiritualistes pour enseigner qu'il faut vivre conformément à la raison ; mais ils s'égarent lorsqu'ils affirment que les biens extérieurs, la santé, la richesse, la réputation, les honneurs, sont des choses indifférentes ; que l'homme vertueux doit être insensible, impassible, même en face des plus grands dangers ; qu'il doit mépriser ce qui est périssable, même la vie, qu'il peut se donner la mort ; que toutes les passions sont mauvaises, que la vertu est à elle-même sa propre récompense.

b) **Morale absolument désintéressée.** — La morale de l'action absolument désintéressée, ou du *devoir pur*, se confond avec la morale stoïcienne ; elle exclut l'idée de récompense ou de châtiment. Selon cette doctrine, préconisée par Kant et Jouffroy, l'acte moral exclut toute idée d'intérêt personnel, tout retour sur soi-même. Le devoir doit être accompli parce que c'est le devoir ; il s'impose à l'homme d'une manière absolue ; il commande sans condition.

Mais le commandement inconditionnel, ou l'*impératif catégorique*, comme l'appelle Kant, n'est pas seulement obligatoire par lui-même, il est encore *universel*. De ce caractère, Kant déduit la formule de la loi morale, qui doit, selon lui, suffire à nous diriger dans toutes les circonstances de la vie. Voici cette formule : *Agis toujours de telle sorte, que la règle de tes actions puisse valoir comme principe de législation universelle.* D'après cette doctrine, l'être libre est tenu de faire ce que la raison lui déclare *devoir être fait par tous*, et d'éviter ce que tous semblent devoir éviter.

Réfutation. — Le système du « devoir pour le devoir », si excellent qu'il paraisse, est : — 1° *contre nature ;*

l'homme recherche instinctivement le bonheur pour lequel il est fait; il ne peut pas renoncer volontairement à cette recherche; c'est une nécessité pour sa raison d'unir le mérite et la récompense, le démérite et le châtiment, la vertu et la félicité; — 2° *impraticable :* Kant n'explique pas plus que les autres rationalistes *comment* et *pourquoi* l'homme pourra sacrifier au *devoir* ou à l'ordre général ses préférences ou ses intérêts personnels; — 3° *dangereux :* mépriser ses intérêts, même les plus légitimes, pour obéir simplement, est sans doute un bel idéal; mais une morale si austère ne tarderait pas à dégénérer en *orgueil*, en *égoïsme*, en *stoïcisme*.

« Si l'homme qui croit à la vie future est exposé à s'attacher trop à la récompense, l'homme qui n'y croit pas est exposé au péril de faire reposer sa vertu sur *l'orgueil*. Ne connaissant pas Dieu, ne croyant pas à une rétribution, c'est en lui-même seul qu'il trouve le type et la règle de la justice. C'est sa propre dignité, sa propre excellence qu'il poursuit en restant vertueux. Lorsqu'il est juste, il se sent supérieur à l'ordre du monde, où l'injustice règne, puisque, selon sa croyance, tout finit à la mort. Or, l'orgueil est une forme de *l'égoïsme;* être vertueux par orgueil, c'est tout aussi bien être égoïste que de l'être par amour de la récompense. » (DE BROGLIE.)

La formule de Kant peut rendre plus claire et plus évidente l'obligation morale; elle peut même, dans certaines circonstances, exciter la volonté à agir, ou la détourner de quelque résolution. Ainsi, qu'un ivrogne, un voleur, un débauché, se pose cette question : Si tous agissaient comme moi, qu'en résulterait-il? Son esprit voit mieux les inconvénients des actes coupables et la valeur des actes honnêtes, quand il généralise sa conduite particulière. Mais cette formule est : — 1° *insuffisante :* elle ne s'applique point aux actes bons non obligatoires, comme, par exemple, au dévouement volontaire, etc.; — 2° *insoutenable :* une chose n'est pas bonne parce qu'on est obligé de la faire : « L'obligation est la conséquence du bien, elle n'en est pas le principe. Fonder le bien sur l'obligation, au lieu de fonder l'obligation sur le bien, c'est prendre l'effet pour la cause, c'est tirer le principe de la conséquence. » (V. Cousin.)

Système de l'éducation, de l'habitude, de la législation. — Les matérialistes et les positivistes contemporains, David Hume, Stuart Mill, Bain, etc., prétendent que les idées morales sont fondées sur l'éducation, l'habitude, la législation; ils affirment que les idées de bien et de mal sont postérieures à la société, qu'elles se sont formées avec le temps, à la suite d'une longue *évolution intellectuelle*.

Réfutation. — L'éducation, l'habitude, la législation, peuvent développer en nous les idées morales, mais elles ne créent pas le principe de la morale : de même qu'on ne peut donner à un sourd-muet l'idée du son, à un aveugle l'idée de la couleur; ainsi l'éducation, l'habitude, la loi, n'apprendraient pas à distinguer le bien du mal, si l'homme ne portait en lui-même le principe de cette distinction.

Quant à l'état social sans moralité, ou pendant lequel la moralité se serait formée, à la suite de la « longue évolution » dont parlent les positivistes, il est absolument inconnu de la science historique et même de la science préhistorique. Aussi haut qu'on remonte dans les origines des peuples, on trouve les premiers principes moraux tels que nous les concevons aujourd'hui.

Conclusion. — Toutes les théories morales que nous venons d'analyser sont fausses, incomplètes, inefficaces; elles méconnaissent ou altèrent plus ou moins profondément le principe de la loi morale.

La *morale spiritualiste*, c'est-à-dire la morale qui a pour fondement le *bien moral* (p. 221), pour principe suprême un *Dieu juste*, et pour sanction une *récompense* ou un *châtiment* éternels, est la seule morale rationnelle, complète et efficace. C'est la morale de tous les peuples et de tous les temps. Les efforts faits pour la remplacer ne font que montrer plus clairement qu'elle est la seule et unique morale digne de devenir la règle de la vie des hommes.

QUESTIONNAIRE. — Quels sont les principaux systèmes erronés de morale? — Exposez et réfutez le système sensualiste, — le système utilitaire, — le système sentimentaliste. — Que savez-vous de la morale stoïcienne? — de la morale du devoir pur? — de la morale fondée sur l'éducation, l'habitude, la législation?

MORALE PARTICULIÈRE

Son objet. — Division.

Son objet. — La morale particulière ou pratique *est la science des devoirs;* elle traite des *applications particulières* de la loi morale.

Division. — Selon que l'on considère l'homme en lui-même ou dans ses relations avec ses semblables et avec Dieu, on reconnaît qu'il a des devoirs personnels ou envers lui-même, des devoirs sociaux et des devoirs religieux. La morale des devoirs comprend donc trois parties : 1º la *Morale individuelle;* — 2º la *Morale sociale;* — 3º la *Morale religieuse.*

MORALE INDIVIDUELLE

Son objet. — Principes des devoirs individuels. — Leur division.

Son objet. — La morale individuelle traite des devoirs de l'homme envers lui-même.

Principes des devoirs individuels. — Les devoirs individuels ont pour principes le respect de la *dignité personnelle* et de l'*ordre* établi par le Créateur.

Dignité personnelle. — L'homme est doué d'intelligence et de liberté; il connaît le bien, il peut et doit l'accomplir; s'il fait le mal, il abuse de ses nobles facultés, il se *dégrade*.

Ordre établi par le Créateur. — L'homme n'est pas isolé dans la création, sa destinée est un des éléments principaux de l'ordre universel; or cet ordre exige que chaque être agisse conformément à sa fin particulière. Si donc l'homme n'harmonise pas sa conduite avec cette fin, son existence est un *désordre*. De ce principe résulte, pour l'homme, l'obligation de se respecter, de se perfectionner.

Division des devoirs individuels. — L'homme est composé d'une âme et d'un corps; il a donc des devoirs à remplir envers son *âme* et envers son *corps*. — L'aphorisme de Juvénal : *Mens sana in corpore sano*, rappelle très bien ce double devoir.

QUESTIONNAIRE. — Quel est l'objet de la morale particulière ou pratique? — En combien de parties se divise-t-elle? — Quel est l'objet de la morale individuelle? — Quels sont les principes des devoirs individuels? — Comment se divisent les devoirs individuels?

I. — DEVOIRS ENVERS L'AME

Leur objet. — Devoirs relatifs à la sensibilité morale, à l'intelligence, à la volonté.

Leur objet. — Les devoirs envers l'âme ont pour objet la *sensibilité morale*, l'*intelligence* et la *volonté*; en un mot, le *perfectionnement de l'être moral*.

Devoirs relatifs à la sensibilité morale. — La sensibilité morale a son principe dans les *mouvements affectifs* de l'âme. Ces mouvements, d'abord involontaires, tombent, dès qu'ils ont commencé à se produire, sous la dépendance de la volonté, qui peut les *accepter* ou leur *résister*.

L'homme a le devoir de discipliner avec le plus grand

soin la sensibilité, source de ses penchants et de ses passions; car cette faculté, ne pouvant distinguer par elle-même le bien du mal, menace perpétuellement de l'entraîner dans le désordre.

Pour cela, il doit, d'une part, *cultiver, fortifier, développer* les sentiments qui le rendent meilleur et plus heureux, tels que l'amour du vrai, du bien, du beau, de Dieu, les affections de famille, la sympathie, la pitié active, la reconnaissance, l'amitié, la bienveillance, le patriotisme. Si l'on n'éprouve pas naturellement ces nobles sentiments, il faut au moins s'efforcer de les acquérir par l'exercice. — D'autre part, il doit *réprimer* ses inclinations sensuelles, égoïstes, envieuses, *régler* son imagination [1], *diriger* ses pensées vers le bien, *éviter* ce qui peut mal impressionner, et, en général, tout ce qui peut porter au mal.

On corrige les habitudes coupables en donnant un libre cours aux tendances de nature contraire, aux inclinations vertueuses opposées. Ainsi, l'habitude du mensonge se corrige par l'habitude de la sincérité; celle de l'égoïsme, par la générosité; celle de l'avarice, par le détachement; celle de l'envie, par la charité; celle de la colère, par la douceur, etc.

La vertu propre de la sensibilité, c'est la *modération en toutes choses*, qui soumet nos inclinations, nos penchants, nos passions, au contrôle de la raison, nous affermit dans la voie du devoir et nous permet d'arriver au plus haut degré de perfection qu'il nous soit possible d'atteindre.

---

[1] « Pour corriger l'abus et l'égarement de notre imagination vagabonde et dissipée, il la faut remplir d'images saintes. Quand notre mémoire en sera pleine, elle ne nous ramènera que ces pieuses idées. La roue agitée par le cours d'une rivière va toujours, mais elle n'emporte que les eaux qu'elle trouve en son chemin : si elles sont pures, elle ne portera rien que de pur; mais, si elles sont impures, tout le contraire arrivera. Aussi, si notre mémoire se remplit de pures idées, la circonvolution, pour ainsi dire, de notre imagination agitée ne puisera dans ce fonds et ne nous ramènera que des pensées saintes. La meule d'un moulin va toujours, mais elle ne moudra que le grain qu'on aura mis dessous : si c'est de l'orge, on aura de l'orge moulu; si c'est du blé et du pur froment, on en aura la farine. Mettons donc dans notre mémoire tout ce qu'il y a de saintes et de pures images; et quelle que soit l'agitation de notre imagination, il ne nous reviendra, du moins ordinairement, dans l'esprit, que la fine et pure substance des objets dont nous nous serons remplis. » (BOSSUET, *Élév. sur les mystères.*)

Nous ne pouvons légitimement rechercher les plaisirs sensibles que s'ils concourent à l'accomplissement de notre *triple destinée* : tout plaisir sensible qui nuirait à la vigueur du corps, au développement des facultés intellectuelles ou à la liberté morale, serait illégitime et pernicieux; on ne pourrait s'y arrêter comme à une fin, sans se dégrader et s'avilir.

Devoirs relatifs à l'intelligence. — Nous devons à notre intelligence : — 1° *l'instruction suffisante;* — 2° la *délibération prudente;* — 3° *le respect de la vérité.*

1° Instruction suffisante. — L'intelligence est faite pour la vérité : la vérité est son objet et sa fin. Or la vérité ne se découvre et ne se développe que par l'*étude* et la *réflexion*[1]. Nous avons donc le devoir spécial de travailler à l'acquisition d'idées nouvelles et à la connaissance des rapports qui existent entre les idées déjà connues. « Tant que tu vivras, disait Solon, travaille à t'instruire; ne t'imagine pas que les années t'apporteront à elles seules les connaissances nécessaires. »

Mais jusqu'à quel point et dans quelle mesure devons-nous cultiver notre intelligence? Sommes-nous appelés à tout savoir? Non, évidemment : il y a des connaissances inutiles et même nuisibles : « Science sans conscience, dit Rabelais, est la ruine de l'âme; » mais il en est aussi que personne ne doit ignorer. Ainsi, tout homme est tenu de connaître ses *devoirs envers Dieu, envers soi-même, envers ses semblables,* et ses *devoirs professionnels.* L'artisan est obligé de connaître les procédés de son industrie; le médecin, le diagnostic des maladies et la vertu des remèdes; le magistrat, la jurisprudence; le général, la science de la guerre, etc.

Lorsqu'un homme dans l'exercice de sa profession compromet, par manque d'instruction, les intérêts qu'il

---

[1] « La vérité se développe par la succession des temps et des hommes, toujours ancienne dans son commencement, toujours nouvelle dans ses développements successifs... Si le temps amène le développement de la vérité, l'homme qui la développe aujourd'hui n'a pas plus d'intelligence que celui qui l'a développée hier; mais il a l'intelligence de plus de vérités, parce que, venu plus tard, il trouve plus de vérités connues. » (DE BONALD.)

doit servir, il porte devant Dieu, comme devant ses semblables et devant sa conscience, la responsabilité du préjudice causé par son ignorance.

Le savoir ne suffit pas, il est vrai, pour être homme de bien : on pourrait connaître à merveille ses devoirs et ne les point remplir. Cependant la rectitude et la saine culture de l'esprit sont des conditions essentielles de la bonne conduite [1].

2° **Délibération prudente.** — La prudence nous fait un devoir de délibérer mûrement avant d'agir, c'est-à-dire de discerner notre intérêt dans ce qui nous concerne et l'intérêt des autres dans ce qui les concerne. Il y a donc deux sortes de prudence : la prudence *personnelle*, qui nous fait rechercher notre intérêt bien entendu, toujours subordonné au devoir; et la prudence *civile*, qui s'applique aux intérêts d'autrui. Ainsi, un patron prudent, un juge prudent, un médecin prudent, un général prudent, doivent veiller aux intérêts des personnes placées sous leur conduite ou sous leur autorité, sous peine d'engager leur responsabilité.

Pour se conduire avec prudence, il faut, comme dit Montaigne, « se maintenir en puissance de bien juger; » éviter de tomber dans les *préjugés*, l'*insouciance* ou la *routine*.

Remarque. — Il peut y avoir faute à juger avec précipitation, à juger témérairement, comme à suspendre son jugement en présence des vérités qu'on n'a pas le droit d'ignorer et de méconnaître (telles sont, pour les catholiques, les vérités contenues dans la *profession de foi* qui leur vient des Apôtres).

---

[1] « De ce que l'homme est obligé de cultiver son intelligence, on doit conclure qu'il est faux de soutenir, avec J.-J. Rousseau, que le progrès des sciences et des arts amène naturellement la dépravation de l'homme. D'autre part, il est absurde aussi de voir, avec quelques philosophes modernes, dans le progrès des sciences et des arts le remède à tous les maux de l'humanité. L'expérience, aussi bien que la raison, montrent, au contraire, les funestes conséquences d'un développement intellectuel qui ne coïncide pas avec un égal développement moral. » (F. LOUIS DE POISSY, *Cours élém. de phil. chrét.*)

« La science est plus vilaine que l'ignorance, si elle n'est accompagnée de piété et de vertus. » (AMYOT.)

3° **Respect de la vérité.** — L'intelligence ne se développe, ne se perfectionne que par la vérité. La vérité n'est pas seulement pour l'homme un besoin, elle est aussi un devoir impérieux; nous devons donc la respecter. Le respect constant de la vérité, ou la *véracité*, nous élève à nos propres yeux et nous mérite la confiance des hommes. Le plus bel éloge que l'on puisse faire d'un homme est de rendre de lui ce témoignage : C'est un homme droit; il ne connait d'autre règle que la vérité.

Le *mensonge*, au contraire, dégrade notre intelligence, nous fait perdre toute autorité dans nos paroles et nous rend méprisables; car le masque de la fourberie finit par tomber un jour ou l'autre.

On distingue le mensonge *intérieur* et le mensonge *extérieur*. — Par le premier, l'homme se ment à lui-même : ainsi, transformer en qualités les défauts des personnes qu'on aime, ou en défauts les qualités de celles que l'on hait; donner de mauvaises raisons pour justifier ses fautes ou pour étouffer ses remords, etc., c'est se tromper soi-même. — Par le second, l'homme ment à autrui; il fait entendre le contraire de sa pensée, avec l'intention de tromper : affirmer contre la vérité qu'une marchandise est de premier choix, qu'un animal n'a pas de défauts, pour les vendre plus cher; affirmer devant les tribunaux des choses qu'on sait être fausses, c'est mentir à autrui. Ce dernier mensonge s'appelle *faux témoignage*.

Le *faux témoignage* implique une triple malice : il est à la fois un *mensonge*, puisqu'on y affirme le contraire de la vérité; une *injustice*, puisqu'on y donne comme coupable un innocent ou comme innocent un coupable; enfin un *parjure*, puisqu'on y atteste, par serment, comme vrai ce que l'on sait être faux.

Le mensonge est condamné par la morale individuelle aussi bien que par la morale sociale : il est contraire à la dignité personnelle; il trouble l'ordre social, qui repose en grande partie sur la confiance mutuelle; or cette confiance est détruite par le mensonge.

Il est des cas où la vérité coûte à dire et à confesser;

c'est alors qu'il faut se souvenir qu'aucun intérêt ne doit nous être aussi cher que les intérêts de la vérité, que rien n'autorise à la violer.

Cependant le devoir de ne pas mentir n'oblige pas à dire tout ce que l'on sait, ni tout ce que l'on pense : la vérité ne condamne pas la discrétion. Quand il y a obligation de parler, on doit dire la vérité *loyalement, sincèrement*. Quand il n'y a pas obligation, on ne doit dire que la vérité *utile* et *prudente* : on se doit à soi-même et l'on doit à autrui de garder le silence pour ne pas révéler une chose confiée sous le sceau du secret.

Devoirs relatifs à la volonté. — La volonté joue le rôle principal dans la vie morale; elle porte toutes les responsabilités, parce que, seule entre toutes les facultés, elle se détermine librement et dirige les autres.

La volonté est faite pour le bien, mais elle hésite souvent entre le bien et le mal; elle incline même plus facilement vers le mal que vers le bien. Pour lui conserver son caractère éminent : la *liberté,* et la maintenir constamment à la hauteur de sa tâche, nous devons la fortifier, l'assouplir; en un mot, la perfectionner.

La volonté se perfectionne : — 1° par l'*étude approfondie de nos devoirs* : mieux on connaît ses devoirs, et mieux on les peut remplir; — 2° *par l'obéissance à la raison* : lorsqu'on obéit à la raison, on agit conformément à l'ordre, on se rapproche de Dieu, principe de tout ordre, et « qui fait, comme dit Leibniz, l'harmonie universelle »; — 3° par la *pratique de la vertu* : la volonté n'est forte qu'autant qu'elle est vertueuse; si elle cède à la passion, elle abdique sa liberté et devient esclave; — 4° par le *courage*, qui nous soutient contre les défaillances, nous fait surmonter les obstacles qui s'opposent à la réalisation du bien, de l'ordre, à l'accomplissement du devoir. « Du courage, toujours du courage ! dit Silvio Pellico, il n'y a de vertu qu'à cette condition [1]; » — 5° par la *patience*, cette autre forme du

---

[1] Comme la vertu, qui n'est au fond que l'habitude d'agir avec force d'âme, le courage est un; mais comme elle aussi, il revêt des formes différentes suivant les circonstances et les conditions multiples de la vie humaine. Voilà pourquoi on

courage, qui consiste à supporter avec résignation les épreuves inévitables et sans cesse renouvelées de la vie.

Nous devons donc étudier notre devoir, obéir à la raison, pratiquer la vertu, nous tenir en garde contre nos penchants déréglés, fuir la servitude du vice, résister au mauvais exemple, supporter avec courage et patience les épreuves de la vie, nous habituer à vouloir le bien et à demeurer fidèles à toutes les nobles et saintes causes [1]. C'est ainsi que l'on acquiert cette *grandeur d'âme*, cette *force de caractère* d'où vient principalement le succès en toutes choses. « Celui qui *veut* une chose en vient à bout; mais la chose la plus difficile dans ce monde, c'est de *vouloir*. » (J. DE MAISTRE.)

Remarque. — Il ne faut pas confondre le courage, la grandeur d'âme, la force de caractère, avec la témérité, le caprice et l'obstination.

QUESTIONNAIRE. — Quel est l'objet des devoirs envers l'âme ? — Exposez les devoirs relatifs à la sensibilité, — les devoirs relatifs à l'intelligence, — les devoirs relatifs à la volonté.

distingue le courage *militaire* et le courage *civil*; le courage de l'explorateur, du savant, de l'ouvrier qui vit pauvrement, mais honnêtement, de son travail; le courage du jeune homme qui lutte persévéramment contre les sollicitations intérieures ou extérieures contraires au devoir; le courage de l'enfant qui est toujours obéissant, studieux, aimable. (Voir *Cours de philosophie*, pp. 657 et 758, par F.-J., Maine.)

[1] *Moyens pratiques d'acquérir la vertu.* — La vertu étant le résultat des efforts de l'homme, il doit exister un art de diriger ces efforts de manière à acquérir des dispositions constantes à bien faire. Voici les principaux conseils que l'on peut donner à celui qui cherche à devenir vertueux :

« 1° Réfléchir sur l'importance et la beauté de la vertu. Lire des livres qui contiennent des exemples d'actions vertueuses. Fréquenter les personnes vertueuses. Éviter, au contraire, les livres dangereux et les mauvaises sociétés. Par ces moyens, on entretient en soi la connaissance, l'estime et le désir de la vertu.

« 2° Examiner sa conscience périodiquement, à des moments choisis d'avance, et apprendre ainsi quelle vertu on doit principalement chercher à acquérir, et quel vice on doit combattre.

« 3° Prendre des résolutions précises à la suite de cet examen. Avoir soin de ne se proposer que des actions que l'on pourra accomplir, et de ne pas trop présumer de ses forces.

« 4° Suivre énergiquement les résolutions que l'on a prises, en luttant contre ses passions et ses mauvaises habitudes, et en tâchant de vaincre l'habitude par une habitude contraire.

« 5° Implorer fréquemment le secours de Dieu par la prière. » (DE BROGLIE, *Instr. mor.*)

II. — DEVOIRS ENVERS LE CORPS

Leur objet. — Conservation de la vie. — Que penser du suicide ? — Objections en sa faveur. — Ne pas confondre le suicide avec le dévouement. — Entretien de la santé. — Limites des soins du corps. — Objection. — Réfutation.

Objet. — Les devoirs envers le corps ont pour objet la *conservation de la vie* et l'*entretien de la santé*.

Le corps ne peut être le but direct de nos devoirs. Ce que nous lui devons, nous le devons en tant qu'il fait partie de la personne humaine. La personne humaine est à la fois *corps* et *âme*, *matière* et *esprit*. L'âme est la *forme* substantielle du corps, c'est-à-dire le principe intérieur qui le fait être ce qu'il est, qui lui donne l'unité, l'individualité, la vie.

Conservation de la vie. — Le premier devoir envers notre corps est sa conservation. L'existence, en effet, nous est nécessaire pour accomplir notre destinée en cette vie. Or l'existence terrestre consiste essentiellement dans l'union de l'âme et du corps. En brisant cette union par la mort volontaire ou le *suicide*, on se soustrait à la loi du devoir; on viole tous ses devoirs à la fois.

Que penser du suicide ? — Le suicide, ou l'acte d'un homme qui se donne volontairement la mort, est une *lâcheté*, une *cruauté* contre soi-même, une *injustice* contre la société, un *crime* contre Dieu.

Le suicide est une lâcheté. Celui qui se donne la mort se déclare vaincu par les souffrances physiques ou morales. On ne se suicide, en effet, que parce qu'on ne se sent pas le courage d'accomplir ses devoirs. Le suicide est donc un acte de lâcheté et de défaillance, un aveu implicite de l'impuissance où l'on se trouve de supporter les douleurs et les amertumes de la vie. « Lâche qui veut mourir, courageux qui veut vivre. » (RACINE.)

Le suicide est une cruauté. Tout être vivant éprouve une horreur instinctive de la mort. Le suicide détruit le corps, arrête le perfectionnement de l'âme, viole toutes les lois de la nature. Celui qui se donne la mort commet donc une brutalité, une cruauté contre lui-même.

Le suicide est une injustice. L'homme, en vertu de sa nature essentiellement sociable, se doit à sa famille, à ses semblables, à sa patrie, à cause des bienfaits qu'il en a reçus et des services qu'il doit leur rendre. En se donnant la mort, il commet une injustice envers la société et lui donne un exemple pernicieux.

Le suicide est un crime. — Celui qui se donne la mort foule aux pieds le plus précieux des dons de la Divinité, il contrarie tous les desseins de la Providence. Quiconque se suicide usurpe les droits du Créateur, et par conséquent commet un crime contre Dieu.

Le suicide viole tous les devoirs de l'homme et toute la loi morale.

Objections en faveur du suicide. — « La vie nous a été donnée, disent les apologistes du suicide, nous pouvons donc en disposer. Quand elle devient inutile ou à charge aux autres, ou insupportable par les maladies ou le déshonneur, on peut s'en débarrasser. »

Réfutation. — La vie nous a été donnée en vue d'une fin ; nous devons en user pour accomplir cette fin, mais nous n'avons pas le droit de la limiter arbitrairement. Elle n'est jamais inutile : nous pouvons toujours acquérir des mérites pour nous, et donner à nos semblables l'exemple de la souffrance patiemment supportée. La vie est une épreuve, et nous n'avons jamais le droit d'abréger cette épreuve ni de quitter notre poste en ce monde. Si le déshonneur pèse sur nous et qu'il soit mérité, il faut l'accepter comme une expiation nécessaire ; s'il est immérité, nous ne sommes pas coupables, et nous n'avons pas le droit de tuer un innocent dans notre personne. « Plus le malheur est grand, plus il est grand de vivre. » (CORNEILLE.)

« Le suicide est toujours commun chez les peuples corrompus. L'homme réduit à l'instinct de la brute meurt indifféremment comme elle. » (CHATEAUBRIAND.)

Ne pas confondre le suicide avec le dévouement. — La loi morale défend le suicide: mais elle approuve le sacrifice héroïque de ceux qui affrontent la mort pour le bien de l'humanité, de la famille, de la patrie, de la vérité. On ne peut même sans honte hésiter à sacrifier sa vie quand le devoir le commande.

Entretien de la santé. — Un autre devoir envers le corps, c'est de le protéger contre la maladie. Nous avons besoin de la santé du corps pour développer nos facultés et remplir nos devoirs. Nous devons donc conserver et fortifier notre santé. Les principaux moyens à employer sont : la *tempérance,* les *soins hygiéniques* et les *exercices corporels.*

1° Tempérance. — La *tempérance* consiste à être modéré en tout, principalement en ce qui regarde les plaisirs des sens. Par la pratique de cette vertu, l'homme établit l'équilibre entre les pouvoirs qui sollicitent l'âme en sens contraire; il exerce sur ses inclinations une influence salutaire qui les empêche de s'écarter de leur véritable fin et de dégénérer en passions. L'*intempérance,* qui est le vice opposé, franchit les limites du nécessaire et du permis, et dégrade les plus belles existences.

La tempérance nous commande : la *sobriété* dans le manger, et dans l'usage du tabac et des boissons alcooliques [1].

Elle défend la *gourmandise*, qui ruine l'estomac; l'*ivrognerie,* qui dérange le cerveau et abrutit; la *paresse*, qui énerve; la *dépravation des mœurs*, qui flétrit le corps et l'âme [2].

---

[1] Voir, p. 263, l'*Alcoolisme.*
[2] « La vertu de chasteté est de tous les âges comme de toutes les conditions. Personne n'en est dispensé.

« L'obligation de pratiquer la vertu de chasteté entraîne comme conséquence

L'intempérance, sous toutes ses formes, ruine la santé, abrège la vie, porte atteinte aux facultés intellectuelles, et ravale l'homme au-dessous de la brute. L'intempérance est donc contraire au devoir qui nous incombe de nous conserver.

« La tempérance revêt l'âme de la beauté des anges, et la splendeur qu'elle y répand rayonne sur le corps. » (S. Thomas.)

L'âme se montre en quelque sorte dans les gestes, les mouvements, la tenue du corps, surtout dans la physionomie. Il importe donc de bien ordonner et de bien régler nos sentiments intérieurs, si nous voulons que notre physionomie et tout notre extérieur rendent de nous un témoignage favorable [1].

2º **Soins hygiéniques.** — Le respect de soi-même et des autres commande d'une manière particulière la *propreté* du corps et des vêtements. « Il faut, dit Cicéron, observer dans tout notre extérieur une propreté qui ne tienne rien de l'affectation, et fuir une négligence qui décèle de la grossièreté. » — La santé comme la morale ne demandent dans les vêtements que l'aisance, la propreté, la décence et rien de plus : « Le sage s'habille, le fat se pare. »

une nombreuse série de devoirs. Il est obligatoire d'éviter les occasions si nombreuses et si dangereuses qui peuvent entraîner à des fautes contre cette vertu. Cette obligation résulte du principe général qu'une action doit être évitée quand on en prévoit les conséquences mauvaises.

« De là une vigilance nécessaire sur tous les sens, sur la *vue* et sur l'*ouïe* principalement. De là l'obligation de choisir avec soin parmi les *divertissements*, ceux qui sont honnêtes; parmi les *lectures* et les *conversations*, celles qui ne blessent pas les mœurs; parmi les *amis* ou *compagnons*, ceux dont la vie est régulière.

« Nulle part le principe évident : *qui veut la fin veut les moyens*, ne s'applique avec plus de certitude et n'impose plus de sacrifices. » (De Broglie.)

[1] « Une certaine beauté, une grâce extérieure est répandue sur la personne qui se tient bonne compagnie à elle-même, qui non seulement n'a rien à se reprocher, mais obéit à un désir constant de s'améliorer, de se dévouer, de faire des actes de bonté. On dirait, selon l'expression d'un écrivain anglais, que, dans cet état de l'âme, « tous nos mouvements obéissent à une musique cachée. » Cette sérénité gracieuse contraste de tous points avec les attitudes basses ou violentes et les traits tourmentés sous lesquels on se représente toujours les méchants et les malfaiteurs. » (H. Marion.)

« C'est le défaut d'harmonie entre chaque trait du visage, plutôt que l'irrégularité de chaque trait, pris séparément, qui fait les physionomies malheureuses ou suspectes. » (De Bonald.)

3° **Exercices corporels.** — L'oisiveté *énerve* les corps les plus robustes; les exercices corporels développent et *fortifient* les plus faibles. La marche, la course, les jeux de cerceau, de balle et de ballon, sont d'excellents exercices corporels, parce qu'ils font travailler tous les membres à la fois.

Les mouvements du corps soumis à certaines règles constituent la gymnastique. On peut diviser les exercices gymnastiques en deux classes principales : — 1° ceux qui s'exécutent par la seule action du corps, la gymnastique naturelle, et c'est la meilleure : marche, course, saut d'obstacle, travail manuel; — 2° ceux qui s'exécutent au moyen d'appareils particuliers : barres parallèles et de suspension, cordes, échelles, haltères, perches, trapèze, etc. Il faut ajouter l'exercice militaire, l'équitation, l'escrime, la natation, le canotage, etc.

Limite des soins du corps. — La morale défend : — 1° de donner au corps des soins *trop minutieux* : se préoccuper avec excès de sa conservation, c'est user la vie au lieu de la prolonger; — 2° de *soigner* le corps au *préjudice* de l'âme : le corps étant serviteur de l'âme, on doit subordonner les intérêts du corps à ceux de l'âme, sous peine de renverser l'ordre naturel.

Dans l'état présent de notre nature, le corps se révolte souvent contre l'âme; « il la tyrannise, » selon l'énergique expression de Malebranche. D'où la nécessité de *dompter le corps par la mortification* et de le *plier à l'obéissance*[1].

---

[1] Comportez-vous avec votre corps comme avec un malade confié à vos soins à qui vous devez, sans tenir compte de ses désirs, non plus que de ses répugnances, refuser impitoyablement tout ce qui peut lui être contraire et faire prendre tout ce qui doit lui faire du bien. Si une bonne fois nous étions bien pénétrés de cette idée, que nous sommes des malades, que tous nos appétits déréglés ne sont que des envies de malades et des tentations de notre ennemi, combien il nous serait facile de les combattre et d'en triompher! Mais si, au lieu de vous croire malade, vous vous persuadez que vous jouissez d'une santé parfaite; si, au lieu de voir en vous-même votre ennemi capital, vous vous considérez comme votre meilleur ami, il y a vraiment de quoi gémir sur votre sort. Comment espérer que vous résistiez à un mal que vous ne connaissez pas, que vous ne soupçonnez même pas? que dis-je, à un mal que vous regardez comme un bien, et que vous vous tenez en garde contre une illusion qui se présente à votre esprit comme une vérité? » (S. BERNARD.)

Objection. — « Mais, dira-t-on, la mortification peut *nuire* à la santé et *abréger* la vie. »

Réfutation. — Au contraire, l'expérience démontre que la *sobriété*, que les *austérités modérées*, assurent la longévité, tandis que l'intempérance et la mollesse abrègent la vie. « Si l'on ôtait de l'univers l'*intempérance* dans tous les genres, on en chasserait la plupart des maladies, et peut-être même serait-il permis de dire toutes. » (J. DE MAISTRE.) Toute mortification utile à l'acquisition de la vertu et au parfait accomplissement de notre mission sociale est non seulement licite, mais digne d'approbation et d'estime.

Pour sauver la vie physique, on n'hésite pas à sacrifier un membre gangrené, et l'on hésiterait à contenir ses mauvais penchants par la mortification, afin de sauver l'âme et le corps pour l'éternité? Bref, traitons notre corps comme un ennemi dont il faut se méfier toujours, alors même qu'il garderait des dehors amis et des allures pacifiques; car « nous sommes nés pour quelque chose de plus grand que pour être esclaves de notre corps ». (SÉNÈQUE.)

Une âme saine dans un corps sain est, sans doute, chose bien désirable; mais, tout considéré, *une âme forte dans un corps débile* vaudra toujours mieux *qu'une âme débile dans un corps robuste*. L'âme vivifie le corps : augmenter la vie de l'âme, c'est accroître celle du corps. Le contraire n'est qu'apparence et illusion.

QUESTIONNAIRE. — Quel est l'objet des devoirs envers le corps? — Quel est le premier devoir envers le corps? — Que penser du suicide? — Exposez les objections en faveur du suicide, et réfutez-les. — Quelle différence y a-t-il entre le suicide et le dévouement? — Quel est le second devoir envers le corps? — Quelles sont les limites des soins du corps? — Quelle objection fait-on relativement à la mortification? — Réfutez-la.

L'ALCOOLISME

Ses dangers. — Ses remèdes.

Ses dangers. — Il est prouvé que les boissons fermentées sont nuisibles à l'homme. — L'alcoolisme est l'empoisonnement chronique qui résulte de l'usage immodéré des boissons spiritueuses, alors même que celles-ci ne produiraient pas l'ivresse.

« C'est une erreur de dire que l'alcool est nécessaire aux ouvriers qui se livrent à des travaux fatigants, qu'il donne du cœur à l'ouvrage ou qu'il répare les forces; l'excitation artificielle qu'il procure fait bien vite place à la dépression nerveuse et à la faiblesse; en réalité, l'alcool n'est utile à personne; il est nuisible pour tout le monde.

« L'habitude de boire des eaux-de-vie conduit rapidement à l'alcoolisme; mais les boissons dites hygiéniques contiennent aussi de l'alcool; il n'y a qu'une différence de dose : l'homme qui boit chaque jour une quantité immodérée de vin, de cidre ou de bière, devient aussi sûrement alcoolique que celui qui boit de l'eau-de-vie.

« Les boissons dites apéritives (absinthe, vermouth, amers), les liqueurs aromatiques (vulnéraire, eau de mélisse ou de menthe, etc.), sont les plus pernicieuses, parce qu'elles contiennent, outre l'alcool, des essences qui sont, elles aussi, des poisons violents.

« L'habitude de boire entraîne la désaffection de la famille, l'oubli de tous les devoirs sociaux, le dégoût du travail, la misère, le vol et le crime. Elle mène, pour le moins, à l'hôpital; car l'alcoolisme engendre les maladies les plus variées et les plus meurtrières : les paralysies, la folie, les affections de l'estomac et du foie, l'hydropisie; il est une des causes les plus fréquentes de la tuberculose. — Enfin il complique et aggrave toutes les maladies aiguës : une fièvre typhoïde, une pneumonie, un érysipèle, qui seraient bénins chez un homme sobre, tuent rapidement le buveur alcoolique.

« Les fautes d'intempérance des parents retombent sur leurs enfants; si ces derniers dépassent le premier mois, ils sont menacés d'idiotie ou d'épilepsie, ou bien encore ils sont emportés, un peu plus tard, par la méningite tuberculeuse ou par la phtisie.

« Pour la santé de l'individu, pour l'existence de la famille, pour l'avenir du pays, l'alcoolisme est un des plus terribles fléaux [1]. »

Ses remèdes. — Les principaux remèdes à l'alcoolisme sont : la prohibition des liqueurs alcooliques, la répression de l'ivrognerie, le respect de soi-même, le sentiment de la responsabilité morale, l'amour de la famille et la crainte de Dieu.

« Les abstinents, — c'est-à-dire les personnes qui s'abstiennent absolument de toute boisson alcoolique quelle qu'elle soit, — se trouvent tous très bien de ce régime. Ils assurent d'un commun accord pouvoir travailler non seulement autant et aussi bien qu'à l'époque où ils buvaient, même modérément, du vin et de la bière, mais en général plus et mieux; et cela de quelque genre que soit leur occupation [2]. »

QUESTIONNAIRE. — Quels sont les dangers des boissons alcooliques? — Citez les principaux remèdes à l'alcoolisme.

TRAVAIL

Définition. — Nécessité du travail. — Le travail est obligatoire.
— Ses influences diverses.

Parmi nos devoirs envers nous-mêmes, il en est un, le *travail*, qui intéresse à la fois l'âme et le corps.

Définition. — *Le travail, en général, est l'effort soutenu que l'on fait, la peine que l'on se donne pour produire quelque chose d'utile.*

Le travail demande le concours de toutes nos énergies

---

[1] Dr DEBOVE, doyen de la Faculté de médecine de Paris, et FAISANS, médecin de l'Hôtel-Dieu de Paris.
[2] A. FAREL, professeur à l'Université de Zurich.

physiques, intellectuelles et morales. Le corps est l'instrument, l'âme est proprement l'ouvrier.

Nécessité du travail. — Le travail est nécessaire à la satisfaction de nos plus impérieux besoins. Il est indispensable : — 1° à la *conservation de l'existence :* il entretient et développe nos forces physiques, et nous procure les choses nécessaires à la vie : la nourriture, le vêtement, le logement, etc.; — 2° au *développement de l'intelligence :* sans travail, point d'instruction possible, et sans une instruction suffisante il nous est impossible de bien remplir nos devoirs d'état; — 3° au *perfectionnement de la volonté :* c'est par le travail que nous réprimons nos mauvais penchants, que nous contractons les bonnes habitudes morales, lesquelles font notre dignité et nous conduisent à notre fin.

L'homme tombe dans l'indigence, met en péril son bonheur, sa dignité, sa vie même, s'il ne travaille pas, s'il s'abandonne à la fainéantise et laisse se rétrécir ses facultés au lieu de les développer.

Le travail est obligatoire. — Le travail du corps ou de l'esprit est obligatoire pour tous les hommes, parce que tous ont quelque chose à acquérir, à conserver, à augmenter; il s'impose à tous les hommes sans exception. Il n'est pas moins nécessaire à l'homme au point de vue social, qu'au point de vue individuel. Aussi rien n'est plus vrai que cet ancien adage : *L'homme est né pour travailler comme l'oiseau pour voler* (Job), c'est-à-dire que le travail, ici-bas, est la grande loi de notre nature, et que notre vie et notre destinée dépendent de la manière dont nous savons l'accomplir. « La voix de l'histoire et la voix de la nature rendent un même témoignage; ils disent : L'homme naît pour travailler; le travail est la loi de la vie. » (P. Félix.) L'homme, quelle que soit sa position, ne peut, ne doit donc jamais se soustraire à cette loi; il ne doit pas vivre dans l'oisiveté.

Ses influences diverses. — Le *travail manuel*, s'il est modéré, procure la santé du corps; le *travail intel-*

lectuel augmente la vigueur de l'esprit; l'un et l'autre font contracter des habitudes d'ordre, assurent le bien-être et l'indépendance; tandis que l'oisiveté amène toujours à sa suite l'ennui, la misère, la destruction de la santé, la perte des facultés intellectuelles et d'autres maux plus funestes encore [1]. « Celui qui ne fait rien, dit Franklin, est bien près de mal faire. » — « Quand notre pensée n'est fixe à rien, quand nos facultés restent sans emploi, tout les tente et les entraîne; elles sont livrées à la merci de tous les caprices de l'imagination et des sens. Le travail, même quand il ne s'applique qu'à des œuvres matérielles, est, par la volonté soutenue qu'il exige, une sorte de gymnastique de l'âme qui entretient le cours régulier des idées et des sentiments, comme la gymnastique du corps entretient le cours régulier du sang [2]. » (FRANC, *Élém. de morale*.)

Remarque. — Intellectuel ou manuel, le travail, pour correspondre à la loi morale, doit être *utile* et *honnête*.

QUESTIONNAIRE. — Comment définit-on le travail? — Le travail est-il nécessaire? — Le travail est-il obligatoire? — Que savez-vous des influences diverses du travail?

MORALE SOCIALE

Objet. — L'homme est essentiellement sociable. — Division de l'humanité.

Objet. — La morale sociale a pour objet les devoirs de l'homme envers ses semblables.

L'homme est naturellement sociable. — L'homme ne vit pas isolé dans le monde; car, pour se procurer

---

[1] « L'oisif, toujours en pleine détresse, court à la mort physique, intellectuelle et morale. » (*Prov.*, XXI, 5.)
[2] « J'ai compris de bonne heure, dit Mᵐᵉ Swetchine, que le travail est encore ce qui use le moins la vie. »

les choses nécessaires à la vie physique, pour acquérir la perfection de l'esprit et du cœur, il a besoin de vivre constamment en rapport avec ses semblables. Son état normal et naturel, c'est la société. Il entre dans la vie par la *société familiale;* mais bientôt la famille devient impuissante à protéger efficacement ses *droits* et à pourvoir à tous ses *besoins.* Aussi voyons-nous, dès les premiers âges du monde, les familles s'unir entre elles pour leur commune défense, et constituer des *sociétés civiles* (*cités* ou *tribus, nations* ou *États*), capables de maintenir dans le devoir une agglomération considérable d'individus de tout âge et de toute condition.

L'état de nature antérieur à la société dont parlent les sophistes anciens et modernes, l'auteur du *Contrat social* entre autres, est donc une chimère. « Le sauvage n'est pas l'homme, il n'est pas même l'homme enfant, il n'est que l'homme dégénéré. » (DE BONALD [1].)

Division de l'humanité. — L'humanité forme comme une triple société : 1° la *famille* ou la *société domestique;* — 2° la *société humaine en général;* — 3° la *société civile* ou *politique.*

De là résultent pour l'homme des *droits* et des *devoirs* plus ou moins nombreux, suivant l'étendue de ses rapports sociaux.

QUESTIONNAIRE. — Quel est l'objet de la morale sociale? — L'homme est-il naturellement sociable? — Comment se divise l'humanité?

LA FAMILLE

Définition. — Origine de la famille. — Formation de la société conjugale. — Caractères du mariage.

Définition. — La famille est une société formée par le *père,* la *mère* et les *enfants.* Elle se complète par l'adjonction des *maîtres* qui instruisent les enfants et

---

[1] Bonald (*vicomte de*) (1751-1840), né à Millau, écrivain et philosophe.

souvent des *serviteurs*. — Cet ensemble de personnes prend le nom de *société domestique* (*domus*).

La famille est la *première des sociétés humaines*, celle qui a servi de modèles et de base à toutes les autres.

Origine de la famille. — La famille est une institution *naturelle*, et par conséquent *divine* : — 1° *naturelle*, car elle répond à des affections naturelles à l'homme, à la nécessité de perpétuer l'espèce et de protéger les droits des enfants ; — 2° *divine*, car Dieu est l'auteur de la nature humaine et des lois qui la régissent.

Formation de la société conjugale. — La société conjugale est constituée par le *mariage* : « acte solennel et grave que les lois et les religions consacrent, et qui impose aux conjoints les plus sacrés devoirs. » (L. CARRAU, *Notions de morale*.)

Le mariage peut être envisagé au triple point de vue de la *loi naturelle*, de la *loi civile* et de la *loi religieuse* :

Au point de vue de la loi naturelle, le mariage est un *contrat* par lequel un homme et une femme s'engagent librement à vivre ensemble selon les fins du mariage, qui sont de fonder une famille et de s'aider mutuellement à poursuivre leur commune destinée. Cet engagement contient implicitement l'*obligation* de subvenir aux besoins physiques, intellectuels et moraux des enfants auxquels ils donneront le jour. — Le contrat conjugal ou matrimonial est de droit *naturel*.

Au point de vue de la loi civile. — La société conjugale, — étant antérieure à toute autre, puisque son existence remonte à l'origine du monde, — subsiste par elle-même, en dehors et en l'absence de toute société civile ou politique. — Le pouvoir civil n'a donc aucune autorité pour légiférer sur le contrat matrimonial, parce qu'il n'en a pas sur le droit naturel. Mais il a le droit de régler les conséquences civiles qui résultent de la société conjugale (biens, ventes, héritages, exercice de l'autorité paternelle, etc.). « Aujourd'hui surtout que les transactions sont si nombreuses et les rapports sociaux si complexes, qui pourrait calculer le nombre, la gravité des différends, des procès et des désordres de toute nature qui envahiraient la société, si la constatation de l'existence du contrat conjugal n'était pas faite exactement, authentiquement, par l'autorité civile ? »

Donc, pour qu'un mariage soit reconnu et *protégé* par l'État, il faut que les époux comparaissent devant le représentant du pouvoir civil (le maire), et qu'ils le prennent à témoin de leur libre et irrévocable volonté.

3° **Au point de vue de la loi religieuse.** — Pour les catholiques, le mariage est un *sacrement*, le contrat conjugal ayant été élevé par Jésus-Christ à cet ordre supérieur. Le mariage chrétien n'est valide que s'il est contracté selon les règles fixées par l'Église catholique.

Certaines législations (la législation française actuelle entre autres) ne considèrent le mariage que comme un contrat purement civil; mais, aux yeux de la religion et de la conscience chrétienne, le mariage n'est *légitime* que si les époux, n'étant liés d'ailleurs par aucun empêchement dirimant, donnent leur consentement mutuel en présence du prêtre assisté de deux ou trois témoins.

Caractères du mariage. — Les deux caractères essentiels du mariage chrétien sont l'unité et l'indissolubilité :

1° L'*unité* ou la *monogamie* (du gr. *monos*, seul; *gamos*, mariage), c'est-à-dire qu'un homme marié ne peut, du vivant de sa femme, en épouser une autre, et réciproquement : la polygamie est contraire au bonheur mutuel des époux et à la bonne éducation des enfants.

2° L'*indissolubilité*, c'est-à-dire que le mariage ne peut être rompu que par la mort d'un des deux époux, et nullement par la séparation. En sorte que les époux, malheureusement réduits à se séparer, ne sont libres ni l'un ni l'autre de contracter un nouveau mariage. « Le *divorce* est extrêmement nuisible à la prospérité des familles et des peuples, attendu que le divorce, qui est la conséquence des mœurs dépravées, ouvre le chemin,

— l'expérience le démontre, — à une dépravation encore plus grande des habitudes privées et publiques. »

(Léon XIII, Encycl. 1880.)

Remarque. — Il n'est pas permis aux catholiques d'user de la faculté du divorce, accordée par certaines législations civiles, et de contracter un nouveau mariage, tant que le précédent subsiste. — Les législateurs civils n'ont pas créé le lien du mariage; ils ne sont pas les maîtres de le supprimer. Malgré eux, et grâce à l'Église, la société familiale subsistera, une et indivisible, jusqu'à la consommation des siècles [1].

La *séparation de corps et de biens* est le seul remède aux cas extrêmes où la rupture s'impose. Mais le mariage est de sa nature indissoluble [2].

Questionnaire. — Qu'est-ce que la famille? — Quelle est l'origine de la famille? — Comment se constitue la société conjugale? — Qu'est le mariage au triple point de vue de la loi naturelle, civile, religieuse? — Quels sont ses caractères? — Les législations civiles ont-elles le droit d'annuler un mariage légitime?

---

[1] Sous la loi naturelle et même sous la loi de Moïse, le mariage avait perdu de son intégrité originelle.
Mais Jésus-Christ, « le divin restaurateur de toutes les grandes lois de la nature et de la société; Jésus-Christ, qui seul a créé sur la terre une vie digne de l'homme et digne de Dieu » (Lacordaire), rendit au mariage son caractère primitif : l'*unité*, et promulga de nouveau la grave loi de l'*indissolubilité* du lien conjugal. (Voir Évang. de S. Matthieu, xix, 3-8.)

[2] Le célibat. — Le mariage est une grande et sainte institution. Il y a néanmoins un état plus noble, plus parfait que l'état du mariage : c'est la virginité chrétienne et l'état religieux. Les livres saints ne cessent d'exalter ces deux états; Jésus-Christ leur fait les plus magnifiques promesses (S. Matthieu, xix, 29; S. Marc, x, 30), et l'Église, pour réfuter les doctrines impies de Luther, a prononcé la sentence suivante : « Si quelqu'un dit que l'état du mariage doit être préféré à l'état de virginité, et que ce n'est pas quelque chose de meilleur de demeurer dans la virginité que de se marier, qu'il soit anathème. » (*Concile de Trente*, sess. xxiv.)
Cette excellence du célibat vertueux est encore confirmée par l'admiration que lui témoignèrent les peuples et les sages de tous les temps.
Heureux ceux à qui Dieu donne cette vocation sublime : elle porte toutes les marques du *salut* et conduit à la plus haute *perfection*.
« Dans l'état de mariage, c'est déjà beaucoup de marcher droit dans la voie des préceptes. La virginité, au contraire, va au delà des préceptes et entre d'emblée par la porte réservée des conseils évangéliques. Par son essence même, elle appartient à la vie parfaite, et, pour se protéger comme pour s'épanouir, elle appelle à son aide une foule de vertus qui la rendent plus belle et plus charmante. (Monsabré, *Conférences*, 1887.)

I. — DEVOIRS DE FAMILLE

Division. — Devoirs mutuels des époux. — Devoirs des parents envers leurs enfants. — Fondement de l'autorité paternelle ; ses limites, sa durée. — Devoirs des enfants envers leurs parents. — Devoirs des enfants entre eux. — Devoirs réciproques des maîtres et des serviteurs.

Division. — Il y a dans la famille quatre espèces de rapports : rapports mutuels des époux, rapports des parents et des enfants, rapports des enfants et des parents, et rapports des enfants entre eux. D'où : 1° les *devoirs mutuels des époux;* — 2° les *devoirs des parents envers leurs enfants;* — 3° les *devoirs des enfants envers leurs parents;* — 4° les *devoirs des enfants entre eux.*

Devoirs mutuels des époux. — Les époux ont des devoirs communs et des devoirs particuliers. Ils doivent *s'aimer* d'un amour honnête et respectueux, *se supporter* réciproquement, *s'entr'aider* dans les charges du mariage et dans les peines de la vie, vivre dans la *paix* et la *concorde*, se garder une *fidélité* inviolable : tels sont les devoirs communs des époux.

Au mari appartient l'*autorité*, c'est-à-dire le droit de commander; mais cette autorité doit être tempérée par la déférence et les égards. A la femme convient la *soumission*, mais la soumission d'une égale et non d'une esclave; car, en se mariant, elle a entendu se donner un protecteur, un ami et non pas seulement un maître.

Tels sont les devoirs particuliers des époux.

Devoirs des parents envers leurs enfants. — Les parents doivent à leurs enfants : — 1° *des soins physiques*, c'est-à-dire la nourriture et un entretien convenables : ce devoir impose aux parents le travail, l'ordre et la prévoyance; — 2° *des soins intellectuels*, c'est-à-dire l'instruction nécessaire et surtout l'instruction religieuse; — 3° *l'éducation morale*, qui consiste à former le caractère, à corriger les penchants et à diriger la volonté vers le bien, par les encouragements, les sages conseils et les bons exemples.

Les soins *physiques*, l'*instruction* et l'*éducation* sont les seules garanties de l'avenir; c'est en éclairant les hommes et en les moralisant qu'on fait de bons citoyens. « Le défaut d'instruction fait des ignorants, et le défaut de bonne éducation, des hommes vicieux. » (DE BONALD.)

Ces devoirs des parents résultent de la faiblesse même de l'enfant. Incapable de se suffire à lui-même, l'enfant ne peut se conserver physiquement, encore moins procurer son perfectionnement moral nécessaire. Il a besoin qu'on le *soutienne*, qu'on le *nourrisse*, qu'on l'*éclaire*, qu'on l'*aime*. Ce rôle d'éducateur et de protecteur appartient naturellement aux parents. Voilà pourquoi la Providence leur met dans le cœur tant d'affection pour leurs enfants.

Que le père fasse donc entendre sa *voix d'autorité*, et la mère sa *voix de bienveillance;* que la *gravité* de l'un soit tempérée par la *douceur* de l'autre, et qu'ainsi l'enfant laisse développer sa nature sous l'impression de la sollicitude combinée du père et de la mère [1].

Fondement de l'autorité paternelle. — L'autorité paternelle, commune au père et à la mère, tire son droit :

1° Du fait même de la paternité. — En effet, de même que Dieu possède sur l'homme une autorité souveraine, parce qu'il est l'auteur premier de son être, de même le père et la mère ont sur leurs enfants une autorité véritable, quoique subordonnée, parce qu'ils sont, après Dieu, les auteurs de leurs jours.

L'autorité paternelle émane donc de Dieu. Aussi est-

---

[1] Le bon père de famille dirige sa maison avec douceur et fermeté. Il sait que celui qui n'a pas soin des siens fait honte à la religion et n'est pas digne de porter le nom de chrétien (S. Paul, Ire *Épître à Timothée*, V, 8); il sait quelle lourde responsabilité pèse sur celui qui a des sujets, et qu'un compte sévère lui sera demandé des âmes qui lui ont été confiées. (S. Paul, *Épître aux Hébreux*, XIII, 17.)

Il faut mettre en œuvre les paroles et les exemples, les avis et les réprimandes, la vigilance et le zèle, la sévérité et la bonté, tout enfin pour diriger sagement les siens et pour leur procurer le bonheur dans le temps et dans l'éternité. Quelle noble tâche pour celui à qui le ciel l'a confiée !

elle la première et la plus indiscutable des autorités humaines.

2º De l'obligation où sont les parents d'élever leurs enfants. — Les soins laborieux qui résultent de cette obligation donnent au père et à la mère un second titre d'autorité; car l'obligation exige le pouvoir. Comment le père et la mère pourraient-ils élever leurs enfants, s'ils n'avaient pas le droit de se faire obéir? Les parents peuvent donc disposer de leurs enfants, dans une certaine mesure.

Limites de l'autorité paternelle. — L'étendue de l'autorité paternelle est déterminée par le but même pour lequel Dieu l'a instituée. Or les parents reçoivent de Dieu l'autorité pour nourrir, protéger et diriger leurs enfants. Cette autorité est donc limitée par l'intérêt des enfants, et ne s'étend pas au delà de ce qui peut servir à leur développement physique, intellectuel et moral.

Ainsi les parents ne peuvent pas plus s'arroger sur leurs enfants le droit de vie et de mort que le droit de trafiquer de leur liberté, de les maltraiter, etc.

Les lois, dans l'antiquité païenne, exagérèrent l'autorité paternelle. L'infanticide, l'exposition et le meurtre des enfants, sur un simple mot du chef de famille, se pratiquaient communément à Sparte et à Rome, et les législateurs les plus vantés, Lycurgue, Aristote, Platon même, n'y trouvaient point à redire. Le Christianisme a corrigé ce désordre et ramené l'autorité paternelle à ses justes limites.

Sa durée. — L'autorité paternelle s'exerce encore, quoique avec moins d'étendue, à mesure que l'enfant avance en âge. Devenu *majeur* (à 21 ans), l'enfant peut s'affranchir légalement de l'autorité de contrainte, mais sans abdiquer jamais les devoirs de la piété filiale, qui subsistent toujours.

Remarques. — 1º Les enfants à qui leurs parents ou ceux qui les représentent ordonneraient quelque chose de contraire à la loi divine, devraient refuser d'obéir : *Il vaut mieux obéir à Dieu qu'aux hommes.*

2° Les enfants *majeurs* peuvent s'affranchir de l'autorité paternelle, lorsqu'elle est incompatible avec leurs intérêts. Ainsi, le choix d'une carrière ou d'un état de vie dépend de l'attrait et des aptitudes personnelles, plus que de la volonté des parents. « Le jeune homme est libre de choisir; mais, pour se déterminer avec sagesse, il doit avant tout considérer le but de la vie... Avant tout, il doit être un homme de devoir, un homme probe et vertueux, dévoué à ses semblables, fermement attaché aux principes qui sont la base de la religion et l'honneur de la société. Examinant ensuite ses aptitudes et ses aspirations légitimes, prenant conseil de ses parents et d'amis éclairés, tenant compte de certaines situations de famille, il fait son choix sans précipitation et sans passion, avec maturité et pleine connaissance de cause. Une décision prise avec de telles garanties est la condition des vocations sûres et fécondes, des carrières vraiment utiles à la famille, à la patrie, à la religion. » (P. CHABIN, *Cours élém. de phil.*)

Devoirs des enfants envers leurs parents. — Les enfants doivent à leurs parents l'*amour*, le *respect*, l'*obéissance* et l'*assistance*. Les enfants aiment véritablement leurs parents quand ils satisfont leurs moindres désirs, supportent leurs défauts, évitent de les contrarier et de les peiner; ils les **respectent** s'ils les traitent avec tous les égards qui leur sont dus, s'ils défèrent à leurs avis, demandent leurs conseils, reçoivent avec docilité leurs représentations et leurs réprimandes; ils leur **obéissent** s'ils exécutent leurs ordres ponctuellement, sans discussion ni murmure. L'obéissance doit s'inspirer de l'amour et de cette crainte qu'on appelle justement filiale, qui exclut la trop grande familiarité; enfin, l'assistance est un devoir bien doux à remplir pour des cœurs aimants et reconnaissants. Devenus grands, les enfants doivent secourir leur père, leur **mère et autres ascendants (grands-pères, grand'mères),**

s'ils sont dans le besoin ou dans le malheur, et leur donner dans leur vieillesse les soins qu'ils reçurent d'eux dans leur enfance.

Les enfants doivent encore obéissance, respect et amour à ceux qui représentent auprès d'eux leurs parents : frères ou sœurs aînés, grands-parents, oncles, maîtres, précepteurs. Ils doivent honorer le nom qu'ils portent, car l'honneur est, après la vertu, le plus précieux des patrimoines. Plus tard, ils éviteront avec soin les querelles de famille et les procès entre parents : un des plus beaux spectacles qu'on puisse voir en ce monde est celui d'une nombreuse famille bien unie.

Devoirs des enfants entre eux. — Les enfants d'une même famille doivent s'aimer d'une affection sincère, vivre dans la concorde et la paix et s'entr'aider mutuellement.

Si les parents viennent à manquer avant que tous les membres de la famille soient en état de se suffire, les aînés sont obligés de les remplacer et de veiller à l'éducation des plus jeunes. De leur côté, les plus jeunes doivent à leurs aînés le respect, l'obéissance et la reconnaissance qu'on doit à ses parents.

« Pour bien pratiquer envers les hommes la science divine de la charité, dit un célèbre moraliste, Silvio Pellico [1], il faut en faire l'apprentissage en famille... Ceux qui contractent, à l'égard de leurs frères et de leurs sœurs, des habitudes de malveillance et de grossièreté, restent malveillants et grossiers avec tout le monde. Que le commerce de la famille soit uniquement tendre et saint, et l'homme portera dans ses autres relations sociales le même besoin d'estime et de nobles affections. »

Devoirs réciproques des maîtres et des serviteurs. — Les maîtres doivent à leurs ouvriers et à leurs serviteurs le *salaire* convenu, la *bienveillance*, la *vigilance* et le *bon exemple*. — Les ouvriers et les serviteurs

---

[1] Silvio Pellico (1789-1854), littérateur et moraliste, né à Saluces (Italie).

doivent à leurs maîtres l'*obéissance,* le *respect,* la *fidélité,* l'*exactitude* dans le service : le défaut d'exactitude est une faute morale qui peut entraîner l'obligation de restituer tout ou partie des salaires perçus.

Remarque. — Il importe, pour la tranquillité et la sécurité de la famille, et pour la bonne éducation des enfants, de bien choisir et de bien gouverner ses serviteurs.

QUESTIONNAIRE. — Comment se divisent les devoirs de famille? — Quels sont les devoirs mutuels des époux? — les devoirs des parents envers leurs enfants? — D'où l'autorité paternelle tire-t-elle son droit? — Quelles sont ses limites? — Quelle est sa durée? — Exposez les devoirs des enfants envers leurs parents. — Quels sont les devoirs des enfants entre eux? — Quels sont les devoirs réciproques des maîtres et des serviteurs?

II. — L'AUTORITÉ PATERNELLE ET LES LOIS CIVILES

L'autorité paternelle peut-elle être réglementée par les lois civiles? — Rôle de l'État dans l'œuvre de l'éducation. — Conséquences de l'affaiblissement de l'autorité paternelle.

L'autorité paternelle peut-elle être réglementée par les lois civiles? — L'autorité paternelle doit s'exercer conformément à l'ordre et à la justice. Or les lois civiles sont établies pour maintenir partout l'ordre et la justice. A ce titre, il leur appartient de régler dans une certaine mesure les rapports des parents et des enfants, mais sans porter aucune atteinte aux droits essentiels de l'autorité paternelle; car la famille, avec tous ses droits, existe avant la société civile, et celle-ci doit protéger la famille, mais non la désorganiser.

Rôle de l'État dans l'œuvre de l'éducation. — Le devoir d'instruire et d'élever les enfants appartient aux *parents* : ils en sont les instituteurs naturels et responsables; si le temps ou la capacité leur fait défaut, ils délèguent leur pouvoir à des maîtres qu'ils ont eux-mêmes choisis. — L'État doit intervenir pour protéger les enfants contre l'incapacité ou l'immoralité; il doit faire la police des établissements scolaires, encourager les parents à remplir le devoir de l'éducation, les aider en ouvrant des écoles auxquelles ils puissent librement et sûrement confier leurs enfants, et veiller à ce qu'ils n'abusent pas de leur autorité. — Là se borne le rôle de l'État.

Conséquences de l'affaiblissement de l'autorité paternelle. — L'affaiblissement de l'obéissance, chez les enfants, et par conséquent la diminution de l'autorité paternelle, est une des causes les plus actives de la dissolution sociale. Quand l'ordre et l'autorité règnent dans la famille, ils règnent dans la société. Si, au contraire, le désordre s'introduit dans la famille, il passe bientôt dans la société, et le pouvoir civil s'affaiblit à mesure que se relâche l'autorité paternelle. La loi paraît toujours plus ou moins tyrannique à celui qui n'a pas su respecter la parole de son père ou de sa mère.

L'autorité paternelle est affaiblie, soit par les empiétements de l'État, soit par la faiblesse des parents qui ne se font pas respecter par leurs enfants. — La mauvaise éducation des enfants prépare ordinairement les *mauvais citoyens* : « La famille est le berceau de la société civile, et c'est en grande partie dans l'enceinte du foyer domestique que se prépare la destinée des États. » (LÉON XIII, Encycl. *Sapientiæ christianæ*.)

QUESTIONNAIRE. — L'autorité paternelle peut-elle être réglementée par les lois civiles? — Quel est le rôle de l'État dans l'œuvre de l'éducation? — Quelles sont les conséquences de l'affaiblissement de l'autorité paternelle?

SOCIÉTÉ HUMAINE EN GÉNÉRAL

Définition. — Devoirs sociaux. — Leur fondement. — Division des droits sociaux.

Définition. — La société humaine en général est l'ensemble de tous les individus qui composent le *genre humain*; c'est une famille s'étendant par toute la terre.

Devoirs sociaux. Leur fondement. — L'homme, étant naturellement sociable, a par là même des devoirs à remplir envers ses semblables.

Les devoirs de l'homme envers ses semblables résultent de l'*égalité*, de la *fraternité* et de la *destinée* humaine.

Les hommes sont *égaux* en ce sens qu'ils sont tous doués de *liberté* et de *raison*; ils sont *frères*, car ils reçoivent tous la vie d'un même père, qui est Dieu; enfin ils ont une *destinée* identique, et, pour l'atteindre, la même *loi* à suivre : la loi universelle et absolue qui régit les êtres moraux.

Division des devoirs sociaux. — Les devoirs de l'homme envers ses semblables se divisent en devoirs de *justice* et en devoirs de *charité*. — L'ensemble de ces devoirs constitue la *morale humanitaire*.

DEVOIRS DE JUSTICE

En quoi ils consistent. — Leur division. — Relations entre les devoirs et les droits sociaux.

En quoi ils consistent. Leur division. — D'une manière générale, les devoirs de justice consistent à *respecter les droits d'autrui*. Ces devoirs, presque tous négatifs, sont exprimés par cette maxime : *Ne faites point aux autres ce que vous ne voudriez pas qu'on vous fît à vous-même.*

Nos semblables ont, comme nous, des droits à faire valoir : droits à la vie, à la liberté, à l'honneur, à la propriété, etc. De là, pour nous, le devoir de ne pas attenter à la *vie*, à la *liberté*, à l'*honneur* et à la *propriété* d'autrui; celui de *rendre à chacun ce qui lui est dû, selon son mérite ou son démérite*.

Relations entre les devoirs et les droits sociaux. — Tout *droit social* correspond à un *devoir*, mais tout *devoir social* ne correspond pas à un *droit*. — Ainsi les *devoirs de justice* correspondent à des droits stricts du prochain : celui-ci peut exiger, en vertu de la loi civile, ce qu'on lui doit; les *devoirs de charité*, au contraire, ne correspondent pas à un droit social, mais à un droit divin. Quiconque tue ou vole manque à la *justice*; on le punit. Quiconque refuse l'aumône à un pauvre manque à la *charité;* la conscience n'est pas satisfaite, mais les tribunaux ne peuvent le poursuivre, quand même le pauvre viendrait à mourir de faim. On peut quelquefois sacrifier son droit, on ne peut jamais sacrifier son devoir. — Le devoir a donc plus d'étendue que le droit.

QUESTIONNAIRE. — Qu'est-ce que la société humaine en général? Quel est le fondement des devoirs sociaux? — Comment divise-t-on les devoirs sociaux? — En quoi consistent les devoirs de justice? — Quelles relations y a-t-il entre les devoirs et les droits sociaux?

I. — DEVOIRS RELATIFS A LA VIE D'AUTRUI

Respect de la vie d'autrui. — Droits de légitime défense. — Le duel : tout le condamne, rien ne le justifie. — Son origine.

Respect de la vie d'autrui. — La vie est le premier de tous les biens; elle est nécessaire à l'homme pour l'accomplissement de sa *destinée actuelle* et pour la réalisation de sa *fin dernière*. Donner la mort à quelqu'un de propos délibéré, c'est violer à la fois tous ses droits et commettre un crime contre la nature, contre la famille, contre la société, contre Dieu (v. p. 257). La loi de justice : *Tu ne tueras point*, défend absolument à l'homme d'attenter à la vie d'autrui, sauf le cas de légitime défense [1]. — Nous avons donc le devoir impérieux de respecter la vie de nos semblables.

A l'interdiction du crime d'homicide, se joint celle

[1] « Pour concevoir plus d'horreur de l'homicide, souvenez-vous que le *premier crime* des hommes corrompus a été un homicide en la personne du premier juste; que le *plus grand crime* a été un homicide en la personne du chef de tous les justes; et que l'homicide est le seul crime qui détruit tout ensemble l'État, l'Église, la nature et la piété. » (PASCAL, *Provinciales*, XIV°.)

des voies de fait : *mutilations, blessures, coups,* et tout ce qui pourrait nuire à l'existence ou la compromettre.

Droit de légitime défense. — Le droit de légitime défense consiste à repousser par la force quiconque nous attaque injustement. — Tout homme menacé dans sa vie, sa liberté, sa vertu, ses biens, a le droit de repousser la force par la force. Mais ce droit n'existe que dans le cas d'une agression *actuelle* et *injuste*. Celui qui tuerait son adversaire avant ou après l'agression commettrait un homicide. Il faut, de plus, n'exercer ce droit que dans la mesure nécessaire à la défense.

Lorsqu'on peut échapper au danger par la fuite, par des menaces, en désarmant ou en blessant l'agresseur, le droit de le tuer disparait.

Le cas de légitime défense n'implique ni le droit de vengeance ni celui de se faire justice à soi-même : nul n'est bon juge en sa propre cause. Il appartient à la *justice sociale*, quand elle peut intervenir, de faire respecter les droits de chacun. Ainsi l'homme violent qui attente à la vie de ses semblables, et celui qui refuse de payer ses dettes, de rendre un dépôt ou d'exécuter un contrat qu'il a librement signé, sont soumis par la loi à des voies de contrainte, ou à des peines proportionnées à la gravité de leur faute ou du tort qu'ils font à leur prochain.

Au droit de légitime défense se rattachent les questions du *duel*, de la *peine de mort* (p. 300) et de la *guerre* (p. 308).

Le duel. — Le duel est un *combat convenu* entre deux hommes, avec des armes qui peuvent donner la mort. Le choix du lieu, de l'heure, des armes et la présence des témoins, distinguent le duel de l'homicide proprement dit. Mais, en dépit de ces formalités, le duel n'en demeure pas moins une tentative de meurtre.

Tout condamne le duel. — Le duel est un acte *immoral, antisocial* et *injuste :* — 1° **Immoral,** car il expose à la fois au suicide et à l'homicide : deux actes également défendus par la loi naturelle. — 2º Antisocial, car les pouvoirs publics sont établis pour défendre nos droits; c'est par l'intermédiaire de ces pouvoirs, et conformément aux lois, que l'on doit exiger la réparation des torts ou des injures : on ne peut se faire justice à soi-même, substituer l'autorité privée à l'autorité publique, sans violer l'ordre social. — 3º Injuste, car il expose la vie de l'innocent tout aussi bien que celle du coupable; il ne proportionne pas le châtiment à l'offense; il naît souvent des causes les plus futiles, d'un léger outrage, d'une parole, d'un geste.

Rien ne justifie le duel. — Le duel n'est pas plus nécessaire pour conserver l'honneur que pour le défendre; car il y a plus d'honneur à *mépriser* ou à *pardonner* une injure qu'à en tirer vengeance. L'honneur bien entendu consiste à faire son devoir public ou privé, à le faire coûte que coûte, sans souci de l'opinion. Si l'offense faite est injuste, elle n'atteint pas réellement l'honneur, et l'on n'a aucune raison de se battre; si, au contraire, l'offense est méritée, de quel droit verserait-on le sang ? « Il ne tient donc qu'à moi de garder intact mon honneur dans le sens exact du mot; personne ne peut ni me le ravir, ni le diminuer, ni l'accroître : seul je puis y porter atteinte par mes fautes, ou y ajouter par mon mérite. » (H. MARION.)

« Quand il serait vrai, dit J.-J. Rousseau, qu'on se fait mépriser en refusant de se battre, quel mépris est le plus à craindre, celui des autres en faisant le bien, ou le sien en faisant le mal ? Je regarde le duel comme le dernier degré de brutalité où les hommes puissent parvenir. » On l'a dit avec vérité : « la plus grande des lâchetés est de ne point oser refuser un duel. »

Ces règles de morale concernant le duel en général s'appliquent aux duels prescrits quelquefois aux soldats par des officiers oublieux de leurs devoirs ou peu éclairés. « Cette démence, disait le roi de Prusse Frédéric II, ne produit pas un seul bon effet, pas même celui de rendre le soldat brave dans la mêlée. Il ne l'est que quand il attire seul les yeux des autres sur lui. » — « Le duelliste, ajoute Napoléon Ier, est à l'épée du soldat ce que le bavard est à la parole du sage. »

Origine du duel. — Les anciens ne connaissaient pas le duel tel qu'il se pratique de nos jours : les combats de David et de Goliath, des Horaces et des Curiaces, etc., étaient des combats singuliers, mais *publics*, ordonnés pour décider la victoire entre deux peuples, et non pour vider une querelle entre *particuliers* ; le duel public est licite comme la guerre elle-même. Le duel privé nous vient des Germains; la loi Gombette l'ordonnait comme épreuve *judiciaire*. Au moyen âge, on employa quelquefois le duel judiciaire pour découvrir la vérité en justice. Cette coutume superstitieuse, appelée le *jugement de Dieu*, fut tolérée à tort par quelques évêques; mais les souverains Pontifes la désapprouvèrent toujours. Saint Louis l'abolit dans ses domaines en 1260.

QUESTIONNAIRE. — En quoi consistent les devoirs de justice? — Comment les divise-t-on? — Que savez-vous des devoirs relatifs à la vie d'autrui? — En quoi consiste le droit de légitime défense? — Qu'est-ce que le duel? — Quelles raisons le condamnent? — Peut-on le justifier? — Quelle est l'origine du duel?

II. — DEVOIRS RELATIFS A LA LIBERTÉ D'AUTRUI

Respect de la liberté d'autrui : l'homme a droit d'exercer ses facultés, et d'être respecté dans ses croyances et ses opinions.

Respect de la liberté d'autrui. — Le même principe qui sauvegarde la vie d'autrui sauvegarde aussi sa liberté. A quoi servirait la vie, en effet, si l'on ne pouvait l'employer à l'accomplissement de ses devoirs et à l'exercice de ses droits? La vie sans la liberté n'a aucune valeur morale. L'homme a le droit :

1° D'exercer sa liberté physique, c'est-à-dire de travailler, de choisir sa profession et de disposer à son gré du fruit de son travail; il a le droit de parler et d'écrire comme il veut, pourvu qu'il ne porte préjudice à personne. — Nous avons donc le devoir de respecter la liberté de nos semblables, dans toutes ses manifestations légitimes. D'où il suit que *l'esclavage antique*, la *traite des nègres*, et toute *contrainte* imposant par violence des travaux injustes, tout abus de pouvoir à l'égard des enfants mineurs, des salariés, etc., tombent également sous la condamnation de la loi morale.

2º **D'exercer ses facultés intellectuelles et morales.** L'homme se perfectionne intellectuellement et moralement par l'instruction et par la pratique de la vertu. Il possède donc le droit d'acquérir les *connaissances* qui conviennent à sa situation; le droit de pratiquer la *vertu*. — Nous avons donc le devoir de ne pas empêcher nos semblables de s'instruire, de ne pas leur enseigner l'erreur, de ne pas les tromper par le mensonge, l'hypocrisie, la flatterie, etc.; le devoir de respecter leur conscience en évitant tout ce qui peut les scandaliser : les mauvais conseils et les mauvais exemples, et en ne les empêchant pas de faire ce que la conscience leur prescrit.

3º **D'être respecté dans ses croyances et ses opinions.** L'homme a le droit d'être respecté dans ses croyances religieuses et ses opinions politiques, pourvu qu'elles ne soient pas contraires à la morale et à l'ordre social.

Comme il est de l'intérêt du prochain de connaître son devoir, nous devons *l'éclairer*, s'il est dans l'erreur, l'exciter à la recherche de la vérité, sans intimidation ni contrainte. — L'indifférence n'est pas permise entre la vérité ou l'erreur; mais « la tolérance conditionnelle [1], ou le support mutuel, doit exister entre des hommes qui professent de bonne foi des opinions différentes ». (DE BONALD.)

QUESTIONNAIRE. — Quels sont les devoirs relatifs à la liberté d'autrui ?

---

[1] Tolérer implique l'idée d'un mal. Être tolérant, c'est supporter, ne pas empêcher, ne pas punir le mal. Il y a une tolérance permise : c'est celle qui, tout en condamnant le mal en lui-même, ne l'empêche ou ne le punit cependant pas, pour éviter un plus grand mal ou pour obtenir ou conserver un plus grand bien.

III. — DEVOIRS RELATIFS A L'HONNEUR D'AUTRUI

Respect de l'honneur d'autrui.

Respect de l'honneur d'autrui. — L'homme ne peut se passer de la société; or, pour vivre en société, il a besoin de l'estime et de la confiance de ses semblables. Le droit à l'honneur est imprescriptible, malgré les fautes passagères qui peuvent en ternir l'éclat. « La bonne réputation vaut mieux que les grandes richesses. » (Bible.) — La loi morale défend donc de porter atteinte à l'honneur et à la réputation du prochain par l'*indiscrétion*, la *médisance*, la *calomnie*, les *injures*, la *délation*.

L'indiscrétion consiste : — 1° dans une *curiosité malsaine*, qui fait qu'on s'immisce dans les affaires des autres, qu'on fait une sorte d'enquête sur leur vie, qu'on les importune de questions, les forçant à dire ce qu'ils veulent taire. Cette sorte d'indiscrétion, outre qu'elle décèle un manque de délicatesse, donne ordinairement naissance aux paroles nuisibles, aux mauvais rapports, aux médisances; — 2° dans la *divulgation d'un secret*, confié ou connu par hasard, soit pour nuire, soit par intempérance de langue, ou pour paraître entendu et bien informé.

La médisance et la calomnie consistent à dire du mal d'autrui. On *médit* lorsqu'on révèle un mal vrai; on *calomnie* lorsqu'on attribue à autrui des défauts qu'il n'a pas ou des fautes qu'il n'a pas commises.

La médisance et la calomnie nuisent : — 1° *à celui qui en est l'objet* : elles lui enlèvent la réputation, l'un des plus grands biens sociaux; — 2° *à celui qui en est l'auteur* : elles blessent sa conscience; — 3° *à ceux qui les entendent* : en les portant à la méfiance, à la haine, en les empêchant de pratiquer les devoirs sociaux envers les personnes calomniées. « Par un seul coup de langue, dit saint François de Sales, le médisant fait ordinairement trois meurtres : il tue, d'un homicide spirituel, son âme et celle de celui qui l'écoute, et il ôte la vie civile à celui dont il médit. »

La médisance et la calomnie deviennent la *diffamation* quand elles revêtent la forme d'imputations graves et publiques : par des paroles ou par des écrits.

L'injure est une offense publique qui nuit à la réputation du prochain. Elle consiste soit en *paroles*, soit en *actions*. — L'injure ne dénote pas seulement une mauvaise éducation, elle transgresse la loi morale, et viole le droit d'autrui; à ce dernier titre, elle est soumise aux pénalités de la loi civile.

La délation est une dénonciation inspirée par des mobiles odieux, tels que l'intérêt, la vengeance, l'envie. On peut s'en rendre coupable de vive voix ou par écrit : la forme la plus repoussante est la lettre anonyme. — Il ne faut pas confondre la délation avec la *dénonciation* faite à l'autorité, qui ne se propose que la défense de la justice et de l'ordre social.

QUESTIONNAIRE. — Pourquoi doit-on respecter l'honneur d'autrui? — Comment porte-t-on atteinte à l'honneur d'autrui?

IV. — DEVOIRS RELATIFS A LA PROPRIÉTÉ D'AUTRUI

Respect de la propriété d'autrui. — Origine du droit de propriété. — Légitimité de ce droit. — Caractère sacré des promesses et des contrats.

Respect de la propriété d'autrui. — L'homme a le droit de posséder en propre. Les *communistes* et les *socialistes* nient l'existence de ce droit. Les premiers, sous prétexte que tous les hommes sont égaux, considèrent la propriété privée comme un vol fait à l'humanité et réclament la possession et l'exploitation en commun de tous les biens; les seconds prétendent que l'État, unique propriétaire de tous les biens, doit en percevoir et en répartir les revenus entre les citoyens.

La droite raison condamne et réfute les théories communistes et socialistes, dont le moindre des résultats

« serait, dit M. Thiers, d'aboutir à la pauvreté universelle [1] ».

Origine du droit de propriété. — Le droit de propriété résulte de l'*occupation primitive*, complétée par le *travail*, l'*échange*, l'*héritage* et le *testament*.

1º **Occupation primitive.** — « Dieu, dit le Psalmiste, a donné la terre aux enfants des hommes. » A l'origine, en effet, les hommes usèrent à leur gré des richesses que la nature leur offrait. Comment, et de quel droit certaines portions de ce fonds commun sont-elles devenues des propriétés privées? Par l'*occupation* : une chose qui n'a pas de maître appartient au premier occupant. Telle est l'origine de la propriété.

Mais l'occupation est *un fait*, et, par conséquent, ne suffit pas, à elle seule, à prouver la légitimité du droit de propriété.

2º **Travail.** — Le travail fertilise la terre, transforme le bois, la pierre, le fer, etc., et leur donne une valeur qu'ils n'avaient point d'abord. Cette plus-value est une espèce de création dont personne ne peut contester la propriété à son auteur. — L'occupation première et le travail sont les deux sources, plus ou moins inséparables, de la propriété.

Lorsque le travail s'exerce sur une matière première qui est déjà la propriété de quelqu'un, il donne seulement droit à un salaire qui est la rémunération du travail.

3º **Échange.** — L'échange des biens par vente ou achat, engendre aussi un droit de propriété. La liberté des échanges est une des principales conditions du progrès matériel de la société.

4º **Héritage et testament.** — La succession *héréditaire* et la succession *testamentaire* sont aussi des moyens

---

[1] Remarquons, en passant, que la communauté des biens rendrait impossible le vol proprement dit. Or Dieu défend de voler : *Tu ne déroberas point* (Décalogue); et cette défense, confirmée par l'histoire de tous les peuples, qui de tout temps punirent le vol, suppose nécessairement le droit de posséder en propre. — « La propriété, dit le *Code civil*, c'est le droit de jouir et de posséder des choses de la manière la plus absolue. »

légitimes d'acquérir la propriété : les enfants héritent légitimement (*ab intestat*) de leurs parents. Le droit testamentaire s'ajoute d'ordinaire au droit d'hérédité, car le droit de propriété appelle nécessairement celui de la *transmission* de la propriété par donation ou par testament. Cependant le droit de tester a souvent été limité par les lois civiles.

Légitimité du droit de propriété. — Le droit de propriété se justifie par la *nature de l'homme*, par ses *besoins* et par la *paix sociale*.

1º L'homme, en vertu de sa nature essentiellement libre, est évidemment maître de sa personne, de ses facultés, de ses forces physiques et intellectuelles. S'il les applique à l'amélioration du sol qu'il occupe, ou de tout autre objet, le fruit de son travail lui appartient légitimement. Il peut donc en user et en disposer comme bon lui semble.

2º L'homme doit subvenir à ses besoins présents et se ménager des ressources pour les temps de disette ou d'infirmités. Il doit donc pouvoir garder tous les objets mobiliers et immobiliers qui lui sont utiles.

3º Le droit de propriété est l'une des plus solides *bases* de la **paix sociale**. Sans lui, on ne verrait partout que désordre et confusion ; la société serait en proie à des discussions et à des luttes incessantes. Les hommes se réunissent en société, surtout afin de se protéger mutuellement contre les voleurs et les assassins.

Caractère sacré des promesses et des contrats. — Les promesses et les contrats sont des *engagements* que l'on prend envers le prochain, et qui lui confèrent un certain droit sur l'objet promis. On en distingue deux sortes : la *promesse* ou *parole donnée* et le *contrat*.

La promesse ou parole donnée est un engagement par lequel on s'oblige *gratuitement* à quelque chose en faveur d'une ou de plusieurs personnes.

Si la promesse n'exprime qu'une intention vague de faire quelque chose si on le peut, elle n'oblige pas. Lorsque, sans impliquer l'intention de s'engager en stricte justice, on a fait une promesse de telle façon que la personne qui la recevait ait pu y compter en prenant ses dispositions pour l'avenir, on est tenu en conscience de l'accomplir : elle a créé un droit pour cette personne. Enfin, si elle est faite avec l'intention très nettement exprimée de s'engager, elle est un contrat qui *oblige* toujours devant la conscience, et devant les tribunaux civils lorsqu'elle est écrite.

Le contrat est le moyen le plus ordinaire d'*acquérir* et de *transmettre* la propriété. On le définit : une convention par laquelle une ou plusieurs personnes s'obligent envers une ou plusieurs autres à donner, à faire ou à ne pas faire quelque chose.

« Rien de plus conforme à la raison naturelle que de voir un fait générateur d'obligations dans le contrat qui se forme par le consentement et qui résulte de l'accord des volontés. » (LARCHER.)

QUESTIONNAIRE. — Quels sont les devoirs relatifs à la propriété d'autrui ? — Quelle est l'origine de la propriété ? — Quel est le fondement du droit de propriété ?

V. — AUTRES DEVOIRS DE JUSTICE

Probité, équité, loyauté, délicatesse. — Devoirs professionnels.

Probité, équité, loyauté, délicatesse. — La probité, c'est la droiture de cœur qui porte à l'exacte et constante observation des devoirs de la justice et de la morale. L'homme probe ne trompe pas ses semblables ; il ne porte pas atteinte aux droits d'autrui ; s'il trouve de l'argent ou un objet quelconque, il le rend à son propriétaire ; il observe la justice *étroite* ou *stricte* qui consiste dans la conformité rigoureuse à la loi écrite.

L'équité, c'est la justice naturelle. L'homme équitable consulte moins les lois écrites que sa conscience, et si celles-là lui concèdent des droits excessifs, il n'en use pas. Le texte des lois, toujours abstrait et général, ne se plie point à tous les cas, en sorte qu'une application trop stricte de la loi peut être injuste. L'équité corrige l'injustice de la justice stricte. — L'homme équitable pratique aussi les devoirs de la justice distributive [1], reconnaît le droit ou le mérite de chacun, n'écoute pas ses préférences ou son intérêt, n'a pas deux poids et deux mesures, fait impartialement à chacun une part proportionnée à son droit ou à son mérite.

La loyauté ou bonne foi est une forme de la justice qui consiste à respecter la parole donnée. L'homme loyal n'a qu'une parole, et, quand il l'a donnée, il la tient. Il se le doit à lui-même : il y va de son caractère même d'honnête homme; il le doit à celui qui a reçu sa promesse et qui compte sur elle; il le doit à la société, dont la plupart des transactions ne sont possibles que si les hommes peuvent se fier réciproquement à leur parole. « Entre gens d'honneur, la parole vaut un contrat. » (LA ROCHEFOUCAULD.)

La délicatesse est la *réserve scrupuleuse* en ce qui concerne la probité, la morale, les bienséances. L'homme délicat est celui qui, étant chargé des intérêts d'autrui, en prend soin à l'égal de ses propres intérêts; celui qui se respecte lui-même, qui est modeste, décent dans son maintien, réservé dans ses paroles; celui qui non seulement s'abstient de mépriser, de railler, mais qui évite avec attention tout ce qui pourrait choquer les autres : le sans-gêne, l'humeur sombre et chagrine, etc.; celui qui trouve des paroles et des procédés aimables pour donner, pour refuser, pour témoigner sa reconnaissance, pour faire accepter un conseil, une observation, un reproche [2].

---

[1] On appelle *justice distributive et rémunératrice* l'obligation de traiter chacun suivant son mérite. — C'est la vertu du père de famille, du patron, du magistrat, du juge. — Sa formule est : « Rendre à chacun ce qui lui est dû. »

[2] Comme exemple de *probité*, on peut citer saint Éloi, fabriquant deux trônes avec l'or qu'on lui avait donné pour un seul; de *loyauté* poussée jusqu'à l'héroïsme, Régulus, chez les anciens, retournant à Carthage pour tenir sa parole; Porcon de la Barbinais, sous Louis XIV, retournant à Alger, plutôt que de trahir son serment, bien qu'il sût que le supplice l'y attendait; enfin de *délicatesse et de charité*, Boileau, achetant la bibliothèque de Patru, à condition que son ami en jouirait jusqu'à la mort.

Devoirs professionnels. — L'homme doit accomplir ses devoirs professionnels sous peine de manquer à la probité. Accomplir consciencieusement les devoirs professionnels n'est pas seulement un devoir individuel, c'est un devoir social : la société forme un corps dont les membres se doivent de mutuels services. Chacun, en remplissant les devoirs de sa profession, travaille pour les autres, comme les autres travaillent pour lui. Celui qui ne les remplit pas ou les remplit mal ne paye pas sa dette sociale et vit, comme le voleur, aux dépens d'autrui. Il ne donne pas ce qu'on est en droit d'exiger de lui et reçoit une rémunération qui ne lui est pas due.

Un *médecin*, un *pharmacien* exposent, par leur négligence, la vie d'un malade; un *avocat* perd une cause faute de l'avoir suffisamment étudiée; un *négociant* laisse se détériorer ses marchandises, puis il les livre au public comme bonnes; un *industriel* fabrique de mauvais produits; un *magistrat* rend des services au lieu de prononcer des arrêts; un député, un sénateur votent sur une question sans la connaître; un professeur néglige sa classe; un ouvrier perd son temps aux heures de travail, etc. : ils manquent tous à la probité, ils portent préjudice à ceux dont les intérêts sont en jeu, et cela pour ne pas remplir consciencieusement leurs devoirs professionnels.

Remarque. — Personne ne méconnaît l'*autorité* de ces lois naturelles : qu'il ne faut faire tort à personne; qu'il faut rendre à chacun ce qui lui appartient; qu'il faut tenir ses engagements, être fidèle à la parole donnée; qu'il faut vouloir du bien à celui qui nous en a fait et lui témoigner notre affection; qu'il faut respecter la vieillesse, les supériorités morales résultant du talent, des services, de la vertu, et d'autres règles semblables de la justice et de l'équité. Ce ne sont donc pas les lumières qui manquent, mais bien la *volonté d'être juste* qui fait défaut.

QUESTIONNAIRE. — Que savez-vous de la probité? — de l'équité? — de la loyauté? — de la délicatesse? — des devoirs professionnels?

DEVOIRS DE CHARITÉ

En quoi consistent les devoirs de charité ? — Division : appui matériel et moral. — Caractères qui distinguent les devoirs de charité. — Rapports de la justice et de la charité. — Beauté morale du dévouement.

En quoi consistent les devoirs de charité ? — Les devoirs de charité consistent, en général, à faire du bien à nos semblables, à être bienveillant et bienfaisant.

Les devoirs de charité correspondent à cette maxime : *Faites aux autres tout ce que vous voudriez qu'on vous fît à vous-même.*

Leur division. — Il y a au moins autant de devoirs de charité que de devoirs de justice ; « car, sur chaque point où la justice nous défend de manquer au droit des personnes, la charité nous ordonne de faire plus, de sacrifier pour les autres quelque chose de nos propres droits. » La charité a pour objet les besoins *matériels* ou *moraux* d'autrui. On peut donc répartir les devoirs de charité en deux groupes : les devoirs concernant *l'appui matériel* et les devoirs relatifs à *l'appui moral* que nous devons aux autres.

Appui matériel. — Le dévouement ou la charité nous commande d'aider le prochain dans ses besoins matériels, même à nos dépens; par exemple : de donner à celui qui manque du nécessaire, de recueillir un orphelin, de visiter ou de soigner un malade, de se jeter à l'eau ou au milieu des flammes, d'arrêter un cheval emporté, etc., *s'il y a chance de succès*, pour sauver une vie en danger.

L'aumône doit être faite avec délicatesse, désintéressement, intelligence. Elle oblige dans la proportion de la fortune : c'est un devoir, non pas de *stricte justice*, sauf le cas d'extrême nécessité, mais de charité chrétienne.

Appui moral. — L'humanité ou la charité nous oblige à tout bon office qui aide autrui dans ses besoins moraux; par exemple, à lui donner à propos un bon conseil, un sage avertissement, une instruction utile; à dissiper les préjugés et les erreurs qui égarent sa conscience [1]; à consoler celui qui se trouve dans la peine et l'affliction; à éteindre les haines et les dissensions; à défendre l'absent contre la médisance et la calomnie, et quiconque est menacé dans sa liberté, son honneur, ses biens.

De la charité dérivent la *sympathie* pour toutes les misères et le sentiment de *solidarité* qui, en présence des grandes infortunes, unit tous les hommes dans un même élan (voir p. 294).

Caractères qui distinguent les devoirs de charité de ceux de justice. — Les devoirs de justice sont *déterminés* : ils ne laissent aucune part à la libre interprétation de l'individu; ils obligent sans restriction et semblablement à l'égard de tous. Il n'y a en somme qu'une manière d'être juste, c'est de payer ce qu'on doit, de réparer les torts qu'on a faits, de faire ce à quoi l'on est tenu par le respect des droits d'autrui.

Les devoirs de charité sont *indéterminés* : ils laissent à l'individu une certaine latitude; ils obligent différemment, suivant les moyens, les circonstances, les lieux. On peut être charitable de bien des façons et à bien des degrés, cela dépend surtout de la générosité du cœur.

Rapports de la justice et de la charité. — La justice et la charité sont deux vertus qui se complètent l'une l'autre.

Il n'y a pas de vraie justice sans charité. Celui-là risque d'être injuste qui va rigoureusement *jusqu'au bout* de son droit : « Les hommes ne sont justes qu'envers ceux qu'ils aiment. » (JOUBERT.)

Celui qui n'aime pas ses semblables comprend diffici-

---

[1] « Semer autour de soi, à pleines mains, la vérité; la répandre par la plume, par la parole, par l'enseignement; dire tout ce qu'on croit bon et utile, le dire vaillamment, coûte que coûte, c'est pratiquer la charité sous une de ses formes les plus hautes. Si, en effet, nous avons bien compris que la valeur de l'homme tient essentiellement à sa dignité d'être pensant, nous comprendrons également qu'on ne peut rien faire de mieux pour augmenter sa valeur et travailler à sa perfection que de cultiver et d'éclairer son intelligence. L'enseignement, en particulier, quand il est inspiré par un ardent désir de faire la lumière dans les âmes, apparaît comme une manifestation supérieure de la charité, de la bienfaisance morale. » (H. MARION, *Leçons de morale*.)

lement leurs droits et, plus difficilement encore, les respecte. Il ne les comprend pas : les vérités morales veulent être saisies à la fois par la raison et par le cœur; il ne les respecte pas : la charité seule nous rend capables des sacrifices qu'exige la stricte justice, par exemple, l'oubli de toutes les considérations personnelles, oubli sans lequel il est impossible d'être juste.

Il n'y a pas non plus de véritable charité sans justice. Celui qui volerait pour faire l'aumône, ou qui se dévouerait pour des étrangers au préjudice de ses parents, ne serait pas charitable.

Beauté morale du dévouement. — Le dévouement impose parfois de pénibles sacrifices; et ces sacrifices méritent d'autant plus l'admiration, qu'ils sont accomplis pour des êtres à qui l'on ne doit rien, dans le sens rigoureux de la justice, auxquels on n'est attaché par aucune affection personnelle, et que souvent on ne connaît même pas.

QUESTIONNAIRE. — En quoi consistent les devoirs de charité ? — Quels sont les caractères qui distinguent les devoirs de charité de ceux de justice ? — Quels rapports y a-t-il entre la justice et la charité ? — Comment divise-t-on les devoirs de charité ? — Faites ressortir la beauté morale du dévouement.

AUTRES DEVOIRS DE CHARITÉ

Bonté, amitié, bonne camaraderie, politesse et solidarité.

La bonté est une inclination à faire le bien. Elle consiste à estimer autrui autant que soi-même. N'aimer que soi, ne vivre que pour soi serait de l'égoïsme.

L'homme vraiment bon est bienveillant envers ses semblables, dévoué pour les inférieurs, les ouvriers, les pauvres; indulgent : il pardonne volontiers les torts qu'on lui a faits; compatissant pour ceux qui souffrent : l'orphelin, le malade, l'infirme, le déshérité.

L'amitié est l'affection réciproque de deux personnes qui se veulent et se font du bien, selon les règles de la raison et de l'honnêteté. L'amitié est celui de nos sentiments qui a le plus de ressemblance avec les affections de famille.

L'amitié véritable est celle des gens vertueux ; « elle grandit et s'affermit à mesure que la vertu se développe. » (S. Thomas.)

La morale exige qu'on ne se lie qu'avec des gens vraiment recommandables. C'est donc un devoir d'étudier le caractère et la conduite des personnes auxquelles on veut donner son amitié.

Les amis se doivent l'un à l'autre la *vérité*, la *confiance*, le *dévouement*.

La **bonne camaraderie** est le lien qui existe entre des gens qui vivent ensemble d'une même vie, qui ont les mêmes habitudes, les mêmes occupations. En général, la camaraderie imposée par les circonstances est plus apparente que réelle. Mais, quelque minime que soit la part de l'âme dans les sentiments qu'elle inspire, ces sentiments se manifestent par la bienveillance, le support, le bon exemple et les sages conseils.

La **politesse** est « une application délicate et attentive à témoigner à tous par notre conduite extérieure notre estime et notre bienveillance. Quoique distincte de la justice et de la charité, la politesse peut, en beaucoup de cas, s'associer à ces deux vertus et en accompagner l'exercice. » (Branchereau.)

La **solidarité** est la participation de l'homme au bonheur et au malheur d'autrui.

« La vie est un tissu où les solidarités s'entrecroisent[1]. » Tout se tient, en effet, tout s'enchaîne :

1º *Dans l'ordre moral :* « Quiconque se fait du bien ou du mal à soi-même en fait aussi aux autres, et quiconque fait du bien ou du mal aux autres, s'en fait aussi et encore plus à soi-même[1]. » Chacun de nous, suivant qu'il fait le bien ou le mal, à quelque degré de l'échelle sociale qu'il se trouve et dans quelque sphère qu'il

---

[1] Bastiat (1801-1850), né à Bayonne, économiste distingué.

agisse, travaille au bonheur ou au malheur du genre humain, en même temps qu'à son propre bonheur ou malheur. On n'est homme, on n'est chrétien qu'autant qu'on travaille dans la mesure de ses forces au bien de ses semblables, en même temps qu'au sien propre. — La vraie solidarité est inspirée par l'idée religieuse.

2° *Dans la famille :* les enfants sont solidaires de leurs parents : ils portent le poids des fautes de leurs parents ou bénéficient de leurs vertus ; les parents répondent de la conduite de leurs enfants ;

3° *Dans la nation :* les magistrats et les citoyens collaborent ensemble à la prospérité du pays. Une certaine communauté de mérite ou de démérite, d'honneur ou de honte, relie entre eux les divers membres de chaque nation ;

4° *Dans l'humanité :* la communauté d'origine, de nature et de destinée, forme entre tous les hommes un lien d'unité qui les rapproche les uns des autres, sans nuire aux intérêts particuliers des diverses nations ;

5° *Au point de vue économique,* la solidarité n'est ni moins importante ni moins facile à constater. L'homme, en effet, ne peut retenir qu'une part dans la valeur qu'il crée par son travail ; le reste lui échappe et va grossir les richesses communes. Celui-ci aménage une forêt, défriche un champ, assainit l'air autour de lui : ses voisins en profiteront comme lui, et la santé publique s'améliorera d'autant. Celui-là construit un chemin pour son usage : des milliers de voyageurs y passeront après lui, etc.

La solidarité unit les hommes à tel point, qu'en dépit de leur égoïsme, la propriété de chacun profite généralement à tous, et une ruine individuelle est presque toujours une perte sociale. (Voir *Économie politique*, p. 319 et suiv.)

QUESTIONNAIRE. — Que savez-vous de la bonté, de l'amitié, de la bonne camaraderie, de la politesse, de la solidarité ?

SOCIÉTÉ CIVILE OU POLITIQUE, OU ÉTAT

Définition. — Origine ou raison d'être de l'État. — Le gouvernement et les citoyens. — Diverses formes de gouvernement. — Fondement de l'autorité publique. — Communication de l'autorité. — Les trois pouvoirs de l'État.

Définition. — La *société civile* ou *politique* est une *réunion* d'individus ou de familles soumis à la même autorité et aux mêmes *lois* politiques. — Cette société forme un État [1].

Origine ou raison d'être de l'État. — La raison d'être de l'État se trouve dans la nécessité d'assurer aux familles et aux individus la jouissance de leurs *droits* et de leurs *libertés* légitimes par le maintien de l'ordre extérieur et de la sécurité publique.

La société civile ou politique répond aux plus légitimes exigences de la nature intelligente et libre; « c'est une indispensable précaution, non seulement contre les passions mauvaises qui attenteraient çà et là à la vie et à la fortune des citoyens, mais aussi contre les surprises des ambitieux, contre la tyrannie de ceux qui s'empareraient successivement du pouvoir et essayeraient d'imposer leurs volontés personnelles au peuple entier. » (H. Joly.)

La société civile ou politique n'est donc pas le résultat d'un acte arbitraire, d'un contrat social; elle *est de droit naturel*.

Le but de la société civile ou politique suffit à distinguer cette société des sociétés commerciales, industrielles, scientifiques, littéraires, artistiques, etc., qui ne poursuivent que des intérêts particuliers.

Le gouvernement et les citoyens. — Dans toute société civile ou politique, on distingue le *gouvernement* et les *citoyens*. Le *gouvernement* est l'ensemble des personnes qui représentent et dirigent l'État. Les *citoyens* sont les membres de la société civile ou de l'État.

---
[1] Le mot État signifie tantôt la société tout entière, gouvernants et gouvernés; tantôt l'autorité, le pouvoir seul.

Diverses formes de gouvernement. — On ramène à trois principales les diverses formes de gouvernement : la *monarchie absolue* : gouvernement d'un seul ; l'*aristocratie* ou *oligarchie :* gouvernement d'un petit nombre ; et la *démocratie* ou *république :* gouvernement de tous par des représentants. — Les sociétés modernes, républiques ou monarchies *constitutionnelles et représentatives,* ont partout le même caractère *démocratique,* c'est-à-dire que les citoyens « participent au pouvoir et à l'obéissance ». (ARISTOTE.)

De toutes ces formes, quelle est la meilleure? Elles sont toutes plus ou moins imparfaites, mais aucune n'est mauvaise en soi. L'Église catholique prêche l'obéissance à tout gouvernement qui, de fait, est « apte à procurer l'utilité et le bien commun ». (Encycl., 1885.) Mais on doit préférer celui qui offre le plus de garantie contre les abus, c'est-à-dire qui assure le mieux la liberté des citoyens et le règne du droit.

Fondement de l'autorité publique. — Il est bien évident que nulle société ne peut exister sans un *chef* assez puissant « pour gouverner les volontés de chacun, afin de les ramener toutes à l'unité et de les diriger avec ordre et sagesse pour le bien commun ». (Encycl., 1881.) L'*autorité sociale* ou *publique* est donc indispensable aux hommes constitués en société civile. D'où l'on peut conclure que cette autorité, aussi bien que la société civile, résulte de l'essence même des choses : elle est de droit naturel, c'est-à-dire qu'elle procède de la nature, et par suite de Dieu, auteur de la nature. Dieu, en effet, veut le maintien et l'observation de l'ordre. Or l'ordre ne subsiste dans la société que par l'*autorité.* L'autorité est donc *voulue* de Dieu ; c'est donc de Dieu qu'elle tire originairement sa *force* et son *droit. Tout pouvoir vient de Dieu.* (Rom., XIII, 1.)

Communication de l'autorité. — L'autorité vient de Dieu ; mais il reste à savoir comment elle s'établit dans un gouvernement quelconque. Le *principe constitutif* de toute société politique, qu'il s'agisse d'une monarchie, d'une aristocratie ou d'une démocratie, est de droit naturel; tandis que la forme du gouvernement et le *choix* des personnes qui exercent l'autorité sociale sont des faits conventionnels : ils dépendent du consentement des citoyens. Comme les hommes sont égaux par nature, aucun membre de la société, en tant qu'homme, n'a le droit naturel de la gouverner. Ce droit est conféré par la volonté nationale, expression de la volonté de Dieu; mais, pour qu'il en soit ainsi, il faut que la volonté nationale « soit une volonté éclairée et raisonnable, subordonnant ses déterminations à la justice naturelle. C'est dans ce sens qu'on peut dire que le pouvoir résulte d'un contrat, exprès ou tacite, de la nation avec son gouvernement ». (E. DURAND, *Élém. de phil.*)

En résumé, la société est naturelle à l'homme; Dieu est la *source* du pouvoir, et le peuple en est le *canal*.

Les trois pouvoirs de l'État. — Pour atteindre son but (le maintien de l'ordre et de la justice), l'autorité sociale doit posséder *trois* pouvoirs différents qu'une bonne organisation rend, autant que possible, indépendants les uns des autres : le *pouvoir législatif*, qui fait les lois; le *pouvoir exécutif*, qui les promulgue et en assure l'exécution; le *pouvoir judiciaire*, qui les applique aux cas particuliers, et en punit la violation[1].

Ces trois pouvoirs publics ont, chacun dans sa sphère, des *droits* et des *devoirs* inhérents à leurs attributions; et, comme ils personnifient la société civile ou l'État, leurs droits et leurs devoirs sont appelés *droits et devoirs de l'État*.

QUESTIONNAIRE. — Qu'appelle-t-on société civile ou État? — Quelle est l'origine ou raison d'être de la société civile? — Que distingue-t-on dans toute société civile? — Quelles sont les principales formes de gouvernement? — Quel est le fondement de l'autorité publique? — Comment s'établit l'autorité dans un gouvernement quelconque? — Quels sont les trois pouvoirs de l'État?

[1] « La division de la puissance publique en plusieurs *pouvoirs* est un des principes les plus importants du droit public français. Il tend à favoriser la liberté, à éviter la dictature; il assure l'indépendance du législateur et du juge. » TERRAT, avocat, professeur de droit.)

I. — DROITS ET DEVOIRS DE L'ÉTAT

Droits de l'État. — Fondement du droit de punir. — Devoirs de l'État.

Droits de l'État. — L'État a le droit de faire toutes les lois que réclame le bien commun de la société, d'imposer le service militaire pour la défense du territoire et le maintien de l'ordre intérieur, d'organiser les services publics et de créer les impôts ou contributions nécessaires à leur fonctionnement, de déclarer la guerre pour des raisons graves et légitimes, de connaître des délits et des crimes, de diriger des poursuites, de décider des peines méritées par les coupables qui ont attenté à la personne ou aux biens d'autrui. — Les diverses peines que l'État peut infliger sont l'amende, la confiscation, l'incarcération, les travaux forcés, le bannissement, la déportation et même la peine de mort.

Fondement du droit de punir. — Le droit de punir repose sur une *triple* nécessité : nécessité de *répression*, nécessité de *réparation*, nécessité d'*expiation*.

1° **Répression.** — Le premier devoir de l'autorité publique est de *réprimer* toute tentative contraire au bien commun de la nation et au bien particulier des citoyens. Or, comme il se rencontre certains hommes que la justice et la loi sont impuissants à empêcher de mal faire, il faut que l'autorité emploie, pour les arrêter, la force dont elle dispose, et qu'elle les réduise à l'impuissance de nuire.

2° **Réparation.** — L'autorité publique, malgré sa vigilance, ne parvient pas toujours à empêcher le mal : sa mission consiste alors à faire *réparer*, autant que possible, le tort injustement causé, soit à la société, soit aux particuliers, dans leurs biens, leur personne et leur honneur. Si, après le jugement porté par les magistrats, le coupable se refuse à la réparation exigée, il doit y être contraint par la force.

3° **Expiation.** — L'autorité ne doit pas seulement réprimer le mal ou en exiger la réparation, elle doit encore *punir* le crime déjà commis et le faire expier.

Le châtiment doit être *proportionné* au délit ou au crime, et, quand cela est possible, de nature à relever la moralité du condamné. — Les délits ne peuvent entraîner que l'amende et l'emprisonnement. La peine des crimes peut être les travaux forcés ou la *mort*.

On doit regarder comme injuste toute peine que le maintien de l'ordre dans la société civile ne rend pas nécessaire. D'où il suit que les magistrats ne peuvent prononcer une peine que la loi n'impose pas.

Devoirs de l'État. — L'État a le devoir de respecter la Constitution [1] et les lois établies pour le maintien de l'ordre et de la paix dans la société, de protéger les citoyens contre les ennemis du dehors et du dedans, d'exécuter les travaux nécessaires au progrès des intérêts matériels, de prêter son concours et son appui à l'autorité religieuse, de favoriser l'instruction publique, de défendre les bonnes mœurs contre la licence, de subventionner les œuvres moralisatrices et charitables; en un mot, d'assurer à tous les citoyens la liberté convenable par des lois justes et sages, faites pour l'utilité générale et non pour l'avantage particulier.

QUESTIONNAIRE. — Quels sont les droits de l'État? — Qu'est-ce qui justifie le droit de punir? — Quels sont les devoirs de l'État.

II. — DROITS ET DEVOIRS DES CITOYENS

Droits des citoyens : droits naturels, civils, politiques. — Leurs devoirs : obéissance aux lois, respect des magistrats, impôt, vote, service militaire.

Droits des citoyens. — Les citoyens ont des *droits* que l'État doit reconnaître et protéger. Ce sont les *droits naturels*, les *droits civils* et les *droits politiques*.

---

[1] On appelle *Constitution* les lois fondamentales d'un État qui déterminent la forme du gouvernement, règlent l'exercice des pouvoirs publics et les droits des citoyens.

1° **Droits naturels.** — Les droits naturels de l'homme résultent de sa double qualité d'être raisonnable et libre. — Les principaux droits naturels du citoyen sont : le droit de *vivre* et de *développer* sa vie physique, sa vie intellectuelle et sa vie morale [1]; le droit de *disposer* librement de sa personne, c'est-à-dire d'aller et de venir comme il lui plaît : l'esclavage, qui supprime ce droit, outrage la nature; le droit d'*exercer* telle ou telle profession, de mener tel ou tel genre de vie, pourvu qu'ils n'offensent pas l'honnêteté publique; le droit d'être respecté dans sa *conscience* et ses autres *facultés*, dans son *honneur* et dans ses *biens;* en un mot, le droit de jouir de sa liberté en tant qu'elle n'attente pas à la liberté d'autrui.

2° **Droits civils.** — Les droits civils découlent, pour chaque citoyen, de sa qualité de membre de la société civile. Les principaux sont : le droit d'*acheter*, de *vendre*, d'*échanger*, de *donner*, de *recevoir*, d'*hériter* ou de *léguer* par testament, d'exercer les fonctions de *tuteur*, de faire partie d'un *conseil* de famille, etc.

Tout citoyen français, majeur et non *interdit*, jouit de tous ses droits civils.

3° **Droits politiques.** — Les droits politiques sont les droits que chaque citoyen exerce comme membre de la société politique; ils varient selon les diverses formes de gouvernement. — Les principaux sont : le droit de *suffrage* ou de *vote*, c'est-à-dire le droit de choisir les représentants de la nation; le droit d'être *éligible*, c'est-à-dire de faire partie de toute assemblée investie d'une autorité publique; le droit d'être *témoin* dans un acte notarié, etc. — La dégradation civique encourue par

---

[1] « L'homme n'est pas seulement un être intelligent, il est surtout un être moral, c'est-à-dire capable de vertu. La vertu est donc, bien plus encore que la pensée, le *but* de son existence. Or l'éducation est l'introduction nécessaire à toute vertu. Tout citoyen a donc droit à l'éducation morale. De là le devoir pour l'État de surveiller religieusement l'éducation des enfants, soit dans les écoles publiques, soit dans les écoles privées; de là aussi le devoir de venir en aide à ceux que la pauvreté priverait de ce grand bienfait. Qu'il leur ouvre ses écoles et qu'il les y retienne jusqu'à ce qu'ils sachent ce que c'est que *Dieu*, l'âme et le *devoir;* car la vie humaine, sans ces trois mots, n'est qu'une douloureuse énigme. » (V. COUSIN, *Histoire de la philosophie.*)

une faillite, une interdiction, une condamnation à trois mois de prison, fait perdre les droits politiques.

Devoirs des citoyens. — Les citoyens ont des *devoirs* à remplir comme membres de la société civile.

Les principaux devoirs des citoyens envers l'État sont : l'*obéissance aux lois*, le *respect des autorités constituées* (judiciaires ou administratives), l'*impôt*, le *vote*, le *service militaire* et le *dévouement à la patrie*.

1º **Obéissance aux lois.** — Tous les citoyens, sans aucune exception, doivent l'*obéissance aux lois*, soit *constitutionnelles*, soit *civiles;* car l'ordre social n'existe que par elles. Si une loi semble trop dure ou contraire au bien public, on peut en demander l'abrogation; mais, en attendant, il faut obéir. Quiconque désobéit aux lois s'insurge contre la nation entière, qui les vote par ses représentants.

Les lois sont *obligatoires* à dater de leur promulgation. S'il arrive qu'on promulgue des lois injustes et immorales, le citoyen ne doit pas en tenir compte : une loi évidemment mauvaise ne mérite pas le nom de loi ; elle ne possède aucune autorité morale et n'oblige pas en conscience [1]. Mais alors la désobéissance n'implique pas la révolte : saint Maurice et la légion Thébaine refusèrent d'exécuter les ordres impies de l'empereur Maximien Hercule ; ils pouvaient se défendre, ils avaient des armes ; ils se laissèrent égorger (l'an 286).

La résistance à des lois injustes ne peut être que *passive*, jamais active, à main armée, sauf le cas où elles entraîneraient évidemment la ruine de la société.

2º **Respect des autorités constituées.** — Les autorités constituées sont les représentants de la loi. A ce titre, ils ont droit au respect de tous. « Beaucoup de personnes peu éclairées sont toujours portées à considérer le fonctionnaire comme un tyran, et tout acte d'autorité comme un acte d'oppression. C'est là un préjugé puéril

---

[1] Nous entendons parler ici d'une loi qui contredit formellement la *loi morale* ou la *loi religieuse*.

et funeste. La plus grande oppression est toujours celle des passions individuelles, et le despotisme le plus dangereux est l'anarchie : car c'est alors le droit de la force qui domine seul. L'autorité, quelle qu'elle soit, a toujours un intérêt général au maintien de l'ordre, et l'ordre est la garantie de chacun. » (P. JANET.)

3° **Impôts.** — Tous les citoyens doivent payer l'*impôt*, parce qu'il sert à rémunérer les services publics de tout ordre et de tout degré (justice, instruction publique, hôpitaux, etc.), à nourrir l'armée qui veille aux frontières et protège le pays, à entretenir les routes et les établissements publics. De là, pour chaque citoyen, le devoir de contribuer aux charges de l'État dans la mesure de sa fortune. L'impôt, voté chaque année par les représentants de la nation et consenti par le pays, devient ainsi pour les citoyens une *dette sacrée* envers l'État. — La morale défend de s'y soustraire par le mensonge ou la fraude.

4° **Vote.** — Le vote n'est pas seulement un droit, il est aussi un devoir. Les citoyens placés dans les conditions exigées par la loi doivent se faire inscrire sur les listes électorales, et prendre part au scrutin toutes les fois qu'il s'agit d'élire les membres des assemblées politiques ou des conseils départementaux et municipaux. En France, où règne le suffrage universel, il importe au plus haut point que la vraie majorité exerce son pouvoir. Dût-on succomber, l'obligation de voter subsisterait encore; car plus une minorité est imposante, plus un sage gouvernement devra tenir compte de ses opinions. Le vote doit être libre, éclairé, désintéressé, en un mot consciencieux. On peut déposer un bulletin blanc quand aucun candidat ne satisfait, mais on ne doit pas s'abstenir de voter. — Les élus doivent remplir consciencieusement leurs mandats : droit d'interpellation, de discussion, de vote des lois et de l'impôt; empêcher les abus du pouvoir, faciliter la bonne administration des affaires et garantir à tous la jouissance de leurs droits et de leurs libertés.

5° **Service militaire.** — Tous les citoyens doivent le service militaire ou l'impôt du sang. Il serait à désirer que les grandes questions de politique extérieure pussent se résoudre, non par les armes, mais par la *diplomatie*: c'était le projet de Henri IV (p. 308). Chaque nation est donc obligée d'entretenir des armées permanentes, et celle qui désarmerait sans que toutes les autres en fissent autant s'exposerait à de graves périls. De là, pour tous les citoyens, l'obligation du service militaire, pendant la durée fixée par la loi.

Celui qui, pour se soustraire au service militaire, se cache, se mutile, s'exile ou déserte, commet une lâcheté et encourt la sévérité des lois militaires.

Sont naturellement *exempts* du service militaire ceux à qui la faiblesse ou les infirmités ne permettent pas de porter les armes. En certains pays, sont également exemptés ceux qui rendent à la patrie d'autres services, non moins importants, qui paraissent inconciliables avec le service militaire : il y a, en effet, plus d'un moyen de servir et de défendre son pays.

QUESTIONNAIRE. — Quels sont les droits des citoyens? — Que savez-vous des droits naturels? — des droits civils? — des droits politiques de l'homme? — Quels sont les principaux devoirs des citoyens? — Parlez du devoir d'obéir aux lois, — de respecter les magistrats, — de payer l'impôt, — de voter, — du service militaire.

III. — PATRIE. — PATRIOTISME

Définition. — Principe du patriotisme. — Ses résultats.

Définition. — La patrie[1] est proprement le *lieu* de la naissance, et, par extension, le *pays* entier où nous avons des concitoyens, c'est-à-dire des hommes qui vivent sous le même gouvernement et obéissent aux mêmes lois; qui ont hérité de la même gloire, des mêmes institutions; dont les pères ont souffert les mêmes

---

[1] Le mot *patrie* signifie : *terre des pères ou des aïeux;* il désigne le pays où l'on est né, la nation dont on fait partie, la société politique dont on est membre.
Les conditions d'une patrie ou d'une nation sont donc : la communauté de race ou d'origine, de territoire, de mœurs, de coutumes, de lois, de passé historique.

épreuves, partagé les mêmes périls, participé à la même prospérité. Cette *communauté* de gouvernement, de lois, d'intérêts, de traditions, de souvenirs, de mœurs et de croyance, forme le lien puissant qui constitue l'*unité nationale*.

Le patriotisme est l'amour du pays, le dévouement à la patrie.

Principe du patriotisme. — Le patriotisme est un *sentiment naturel*, inséparable, en quelque sorte, de nos affections bienveillantes envers nos parents, amis et bienfaiteurs; c'est aussi un *sentiment de reconnaissance*, provoqué par les services que l'État peut nous rendre (sécurité, bien-être, etc.).

L'amour de la patrie suppose celui de la famille. Comment aimer ses concitoyens, si l'on n'aime pas ses proches? Comment considérer tous les hommes comme ses frères, si l'on n'apprend pas dans la famille ce que c'est que la fraternité et la solidarité? Toutes les vertus que l'homme peut manifester dans ses rapports avec ses semblables, la discipline, le respect de l'ordre, de l'autorité, l'obéissance, le support mutuel, la justice, etc., se transportent de la famille dans la société. Tant vaut la famille, tant vaut la société.

Ses résultats. — Le patriotisme ne consiste pas seulement dans un amour contemplatif et stérile, qui se traduit par des discours, des serments, des chansons. L'homme paresseux, égoïste, vicieux, ne mérite pas le beau titre de patriote. « Si un homme fait outrage aux autels, à la sainteté du lien conjugal, à la décence, à la probité, et puis vient crier : *Patrie! patrie!* ne le croyez pas, c'est un hypocrite de patriotisme et un mauvais citoyen : il n'y a de bon citoyen que l'honnête homme. » (SILVIO PELLICO.)

Le patriotisme, c'est le dévouement à la chose publique qui se manifeste, en temps de paix, par l'obéissance aux lois et par l'accomplissement des devoirs professionnels; en temps de guerre, par le sacrifice de ses biens, de sa liberté, de sa vie même.

Sacrifier l'intérêt particulier à l'intérêt général; défendre les intérêts matériels et moraux de la patrie; respecter et faire respecter la loi, parce que la loi c'est la justice parlant par la bouche de la patrie; contribuer au maintien de l'ordre, condition de la vie sociale comme de la vie individuelle; prendre part aux votes; ne se prêter au despotisme ni d'un individu, ni d'une classe, ni d'un parti; demander les réformes utiles, non aux révolutions, mais aux progrès du temps et à l'éducation morale, voilà le vrai patriotisme.

Comme toute affection humaine, le patriotisme a besoin de direction : sous l'empire de la raison, il devient une vertu héroïque; faussé par l'esprit de parti, par l'ignorance ou l'égoïsme, il n'est plus qu'une passion étroite et intolérante.

Le patriotisme produisit des crimes chez les anciens, parce qu'il était exclusif, étroit, borné à l'enceinte d'une cité, aux frontières d'une province. Les peuplades et les villes voisines, sans cesse menaçantes les unes pour les autres, voyant toujours le danger présent à leur porte, vivaient presque nécessairement en état de guerre. « Albe et Rome, Sparte et Athènes, etc., n'avaient de repos que lorsque l'une avait absorbé l'autre, ou du moins réduit sa rivale à l'impuissance. » Triste patriotisme que celui-là, puisqu'il contredisait la justice et l'humanité.

Le christianisme, dont la mission divine est d'*unir les hommes*, a donné au monde la véritable notion de l'amour de la patrie; il en fait un amour *principal* mais non un amour *exclusif*; il nous ordonne avant tout d'être justes; il veut que nous chérissions l'humanité tout entière, quoique nos concitoyens aient le premier droit à notre attachement [1].

QUESTIONNAIRE. — Qu'est-ce que la patrie? — Qu'appelle-t-on patriotisme? — Quel en est le principe? — Quels en sont les résultats? — Parlez du vrai et du faux patriotisme.

---

[1] Il faut distinguer le patriotisme du *chauvinisme*, qui exprime l'idée du fanatisme patriotique. — Ce mot vient du nom de Chauvin, héros du *Soldat laboureur*, de Scribe, que le crayon spirituel de Charlet a surtout rendu populaire. Chauvin, « exprimant des sentiments d'un patriotisme étroit et aveugle au sujet des succès et des revers de Napoléon Ier, est devenu le nom de celui qui

DROITS ET DEVOIRS DES NATIONS

Relations internationales. — Droit des gens : naturel, positif. — Droit de guerre. — Quatre sortes de guerres. — Quelles sont les guerres légitimes ? — Lois de la guerre.

Relations internationales. — Les nations entretiennent entre elles de nombreuses relations, et ces relations, comme tout ce qui est humain, sont dominées par les mêmes *principes d'équité* qui règlent la conduite des individus entre eux : ce que chaque homme doit à ses semblables, chaque peuple le doit aux autres peuples. Les États ne doivent donc jamais, dans leurs relations, perdre de vue cette maxime : *Le droit prime la force.*

Droit des gens. — Il y a deux sortes de relations internationales : — 1° les relations de *convenance* et de *justice*, c'est-à-dire fondées sur la loi naturelle, et qui constituent le *droit des gens naturel*; — 2° les relations basées sur des *conventions écrites*, et qu'on appelle le *droit des gens positif*. — Ici le mot *gens* (du latin *gentes*) signifie nations.

1° Droits naturels. — Les principaux droits naturels d'une nation sont : le droit à l'existence, à l'honneur, à l'indépendance, au respect du territoire. De ces droits dérivent des devoirs : le devoir de respecter l'existence, la liberté, l'honneur et le territoire des autres nations.

2° Droits positifs. — Les principaux droits positifs d'une nation civilisée sont : l'inviolabilité de ses représentants, l'observation des traités de paix, d'alliance, de neutralité, de commerce, d'extradition, etc.

Lorsque la nécessité de faire respecter leurs droits

a des sentiments exagérés et ridicules de patriotisme et de guerre ». Il faut aussi distinguer le patriotisme du fanatisme, qui pousse l'amour de la patrie jusqu'à la transgression des droits de la nature. — Fanatique, le patriotisme du consul Brutus, de Jacques Clément, de Charlotte Corday, du jeune Horace. — Corneille apprécie ce patriotisme contre nature dans les vers suivants :

« Je rends grâces aux dieux de n'être pas Romain,
Pour conserver encor quelque chose d'humain. »

oblige les nations à recourir à la force, elles sont en *état de guerre.*

Droit de guerre. — Les nations ont le droit d'user de la force pour défendre leur existence, leur honneur, leur indépendance, leur territoire, etc. : c'est ce qu'on appelle le droit de guerre; droit incontestable, qui répond à celui de légitime défense reconnu aux individus lorsqu'ils se trouvent hors d'état de recourir à la force publique. Il est même plus étendu, parce qu'il n'existe pas de tribunal supérieur, reconnu par toutes les nations pour juger entre elles et trancher leurs différends [1].

Quatre sortes de guerre. — On distingue la guerre d'intérêt ou d'ambition, la guerre défensive, la guerre réparatrice et la guerre d'humanité : d'*intérêt* ou d'*ambition*, quand on attaque sans motif une nation en repos; — *défensive*, quand on repousse un ennemi qui attaque injustement, ou qui abuse de sa victoire pour maltraiter son ennemi vaincu; — *réparatrice*, quand on prend les armes pour obtenir la réparation d'un préjudice matériel ou moral; — d'*humanité*, quand on l'entreprend pour protéger un peuple faible contre l'ambition ou la cupidité d'un peuple plus fort.

[1] « Il fut un temps où la philosophie de l'Évangile gouvernait les États. A cette époque, l'influence de la sagesse chrétienne et sa divine vertu pénétraient les lois, les institutions, les mœurs des peuples, tous les rangs et tous les rapports de la société civile. Alors la religion instituée par Jésus-Christ, solidement établie dans le degré de dignité qui lui est dû, était partout florissante, grâce à la faveur des princes et à la protection légitime des magistrats. Alors le sacerdoce et l'empire étaient liés entre eux par une heureuse concorde et l'amical échange des bons offices. Organisée de la sorte, la société civile donna des fruits supérieurs à toute attente, dont la mémoire subsiste et subsistera, consignée qu'elle est dans d'innombrables documents que nul artifice des adversaires ne pourra corrompre ou obscurcir. — Si l'Europe chrétienne a dompté les nations barbares et les a fait passer de la férocité à la mansuétude, de la superstition à la vérité; si elle a repoussé victorieusement les invasions musulmanes; si elle a gardé la suprématie de la civilisation, et si, en tout ce qui fait honneur à l'humanité, elle s'est constamment et partout montrée guide et maîtresse; si elle a gratifié les peuples de la vraie liberté sous ses diverses formes; si elle a très sagement fondé une foule d'œuvres pour le soulagement des misères, il est hors de doute qu'elle en est grandement redevable à la religion, sous l'inspiration et avec l'aide de laquelle elle a entrepris et accompli de si grandes choses. — Tous ces biens dureraient encore, si l'accord des deux puissances avait persévéré, et il y avait lieu d'en espérer de plus grands encore si l'autorité, si l'enseignement, si les avis de l'Église avaient rencontré une docilité plus fidèle et plus constante. »
(LÉON XIII, Encyclique *Immortale Dei*, 1885.)

Quelles sont les guerres légitimes? — Il n'y a de *légitimes* que les guerres *défensives, réparatrices* ou *d'humanité*. — Même dans ces conditions, la prudence et la sagesse demandent qu'un État ne déclare la guerre que pour des raisons très graves; car toute guerre expose la patrie à de grands dangers, et traîne toujours à sa suite des deuils, des pertes et des calamités que la victoire elle-même ne suffit pas à réparer.

Lois de la guerre. — Toute guerre doit être précédée d'une *déclaration*, et cette déclaration ne doit venir qu'après des négociations reconnues infructueuses. Tomber à l'improviste sur un ennemi désarmé serait agir en pirate et non en homme civilisé qui exerce un droit.

On ne doit pas causer à l'ennemi plus de *préjudice* qu'il n'en faut pour le repousser et l'obliger à réparer le droit violé. — On ne doit pas bombarder les *villes ouvertes*, ni se servir de balles empoisonnées ou d'armes dont les blessures sont inguérissables. — On doit *cesser* le feu dès que les troupes ennemies posent les armes; — épargner toute personne désarmée; — respecter le territoire et la marine des États neutres, et les propriétés privées; — observer fidèlement les armistices; — éviter le pillage, mais procéder par réquisitions régulières, payables après la guerre; — relever et soigner les blessés, sans distinction de nationalité; — traiter les prisonniers avec humanité; — tenir les engagements, exprès ou tacites, pris envers l'ennemi, etc.

La *convention de Genève* (1867) stipule des privilèges en faveur des ambulances, des navires hospitaliers, des infirmiers, des médecins, des habitants qui recueillent et soignent les blessés dans leurs maisons. — L'insigne particulier qui doit les faire reconnaître est une croix rouge sur fond blanc.

QUESTIONNAIRE. — Quels sont les principes des droits et des devoirs des nations? — Combien distingue-t-on de sortes de relations internationales? — Parlez des droits naturels, — des droits positifs, — du droit de guerre. — Combien y a-t-il de sortes de guerres? — Quelles sont les guerres légitimes? — Quels sont les devoirs des nations en temps de guerre?

CONDUITE A TENIR A L'ÉGARD DES ÊTRES INFÉRIEURS

L'homme a-t-il des devoirs envers les êtres qui lui sont inférieurs ? — Animaux domestiques. — Animaux nuisibles.

L'homme a-t-il des devoirs envers les êtres qui lui sont inférieurs ? — Aucun devoir proprement dit n'oblige l'homme envers les êtres inférieurs : les animaux et les objets inanimés, car le devoir suppose le droit, et le droit suppose un être libre et moralement obligé de tendre à sa fin. Or, rien de semblable n'existe ni chez les animaux, ni dans les objets inanimés. Ces êtres, n'ayant aucun devoir à remplir, ne possèdent aucun droit. Donc, l'homme ne leur doit rien. Mais l'homme doit à sa dignité personnelle, à ses semblables et à l'ordre établi par le Créateur, de n'user qu'avec sagesse, modération, et toujours dans un but raisonnable, des animaux et des objets inanimés créés pour son usage.

Animaux domestiques. — L'homme a le droit de domestiquer les animaux, de s'en servir pour sa subsistance, et d'en tirer tous les services qu'ils peuvent rendre. Mais il ne doit jamais les faire souffrir inutilement[1]. Les actes de cruauté exercés publiquement contre les animaux domestiques violent la loi naturelle et l'ordre, affaiblissent le sentiment de la pitié chez ceux qui en sont témoins, accusent chez ceux qui les exercent des instincts féroces, provoquent à des actes de brutalité, même contre l'homme, et deviennent ainsi des délits publics que la société peut et doit réprimer. La loi du 2 juillet 1850, dite *loi Grammont*, frappe de peines sévères ceux qui, en France, maltraitent « publiquement et abusivement » les animaux domestiques. Une autre loi, du 22 janvier 1874, autorise les préfets à prendre des arrêtés contre la destruction des nids.

Animaux nuisibles. — Les animaux nuisibles (carnivores, frugivores, granivores, etc.) ont leur raison

---

[1] L'homme a le droit de faire des expériences, des vivisections sur les animaux vivants, quoique dangereuses pour eux, quand elles sont indispensables aux progrès de la science.

d'exister : ils donnent à l'homme l'occasion d'exercer l'empire qui lui est attribué sur tous les êtres inférieurs : l'homme a la haute police de la nature, c'est à lui d'y établir l'ordre et de conquérir la terre sur les animaux malfaisants.

Nous avons donc le droit de nous défendre contre les animaux nuisibles, de les asservir ou de les détruire, mais à la condition de ne pas abuser de notre supériorité pour les faire souffrir, et de nous respecter nous-mêmes, en montrant que nous ne sommes pas dominés par l'instinct de cruauté.

QUESTIONNAIRE. — L'homme a-t-il des devoirs envers les êtres qui lui sont inférieurs? — Comment doit-il se conduire à l'égard des animaux domestiques? — des animaux nuisibles?

MORALE RELIGIEUSE

Objet. — La morale religieuse a pour objet les *devoirs de l'homme envers Dieu*.

Nos devoirs envers nous-mêmes et envers nos semblables sont, *indirectement*, des devoirs envers Dieu, puisque la loi morale est l'expression de sa volonté. Mais nous sommes tenus d'honorer Dieu directement par des actes précis, que la raison nous fait connaître ou que Dieu nous a révélés. — Les actes de religion, découverts par la raison, constituent la *religion naturelle*.

RELIGION NATURELLE

Définition. — Fondement des devoirs envers Dieu. — Le culte : division. — Liberté des cultes.

Définition. — La religion naturelle *est cette partie de la Morale religieuse qui traite des devoirs de l'homme envers Dieu, connus par les seules lumières de la raison.*

Fondement de ces sortes de devoirs. — Les devoirs envers Dieu, connus par la raison, sont fondés sur les *rapports naturels* de l'homme avec Dieu. Ils peuvent se résumer dans cette formule : *L'homme doit agir envers Dieu suivant ce que Dieu est pour l'homme, et suivant ce que l'homme est lui-même pour Dieu.* Or qu'est-ce que Dieu pour nous, et que sommes-nous pour lui?

Dieu est notre *créateur :* il nous a donné l'*existence*; il nous la donne à chaque instant, puisqu'il nous conserve la vie dont il est le maître absolu; nous devons donc reconnaître ses droits de créateur.

Dieu est notre souverain *législateur*, et, un jour, il sera notre *juge*; nous devons donc lui *obéir*, le *respecter*, et lui *demander pardon* quand nous l'avons offensé.

Dieu est *tout-puissant* et *infiniment bon*; nous devons donc *espérer en lui* et lui *adresser nos prières* dans nos besoins.

Dieu est notre insigne *bienfaiteur :* il nous a comblés de tous les biens spirituels et corporels dont nous jouissons, et finalement il veut être lui-même notre récompense; nous devons donc l'*aimer*, le *remercier* et fixer en lui notre esprit et notre cœur.

Ainsi reconnaître l'*existence d'un Dieu créateur*[1], la *dépendance de l'homme vis-à-vis de Dieu*, et l'*obligation de l'honorer* par des actes précis, voilà les vrais fondements des devoirs de la religion naturelle. — La religion naturelle a pour complément nécessaire la religion surnaturelle ou révélée. (Voir p. 315 et suiv.)

Le culte. Sa division. — Le culte divin est la pratique des devoirs envers Dieu.

Dieu étant le créateur de l'*âme* et du *corps*, le bienfaiteur de l'*individu* et de la *société*, a droit au triple culte : *intérieur*, *extérieur* et *public*.

Culte intérieur. — Le culte intérieur consiste à honorer Dieu par des actes purement spirituels, dont le principal est la *prière*.

---

[1] Voir, p. 198 et suiv., *Preuves de l'existence de Dieu*.

Par la prière, l'âme s'élève vers Dieu pour l'*adorer*, le *remercier*, lui *demander pardon* et *secours*.

La prière est un besoin pour l'homme. L'histoire nous montre partout l'humanité priant et, par conséquent, croyant à l'efficacité de la prière. Nos prières n'ont pour but ni d'informer Dieu ni de changer son plan. Dieu connaît nos besoins, et nos prières — prévues de toute éternité — rentrent dans le plan divin : « Nous prions pour obtenir ce dont l'accomplissement a été, dans ce plan, subordonné à la prière. » (S. Thomas.)

« La plus belle formule de prière qui existe est incontestablement le *Pater*. Analysez, en effet, cette admirable prière, et vous y découvrirez d'abord la reconnaissance de la paternité divine, *Pater*; son universalité, *noster*; sa majesté, *qui es in cœlis*; vous y trouverez ensuite l'adoration, *sanctificetur nomen tuum*, et, comme conséquence, l'accord de la volonté humaine avec la volonté supérieure, *adveniat regnum tuum, fiat voluntas tua*; puis les demandes : le pain d'abord, le pain de l'âme et le pain du corps, la force morale, *panem nostrum quotidianum da nobis hodie*; la restitution de l'intégrité morale, *et dimitte nobis debita nostra*; le sacrifice volontaire, la charité envers les autres, *sicut et nos dimittimus debitoribus nostris*; la préservation enfin des occasions du mal moral et du mal lui-même quel qu'il soit, *et ne nos inducas in tentationem, sed libera nos a malo*. Il n'est pas possible d'être à la fois plus simple, plus clair, plus concis et plus profond. »
(G. Fonsegrive, *Éléments de philosophie*, II.)

Culte extérieur. — Le *culte extérieur* consiste dans les pratiques, attitudes, paroles, chants, cérémonies, par lesquels se manifeste au dehors la piété intérieure envers Dieu.

Ce culte repose sur une *loi de justice* : l'homme doit rendre hommage à Dieu par tout son être, par son corps aussi bien que par son âme; et sur une *loi psychologique* : en vertu de l'union en l'homme du physique et du moral, tout sentiment a son expression dans une attitude externe. — C'est un fait d'expérience que certaines attitudes favorisent ou même suggèrent les idées de religion et de piété, tandis que d'autres les éloignent.

Le culte extérieur tire toute sa valeur du culte intérieur qu'il exprime; sinon, il tombe sous l'anathème de Jésus-Christ : « Ce peuple m'honore des lèvres, mais son cœur est loin de moi. »

Culte public. — Le *culte public* (ou social) est rendu à Dieu au nom de la société.

La raison de ce culte, c'est que Dieu est l'auteur de la société comme il l'est de l'individu : il a fait l'homme social. De là, pour l'homme, le devoir d'honorer Dieu d'un culte social aussi bien que d'un culte individuel. Il s'acquitte de ce devoir par l'assistance aux cérémonies religieuses et aux prières publiques [1].

Liberté des cultes. — On entend ordinairement par liberté des cultes la faculté accordée par l'autorité civile d'avoir des temples, des ministres et des cérémonies religieuses publiques.

La liberté des cultes ou *liberté extérieure de conscience* est réclamée, dans les pays divisés de croyances, par la liberté individuelle et par la paix sociale. Mais un seul culte est voulu et agréé de Dieu : c'est le culte catholique (voir les *Évangiles*). Tout homme a le droit et le devoir d'embrasser ce culte.

« Penser qu'il est indifférent que la religion ait des formes disparates et contraires équivaut simplement à n'en vouloir ni choisir ni suivre aucune. C'est l'athéisme moins le nom. Quiconque, en effet, croit en Dieu, s'il est conséquent et ne veut pas tomber dans l'absurde,

---

[1] « Je crois, écrivait Donoso Cortès, que ceux qui prient font plus pour le monde que ceux qui combattent, et que si le monde va de mal en pis, c'est qu'il y a plus de batailles que de prières. Si nous pouvions pénétrer dans les secrets de Dieu et de l'histoire, nous serions saisis d'admiration devant les prodigieux effets de la prière, même dans les choses humaines. Pour que la société soit en repos, il faut qu'il y ait un certain équilibre, que Dieu seul connaît, entre les prières et les actions, entre la vie contemplative et la vie active. S'il y avait une seule heure d'un seul jour où la terre n'envoyât aucune prière au ciel, ce jour et cette heure seraient le dernier jour et la dernière heure de l'univers. »

H. de Bornier prête cette belle parole à Charlemagne :

« Prions : j'ai toujours vu, dans ma rude carrière,
Que l'arme la meilleure est encor la prière. »

(*Fille de Roland*. acte III, sc. V.)

doit nécessairement admettre que les divers cultes en usage entre lesquels il y a tant de différence, de disparité et d'opposition, même sur les points les plus importants, ne sauraient être tous également vrais, également bons, également agréables à Dieu. (Enc. *Immortale Dei*, 1885.)

Aucune autorité (ni religieuse, ni sociale) n'a le droit de contraindre par la violence un homme à professer telle religion plutôt que telle autre : l'homme peut même n'en professer aucune; il a cette liberté, ce pouvoir, en fait, mais non en droit; car le pouvoir ne constitue pas le droit.

Pour obéir aux préceptes de l'Évangile, les catholiques peuvent et doivent chercher à éclairer ceux qui sont dans l'erreur et à leur faire partager une croyance dont ils connaissent la vérité; mais ils ne doivent jamais se départir de la charité qui convient à des disciples du Christ [1].

QUESTIONNAIRE. — Qu'est-ce que la morale naturelle? — Quel est le fondement de nos devoirs envers Dieu? — Qu'est-ce que le culte? — A quel triple culte Dieu a-t-il droit? — Comment s'exerce le culte intérieur? — le culte extérieur? — le culte public? — Qu'est-ce qu'on entend par liberté des cultes?

APPENDICE

RELIGION RÉVÉLÉE

Ce qu'elle comprend. — Époques de la révélation. — Nécessité de la révélation.

La philosophie n'a point à s'occuper des vérités révélées : c'est l'œuvre de la théologie; mais, après avoir cherché par des considérations purement rationnelles une réponse directe à la question des devoirs envers Dieu, il lui convient d'indiquer ce puissant auxiliaire et d'y renvoyer. Bornons-nous donc à rappeler ce que

[1] « Tout homme naît sujet de la vérité, soumis à ses lois et, dans la mesure où il la connaît, obligé de la professer. Voilà pourquoi l'Église baptise l'enfant qui vient de naître, sûre de ne supprimer en lui aucune liberté légitime, et de ne lui faire aucun tort; sûre, au contraire, de lui faire un grand bien, en le plaçant le plus tôt possible dans le royaume de la vérité. » (E. BOUGAUD.)

comprend la religion révélée, les principales époques et la nécessité de la révélation.

Ce qu'elle comprend. — La religion révélée comprend l'ensemble des vérités et des devoirs que la raison seule ne connaissait pas ou ne connaissait qu'imparfaitement et que Dieu a révélés à l'homme, par lui-même ou par ses mandataires : les prophètes et les apôtres. — C'est par la révélation que Dieu a fait connaître au monde entier sa *nature*, ses *mystères* et la *manière dont il voulait être honoré*.

La révélation est contenue dans l'Écriture sainte et la tradition.

Époques de la révélation. — On distingue trois époques principales dans la révélation :

1° **Révélation primitive.** — Dès les premiers jours, Dieu, parlant à Adam, lui révéla l'existence des bons et des mauvais anges, et, après la chute, la venue d'un libérateur et la manière d'offrir des sacrifices. Ces premières révélations furent confirmées à Abraham, à Jacob et aux autres patriarches.

2° **Révélation mosaïque.** — Sur le mont Sinaï, Dieu renouvela à Moïse les révélations antérieures et imposa des préceptes nouveaux au peuple hébreu : le plus vénérable des livres, la *Bible*, en conserve le témoignage qu'on ne saurait contester sans détruire, par là même, la valeur de tous les témoignages historiques.

3° **Révélation évangélique.** — Enfin, Dieu a parlé aux hommes par celui qui s'était chargé d'expliquer et d'accomplir la loi et les prophètes : *Jésus-Christ*, la seconde personne de la très sainte Trinité, et il continue à les instruire par l'intermédiaire de l'*Église*, seule gardienne et interprète infaillible de la vérité religieuse [1]. Dieu, pour donner aux hommes une preuve de l'authenticité de la révélation, l'a fait accompagner d'un signe irrécusable : le *miracle*.

---

[1] Jésus-Christ a dit à ses apôtres : « Enseignez toutes les nations ; voici que je suis avec vous tous les jours jusqu'à la consommation des siècles. » (Matth., XXVIII.)

Nécessité de la révélation. — L'homme ne pourrait se passer de la révélation qu'autant que sa raison lui suffirait pour connaître tous ses devoirs. Or l'expérience prouve qu'elle ne suffit pas. Pour s'en convaincre, il n'y a qu'à jeter un coup d'œil sur toutes les nations de la terre à l'époque où parut Jésus-Christ. On verra les hommes, hormis les Juifs, plongés dans les plus obscures ténèbres, ignorer à peu près complètement ce qu'ils devaient à Dieu, à leurs semblables et à eux-mêmes, s'égarer dans des religions *absurdes*, *infâmes* (pluralité des dieux, déification de tous les vices). Il y a, d'ailleurs, des vérités religieuses qui dépassent nécessairement notre intelligence et que cependant nous devons connaître : les **mystères**.

La religion, qui nous met en rapport avec Dieu, doit nécessairement renfermer des mystères : car l'être fini ne peut ni s'élever de lui-même à la connaissance de l'infini, ni décider lui-même les devoirs qu'il lui rendra.

Le mystère nous entoure de toutes parts dans l'ordre naturel ; comment pourrions-nous acquérir par notre seule intelligence la science des choses surnaturelles ? — Qu'est-ce que l'air que nous respirons, le feu qui nous réchauffe ? Qu'est-ce que l'électricité, le magnétisme, l'attraction des corps ? Qu'est-ce que le sommeil, la fatigue, la douleur, le froid, le chaud ? Comment expliquer la germination des plantes, l'assimilation des aliments, l'action de l'âme sur le corps et réciproquement, etc. ? « L'homme, dit Pascal, est à lui-même le plus prodigieux objet de la nature ; l'homme passe infiniment l'homme. »

Il est donc évident que la raison seule ne peut donner à l'homme une pleine connaissance de la vérité surnaturelle et de ses devoirs ; donc, l'homme a besoin de la révélation. — De là, pour lui, l'obligation de croire fermement à la parole divine, d'avoir la *foi*.

L'homme n'est pas seulement capable de sentir, de penser, de juger et de vouloir ; il est encore capable de croire : il est naturellement un être soumis à la foi, comme il est un être soumis à la raison.

Ces considérations permettent de juger, une fois de

plus, de l'insuffisance et de l'impuissance de la *morale rationaliste* ou *indépendante*, fondée uniquement sur la dignité humaine, ainsi que de la valeur de cette maxime des indifférents et des incrédules : « La religion est pour chacun affaire de conscience! » C'est une grossière erreur.

Le Christianisme est un ensemble de vérités *universelles* et *immuables;* c'est donc dans le Christianisme qu'il faut chercher en dernier ressort les règles d'une morale vraiment efficace.

Le Christianisme est un ensemble de vérités *obligatoires :* les unes de *l'ordre naturel* par exemple : la spiritualité de l'âme, la liberté, la responsabilité, l'existence de Dieu, la Providence, la sanction de la vie future, etc., que la raison seule peut découvrir; les autres de *l'ordre surnaturel* par exemple : les mystères de la Trinité et de l'Incarnation, que la raison est impuissante à saisir, mais qu'elle reconnaît devoir admettre dès qu'elles lui sont proposées : « Non seulement la foi et la raison ne peuvent jamais être en désaccord, mais elles se prêtent un mutuel secours : la droite raison démontre les fondements de la foi, et, éclairée de sa lumière, elle cultive la science des choses divines; la foi, de son côté, préserve la raison de l'erreur, la soutient et l'enrichit de connaissances multiples. Aussi l'Église, loin de s'opposer à la culture des arts et de la science humaine, l'aide et la favorise de diverses manières. » (*Concile du Vatican*, 1869.)

Le Christianisme[1], enfin, est la seule religion véritable; car, depuis la faute originelle, il n'y a point de religion sans médiateur, et il n'y a point d'autre médiateur entre Dieu et les hommes que Jésus-Christ. (Cf. S. Paul, *I Tim.*, II, 5.)

QUESTIONNAIRE. — Que comprend la religion révélée? — Combien d'époques distingue-t-on dans la révélation? — Montrez la nécessité de la révélation.

[1] On entend parler ici du Christianisme qui, allant de saint Pierre au Pape actuellement régnant, s'adapte à toutes les races, à tous les pays, à tous les gouvernements, c'est-à-dire du Catholicisme.

COMPLÉMENT DE LA MORALE

NOTIONS D'ÉCONOMIE POLITIQUE[1]

Définition et objet. — But de l'économie politique. — Ses rapports avec la morale.

Définition et objet. — L'économie politique est la *science de la richesse sociale*, ou, plus explicitement, la science des lois générales qui président à la *production*, à la *circulation*, à la *répartition* et à la *consommation* des choses *utiles* à l'homme.

But de l'économie politique. — Cette science a pour but d'améliorer le sort des hommes, en leur apprenant à se procurer, avec le moins d'efforts possible, les choses nécessaires à la satisfaction de leurs besoins physiques, intellectuels et moraux.

Ses rapports avec la morale. — L'*utile* est l'objet de l'économie politique, comme le *bien* celui de la morale; mais la pratique du bien favorise toujours la production de l'utile. Ainsi, par exemple, la morale nous commande la *modération* dans la satisfaction des besoins, l'*activité raisonnable* dans le travail, la *justice* et l'*honnêteté* dans les relations, etc. Ces préceptes s'accordent parfaitement avec les règles économiques.

A son tour, l'économie politique vient efficacement en aide à la morale; car elle nous montre les avantages et les maux qui résultent de la pratique du bien ou du mal. D'où l'on peut conclure que, sans se confondre, l'économie politique et la morale sont inséparables.

REMARQUE. — Lorsque les intérêts économiques paraissent contraires aux exigences de la morale et de la justice sociale, il faut avant tout respecter la morale et la justice.

[1] Le mot *Économie politique* (du grec *oikos*, maison; *nomos*, lois, et *polis*, cité) signifie *administration des choses utiles à la société*.

I. — PRODUCTION DE LA RICHESSE

Définition de la richesse. — Agents de production de la richesse. — Formes diverses du capital. — Condition de la formation du capital. — Institutions de prévoyance. — Conditions du profit. — Classification des industries.

Définition de la richesse. — En économie politique, on appelle richesse toute chose propre à satisfaire les besoins de l'homme : une *terre,* un *meuble,* un *troupeau,* etc.

Agents de production de la richesse. — Les trois agents de production de la richesse sont : la *nature,* le *travail* et le *capital.*

1º **La nature.** — La nature extérieure et inanimée nous fournit des *matériaux* : du bois, de la pierre, des minéraux, de la lumière, de la chaleur, de l'air, de l'eau ; et des *forces* : le vent, la mer et les cours d'eau, qui servent à transporter les marchandises. Ces matériaux et ces forces sont les premiers agents de la production.

2º **Le travail.** — Le travail est l'action de l'homme sur la nature extérieure et inanimée. Nous sommes obligés, pour satisfaire à tous nos besoins, de cultiver la terre pour lui faire produire du blé, de bâtir des moulins et des fours pour approprier ce blé à notre alimentation, de creuser le sol pour en extraire les minéraux, de transformer le fer en outils et en armes, l'argent et l'or en monnaies et en bijoux, etc.

C'est donc en mettant en œuvre les matières premières industrielles, les forces naturelles, et aussi ses facultés physiques et intellectuelles, que l'homme augmente l'utilité ou la valeur des choses, et qu'il produit la richesse.

3º **Le capital.** — En économie politique, on entend par capital tout *produit* du travail, conservé, épargné en vue d'une production nouvelle. Ainsi, le blé mis en réserve pour être semé, les animaux et les instruments de culture, l'argent employé à l'amélioration d'une terre ou une industrie, représentant le produit d'un travail intérieur, sont des capitaux.

Le capital et le travail ont besoin l'un de l'autre : plus le premier est considérable, plus le second est rémunéré. Il n'y a donc pas d'hostilité entre le capitaliste et le travailleur. « Ce qui fait concurrence au capital, c'est le capital ; ce qui fait concurrence au travail, c'est le travail. C'est la rareté des capitaux qui fait hausser le taux de l'intérêt; c'est le trop grand nombre de travailleurs qui fait baisser le prix du travail. » (J. GARNIER.)

Formes diverses du capital. — On distingue : — 1° le *capital fixe* ou de production; il comprend les machines, les instruments, les animaux de travail, les bâtiments, les améliorations des terres et des galeries des mines, etc.; — 2° le *capital circulant* ou de profit, qui reparaît transformé ; il comprend la matière première, les combustibles, les salaires, etc.; — 3° le *capital improductif :* celui qui est absorbé par les faux besoins ou le luxe : boissons alcooliques, tabac, bijoux, etc.

Condition de la formation du capital. — La principale condition de la formation du capital est l'épargne : épargner consiste à dépenser moins qu'on ne produit. L'épargne intelligente est une condition du *bien-être*, de la *dignité*, de l'*indépendance*. Le développement du capital par l'épargne sera d'autant plus grand, que le travail est plus productif et l'homme doué de plus de qualités intellectuelles et morales.

Institutions de prévoyance. — On appelle institutions de prévoyance certains établissements qui reçoivent en dépôt les petites épargnes et les font valoir au profit des déposants. Les plus connues sont : les *caisses d'épargne (ordinaires, postales, scolaires)*, les *caisses de retraites*, les *sociétés de secours mutuels* et les *banques*).

Conditions du profit. — Les principales conditions de profit sont : l'*association*, la *division du travail*, la *liberté du travail*.

1º Association. — L'association est l'union du *travail* et du *capital* en vue de la production. L'association augmente considérablement la puissance des travailleurs, et rend possible ce qui était impossible à l'homme isolé. Grâce à l'association on peut entreprendre et mener à bonne fin les grands travaux d'intérêt général, tels que *routes, chemins de fer, ports, exploitation de mines*, etc. On distingue les associations de *production*, de *crédit* et de *consommation*. Ces associations sont utiles à tout le monde : aux capitalistes, aux savants, aux ouvriers.

2º Division du travail. — Par division du travail on entend la *séparation* des diverses industries, ou la *division* des tâches dans la même industrie. La division du travail, qui est la conséquence de l'association, présente de grands avantages : elle développe et utilise mieux les aptitudes spéciales, économise le temps en dispensant l'ouvrier de changer d'occupation, de place et d'outils, fait découvrir des procédés de production plus expéditifs, ce qui diminue le prix de revient et, partant, le prix de vente; mais elle présente aussi quelques inconvénients pour l'ouvrier : il ne sait faire qu'une chose, et, si cette besogne ordinaire vient à lui manquer, il peut se trouver sans moyen d'existence.

3º Liberté du travail. — La liberté du travail est de *droit naturel* : la liberté naturelle de la personne humaine comporte nécessairement le libre usage de ses facultés, et par conséquent la liberté du travail. Cette *liberté du travail*, substituée au système corporatif du moyen âge, « a eu pour conséquence la *libre concurrence*, qu'il ne faut pas confondre avec l'antagonisme déloyal, qui procède par fraude et par contrefaçon. La vraie concurrence n'est autre chose que l'émulation, qui est le principe le plus actif du progrès. » (PAUL JANET.)

Classification des industries. — On distingue, par ordre d'importance : — 1º les industries *agricoles*, qui tirent du sol des matières utiles (culture et élevage, qui s'exécutent de trois manières : par le propriétaire, par le métayage, par le fermage); — 2° les industries *extractives*, qui tirent de la nature extérieure les choses utiles (cueillette des fruits sauvages, chasse, pêche, exploitation des forêts, des mines et des carrières); — 3° les industries *manufacturières*, qui façonnent et transforment les objets provenant de l'industrie agricole et de l'industrie extractive (industries *textiles*, *alimentaires*, du *bâtiment*, de l'*ameublement*, *métallurgique*, etc.); — 4° les industries *commerciales*; — 5° les industries des *transports*.

QUESTIONNAIRE. — Qu'est-ce que l'économie politique ? — Quel est le but de l'économie politique ? — Quels sont ses rapports avec la morale ? — Qu'appelle-t-on richesse en économie politique ? — Quels sont les agents de production de la richesse ? — Quelles sont les formes diverses du capital ? — Quelle est la condition principale de la formation du capital ? — Qu'appelle-t-on institutions de prévoyance ? — Quelles sont les conditions de profit ? — Comment classe-t-on les industries ?

II. — CIRCULATION DE LA RICHESSE : ÉCHANGE

Définition. — Utilité de l'échange. — Le troc. — La monnaie et le prix. — L'offre et la demande. — Le crédit. — Deux sortes de crédit. — Son utilité.

Définition. — La circulation de la richesse est le mouvement de va-et-vient qui fait passer, d'une main dans une autre, les choses indispensables à la vie. Cette communication réciproque de mille choses utiles, — conséquence obligée de la division du travail et des productions spéciales de chaque pays, — constitue l'*échange*.

Utilité de l'échange. — La plupart des hommes ne peuvent produire eux-mêmes tout ce qui est nécessaire à leurs besoins; mais, grâce à l'échange des services et des produits qu'ils font avec leurs semblables, ils sont nourris, vêtus, logés, meublés, voiturés, pourvus de toutes les satisfactions que comportent leur fortune particulière et l'état général de la société. L'échange est donc une source de bien-être pour l'individu, d'union et de prospérité pour les peuples. Le meilleur moyen de le favoriser, c'est de permettre à chacun d'acheter et de vendre où il peut le faire le plus avantageusement, dans son pays ou hors du pays.

Cependant la *protection* (droit de douane sur les produits étrangers) est quelquefois nécessaire, soit pour favoriser une industrie nationale importante, soit pour user de représailles contre l'étranger, soit pour des raisons purement fiscales.

Le troc. — La forme primitive de l'échange est le *troc* des services ou des produits (si, par exemple, une montre vaut 60 francs et que 12 mètres de drap soient estimés aussi 60 francs, la montre vaut 12 mètres de drap). — Chez les peuples civilisés, les échanges se font au moyen de la monnaie.

La monnaie et le prix. — La *monnaie* est le terme de comparaison, le *valorimètre* ou la mesure de toutes les valeurs. La valeur d'une chose est en raison de son utilité et de sa rareté.

Le *prix* est la valeur d'une chose exprimée en monnaie.

La monnaie d'or et d'argent est devenue l'*intermédiaire universel* des échanges, parce qu'elle est, plus que toute autre substance, facile à transporter, presque inaltérable, divisible, facilement reconnaissable (l'or par son poids, l'argent par le son), et parce qu'elle a une valeur réelle et stable. Il y a, de plus, le *papier-monnaie*.

La France, l'Italie, la Suisse, etc., sont *bimétallistes* : elles emploient simultanément les deux métaux, or et argent. — En France, le *billon* n'est qu'une monnaie d'appoint : on n'est jamais forcé d'en recevoir au delà de 5 fr.

En Angleterre et en Allemagne, l'or est la seule monnaie officielle ; dans les Indes, c'est l'argent : ces peuples sont *monométallistes*. En Angleterre, l'argent a cours forcé jusqu'à 40 schellings (50 fr.); en Allemagne, jusqu'à 20 marcs au plus (25 fr.). — Tous les peuples civilisés ont en circulation des pièces d'or, d'argent, de cuivre ou de nickel.

L'offre et la demande. — Le *prix* d'une même chose varie continuellement; il se détermine, dans chaque cas particulier, par ce qu'on appelle la loi de l'*offre* et de la *demande*.

L'*offre* est la quantité de marchandise qu'on désire vendre; la *demande*, la quantité qu'on en désire acheter. Or il est évident que si l'offre dépasse la demande, le prix baisse (ex. : beaucoup de grains à la halle et peu d'acheteurs); si au contraire la demande dépasse l'offre, le prix s'élève (ex. : peu de bétail au marché et beaucoup d'acheteurs).

Le crédit. — Le crédit (lat. *credere*, confier) est une avance de capitaux ou de marchandises contre promesse de remboursement futur, avec payement d'un intérêt convenu. La promesse de payer peut être verbale entre amis, ou entre fournisseurs et clients; le plus souvent elle est écrite. Sa rédaction constitue ce qu'on appelle les *papiers de crédit : billet au porteur, billet à ordre, lettre de change, chèque, warrant, obligation, titre de rente, billet de banque.*

Deux sortes de crédit. — On distingue le *crédit privé* et le *crédit public*.

Le crédit privé concerne les particuliers : il est *personnel*, lorsqu'il est basé sur l'honnêteté; *réel*, lorsqu'il est garanti par l'hypothèque ou le gage.

Le crédit public concerne les particuliers et l'État; les prêts faits à l'État ou les dépôts effectués dans les caisses d'épargne se prouvent par des *titres de rente* et par des *livrets*. Il y a aussi le *Crédit foncier*, qui prête aux propriétaires sur hypothèque, et le *Crédit agricole*, dont les avances sont garanties par les instruments de culture et par les récoltes.

Utilité du crédit. — Le crédit active la production, fait valoir les épargnes, « offre au faible une ressource précieuse, établit une association entre le riche et le pauvre, entre celui qui a reçu de ses pères ou retiré de son travail un beau patrimoine, et celui qui débute dans la vie sans autre ressource que son intelligence, sa moralité, son application, et qui peut arriver à son tour à l'aisance[1] »; mais, par contre, il favorise les spéculations et les entreprises déloyales.

QUESTIONNAIRE. — Qu'est-ce que la circulation de la richesse? — Quelle est l'utilité de l'échange? — Quelle en est la forme principale? — Que savez-vous de la monnaie et du prix? — de l'offre et de la demande? — du crédit? — Combien y a-t-il de sortes de crédit? — Quelle est l'utilité du crédit?

III. — RÉPARTITION DE LA RICHESSE

Définition. — Le salaire. — Ses variations. — L'intérêt. — Sa légitimité. — Variation du taux de l'intérêt. — Le profit. — Sa légitimité.

Définition. — La répartition de la richesse est le mode de distribution par lequel ceux qui ont contribué à la production : *entrepreneurs* ou *industriels*, *capitalistes* et *travailleurs*, s'en partagent les profits.

Ce mode est des plus simples : les travailleurs reçoivent un *salaire*; les capitalistes, un *intérêt* ou une *rente*; et les entrepreneurs, le *profit* ou *bénéfice net*.

Le salaire. — Le salaire est la *rétribution* du travail (manuel ou intellectuel), stipulé d'avance pour un temps déterminé.

Ses variations. — Le salaire varie nécessairement selon la nature du travail, les temps et les lieux, la longueur de l'apprentissage, la vigueur corporelle, l'habileté professionnelle, les qualités morales de l'ouvrier, etc. Il est, de plus, soumis à la loi de l'*offre* et de la *demande* : il *baisse* quand il y a beaucoup d'ouvriers et peu de capital ou de travail; il *monte* quand il y a peu d'ouvriers et beaucoup de capital ou de travail.

« Les ouvriers ont donc intérêt à ce que les capitaux

---

[1] Michel Chevalier (1806-1879), né à Limoges, ingénieur et économiste.

augmentent et soient *le plus abondants possible,* à ce que l'industrie emploie des *instruments perfectionnés* et des *machines* qui rendent le travail de chaque ouvrier plus productif; ils ont intérêt, par conséquent, à ce que la *science fasse des progrès*, à ce que rien ne détourne les capitalistes *d'employer leur argent* dans l'agriculture, dans l'industrie, dans le commerce, à ce qu'il y ait *beaucoup d'entrepreneurs :* car ce sont autant de *causes d'élévation des salaires* [1]. »

Les coalitions et les grèves font tort à tout le monde, particulièrement aux ouvriers.

L'intérêt. — L'intérêt est la *rémunération* due au capital pour le concours qu'il apporte à la production. On distingue *l'intérêt* ou revenu des capitaux circulants, et le *loyer* ou revenu des capitaux fixes.

Sa légitimité. — La légitimité de l'intérêt est fondée sur les services rendus et sur les risques courus par les capitaux, circulants ou fixes, et pour les derniers, sur les dépenses de l'entretien.

Variations du taux de l'intérêt. — Le taux de l'intérêt varie suivant l'abondance des capitaux et l'activité industrielle : il *s'élève* quand les capitaux sont rares et très demandés; il *baisse* quand les capitaux sont abondants et peu demandés. C'est encore la loi de *l'offre* et de la *demande.* — En général, la baisse de l'intérêt indique prospérité et sécurité.

Le profit. — Le profit ou bénéfice net est le résultat de l'entreprise, déduction faite de toutes les dépenses. C'est la part de l'entrepreneur.

Sa légitimité. — Le salarié reste en dehors des chances de l'entreprise à laquelle il donne son concours; l'entrepreneur, au contraire, paye les ouvriers, les intérêts, les matières premières, avant d'avoir reçu lui-même le prix du travail effectué. Il court le risque de perdre son argent, son temps et sa peine, si l'entreprise échoue; il

---

[1] E. Levasseur, *Cours d'économie rurale, industrielle et commerciale.*

a bien le droit de se rémunérer par l'attribution du bénéfice, quand elle réussit.

QUESTIONNAIRE. — Qu'est-ce que la répartition de la richesse ? — Que savez-vous du salaire ? — de ses variations ? — de l'intérêt ? — des variations du taux de l'intérêt ? — du profit ?

IV. — CONSOMMATION DE LA RICHESSE

Définition. — Diverses sortes de consommations. — Consommations publiques. — Impôts et emprunts.

Définition. — Consommer utilement la richesse, c'est la faire servir à ses besoins physiques, intellectuels et moraux; en un mot, à l'amélioration de sa condition.

Diverses sortes de consommations. — On distingue :

1º Les **consommations productives**, c'est-à-dire celles qui se transforment pour produire une richesse plus grande. Ex. : la laine transformée en drap, les bois en meubles, le cuir en souliers, etc.

2º Les **consommations d'entretien**, c'est-à-dire celles qui conservent une richesse déjà produite ou une force productrice, ex. : le fil et le drap employés à raccommoder les vêtements, la réparation des instruments de travail, la nourriture nécessaire à la conservation de la vie et des forces, les combustibles, les engrais agricoles, etc.

3º Les **consommations improductives**, c'est-à-dire celles qui n'ont que l'agrément pour objet, ex. : les dépenses de luxe touchant le logement, le vêtement, la nourriture, et celles qui sont absolument nuisibles, ex. : entreprise qui ne réussit pas, naufrage ou pillage de marchandises, incendie, etc.

4º Les **consommations de prévoyance**, c'est-à-dire celles qui ont pour but de se garantir contre les suites d'accidents possibles, ex. : primes aux compagnies d'assurances contre l'incendie et sur la vie, à la caisse de retraites pour la vieillesse, à une société de secours mutuels.

Remarques. — L'économie politique, l'hygiène et la morale nous recommandent de concert : 1° de régler les consommations d'entretien avec ordre et économie; 2° de supprimer toutes les consommations nuisibles ou qui ne satisfont que des besoins imaginaires; 3° de ne rien accorder au superflu avant d'avoir pourvu au nécessaire.

Consommations publiques. — Les consommations publiques sont celles que fait l'État pour les besoins de la société tout entière. L'État dépense aujourd'hui environ *trois à quatre milliards* par an, pour le traitement des fonctionnaires, les travaux publics, l'entretien des hôpitaux, de l'armée, etc.

Impôts et emprunts. — Les deux principaux moyens de subvenir aux dépenses publiques sont les *impôts* ou contributions et les *emprunts*.

L'impôt doit être *universel*, *égal* et, autant que possible, *proportionnel* au revenu des contribuables (contributions directes) et à leur consommation (contributions indirectes).

L'État ne peut légitimement emprunter que pour parer à des nécessités pressantes et d'intérêt général, telles que la *guerre*, les *travaux* d'utilité publique, la réparation des malheurs causés par une *disette* ou d'autres *calamités*.

Conclusion. — « L'homme, considéré comme producteur et consommateur, est toujours un être moral : il s'acquittera plus ou moins heureusement de sa tâche, suivant qu'il sera une *personne* plus ou moins accomplie, suivant qu'il connaîtra ou ignorera le vrai but de la vie, les lois des associations humaines, la liberté et la responsabilité individuelle, le devoir dans toutes ses formes et avec toutes ses sanctions. » (E. CHARLES.)

QUESTIONNAIRE. — Qu'est-ce que consommer la richesse? — Combien distingue-t-on de sortes de consommations? — Qu'appelle-t-on consommations publiques?

RÉSUMÉ

Morale : science des *mœurs*, ou *règle* des *actions libres de l'homme*.
Division : morale *théorique* et morale *pratique*.

<table>
<tr><td rowspan="12">MORALE GÉNÉRALE OU THÉORIQUE</td><td>Conscience morale</td><td>Faculté de *distinguer le bien du mal*. D'où résultent l'obligation morale et la responsabilité.
Sortes de consciences : *droite, erronée, douteuse*.</td></tr>
<tr><td>Loi morale : ses caractères</td><td>Règle *obligatoire* à laquelle l'homme doit conformer sa conduite. Son existence est prouvée par la *raison*, la *croyance des peuples* et la *conscience individuelle*.
La loi morale est *universelle, immuable, absolue, évidente, praticable, obligatoire*.</td></tr>
<tr><td>Le bien moral : principe de la loi morale</td><td>L'idée du bien est dans la conscience.
Le bien, pour chaque être, c'est ce qui *convient à sa nature*.
Le bien moral a les mêmes caractères que la loi morale, dont il est le *principe*.
Le bien est obligatoire parce qu'il est *bien*, parce qu'il *conduit l'homme à sa fin dernière*.</td></tr>
<tr><td>Le droit et le devoir</td><td>Le bien obligatoire s'appelle le *devoir* : « *Fais ce que dois, advienne que pourra.* »
On distingue les devoirs : *positifs, négatifs, larges, stricts*, ou mieux les devoirs : *individuels, sociaux, religieux*.
Le droit, c'est le *pouvoir moral de remplir son devoir*.
Théories erronées sur l'origine du droit : théories *déterministe, socialiste*.
On distingue les droits *naturels* et les droits *positifs*.
Le fait d'avoir des droits et des devoirs constitue l'éminente *dignité de la personne humaine*.</td></tr>
<tr><td>Vertu et vice Perfectibilité Progrès</td><td>Les effets du devoir accompli ou violé sont : la *vertu* ou le *vice*.
La vertu est *l'habitude de faire le bien*. — Elle résulte de l'*effort* et de l'*énergie de la volonté*.
Le vice est *l'habitude de faire le mal*.
La vertu est *force, harmonie, dignité, amour, dévouement, liberté*; elle perfectionne la nature humaine.
Le vice est *faiblesse, désaccord, bassesse, égoïsme, esclavage*; il dégrade la nature humaine.</td></tr>
<tr><td>Responsabilité morale</td><td>Nécessité où se trouve l'homme de répondre de ses actes volontaires et libres et d'en rendre compte.
Les conséquences de la responsabilité sont : le *mérite* ou le *démérite*, la *récompense* ou le *châtiment*.</td></tr>
<tr><td>Sanction de la loi morale</td><td>Ensemble des récompenses ou des châtiments attachés à l'observation ou à la violation de la loi morale.
On distingue les sanctions *individuelles, sociales, providentielles*, et la sanction *supérieure ou parfaite*.</td></tr>
<tr><td>Erreurs relatives à la loi morale</td><td>Les principaux systèmes erronés de morale sont : le *sensualisme*, l'*utilitarisme*, le *sentimentalisme*, le *rationalisme* (morale *stoïcienne* et morale *désintéressée*), l'*éducation*, l'*habitude*, la *législation*.</td></tr>
</table>

RÉSUMÉ

Morale particulière : science des *devoirs*.

Devoirs de l'homme envers lui-même.

MORALE PARTICULIÈRE OU PRATIQUE

MORALE INDIVIDUELLE

- **Devoirs envers l'âme** : Ils se rapportent aux trois facultés de l'âme : sensibilité (*respect de soi-même, tempérance*), intelligence (*instruction, prudence, respect de la vérité*), volonté (*fidélité au devoir, obéissance à la raison, pratique de la vertu, courage, patience*).

- **Devoirs envers le corps** :
  - Conservation de la vie : ce qui condamne le suicide. Le suicide est une *cruauté* contre soi-même, une *injustice* contre la société, un *crime* contre Dieu.
  - Entretien de la santé. D'où la nécessité de la *sobriété*, de la *chasteté*, de la *propreté*, de l'*exercice corporel*, de la *mortification*. L'alcoolisme.

Le travail (manuel ou intellectuel) intéresse à la fois l'âme et le corps ; il est *nécessaire* et *obligatoire*.

Devoirs de l'homme envers ses semblables, considérés comme membres de la société *domestique*, de la société *humaine en général*, ou de la société *politique*.

MORALE SOCIALE

SOCIÉTÉ DOMESTIQUE

Société de ceux qui vivent sous le même toit, c'est-à-dire le père, la mère et les *enfants*.

D'institution divine, cette société est établie régulièrement par le *mariage*.

- **Devoirs des époux** :
  - Devoirs réciproques : *amour, support, assistance, paix, concorde, fidélité*.
  - Devoirs particuliers : au mari appartient l'*autorité*, à la femme convient la *soumission*.

- **Devoirs des parents** : Les parents doivent à leurs enfants : la nourriture, l'entretien, l'instruction, l'éducation morale et un établissement en rapport avec leurs ressources.

- **Devoirs des enfants** : Les enfants doivent à leurs parents : l'*amour*, le *respect*, l'*obéissance*, la *reconnaissance*.
  Entre eux : *amour fraternel*.

Devoirs des maîtres : *salaire convenu, bienveillance, vigilance, bon exemple*.

Devoirs des serviteurs : *obéissance, respect, fidélité*.

SOCIÉTÉ HUMAINE EN GÉNÉRAL

Les devoirs généraux envers l'humanité sont : les devoirs de *justice* et les devoirs de *charité*.

- **Devoirs de justice (Devoirs négatifs)** :
  - La justice est un devoir *négatif* : elle défend le mal, et, par conséquent, *oblige partout et toujours*.
  - Les devoirs de justice peuvent se résumer dans ce précepte : *Ne fais pas à autrui ce que tu ne voudrais pas qu'on te fît à toi-même*. D'où le devoir de respecter la vie, la liberté, l'honneur, la propriété, etc., d'autrui.

- **Devoirs de charité (Devoirs positifs)** :
  - La charité est un devoir *positif* : elle recommande le *dévouement*, c'est-à-dire le sacrifice du bien personnel au bien des autres.
  - Les devoirs de charité se résument dans ce précepte : *Fais à autrui ce que tu voudrais qu'on te fît à toi-même*.

MORALE PARTICULIÈRE OU PRATIQUE
 └ **MORALE SOCIALE**
    ├ **SOCIÉTÉ CIVILE OU ÉTAT** — État, agrégation de familles soumises à la même *autorité* et aux mêmes *lois politiques*. D'où le *gouvernement* et les *citoyens*. Les trois pouvoirs de l'État sont : les pouvoirs *législatif*, *exécutif*, *judiciaire*.
    │   ├ **Droits et devoirs du gouvernement**
    │   │   ├ 1° Du pouvoir législatif : droit de faire toutes les *lois opportunes*; devoir de *respecter la Constitution* et de *procurer le bien de la société*.
    │   │   ├ 2° Du pouvoir exécutif : droit de *promulguer les lois*; devoir de *veiller à leur exécution*.
    │   │   └ 3° Du pouvoir judiciaire : droit de *connaître des délits et des crimes* et de *décider des peines encourues par les coupables*; devoir d'*interpréter les lois avec discernement* et de *les appliquer avec impartialité*.
    │   ├ **Droits et devoirs des citoyens**
    │   │   ├ 1° Droits naturels : droit de *vivre*, de *s'instruire*, d'*exercer telle ou telle profession*, etc.
    │   │   ├ 2° Droits civils : droit d'*acheter*, de *vendre*, d'*hériter*, etc.
    │   │   ├ 3° Droits politiques : droit de *voter*, d'être *témoin*, etc.
    │   │   └ Devoirs d'*obéir aux lois*, de *payer l'impôt*, de *voter*, de *porter les armes* pour la défense de la patrie ou pour le maintien de l'ordre, etc. — Le patriotisme est l'amour du pays, le *dévouement à la patrie*.
    │   └ **Droits et devoirs des nations**
    │   ├ 1° Droits naturels : droit à l'*existence*, à l'*indépendance*. — Devoirs correspondants.
    │   ├ 2° Droits positifs : *inviolabilité des représentants et des sujets*, *observation des traités*.
    │   └ 3° Droit de guerre.
    ├ **Morale religieuse** — Devoirs envers Dieu
    │   ├ 1° Indirects : devoirs de l'homme envers lui-même et envers ses semblables.
    │   └ 2° Directs : culte *intérieur*, *extérieur*, *privé et public*.
    └ **Économie politique** — Science de la *richesse sociale*. Elle traite des lois qui président à la *production*, à la *circulation*, à la *répartition* et à la *consommation* de la richesse.

NOTIONS

D'HISTOIRE DE LA PHILOSOPHIE

PRÉLIMINAIRES

Définition et objet. — L'histoire de la philosophie est l'exposé des opinions des philosophes de tous les âges sur les grandes questions qui intéressent le plus l'humanité : *Dieu, le monde des corps, l'âme humaine, l'origine de nos idées, la possibilité de la science, la liberté morale, le principe de nos actions,* etc.

Les premiers hommes connaissaient Dieu, leur créateur, et leur destinée supérieure; ils savaient qu'ils dépendaient d'une loi qu'ils n'avaient point faite, et dont les prescriptions étaient gravées dans leur cœur; mais, à mesure que s'éloignaient les jours de l'Éden, ils oublièrent de plus en plus la doctrine révélée et tombèrent dans toutes sortes d'erreurs.

Systèmes philosophiques. — On appelle système, en général, un ensemble d'idées coordonnées entre elles et rattachées à un même principe ou à un même sujet, dans le but d'expliquer une série de faits observés. En philosophie, c'est l'ensemble des doctrines adoptées par un philosophe.

Les systèmes philosophiques sont nombreux; mais on peut les ramener à quelques types principaux. Citons :

1° En psychologie : (a) Relativement à l'origine de nos idées : le *sensualisme*, l'*idéalisme*, le *spiritualisme*.

Le *sensualisme* ou *empirisme* fait dériver toutes nos connaissances, même les notions et les vérités premières, des sens ou de l'expérience ;

L'*idéalisme* les attribue au travail intérieur de la pensée, à l'exclusion des sens ou de l'expérience;

Le *spiritualisme* les fait provenir des sens, de la conscience et de la raison.

(b) Relativement à la nature de notre âme : le *matérialisme*, le *spiritualisme*, le *fatalisme*.

Le *matérialisme* identifie l'âme au corps : il croit seulement à l'existence de ce qu'on peut voir, toucher, peser ;

Le *spiritualisme* reconnaît entre l'âme et le corps une distinction réelle et substantielle;

Le *fatalisme* nie la liberté morale et soumet toute chose à une invincible nécessité : l'irrésistible loi du *Destin*, dont parlaient les stoïciens antiques, et dont parlent encore les traditions musulmanes : « Ce qui doit arriver arrivera, » telle est la formule du fatalisme oriental.

2° **En logique** : le *scepticisme*, le *mysticisme*, le *dogmatisme*.

Le *scepticisme* nie la possibilité d'arriver à la certitude, et désespère de rien connaître ni par la raison, ni par l'expérience;

Le *mysticisme* regarde l'intelligence humaine comme incapable de rien connaître par elle-même, et explique les connaissances par des inspirations supérieures, résultant de communications directes entre l'âme et Dieu;

Le *dogmatisme* affirme que la vérité existe, et que l'homme peut en acquérir la connaissance par l'effort de ses facultés intellectuelles.

3° **En morale** : les théories du *sensualisme* ou du *plaisir*, de *l'utilitarisme* ou de *l'intérêt*, du *sentimentalisme*, du *rationalisme*, du *devoir pur*, etc. (V. p. 240 et suiv.)

4° **En métaphysique** : (*a*) Relativement à la nature en général ou à la cosmologie : le *mécanisme physique* ou *atomisme*, le *dynamisme*, *l'atomisme chimique*, *l'organicisme*, le *vitalisme*, *l'animisme*. (V. p. 194 et suiv.)

(*b*) Relativement à la théodicée : les doctrines de *l'athéisme*, du *dualisme*, du *panthéisme*, du *déisme* (V. p. 209.)

(*c*) Relativement à la création : les systèmes du *positivisme*, de *l'hétérogénisme*, de *l'évolutionnisme*. (V. p. 210.)

École, période, époque. — Les doctrines philosophiques qui ont quelque ressemblance forment une *école*. Plusieurs écoles successives forment une *période*. Plusieurs périodes forment une *époque*.

Utilité. — 1° L'histoire de la philosophie est nécessaire pour juger une époque : l'esprit d'un siècle dépend toujours des idées qui ont cours en ce siècle; — 2° elle développe la prudence, la réserve, en montrant les écarts où sont tombés des hommes de génie qui ont suivi de fausses directions.

Division. — L'histoire de la philosophie se divise en trois grandes époques : l'époque *ancienne*, l'époque du *moyen âge* et l'époque *moderne*.

Iʳᵉ ÉPOQUE : PHILOSOPHIE ANCIENNE

Division. — La philosophie ancienne ou *grecque* commence à Thalès de Milet (600 av. J.-C.) et finit au vɪᵉ siècle de l'ère chrétienne; elle se partage en trois périodes.

1ʳᵉ PÉRIODE (600-400 av. J.-C.)

La première période, qui comprend deux siècles, est essentiellement *cosmologique*.

Tous les philosophes de cette période s'efforcent, mais en vain, d'expliquer l'origine de l'univers. D'après Thalès, le principe de toutes choses est *l'eau*; d'après Anaximène, c'est *l'air*; d'après Héraclite, c'est le *feu*. Deux pourtant, Pythagore, de Samos (né vers 584 av. J.-C.), et Anaxagore, de Clazomène (né vers 500 av. J.-C.), reconnaissent une cause première à l'univers, « une cause qui commence le mouvement sans y tomber, et cette cause du mouvement n'est pas une cause physique, c'est une intelligence et une intelligence qui se connaît elle-même. » (Cousin.)

Du conflit de ces écoles rivales naquirent les *sceptiques* ou *sophistes*, qui s'escrimaient à renverser toutes les notions du vrai et du juste, lorsque parut Socrate, le plus redoutable de leurs adversaires.

2ᵉ PÉRIODE (470-60 av. J.-C.)

La deuxième période commence à Socrate; elle comprend quatre siècles.

Avant de s'occuper du monde des corps, les philosophes de cette période veulent savoir ce qu'est l'homme, et la connaissance de la nature humaine devient le point de départ de la science universelle. Socrate, Platon et Aristote sont les principaux représentants de cette période et les plus grands noms de toute la philosophie grecque.

Socrate (470-400 av. J.-C.), né à Athènes, est le véritable fondateur de la philosophie rationnelle. Sa biographie est à la fois dans Xénophon et Platon, deux de ses disciples, qui nous ont transmis les divers enseignements de leur maître (voir les *Entretiens mémorables* du premier et les *Dialogues* du second).

Doué d'un bon sens admirable, Socrate entreprit de confondre les sophistes; il s'appliqua surtout à remettre en honneur quelques vérités fondamentales sur l'âme humaine, sur Dieu et sa justice éternelle : la spiritualité et l'immortalité de l'âme; l'existence d'un Dieu unique, infini, parfait, prouvé par l'ordre de l'univers. « La vertu seule, disait justement Socrate, conduit au bonheur; » mais il avait le tort de confondre la vertu avec la science.

La méthode de Socrate consistait à interroger, à demander à ses adversaires la définition des mots dont ils se servaient pour énoncer leur doctrine, et de faire ressortir la contradiction de leurs réponses.

Accusé par ses ennemis de ne pas reconnaître les divinités nationales et de corrompre ainsi la jeunesse, le sage Socrate fut condamné à boire la ciguë.

Platon (430-348 av. J.-C.) naquit dans l'île d'Égine, près d'Athènes. Après la mort de Socrate, dont il était le disciple chéri, Platon fonda, dans le jardin d'Académus, à Athènes, une école de philosophie, qui devait être célèbre sous le nom d'*Académie*.

La doctrine de ce philosophe contient d'admirables aperçus sur Dieu, l'âme et la morale. D'après lui, Dieu est l'être absolu, immuable, qui a pour attributs la bonté, la sagesse, la justice infinie, et qui gouverne le monde par sa Providence. — Dans l'âme humaine, il y a trois éléments : la raison, l'appétit supérieur et l'appétit inférieur. La vertu de la raison, c'est la sagesse ou la science du bien; celle de l'appétit supérieur, c'est le courage; celle de l'appétit inférieur, c'est la tempérance. — Le principe de la morale est l'imitation de Dieu : l'âme est juste lorsque la raison triomphe des appétits inférieurs. Alors elle ressemble à Dieu.

Mais, à côté de ces vérités, on trouve dans les œuvres de Platon, principalement dans sa *République*, des erreurs monstrueuses : il croyait à l'éternité de la matière, approuvait l'esclavage, le regardant comme naturel et nécessaire, et admettait l'infanticide ou meurtre des enfants estropiés.

Platon a laissé de nombreux traités, écrits sous forme de dialogues, et dont Socrate est presque toujours l'un des interlocuteurs. Les plus importants sont : le *Phédon*, ou de l'âme; le *Gorgias*, ou de la rhétorique; la *République*, ou de la justice.

Aristote (384-320), né à Stagyre, colonie grecque de la Thrace, suivit pendant vingt ans les leçons de Platon. Après avoir été le précepteur d'Alexandre le Grand, il vint fonder à Athènes, sous les galeries du temple d'Apollon-Lycéen, une école qui fut appelée le *Lycée* ou école *Péripatéticienne*, parce qu'il donnait ses leçons en se promenant.

Aristote est le plus vaste génie de l'antiquité païenne. Inférieur à Platon par l'élévation des idées, il le surpassa par l'étendue de son savoir. En psychologie, il montre plus clairement que Platon comment l'âme est « un seul principe vivifiant » et comment les facultés de l'âme, au nombre de trois, sont unies dans ce principe. En logique, il donne la théorie du syllogisme. En morale, sa doctrine, exposée dans son livre intitulé *Morale à Nicomaque*, se résume en deux mots : vertu et bonheur. La vertu est le moyen de parvenir au bonheur. En théodicée, il reconnaît l'unité et l'éternité de Dieu, mais il nie la Providence.

Ses principaux ouvrages sont : l'*Organon* ou logique, ses divers traités de *Morale* et une *Politique*.

Les disciples de Socrate, ceux de Platon et ceux d'Aristote, altèrent singulièrement les doctrines de leurs maîtres.

Aristippe (430 av. J.-C.), né à Cyrène (Afrique), disciple de Socrate, fonda l'école *cyrénaïque*. Sa morale se ramène à rechercher le plaisir du moment et à fuir la douleur.

Pyrrhon (365-275 av. J.-C.), né à Élis (Péloponèse), autre disciple de Socrate, prétend que toute science repose sur des hypothèses, et il enseigne résolument le *scepticisme scientifique*. Sa doctrine consistait à ne rien affirmer et à douter de tout; elle se trouve très exactement formulée dans cette maxime : *Ni ceci, ni cela*.

Épicure (340-270), né près d'Athènes, suivit les leçons de Théophraste, disciple d'Aristote, et ouvrit une école à Athènes, où il enseignait que l'univers a été produit par la rencontre fortuite des atomes, que l'âme meurt avec le corps. Sa morale était celle du plaisir, mais du plaisir choisi, du plaisir durable et sans suites fâcheuses. Cette doctrine a produit les plus pernicieuses conséquences : après avoir corrompu les Grecs, elle a « gâté le cœur et l'esprit des Romains ». (MONTESQUIEU.)

Zénon (340-260), né à Chypre, suivit les leçons de deux philosophes socratiques, puis il professa la philosophie sous un portique d'Athènes, d'où le nom d'école du *Portique* ou d'école *Stoïque* (*stoa*, portique) donné à son enseignement. Il admettait dans la nature deux principes : la matière inerte et un principe qui anime tout. La formule générale de sa morale est que l'homme doit vivre conformément à sa nature raisonnable et pratiquer la vertu. Sa maxime était : *Soutiens et abstiens-toi : soutiens*, c'est-à-dire souffre; car les maladies, la mort, ne sont ni bien ni mal; *abstiens-toi*, c'est-à-dire étouffe toutes les passions, car toutes sont mauvaises. La morale stoïcienne, toute gâtée qu'elle est par l'orgueil, fut, pendant plusieurs siècles, la seule barrière contre la corruption des mœurs et les débordements du vice.

Chrysippe (282-207 av. J.-C.), né en Cilicie, philosophe stoïcien, eut la réputation d'un dialecticien subtil et raffiné. C'est lui principalement qui a constitué et vulgarisé le stoïcisme. — Sa morale est pure et élevée; la raison doit gouverner la vie et mettre le sage au-dessus des passions, des souffrances et des joies.

La philosophie chez les Romains. — Les Romains, qui n'avaient pas de philosophie à eux, s'engouèrent surtout des doctrines d'Épicure et de Zénon. Cicéron, Lucrèce, Sénèque, Épictète et Marc-Aurèle furent ou épicuriens ou stoïciens.

Cicéron (106-44), né à Arpinum, homme d'État, orateur et moraliste, a résumé ce qu'il y avait de mieux dans l'enseignement des philosophes grecs; il a prouvé la spiritualité et l'immortalité de l'âme, expliqué l'idée de la loi morale (v. note, p. 218), et a toujours flétri les doctrines épicuriennes; mais, en morale, il se montrait stoïcien mitigé. Ses principaux ouvrages philosophiques sont : les *Questions académiques*, les *Tusculanes*, le *Traité de la nature des dieux*, le *Traité des Devoirs*, le *Traité sur l'Amitié*, etc.

Lucrèce (95-53 av. J.-C.), né à Rome, poète et philosophe matérialiste, essaya de rajeunir la doctrine épicurienne dans son poème didactique *De la nature des choses;* mais il eut peu de succès. Lucrèce était-il athée, croyait-il à un Dieu suprême?... Ce qui est certain, c'est qu'il a attaqué avec vigueur les croyances païennes, les superstitions, le fanatisme. Il se donna la mort à quarante-quatre ans.

Sénèque (3-65 ap. J.-C.), né à Cordoue, en Espagne, philosophe stoïcien, précepteur puis ministre de Néron, eut pour cet empereur des complaisances coupables, qui ne sauvèrent point ses jours : compris dans la conjuration de Pison et condamné à mort, il se fit ouvrir les veines. Sénèque parle de Dieu, de la Providence, de l'âme, de la destinée; mais, pour lui, Dieu ou la nature c'est tout un, la Providence n'est que la nécessité, l'âme ne survit pas au corps, la destinée est toute stoïcienne. Ses principaux ouvrages sont les *Lettres à Lucilius*, les traités sur la *Colère*, la *Clémence*, la *Vie heureuse*, la *Tranquillité d'âme*, etc.

Épictète (1er siècle de notre ère), né en Phrygie, esclave affranchi, ouvrit à Rome une école de philosophie stoïcienne. On a de lui des *Entretiens*, des *Discours* et un *Manuel* où l'on trouve de belles maximes sur les vrais biens de l'âme et du corps, sur la nécessité de vaincre les mauvaises inclinations de la sensibilité et de régler ses jugements. Mais sa doctrine présente de nombreuses lacunes.

Marc-Aurèle (121-180), né à Rome, empereur romain, philosophe stoïcien. On a de lui un ouvrage intitulé : *A moi-même* ou *Pensées de Marc-Aurèle*.

3e PÉRIODE (60 av. 529 ap. J.-C.)

La troisième période comprend les cinq premiers siècles de notre ère, et présente deux espèces de doctrines : 1° celles qui, opposées au christianisme naissant, continuent la philosophie de l'antiquité; 2° celles qui s'allient d'une manière plus ou moins intime à la religion chrétienne.

L'école la plus célèbre de cette période fut celle des *néo-platoniciens* d'Alexandrie.

Aux attaques des philosophes païens de cette école : Plotin (205-270), Porphyre (233-304), etc., les philosophes chrétiens : Clément d'Alexandrie (vers 182), Origène (185-233), Tertullien (185-220), saint Jean Chrysostome (347-407), saint Augustin (354-430), etc., répondirent par de savants traités. (Voyez notre *Précis d'histoire littéraire*, p. 339 et suiv., et notre recueil de *Morceaux choisis*, 3e vol.)

II° ÉPOQUE. — PHILOSOPHIE DU MOYEN AGE

La philosophie du moyen âge ou la *scolastique*, — ainsi nommée parce qu'elle prit naissance dans les écoles fondées par Charlemagne, — s'étend de la fin du VIII° siècle à la fin du XIII°.

Le caractère général de la scolastique est de subordonner tous ses principes à l'*autorité* de l'Église, de Platon ou d'Aristote : l'autorité fournissant les principes, le raisonnement tirait les conséquences. — La soumission à l'autorité n'allait pourtant pas jusqu'à la servilité : la soumission de l'homme à la vérité doit venir de la conviction, et non de la contrainte.

Le défaut de méthode nuisit surtout à la scolastique dans l'étude des sciences physiques et naturelles.

PÉRIODE PRINCIPALE (XIII° siècle)

La période la plus brillante de la philosophie scolastique correspond au XIII° siècle ; elle fut illustrée par le bienheureux Albert le Grand, saint Thomas d'Aquin, saint Bonaventure et Roger Bacon.

Albert le Grand (1200-1280), né en Souabe, religieux dominicain, se distingua par son immense érudition, introduisit en Europe la philosophie d'Aristote, professa la philosophie et la théologie à Paris, eut saint Thomas d'Aquin d'abord pour disciple, ensuite pour collaborateur et successeur. Il a laissé des *Commentaires* sur les ouvrages d'Aristote et de nombreux *Traités de philosophie* et de *théologie*.

Thomas d'Aquin [*saint*] (1225-1274) naquit à Aquin, près de Naples. Entré chez les dominicains, il étudia sous Albert le Grand, à Cologne, puis il vint enseigner la philosophie et la théologie à Paris, où il vécut dans l'intimité de saint Louis. Son génie et ses vertus l'ont fait surnommer l'*Ange de l'école* ou le *Docteur angélique*. Dans sa *Somme théologique*, on trouve résolues, avec une précision, une vigueur et une exactitude admirables, au point de vue de la raison comme au point de vue de la foi, toutes les questions dont s'occupent la philosophie et la théologie.

Bonaventure [*saint*] (1221-1274), né en Toscane, général de l'ordre de Saint-François, contemporain et admirateur de saint Thomas, proclame dans ses *œuvres ascétiques* et *philosophiques* que l'union de l'âme avec Dieu est le but de la science comme de la vertu. Son principal opuscule a pour titre : *Itinéraire de l'âme vers Dieu*. On l'a surnommé le *Docteur séraphique*.

Roger Bacon (1214-1294), né dans le comté de Somerset (Angleterre), entra chez les franciscains, étudia les sciences physiques et naturelles et fit d'importantes découvertes. En philosophie, il substitua un des premiers l'autorité de l'expérience à celle des philosophes. On l'a surnommé le *Docteur admirable*.

III° ÉPOQUE. — PHILOSOPHIE MODERNE

La philosophie moderne commence vers le milieu du XV° siècle et finit au commencement du XIX°.

Le caractère distinctif de la philosophie moderne, c'est la liberté, l'indépendance, l'affranchissement de toute autorité magistrale ou théologique. « Le triple problème de l'homme, du monde et de Dieu, résolu par la raison et par la raison seule : voilà ce qui caractérise la philosophie moderne et rattache les recherches de l'esprit chrétien aux investigations de l'esprit grec. » (A. Pellissier.)

PÉRIODE PRINCIPALE (XVII° et XVIII° s.)

La période principale de la philosophie moderne comprend le XVII° et le XVIII° siècle.

« Deux hommes ouvrent la philosophie au XVII° siècle et la constituent : François Bacon et Descartes. Tous deux étaient laïques, l'un militaire, l'autre légiste. Tous deux emploient l'analyse : l'un l'applique à l'étude des phénomènes de la nature, l'autre à l'étude et de la nature et de la pensée. L'un se fie davantage au témoignage des sens, l'autre à celui de la raison. De là deux tendances opposées, et sur le même fond deux écoles distinctes, l'une sensualiste, l'autre idéaliste. » (Cousin.)

François Bacon (1560-1626), né à Londres, s'adonna d'abord à la jurisprudence, où ses succès lui valurent les faveurs d'Élisabeth.

Dans son ouvrage : *De la dignité et de l'accroissement de la science*, il passe en revue toutes les sciences, qu'il divise en trois groupes : histoire, poésie, philosophie; dans le *Novum organum*, il indique la méthode à suivre dans la recherche de la vérité.

A l'observation, il veut qu'on ajoute le raisonnement, mais le raisonnement qui suit l'expérience, et qui s'appuie sur des faits particuliers pour remonter aux lois générales, c'est-à-dire l'*induction*. — Son principe de philosophie est que l'esprit n'opère que sur les données des sens. Ce principe mal entendu a fait triompher les doctrines positivistes et matérialistes du XVIII° et du XIX° siècle.

Principaux disciples de Bacon.

Hobbes *Thomas* (1588-1679), né à Malmesbury (Angleterre), disciple et traducteur de F. Bacon, fait sortir toutes les connaissances de l'expérience sensible; il en déduit que la matière seule existe et que la volonté est fatalement déterminée. Le principe de sa morale est l'égoïsme; la base de l'ordre social, l'utile. Hobbes a laissé un *Traité de la nature humaine*, du *Citoyen*, du *Corps politique*, etc.

Gassendi (1592-1655), né près de Digne, philosophe, admirateur de F. Bacon et adversaire de Descartes, a publié des *Commentaires sur le système d'Épicure*.

Locke (1632-1704), né près de Bristol, chef de l'école sensualiste moderne en Angleterre. Il assigne à la connaissance deux sources : la sensation, qui nous en fournit les premiers éléments, et la réflexion, qui les élabore et les généralise. « La réflexion, dit-il, ne rend que ce qu'elle a reçu de la sensation. » Ne pouvant expliquer par là les notions absolues, il prend le parti de les nier. Son principal ouvrage philosophique est l'*Essai sur l'entendement humain*.

Hume *David* (1711-1776), né à Édimbourg, tirant les conséquences des idées de la théorie de Locke, met en question l'existence de Dieu et l'immortalité de l'âme, et enseigne le nihilisme le plus absolu. Il a laissé un *Traité de la nature humaine*.

Condillac (1717-1780), né à Grenoble, chef de l'école sensualiste française au XVIII° siècle, ne reconnaît, comme principe de la connaissance, que la sensation seule : « Penser n'est que sentir. » Les conséquences de cette doctrine sont le matérialisme et le fatalisme qui furent embrassés par les encyclopédistes d'Alembert, Diderot, Condorcet, La Mettrie, Voltaire. — Ce dernier se fit plus tard l'adversaire du sensualisme, qu'il avait d'abord patronné.

Condillac a publié l'*Essai sur l'origine des connaissances humaines*, le *Traité des sensations*, l'*Art de raisonner*, etc.

Bentham *Jérémie* (1748-1832), né à Londres, reproduit en les mitigeant les doctrines de Hobbes. Il prétend que l'art de la vie consiste à s'assurer la plus grande somme de jouissance possible avec le moins de mal possible.

Bentham est l'auteur d'une *Introduction aux principes de morale et de jurisprudence*.

Descartes (1596-1650), né à La Haye, en Touraine, est le plus célèbre philosophe de l'époque moderne. Comme Roger Bacon, il rejeta l'autorité des philosophes antérieurs et se proposa de créer une nouvelle philosophie basée sur l'autorité de la raison. Avec la raison seule il voulut établir sa propre existence, puis la spiritualité de l'âme et sa distinction d'avec le corps; enfin, de l'idée d'être fini, s'élever à la connaissance de Dieu. Il a commis de graves erreurs touchant la certitude, la substance, l'union de l'âme et du corps, etc.

En refusant la certitude aux sens pour ne l'accorder qu'à la conscience et à la raison, Descartes a frisé l'idéalisme et favorisé le rationalisme contemporain. Ses ouvrages philosophiques sont : le *Discours sur la Méthode*, les *Méditations métaphysiques*, les *Principes de philosophie* et le traité des *Passions de l'âme*.

Principaux disciples de Descartes.

Arnaud (1612-1694), né à Paris, théologien et philosophe, janséniste de Port-Royal, a publié un *Examen des méditations de Descartes*, le *Traité des vraies et des fausses idées*, etc.

Pascal (1623-1662), né à Clermont-Ferrand, célèbre écrivain, se laissa entraîner dans le jansénisme par Arnaud, dont il prit la défense dans les fameuses *Provinciales*, dirigées contre les jésuites. Citons encore de Pascal : les *Pensées*, fragments épars qui promettaient une apologie du christianisme « digne des temps primitifs », l'*Art de persuader*, de l'*Autorité en matière de philosophie* et de l'*Esprit géométrique*.

Nicole *Pierre* (1625-1695), né à Chartres, philosophe et théologien, janséniste ardent, a composé des *Essais de morale*, la *Logique de Port-Royal*, etc.

Bossuet (1627-1704), né à Dijon, évêque de Meaux, génie incomparable comme orateur, comme écrivain, comme controversiste. « Bossuet, dit M. Cousin, a su faire aller ensemble Platon et Aristote, saint Augustin et saint Thomas, en prenant pour guide, au XVIIe siècle, l'auteur du *Discours sur la méthode*. »

Ses principaux ouvrages philosophiques sont : le *Discours sur l'histoire universelle*, la *Logique*, le *Traité de la connaissance de Dieu et de soi-même* et le *Traité du libre arbitre*.

Spinosa (1632-1677), né à Amsterdam, philosophe cartésien; mais il abusa tellement du système de Descartes, qu'il fut conduit au *panthéisme matérialiste* (système qui consiste à n'admettre qu'une seule substance : la substance divine, dont les deux attributs essentiels seraient l'étendue et la pensée, c'est-à-dire les corps et les esprits). On a de lui une *Morale*, l'*Éthique* et un *Traité de politique*.

Malebranche Nicolas (1638-1715), né à Paris, entra dans la congrégation de l'Oratoire. La lecture du *Traité de l'homme*, de Descartes, lui révéla sa vocation de philosophe. Il publia *De la recherche de la vérité*, les *Entretiens sur la métaphysique et sur la religion*, les *Méditations chrétiennes et métaphysiques*, etc. Dans le premier de ses ouvrages, Malebranche prétend que *nous voyons tout en Dieu*, même le monde des corps : c'est le fatalisme mystique.

Fénelon (1651-1715), né en Périgord, archevêque de Cambrai, grand orateur, habile écrivain, profond penseur, a laissé des *Lettres sur la métaphysique*, le *Traité de l'existence de Dieu*, la *Réfutation du système de Malebranche*, le *Télémaque*, etc.

AUTRES ÉCOLES PHILOSOPHIQUES AUX XVIIᵉ, XVIIIᵉ ET XIXᵉ SIÈCLES

École morale et psychologique (école écossaise). — Elle est représentée par :

Hutcheson (1664-1747), né en Irlande, adversaire du système de l'intérêt, qu'il remplace par celui du *sens moral* ou du *sentiment*, auteur d'un *Système de philosophie morale*.

Thomas **Reid** (1710-1796), né à Glasgow, philosophe, réfuta les théories de Locke et de Hume, et rétablit la certitude sur des *bases terrestres*. Reid est surtout psychologue; il se recommande par la finesse de ses observations et l'exactitude de ses analyses.

Adam **Smith** (1723-1790), né à Glasgow, économiste et philosophe : il pose la *sympathie* comme le principe de nos actions morales. Smith a publié une *Théorie des sentiments moraux* et des *Recherches sur la nature et les causes de la richesse des nations*.

Éclectisme. — L'éclectisme consiste à choisir, dans les théories des divers philosophes et des diverses écoles, les opinions qui paraissent les plus vraisemblables.

Leibniz (1646-1716), né à Leipsick, génie universel, a réagi contre le sensualisme de Locke et contre l'idéalisme de Malebranche. On lui doit : des *Essais de théodicée*, les *Nouveaux essais sur l'entendement*, la *Monadologie*, le *Discours de métaphysique*, etc.

Criticisme. — École rationaliste et critique dont Kant est le chef.

Kant (1724-1804), né à Kœnigsberg, philosophe rationaliste : tout en admettant l'existence de Dieu, la liberté et l'immortalité de l'âme, sa doctrine renferme de graves erreurs. Kant prétend que toutes nos connaissances sont purement subjectives, ce qui aboutit à l'idéalisme; comme il soumet à l'idéalisme toutes les connaissances humaines, son système porte le nom de *criticisme*. Il a écrit : la *Critique de la raison pure*, la *Critique de la raison pratique*, la *Critique du jugement*, les *Principes métaphysiques des mœurs Prolégomènes*, etc.

Positivisme. — Le positivisme prétend borner l'œuvre de la raison humaine à l'observation des faits et à la détermination des lois. « L'idée-mère du positivisme est que la science doit s'abstenir de toutes les recherches sur les causes premières et sur l'essence des choses : elle ne connaît que des enchaînements de phénomènes; tout ce qui est au delà n'est que conceptions subjectives de l'esprit, objet de sentiment et de foi personnelle, non de science. » (*Positivisme résumé par M. Janet.*)

Ses principaux adeptes furent : Auguste Comte, Stuart Mill, Herbert Spencer.

Auguste Comte (1798-1857), né à Montpellier, philosophe inventeur du système *positiviste*, a composé un *Cours de philosophie positiviste*, un *Catéchisme positiviste*, un *Discours sur l'esprit positif*, etc.

Stuart Mill (1807-1873), né à Londres, économiste et philosophe positiviste, disciple de Bentham, a laissé le *Système de logique déductive et inductive* et des *Fragments sur le socialisme*.

Herbert Spencer (1820-1903), né à Derby, philosophe matérialiste, fait dériver nos connaissances des habitudes héréditaires; sa morale est l'utilitarisme, et sa religion semble consister « à maintenir toujours élevé, dans la conscience, un autel au Dieu inconnu ». Il a publié l'*Essai sur le progrès*, les *Principes de sociologie*, etc.

Rationalisme. — L'école rationaliste contemporaine s'est donné pour but de protester contre le sensualisme de Condillac. Elle se dit rationaliste parce qu'elle attribue à la raison et non à l'expérience les idées universelles et absolues. Ses principaux représentants sont : Théodore Jouffroy, Victor Cousin, Jules Simon, Paul Janet, etc.

Jouffroy (1796-1842), né aux Pontets (Doubs), professeur de philosophie à la faculté des lettres de Paris, a traduit Th. Reid et composé le *Cours d'esthétique*, les *Mélanges philosophiques*, etc.

Victor Cousin (1792-1867), né à Paris, professeur de philosophie à la Sorbonne, est le chef de l'éclectisme et du rationalisme contemporain. Il a composé entre autres ouvrages le livre *du Vrai, du beau et du bien*, et l'*Histoire de la philosophie morale au* xviiie *siècle*.

Philosophie politique. — Ses deux principaux représentants sont : Montesquieu et J.-J. Rousseau.

Montesquieu [*baron de*] (1689-1755), né à La Brède, non loin de Bordeaux, magistrat, publiciste et philosophe, auteur des *Considérations sur les Causes de la grandeur et de la décadence des Romains*, de l'*Esprit des lois*, etc. Son érudition superficielle et ses jugements surtout laissent beaucoup à désirer.

J.-J. Rousseau (1712-1778), né à Genève, littérateur et philosophe, a composé des ouvrages que déparent l'hypothèse, le sophisme et le paradoxe : le *Discours sur les sciences et les arts*, le *Discours sur l'origine de l'inégalité parmi les hommes*, le *Contrat social*, l'*Émile*, dans lequel se trouve la *Profession de foi du vicaire savoyard* (contre les athées et les matérialistes).

Philosophie scientifique. — Elle a pour principal représentant, au xixe siècle, Claude Bernard.

Claude Bernard (1813-1878), né à Saint-Julien, près de Villefranche (Rhône), célèbre physiologiste à qui nous devons de nombreuses découvertes scientifiques. Il a publié ses *Leçons du Collège de France et du Muséum d'histoire naturelle*, la *Science expérimentale* et l'*Introduction à l'étude de la médecine expérimentale*.

SUJETS

DE DEVOIRS ET DE DISSERTATIONS

Les sommaires ou les questionnaires qui accompagnent les divers paragraphes de cet ouvrage pourraient servir de textes de *devoirs écrits*. Ce serait une excellente manière de faire récapituler et de s'assurer que les élèves ont compris.

1. — *Décrire les diverses méthodes employées en psychologie. Insister sur l'une d'elles.* (Bacc.)
2. — *Montrer par des exemples la distinction des faits physiques, physiologiques et psychologiques.*
3. — *Comment détermine-t-on les facultés de l'âme? Montrer comment elles s'unissent dans tous les phénomènes psychologiques.*
4. — *De la sensibilité. Ses caractères, ses formes, ses lois* (école de Cluny).
5. — *Indiquer les principales différences entre la sensation et le sentiment. Conséquences de ces phénomènes.*
6. — *Quel est le rôle du plaisir et de la douleur dans la vie humaine?*
7. — *Quelle différence y a-t-il entre les passions et les inclinations?*
8. — *Distinguer les facultés intellectuelles des opérations de l'intelligence.*
9. — *De la mémoire. Ses espèces, ses qualités.*
10. — *Rôle de l'attention dans l'acquisition, l'élaboration et la conservation des connaissances.*
11. — *Montrer que, dans les données des sens, il y a toujours un élément sensible et un élément intellectuel.*
12. — *Distinguer l'idée de l'image, dans la connaissance des corps.*
13. — *Quelles notions devons-nous à chacun de nos sens en particulier?*
14. — *Rapports entre la mémoire, l'association des idées et l'imagination.*
15. — *Le rôle de la mémoire dans l'éducation.*
16. — *Peut-on dire que l'imagination crée quelque chose? — En quoi consiste le travail créateur de l'art?*
17. — *Prouver que la conscience, ou au moins le sens intime, accompagne toutes les opérations des autres facultés.*

18. — *Différents rapports par lesquels s'enchaînent nos idées.*

19. — *Quelles sont les conditions requises pour que le témoignage des sens soit conforme à la réalité extérieure ?*

20. — *Qu'entend-on par notions premières ?*

21. — *Distinguer la perception de l'impression organique.*

22. — *Classer nos diverses connaissances et déterminer les facultés auxquelles nous les devons.*

23. — *De l'abstraction et des idées abstraites. — En donner des exemples dans les différentes sciences.*

24. — *Avantages et dangers de l'abstraction.*

25. — *De la comparaison. — Son importance dans la vie intellectuelle.*

26. — *De la généralisation. — Comment se forment les idées générales ?*

27. — *Qu'appelle-t-on extension et compréhension des idées générales ?*

28. — *Du jugement et de ses différentes espèces.*

29. — *Montrer que la parole est supérieure à toutes les autres formes du langage, par la facilité, la promptitude et surtout la précision.*

30. — *De l'importance du langage pour la formation et la fixation des idées abstraites.*

31. — *Le beau diffère-t-il de l'utile et de l'agréable ? — En quoi consiste-t-il ? — Quelles sont les diverses sortes de beau ?*

32. — *Quel est l'objet de l'art ?*

33. — *Prouver que le principe des faits psychologiques doit être un, simple et identique.* (Conc. lyc. et coll.)

34. — *Quels sont les différents sens du mot liberté ?* (Brev. sup.)

35. — *Prouver l'existence de la liberté morale.*

36. — *Qu'est-ce que la conscience ? — Les faits de conscience sont-ils certains ?*

37. — *Locke* a dit : « L'âme est semblable à l'œil. — L'œil voit tous les objets qui l'entourent et ne peut se voir lui-même. » En est-il ainsi de l'âme ?*

38. — *L'instinct et l'habitude. Leurs rapports.* (Bacc.)

39. — *Prouver que l'instinct diffère essentiellement de la volonté intelligente.*

40. — *Expliquer ce vers de La Fontaine :* « Quand l'eau courbe un bâton, ma raison le redresse. »

41. — *Prouver l'existence de la raison comme faculté distincte de la conscience et de la perception externe.*

42. — *Influence de la volonté sur l'imagination, la mémoire, l'association des idées, la douleur, l'habitude, les passions.*

43. — *Montrer que si le tempérament, l'âge, l'éducation, le climat, prédisposent à la passion, les véritables causes dépendent de la volonté.*

44. — *Qu'est-ce que le fatalisme? — Cette doctrine peut-elle se concilier avec la liberté morale?*

45. — *L'influence des motifs sur la volonté est-elle une objection valable contre la liberté humaine?*

46. — *Distinction du désir et de la volonté.*

47. — *La faculté motrice est-elle une quatrième faculté distincte des trois autres?*

48. — *Distinguer par leurs caractères essentiels l'âme et le corps.* (Brev. sup.)

49. — *Exposer les principaux faits par lesquels se manifeste l'influence du physique sur le moral, et réciproquement.*

50. — *Expliquer, et, s'il y a lieu, critiquer les définitions suivantes de l'homme :* « *Une âme qui se sert d'un corps* » (Platon); « *un animal raisonnable* » (Aristote); « *une intelligence servie par des organes* » (de Bonald).

51. — *Exposer et discuter les objections du matérialisme contre la distinction de l'âme et du corps.*

52. — *Exposer les preuves de l'immortalité de l'âme.*

53. — *Quelles sont les principales analogies que l'on trouve chez l'homme et chez l'animal? — Quelles sont les différences essentielles et irréductibles?*

54. — *Dire pourquoi la logique doit être précédée de la psychologie.*

55. — *Qu'est-ce que la science? Quels en sont les caractères distinctifs?*

56. — *Distinguer l'induction de la déduction. Montrer par des exemples qu'on les emploie l'une et l'autre, et non à l'exclusion l'une de l'autre, dans la plupart des sciences, notamment dans les sciences morales et politiques.* (Bacc. ès lett.)

57. — *Rapports et différences de l'induction et de l'analogie.*

58. — *Importance de la méthode. — Expliquer le mot de Descartes :* « *Ce n'est pas assez d'avoir l'esprit bon; le principal, c'est de l'appliquer bien.* »

59. — *Qu'entend-on par méthode analytique et synthétique, expérimentale et rationnelle, à posteriori et à priori, d'invention et d'enseignement, d'induction et de déduction?*

60. — *Méthode expérimentale. Ses règles.* — Donner des exemples.

61. — *Montrer par des exemples précis comment les sciences physiques appliquent dans leurs recherches l'observation, l'expérimentation, l'analyse et la synthèse, l'induction, l'hypothèse, l'analogie, la déduction et le calcul.* (Brev. sup. et Bacc.)

62. — *Distinguer l'observation et l'expérimentation.*

63. — *Valeur des classifications naturelles et des classifications artificielles.* — *Montrer leurs différences par des exemples détaillés.* (Bacc. ès lett.)

64. — *Comparer la méthode des sciences physiques et celle des sciences historiques.* (Bacc. ès lett.)

65. — *Le rôle des hypothèses dans la philosophie des sciences.* (Bacc.)

66. — « *Il n'y a guère d'esprits qui soient capables d'embrasser toutes les faces de chaque sujet, et c'est là, à ce qu'il me semble, la source la plus ordinaire des erreurs des hommes.* » (Vauvenargues.)

67. — *Des sophismes.* — *Quelles sont les principales sources des mauvais raisonnements ? Donner des exemples.*

68. — *Exposer les principales propriétés métaphysiques de l'être.*

69. — *Dites ce que vous savez sur les éléments constitutifs de la matière et sur les conceptions diverses des philosophes à ce sujet.*

70. — *Qu'est-ce que la vie ?* — *Quels sont les degrés de la vie ?* — *Quelles sont les hypothèses diverses sur la vie ?*

71. — *Développer cette pensée d'Aristote :* « *Si rien n'est premier, il n'y a pas de causes.* »

72. — *Part de l'expérience et part de la raison dans la preuve de l'existence de Dieu tirée du spectacle de l'univers.*

73. — *Providence divine.* — *Comment se manifeste-t-elle dans la nature et dans l'histoire ?*

74. — *Preuves physiques de l'existence de Dieu.* (Bacc.)

75. — *Quels sont les phénomènes moraux sur lesquels repose la conscience morale ?* — *Qu'est-ce que la loi naturelle ?* — *Pourquoi l'homme est-il capable de mérite ou de démérite ?* — *Est-il par cela même susceptible d'être puni ou récompensé ?*

76. — *La loi morale et ses diverses sanctions.* (Conc. acad., Grenoble.)

77. — *De l'honnête et de l'utile ; caractères qui les dis-*

tinguent l'un de l'autre. L'honnête et l'utile ne se confondent-ils pas en un certain sens ? (Conc. acad., Caen.)

78. — *Le droit et le devoir.* — *Qu'entend-on par ces deux mots ? Quelle en est l'importance ? Dites le rôle que remplissent le droit et le devoir dans la vie privée et dans la vie publique.* (Brev. litt., Paris.)

79. — *Démontrer que l'âme humaine est libre et responsable de ses actes.* — *Réfutation des principales objections soulevées, soit par l'école matérialiste, soit par l'école positiviste.* (Brev. litt., Cluny.)

80. — *Du droit et du devoir.* — *Quels sont les droits essentiels de l'homme, d'après la législation des peuples civilisés, dans les temps modernes ?* (Bacc., Douai.)

81. — *Établir la théorie de la responsabilité et de l'imputabilité morale.* — *Montrer que les conditions de la responsabilité sont : la conscience de soi, la connaissance du bien et du mal, la liberté d'action, et que, ces divers éléments venant à varier, la responsabilité varie avec eux.* (Conc. gén.)

82. — *Qu'est-ce que la conscience morale ?* — *Pourquoi, dès l'origine des sociétés, voyons-nous des lois positives qui prononcent des peines physiques contre la plupart des infractions à la loi naturelle ?*

83. — *Qu'est-ce que la conscience morale ? Que commande-t-elle ? Comment se fait-elle obéir ? Citer l'exemple d'un remords célèbre.* (Bacc. mod.)

84. — *Développer cette pensée de Rabelais :* « *La science sans la conscience est la ruine de l'âme.* » (Conc. école norm.)

85. — *Qu'y a-t-il à dire en faveur du principe :* « *Charité bien ordonnée commence par soi-même,* » *et comment faut-il l'entendre ?* (Bacc. mod., Toulouse.)

86. — *Montrer les rapports et les différences des lois positives et de la loi morale. Où les lois positives puisent-elles leur autorité ? Où la loi morale puise-t-elle la sienne ? Les codes des lois suffisent-ils pour assurer la moralité de l'homme ou d'un peuple ?* (Bacc., Paris.)

87. — *Discuter cette pensée de Diderot :* « *A tout prendre, ce qu'il y a de mieux à faire pour être heureux, c'est d'être un homme de bien.* » (Brev. litt., Bordeaux.)

88. — *Maxime de La Rochefoucauld :* « *L'amour-propre est la base de nos actions.* » (Brev. litt.)

89. — *Analysez l'amour de soi et montrez-le aux prises avec les principaux devoirs de l'homme et du citoyen.* (Conc. gén.)

90. — *Montrer que l'intérêt, même bien entendu, ne suffit pas pour fonder une doctrine morale. Insister sur le côté pratique de la question. — La forme doit être vive et animée.* (Bacc., Paris.)

91. — *Pourquoi l'éducation morale doit-elle être plus développée à mesure que l'intelligence humaine fait plus de progrès et que l'homme dispose davantage des forces de la nature par la science?* (Brev. litt., Dijon.)

92. — *La bienfaisance est-elle de l'égoïsme parce qu'on trouve du plaisir à faire du bien à autrui?* (Aristote, Morale à Nicomaque, liv. IX, chap. VIII.) (Conc. lyc. et coll.)

93. — *Exposer sous forme de discours ou de lettre les avantages des exercices de gymnastique, non seulement pour la force et la santé du corps, mais encore pour l'éducation des facultés intellectuelles et morales.*

94. — *Exposer et discuter la morale de l'intérêt.* (Brev. litt., Bordeaux.)

95. — *Quelles seraient les conséquences d'une loi morale fondée sur la doctrine de l'utile?* (Bacc., Paris.)

96. — *Exposer ce qu'il y a de vrai et ce qu'il y a de trop exclusif dans la morale du sentiment.*

97. — *Combien distingue-t-on de sortes de devoirs? — Quels sont les devoirs de l'homme envers lui-même?*

98. — *Devoirs de l'homme envers sa volonté.*

99. — *De la sincérité et de la véracité. Importance capitale de ces vertus, moyens pratiques de les développer chez les enfants et de combattre chez eux le mensonge.* (Éc. norm., Brev. élém.)

100. — *La modestie.* (Cert. d'apt. pédag.)

101. — *L'examen de conscience.* (Brev. sup., Bacc. mod., Bacc. ès lett.)

102. — *Pourquoi le suicide est-il défendu? — En quoi celui qui se donne la mort blesse-t-il la société? — Montrez qu'il outrage la nature. — Certains prétendent que le suicide est un acte de courage et qu'il est permis : que répondez-vous?*

103. — *La vie de famille; devoirs des fils envers leurs parents; relations et devoirs des enfants entre eux.* (Conc. gén.)

104. — *De l'autorité paternelle, des variations qu'elle a subies chez les différents peuples.* (Bacc. mod., Dijon.)

105. — *Étendue du pouvoir paternel.*

106. — *La vie civile doit-elle absorber la vie de fa-*

mille, ou en être le complément? — Citer des exemples historiques. (Bacc. Dijon.)

107. — *Esclavage. Servage féodal. Domesticité.*

108. — *Du fondement du droit pénal. Comment les peines se sont adoucies chez les différents peuples avec la civilisation.* (Bacc., Dijon.)

109. — *Quelle est l'origine des devoirs du citoyen envers l'État? Formuler et expliquer les plus importants de ces devoirs.* (Conc. gén.)

110. — *Y a-t-il plusieurs espèces de courage? Et le courage n'est-il pas quelquefois de la prudence? Citer quelques exemples.* (Brev. litt.)

111. — *Développer ce proverbe : L'homme est fait pour travailler, comme l'oiseau pour voler. C'est-à-dire que la loi du travail est à la fois naturelle et divine.* (Bacc. mod., Poitiers.)

112. — *Le travail est-il obligatoire? Quelle est son influence sur la moralité humaine?* (Brev. litt., Dijon.)

113. — *La loi du travail. Vous direz le rôle du travail dans les sociétés, sa place dans la morale, sa nécessité, sa dignité.* (Bacc., Paris.)

114. — *De la diversité des carrières; montrer qu'elles ne doivent pas être toutes honorifiques, mais qu'elles sont toutes honorables dès qu'elles sont honorablement remplies.* (Bacc., Dijon.)

115. — *Démontrer, par des raisons tirées de la loi divine, de la morale sociale et de la morale individuelle, l'obligation du travail pour tous les hommes.* (Conc. gén.)

116. — *Du bien-être. — Le développement du bien-être qui résulte du progrès de l'industrie est-il contraire ou favorable à la moralité?* (Bacc., Lille.)

117. — *Indiquer les devoirs de l'homme envers les animaux. La manière dont l'homme traite les animaux exerce sur son caractère et ses facultés morales une influence. Montrez et appréciez cette influence.* (Bacc., Poitiers.)

118. — *L'État ou la société civile; sa raison d'être ou son fondement; son but.*

119. — *Indiquer rapidement les principaux devoirs de la morale sociale, en signalant, pour chacun de ces devoirs, les passages de nos grands écrivains dont la lecture peut être conseillée.* (Conc. gén., Paris.)

120. — *Rechercher en quelles circonstances il pourrait y avoir conflit entre nos différents devoirs envers la*

famille, la patrie et l'humanité, et comment on devrait essayer de les concilier. (Conc. gén.)

121. — Établir, avec des preuves à l'appui, les différences qui existent entre la justice et la charité.

122. — Qu'est-ce que la patrie? Que lui doit-on? Comment concilier les devoirs envers elle avec les devoirs envers l'humanité? (Brev. litt., Paris.)

123. — Exposer les sentiments que la patrie inspire, et les devoirs qu'elle prescrit au citoyen. (Bacc. mod., Poitiers.)

124. — La guerre, trop maudite comme fléau, n'at-elle pas sa beauté morale? Les guerres justes et saintes ne sont-elles pas la forme la plus éclatante du dévouement et du sacrifice? Pouvons-nous douter aujourd'hui, en France, de la puissance de la guerre pour retremper une nation? (Bacc. mod., Rennes.)

125. — Du droit de légitime défense et de ses principales applications. (Brev. litt., Grenoble.)

126. — Montrer que le duel privé est contraire à la raison, à la justice et à la société.

127. — Prouver que la destinée de l'homme ne peut s'accomplir entièrement sur la terre. (Bacc. ès lett., Paris.)

128. — Définir l'économie politique et déterminer l'objet de cette science.

129. — Expliquer par des exemples le sens des mots utilité, richesse, travail, circulation, répartition et consommation en économie politique. (Brev. sup.)

130. — Les institutions de prévoyance et leurs avantages. (Bacc.)

131. — Montrer comment le payement de l'impôt est une dépense de prévoyance. (Brev. sup. et Bacc. spéc.)

132. — Le rôle de la monnaie dans l'échange. (Brev. sup. et Bacc.)

133. — Les rapports de l'économie politique et de la morale. (Bacc.)

134. — Puissance du travail, de l'épargne et de l'association.

135. — Montrer pourquoi il convient d'avoir quelques notions de psychologie, de logique, de morale et d'économie politique pour recevoir avec fruit l'enseignement civique. (Brev. sup.)

TABLE DES MATIÈRES

Introduction.. 7

PSYCHOLOGIE

Préliminaires... 11
PSYCHOLOGIE EXPÉRIMENTALE..................................... 15
Faits psychologiques. — Facultés de l'âme..................... 15
Sensibilité. — *Émotions de la sensibilité :* Plaisir et douleur. — Sensations. — Sentiments................................... 21
Tendances de la sensibilité : Inclinations ou penchants, appétits. — Passions... 29
Intelligence. — *Pouvoir d'acquisition :* Perception externe. — Perception interne ou conscience. — Raison. — Notions et vérités premières. 35
Pouvoir de conservation : Mémoire. — Association des idées. — Imagination... 50
Pouvoir d'élaboration : Attention. — Abstraction. — Comparaison. — Généralisation. — Jugement. — Raisonnement................ 60
Origine des idées... 72
Volonté et libre arbitre. — Instinct. — Habitude. — Volonté. — Liberté psychologique. — Systèmes qui nient le libre arbitre.... 75
La personne, la chose... 89
Influences réciproques des facultés de l'âme.................. 91
Expression des faits psychologiques. — Les signes et le langage. 93
PSYCHOLOGIE RATIONNELLE....................................... 97
Distinction de l'âme et du corps. — Union de l'âme et du corps. — Conséquences de l'union de l'âme et du corps. — Origine et destinée de l'âme. 98
Notions de psychologie comparée : Variations psychologiques chez l'homme. — Ressemblance et différence entre l'homme et l'animal. 114
Compléments de la psychologie : Notions d'esthétique. — Du beau. — De l'art... 119
Résumé.. 125

LOGIQUE

Préliminaires... 127
LOGIQUE PRATIQUE OU MÉTHODOLOGIE.............................. 128
Procédés généraux. — Observation. — Expérimentation. — Induction. — Classification. — Définition. — Hypothèse. — Les grandes hypothèses. — Analogie. — Déduction : immédiate, médiate ou syllogisme. 129
Procédés essentiels : Analyse et synthèse..................... 150
Méthodes spéciales. — La science. — Les sciences. — Leur classification. — Leurs méthodes.. 152
Méthode des sciences mathématiques............................ 158
Méthode des sciences physiques et naturelles. — La déduction dans les sciences naturelles....................................... 162

Méthode des sciences morales et sociales. 165
Méthode de l'histoire. 167
LOGIQUE CRITIQUE 173
Vérité. 174
Évidence et certitude. 175
L'erreur. 178
Le sophisme 180
Valeur de la connaissance. — Scepticisme. — Idéalisme. — Réalisme et dogmatisme. 182
Résumé 187

MÉTAPHYSIQUE

PRÉLIMINAIRES. 189
De l'être en général. — De la nature en général. — Essence de la matière. — Principe vital. 190
THÉODICÉE RATIONNELLE. — Existence de Dieu. — Nature et attributs de Dieu. — Providence. 197
Objections contre la Providence 207
Erreurs sur Dieu et la création 209
Résumé 213

MORALE

MORALE GÉNÉRALE. 214
Conscience morale. — Loi morale. — Caractères de la loi morale. — Le bien moral : principe de la loi morale. — Le droit et le devoir. — Vertu et vice. — Perfectibilité. Progrès. — Responsabilité morale. — Sanction de la loi morale. 214
Faux systèmes de morale 240
MORALE PARTICULIÈRE. 249
MORALE INDIVIDUELLE. — Devoirs envers l'âme. — Devoirs envers le corps. — Alcoolisme. — Travail 249
MORALE SOCIALE. — La famille. — Devoirs de famille. — L'autorité paternelle et les lois civiles 256
Société humaine en général. — Devoirs de justice. — Devoirs relatifs à la vie d'autrui. — Devoirs relatifs à la liberté d'autrui. — Devoirs relatifs à l'honneur d'autrui. — Devoirs relatifs aux biens d'autrui. — Autres devoirs de justice 277
Devoirs de charité. — Autres devoirs de charité 291
Société civile ou politique. — Droits et devoirs de l'Etat. — Droits et devoirs des citoyens. — Patrie et patriotisme. 296
Droits et devoirs des nations 307
Conduite à tenir à l'égard des êtres inférieurs. 310
MORALE RELIGIEUSE. — Morale naturelle. 314
Appendice, religion révélée. 315
Complément de la morale : Notions d'économie politique. — Production de la richesse. — Circulation de la richesse ; échange. — Répartition de la richesse. — Consommation de la richesse. 319
Résumé 330
Notions d'histoire de la philosophie 333
Sujets de devoirs et de dissertations 343

37875. — Tours, impr. Mame.

EXTRAIT DU CATALOGUE

Cours de philosophie (programme des baccalauréats). In-8° de 900 pages.

Méthodologie de l'enseignement de la philosophie. In-8°.

Éléments de philosophie, comprenant la philosophie scientifique et la philosophie morale (programme des baccalauréats). In-8°. Cet ouvrage est extrait du cours de philosophie et suivi de tableaux analytiques.

Résumés de leçons de philosophie sous forme de tableaux analytiques (programme des divers baccalauréats). Cet ouvrage est extrait du Cours de philosophie. In-8°.

Précis de philosophie, à l'usage de l'enseignement secondaire et primaire supérieur (programme de 1902). In-12.

L'alcoolisme. Sa nature, ses effets, ses remèdes. (Extrait du Cours de philosophie.) In-8° piqué.

Tours, Imprimerie Mame.